中文社会科学引文索引
（CSSCI）来源集刊

城市史研究

（第44辑）

URBAN HISTORY
RESEARCH

任吉东　主编

任云兰　执行主编

天津社会科学院　中国城市史研究会　主办

社会科学文献出版社
SOCIAL SCIENCES ACADEMIC PRESS (CHINA)

《城市史研究》编委会

目 录

1

城乡关系

Contents

Study on Towns

Urban Governance

Urban Landscape and Culture

Ecology and Environment

Urban – Rural Relationship

中国城市史研究课题的进展及趋势*

——基于 2011~2019 年国家社科基金课题立项数据的分析

何一民　　杨洪永　　郭明攀

内容提要：改革开放以来，国家社科基金课题对中国城市史学科的兴起和发展起到了重要的引导和培育作用，"十二五""十三五"期间其作用更是显著，具体表现为中国城市史立项课题数量多、级别高且呈勃兴态势；课题主持人职称级别较高且结构合理、学术人才梯队健康发展；课题阶段成果丰硕、发文量充足，但也存在专著出版周期长、缺乏出版资助等问题。对国家社科基金中国城市史课题的立项、进展及成果的研究表明，国家社科基金对中国城市史学科发展、研究团队的建设及中青年人才的培养和成长、学术领地的纵深拓展等方面都起到了重要的导向和引领作用，更促进了中国城市史学科"三大体系"建设。

关键词：国家社科基金　中国城市史　学科体系建设

国家社科基金课题是中国人文社科领域内最高级别的科研项目，对于推进中国人文社会科学学科体系建设、促进理论和方法创新、引导主流学术发展、推动具有中国特色的人文社科"三大体系"建设具有重要的示范引导作用。中国城市史研究是从国家"七五"社会科学规划的四个重点研究课题（近代上海城市史研究、近代天津城市史研究、近代重庆城市史研究、近代武汉城市史研究）的立项而开启的。30 余年来，历届国家哲学社

＊　本文为国家社科工作办 2020 年中国历史学中国城市史学科"十四五"规划调研报告的研究成果之一。

续表

年份	正高	副高	中级	初级	合计
2014	2	2	2	0	6
2015	5	7	1	0	13
合　计	24	16	5	1	46
百分比	52.17	34.78	10.87	2.17	100

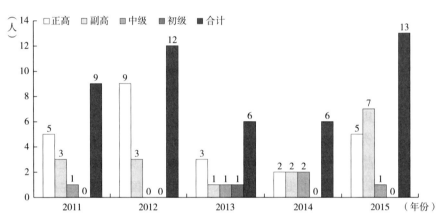

图 2　"十二五"期间国家社科基金课题中国城市史项目主持人职称分类统计

表 5　"十二五"期间国家社科基金课题中国历史项目主持人职称分类统计

单位：人，%

年份	正高	副高	中级	初级	合计
2011	130	94	46	6	276
2012	134	91	58	6	289
2013	113	96	76	40	325
2014	87	109	72	53	321
2015	78	114	64	63	319
合　计	542	504	316	168	1530
百分比	35.42	32.94	20.65	10.98	100

表6　"十二五"期间国家社科基金课题中国城市史项目主持人职称统计分析

单位：人，%

年份	数据类型	正高	副高	中级	初级	合计
2011	中国城市史主持人数	5	3	1	0	9
	中国历史主持人数	130	94	46	6	276
	城市史占中国历史的百分比	3.85	3.19	2.17	0.00	3.26
2012	中国城市史主持人数	9	3	0	0	12
	中国历史主持人数	134	91	58	6	289
	城市史占中国历史的百分比	6.27	3.30	0.00	0.00	4.15
2013	中国城市史主持人数	3	1	1	1	6
	中国历史主持人数	113	96	76	40	325
	城市史占中国历史的百分比	2.65	1.04	1.32	2.50	1.85
2014	中国城市史主持人数	2	2	2	0	6
	中国历史主持人数	87	109	72	53	321
	城市史占中国历史的百分比	2.30	1.83	2.78	0.00	1.87
2015	中国城市史主持人数	5	7	1	0	13
	中国历史主持人数	78	114	64	63	319
	城市史占中国历史的百分比	6.41	6.14	1.56	0.00	4.08

从以上各表可见，"十二五"期间，国家社科基金中国城市史课题的申报量和占比都相对较高，考虑到从事中国城市史研究的人数在中国历史各三级学科中占比较低的现状，可以说中国城市史学科在此期的成绩不凡。另外，由于中国城市史课题的负责人大多数为副高级以上职称者，他们对相关问题的研究都有一定的学术积累，因而阶段成果论文的发表数量也相对较多，特别是部分重点课题主持人更是在此期间发表了相当数量的优质论文，产生了重要的影响。

二　"十三五"期间国家社科基金课题立项量化分析

1. "十三五"国家社科基金课题中国城市史学立项分析

"十三五"期间（2016～2019年，不含2020年，以下不再注明），国家社科基金中国城市史相关立项数共计55项，平均每年为13.75项。按年度统计，2016年立项16项，2017年立项12项，2018年立项10项，2019

7

年立项 17 项。按基金项目类型统计，重大招标课题 3 项、重点课题 2 项、一般课题 21 项、青年课题 10 项、西部课题 5 项、后期资助项目 14 项（见表 7、表 8、图 3）。重大招标课题占全部立项数的 5.45%，重点课题占全部立项数的 3.64%，一般课题占全部立项数的 38.18%，青年课题占全部立项数的 18.18%，西部课题占全部立项数的 9.10%，后期资助项目占全部立项数的 25.45%。

表 7　"十三五"期间国家社科基金课题重大招标课题城市史立项统计

单位：项

年份	数量	课题名称	项目负责人
2016	2	20 世纪中叶以来西藏城市人居环境发展变迁研究	何一民
		中世纪东亚都城制度研究——"华夏型"城市的历史变迁	牛润珍
2019	1	新中国成立以来中国共产党城市建设思想文献挖掘、整理与研究	刘吕红
合　计		3	

表 8　"十三五"期间国家社科基金课题中国城市史年度立项统计

单位：项，%

年份	重点课题	一般课题	青年课题	西部课题	后期资助项目	合计
2016	0	7	3	0	4	14
2017	0	2	3	3	4	12
2018	1	5	2	1	1	10
2019	1	7	2	1	5	16
合　计	2	21	10	5	14	52
百分比	3.85	40.38	19.23	9.62	26.92	100

　　经过"十二五"的发展之后，"十三五"期间中国城市史立项数据又呈现出新的变化，一个最显著的变化就是有 3 项国家重大招标课题立项，这是中国城市史学科发展的一个新突破，表明随着城市社会经济的发展，国家社科基金对城市史的一些重大课题的关注；同时也表明随着中国城市史学科的不断发展进步，其已经培育起了能够承担重大选题和核心、热点、难点问题研究的专业团队，标志着中国城市史学科的发展迈入了一个新的发展阶段。第二个突出的变化就是"十三五"的立项总量超过了"十二五"的立项总量。"十二五"期间中国城市史立项总量为 46 项，平均每

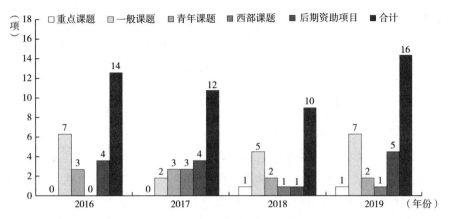

图3 "十三五"期间国家社科基金课题中国城市史年度立项统计

年为9.2项，而"十三五"期间仅四年其立项总量就达到55项，比前五年多了9项，年平均为13.75项，比"十二五"年平均多了4.55项。中国城市史课题之所以增量较多，一个重要原因就在于后期资助项目立项数占比有较大提高，其他各项占比与国家社科基金中国历史项目的分布基本接近。国家社科基金后期资助项目"主要资助研究深入、创新程度较高、具有较大发展潜力的优秀博士论文，突出对优秀青年学者的科研支持"。[①] 因而后期资助项目颇受青年学者的欢迎。"十三五"中国城市史后期资助项目的立项数超过"十二五"的立项数，其占比也提高了近1倍，占中国城市史课题立项总数的25.45%，一方面体现出国家社科基金对中国城市史青年人才的支持和培育，为中国城市史学科人才梯队的健康发展提供了良好的条件和支撑；另一方面反映了中青年人才的成长。

从以上统计可见，"十三五"期间国家社科基金中国城市史课题立项与"十二五"期间相比，呈现出总体增长的趋势，由平均每年立项9.2项增长至平均每年立项13.75项，年平均立项数增长了近0.5倍。除了与国家社科基金课题中国历史立项总数增长这一因素有关外，也与中国城市史课题主持人自身学术水平的提高有很大关系。

"十三五"期间国家社科中国城市史立项各类项目的分布状况与"十二五"期间相比，虽然实现了重大招标课题的立项突破，但是重点课题立

---

① 全国哲学社会科学工作办公室：《2019年度国家社科基金后期资助项目申报公告》，ht-tps：//www.sohu.com/a/315341438_657052。

项数有所收缩，这与中国城市史学科的带头人从重点课题申报向重大招标课题申报转移有关，这在一定程度上也反映出中国城市史学的学科带头人数量有限，因而培育新的带头人已经成为中国城市史学科发展的当务之急。

"十三五"期间中国城市史课题的立项除了 2018 年各类立项占比表现较弱外，整体比"十二五"期间表现良好，但值得注意的是，重点课题、一般课题、青年课题和西部课题的平均占比略低于中国史立项的平均占比（见表 8、表 9、表 10）。这与国家社科立项的年度波动相关，在一定程度上也反映出中国城市史学科发展的阶段性特点，部分学者未能在城市史理论、学科发展等方面持续用力，导致面临发展困境甚至出现研究领域转向，因而他们放弃了对城市史课题的持续申报。故而在未来五年规划中，中国城市史研究者需要进一步实现理论的创新、方法的突破，不断开拓新的研究领域，凝练新的研究方向，进而加大对国家课题的申报力度，推动中国城市史学科"三大体系"的发展。

表9　"十三五"期间国家社科基金课题中国历史立项统计

单位：项，%

年份	重点课题	一般课题	青年课题	西部课题	后期资助项目	合计
2016	14	126	76	37	56	309
2017	18	147	64	42	66	337
2018	23	175	76	53	59	386
2019	18	161	81	33	77	370
合　计	73	609	297	165	258	1402
百分比	5.21	43.44	21.18	11.77	18.40	100

表10　"十三五"期间国家社科基金课题中国城市史年度立项统计分析

单位：项，%

年份	数据类别	重点课题	一般课题	青年课题	西部课题	后期资助项目	合计
2016	中国城市史立项数	0	7	3	0	4	14
	中国历史立项数	14	126	76	37	56	309
	城市史占中国历史的百分比	0.00	5.56	3.95	0.00	7.14	4.53

年份	数据类别	重点课题	一般课题	青年课题	西部课题	后期资助项目	合计
2017	中国城市史立项数	0	2	3	3	4	12
	中国历史立项数	18	147	64	42	66	337
	城市史占中国历史的百分比	0.00	1.36	4.69	7.14	6.06	3.56
2018	中国城市史立项数	1	5	2	1	1	10
	中国历史立项数	23	175	76	53	59	386
	城市史占中国历史的百分比	4.35	2.86	2.63	1.89	1.69	2.59
2019	中国城市史立项数	1	7	2	1	5	16
	中国历史立项数	18	161	81	33	77	370
	城市史占中国历史的百分比	5.56	4.35	2.47	3.03	6.49	4.32

2. "十三五"国家社科基金课题中国城市史立项主持人职称结构分析

从"十三五"期间国家社科基金中国城市史课题主持人的职称构成来看，正高级职称者16人，副高级职称者16人，中级职称者23人，初级职称者为0（见表11）。从以上统计来看，"十三五"期间中国城市史课题负责人以副高级职称及以上为主，占总人数的58.18%，其中正高级职称者占比为29.09%，比"十二五"期间低了23.08个百分点，但仍然比中国历史课题主持人正高级职称者占比高；副高级职称者占比为29.09%，比"十二五"期间低了5.69个百分点，与"十三五"期间中国历史课题主持人副高级职称占比相比，也低了5个百分点；中级职称的人数占比有大幅度提高，占比为41.82%，较"十二五"期间高了30.95个百分点；另外，"十三五"期间中国城市史课题主持人没有初级职称者（见表11、表12）。中国城市史课题主持人高级职称占比下降，而中级职称占比大幅度提高，表明中国城市史学科的中青年学者在此期间成长较快。他们基本上都是博士或博士后，经过多年的专业教育和培养，在学术素养和研究能力等方面都有较好的积累，因而，在"十三五"期间有较好的表现，这充分说明中国城市史研究队伍的成长和后继有人，也在一定程度上反映出中国城市史研究者学术梯队结构趋于成熟。总体来看，国家社科基金中国城市史课题主持人仍然以副高级职称及以上者为主体，他们是中国城市史研究的领军人物和重要学术骨干，而一大批具有中级职称的博士和博士后正在茁壮成长，成为学术研究的新生力量和主力军。

表 11 "十三五"期间国家社科基金课题中国城市史项目主持人职称分类统计

单位：人，%

年份	正高	副高	中级	初级	合计
2016	4	4	8	0	16
2017	3	4	5	0	12
2018	1	4	5	0	10
2019	8	4	5	0	17
合　计	16	16	23	0	55
百分比	29.09	29.09	41.82	0.00	100

表 12 "十三五"期间国家社科基金课题中国历史项目主持人职称分类统计

单位：人，%

年份	正高	副高	中级	初级	合计
2016	89	107	108	5	309
2017	96	112	124	5	337
2018	110	133	140	3	386
2019	110	126	132	2	370
合　计	405	478	504	15	1402
百分比	28.89	34.09	35.95	1.07	100

表 13 "十三五"期间国家社科基金课题中国城市史项目主持人职称统计分析

单位：人，%

年份	数据类型	正高	副高	中级	初级	合计
2016	中国城市史主持人数	4	4	8	0	16
	中国历史主持人数	89	107	108	5	309
	城市史占中国历史的百分比	4.49	3.74	7.41	0.00	5.18
2017	中国城市史主持人数	3	4	5	0	12
	中国历史主持人数	96	112	124	5	337
	城市史占中国历史的百分比	3.13	3.57	4.03	0.00	3.56

年份	数据类型	正高	副高	中级	初级	合计
2018	中国城市史主持人数	1	4	5	0	10
	中国历史主持人数	110	133	140	3	386
	城市史占中国历史的百分比	0.91	3.01	3.57	0.00	2.59
2019	中国城市史主持人数	8	4	5	0	17
	中国历史主持人数	110	126	132	2	370
	城市史占中国历史的百分比	7.27	3.17	3.79	0.00	4.59

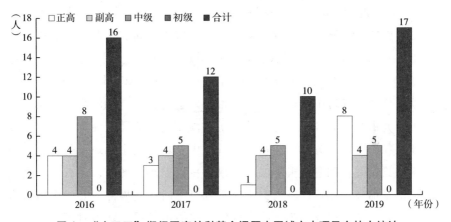

图4 "十三五"期间国家社科基金课题中国城市史项目主持人统计

从以上分析来看，近年来国家社科基金中国城市史课题主持人的职称构成较"十二五"期间发生了较大变化，虽然课题主持人仍然以高级职称为主，但中级职称者的数量占比已经大大提高，这充分表明一批以博士、博士后为主的青年学者开始崭露头角，他们在研究选题、课题论证、学术准备等方面都显示出一定的后发优势，而较多的中青年成为国家社科基金课题的主持人，获得了很好的示范效应，吸引着越来越多的中级职称的中青年勇于开拓新的领域，进行学术创新，这与10年前相比有很大变化，充分彰显了中国城市史研究的活力与兴盛。"十三五"期间，由于国家社科基金课题的导向作用，中国城市史学科得到很大发展，中国城市史学研究呈现出更加兴旺发展的局面，表现为学术领域更加开阔，学术研究活跃，学术选题更加多元化，学术新人辈出。

三　中国城市史立项课题的特点、阶段成果和发展趋势

通过对"十二五"和"十三五"期间国家社科基金中国城市史课题的统计分析，可以看到有四个突出的特点。

一是立项的课题以研究近代中国城市史为主，"十二五"期间近代中国城市史课题立项 18 项（见表 14），占中国城市史课题立项总数的 39.13%；"十三五"期间近代中国城市史立项数量更增至 28 项，占比高达 50.91%。近代中国城市史课题立项数量较多，其原因是多方面的，一个重要原因即中国城市史学科是以中国近代城市史研究为起点，现有的中国城市史研究机构和学术团队多是从中国近代史研究领域实现"史学危机"破局，并广泛进行学术研究领域拓展和创新。从 20 世纪 80 年代开始，国家社科基金重点对中国近代城市史相关课题进行支持和培育，中国近代城市史研究由此勃兴。30 余年来中国近代城市史研究团队无论是在人数方面，还是在研究成果方面，都在中国城市史领域占据主导地位，有着较多的学术积累，并在课题申报等方面形成了良性循环。此外，还有一个重要的原因就是加强中国近代城市史研究符合当下时代发展的需要。中国城市化、现代化是从近代开始起步的，近代中国城市发展与转型对于当代中国城市发展有着直接影响。改革开放以来，中国城市发展面临新形势和新问题，不仅需要对当下的城市现状进行研究，而且需要从历史的视角对近代城市发展规律进行探求，对中国城市发展进程中的经验教训进行归纳总结，从而为探索中国特色社会主义城市发展路径提供历史参照。

二是中国古代城市史和新中国城市史课题立项数量较少，中国古代城市史课题在"十二五"期间立项数仅 12 项，占比为 26.09%，在"十三五"期间立项数也只有 11 项，占比为 20.00%。中国古代历史历时数千年，立项的国家课题的研究时段分布也不均衡，相关课题以明清时段的城市史研究居多，唐宋时段的城市史研究课题占少许，而其他历史时段的城市史课题几乎没有立项。新中国城市史立项课题数量更少，这一方面与从事新中国城市史研究者人数较少有关，另一方面也因为新中国城市史研究还没能引起学者的足够重视，相关研究十分薄弱。另外，新中国城市史的资料虽然丰富，但是研究当代史存在若干困难，因而需要加强科研投入。

1949 年 10 月中华人民共和国成立，标志着中国城市发展进入了一个新的历史时期，中国城市发展动力和城市性质发生了根本性的变化。70 年来中国取得的伟大成就主要是以城市为载体，因而新中国城市史研究具有重要的学术意义和现实意义。当前，中国正面临百年未有的历史大变局，中华民族伟大复兴也正进入关键的发展阶段，以中心城市来带动城市群发展，以城市群来引领区域发展，以城市群作为城市化的载体，正在成为未来社会经济发展的重要趋势，因而加强新中国城市通史研究，总结其发展经验，发现其发展规律，可以指导未来城市发展。可以预计，未来一段时期内，新中国城市史研究将会成为新的学术生长点和热门课题。

三是跨时段的课题研究受到重视，"十二五"期间跨时段的课题有 14 项，占比达 30.43%，"十三五"期间跨时段的课题也有 12 项，占比达 21.82%。中国城市历史悠久，分布广泛，因而加强城市通史研究、城市整体研究、不同类型城市研究、区域城市发展研究都需要跨时段，特别是要探析城市发展的规律和特点，更需要从长时段来加以研究。另外，对环境与资源等影响城市发展因素的研究，也需要从长时段着手。因此，开展长时段城市史研究十分必要，其开拓性和创新性是不言而喻的，所以相关课题受到青睐有一定道理。

表 14 "十二五"至"十三五"中国城市史课题年代数量分布

单位：项，%

类别	年代分布	数量	占比
"十二五"期间中国城市史课题（46）	古代	12	26.09
	近代	18	39.13
	现代	2	4.35
	跨时段	14	30.43
"十三五"期间中国城市史课题（55）	古代	11	20.00
	近代	28	50.91
	现代	4	7.27
	跨时段	12	21.82

四是中国城市史立项课题的研究内容多元化，主要集中在以下几方面：单体城市研究，长时段整体综合研究，城市兴衰研究，城乡关系研

15

类著作很难有利润可言，绝大部分出版社在出版学术著作时都要求作者给予相当数量的出版补助，而国家社科基金给课题主持人的经费只有研究预算，而没有出版经费补助，不少国家课题结题后，苦于寻找不到出版经费补助，只能束之高阁，难以付梓。二是一些课题结项因多种原因延期，也使出版周期延长。另外，也有部分项目正在出版过程之中，因多种原因出现延误。而有的著作在出版社放置的时间更长，能否最终出版还要打一问号。由此可见国家社科基金课题完成后，最终成果问世的周期一般都较长，幸好中国城市史课题多为基础研究，其课题研究的内容时效性较长，因而放置数年出版，并不影响该课题的学术价值和影响力。

"十三五"期间中国城市史国家社科基金课题立项数超过"十二五"期间，但由于大多数课题立项的时间较短，因而论文发表量相对较少（见表17）。

表 17　"十三五"期间国家社科基金城市史课题学术成果统计

单位：篇，部

年份	重大招标课题与重点课题		一般课题		青年课题		西部课题		后期资助项目		合计	
	论文	专著	论文	专著	论文	专著	论文	专著	论文	专著	论文	专著
2016	31	0	18	0	9	0	0	0	0	0	58	0
2017	0	0	5	0	2	0	2	0	11	2	20	2
2018	10	0	4	0	0	0	1	0	1	0	16	0
2019	0	0	4	0	2	0	0	0	1	0	7	0
合　计	40	0	31	0	13	0	3	0	14	2	101	2

"十三五"期间国家社科中国城市史课题共立项 55 项，四年间共计发表论文 101 篇，平均每个课题发表论文 1.84 篇，远远低于"十二五"期间中国城市史每个课题平均 5.37 篇的发文量。但考虑到这些课题立项时间较短，而发表论文有一定周期，如"十二五"课题最长立项时间已经长达十年，因而两者的统计在一定程度上不具有可比性。"十三五"课题最长进行了四年，最短仅一年，一般说来课题发文是在立项后 2～3 年，大量发文的时间可能会更长，因而可以预计在未来数年间"十三五"期间立项的课题会有相当数量的论文相继发表。从"十三五"立项的课题来看，仍然

是重大招标课题和重点课题的发文量较多。"十三五"期间国家社科基金重大项目立项增加了中国城市史课题发文量，从现有统计来看，有的重大课题发文量达17篇，有的为零。此外，一般课题、青年课题、西部课题及后期资助项目都有部分课题的发文量为零。预计在未来数年间，以上这些课题应有相当数量的论文发表，但是不同的课题发文量会有差异。如何推动相关课题发表论文，是课题主持人应该思考的问题。

另外，由于"十三五"期间立项的课题除后期资助项目外，绝大多数课题还未结题，因而除了后期资助项目外，并无最终成果的专著出版。

近年来在国家社科基金课题的带动下，中国城市史研究的表现非常突出，从2011年1月至2020年4月，据不完全统计，中国知网收录的中国城市史论文达到1753篇；另外通过京东网、当当网等各大网站搜索，十年来各出版社出版的中国城市史专著多达422部，其中包括部分国家社科基金课题阶段成果和最终成果，另外各类专著的出版多与相关基金资助有关，如教育部课题、各省市课题、各高校课题等。由此可见，过去的十年是中国城市史学科兴起发展的重要阶段，以国家社科基金项目为核心的各类基金课题的大量立项，推动了中国城市史学科的兴盛。

中国城市史学科处于方兴未艾的态势，可以预期在未来十年中国城市史学科将会有更大的发展，一是随着中国综合国力的全面增强，城市和城市群在国家社会经济发展中的地位和作用会越来越重要，因而加强中国城市历史研究将越来越受到各级政府的重视，也受到学术界的高度关注，国家社科基金和其他各类基金对中国城市史研究的支持力度会进一步加大；二是中国城市史学科经过改革开放40多年来的发展，已经形成了相对独立的学科体系，其研究队伍在不断壮大，一批中青年学者正在茁壮成长，他们更具有国际视野和新的知识结构，更具有开拓创新精神，因而在未来会有更大的作为，并将承担更多的国家社科基金和其他各类基金项目，并以此来引领中国城市史学科体系、学术体系和话语体系的建设。

四　结语

综上所述，中国城市史学科是改革开放以后才兴起的新学科，以中国城市史为研究方向的学人不过数百人，但是近十年来相关学人申请的国家

南角台。① 若番禺城圈是较规则的形状，则根据上述发现，通过图上测距可知南城墙长当为450～500米；因番禺城是在越城旧址上所建，曾氏推断城北界至南越王宫署以北、越华路以南，当大致不误，由此可测知南北间距在400米左右。另外，综合当前所见传世和考古资料，未见番禺城修筑子城的痕迹，② 但城垣曾加修缮和加固：上引中山五路小马站发掘的西城垣，显示东汉时期是夯土城垣，外墙基础部分遗迹表明东晋泰元十一年（386）左右曾用砖对墙体进行拓宽和加固，且在西侧发现一处马面结构，建筑形式与墙体相同。在中山四路发掘的东南角台遗址则显示东汉城墙建于河滩淤泥地上，在东晋晚期亦进行了大规模修整和增筑，同时在城垣之外增挖护城濠。据此可知：两晋南朝曾多次对番禺城进行修缮、增筑，但均是在东汉末所筑番禺城原址上进行。质言之，自东汉末至南朝番禺城城垣的规模并无变化，进而推算六朝时期番禺城垣周长当为1700～1800米，并维持了单重城垣结构。

另外，钩稽史料可大致推定当时番禺城开有四门。《宋书·符瑞志》载，元嘉十六年"甘露降广州城北门杨树"，③ 则元嘉中番禺城有北门；《宋书·刘勔传》载，元嘉末萧简据番禺城反叛，时任绥远太守刘勔"起义讨之，烧其南门"。④ 绥远郡或即绥建郡（治今广东广宁县南绥江南岸），⑤ 刘勔很可能是随邓琬、沈法系大军讨伐萧简，那么所谓"南门"当就是番禺城南门。《宋书·羊希传》又载，宋泰始中刘思道叛乱，"进攻州城，司马邹嗣之拒之西门，战败又死"。⑥ 显然，邹嗣之是在番禺城西门抗拒刘思道。据上可知，至少刘宋时期番禺城开有北门、南门和西门。另据《陈书·杜僧明传》载，梁时杜天合等起兵攻番禺城，"子略顿城南，天合

① 邝桂荣：《广州市中山四路东汉至宋代城墙遗址》，中国考古学会编《中国考古学年鉴·2012》，文物出版社，2013，第351～352页。
② 学界一般认为赵佗在秦代任嚣城西增筑佗城、以成南越国都城，东汉末步骘迁州治于越城旧址，以旧佗城为基础重建番禺城，废弃任嚣城部分，也即番禺城大体继承了南越国宫城部分。唐时谓广州"州城三重"中的子城实以六朝番禺城为基础而形成。
③ 《宋书》卷28《符瑞志中》，中华书局，1974，第818页。
④ 《宋书》卷86《刘勔传》，第2191页。
⑤ 绥远郡只见于《宋书·刘勔传》，而《宋书·州郡志》载："绥建太守，文帝元嘉十三年立。"刘勔始任绥远太守在元嘉二十七年。
⑥ 《宋书》卷54《羊玄保传附羊希》，第1538页。

顿城北，僧明、文育分据东西，吏人并应之，一日之中，众至数万"。① 当时杜天合等四面合围番禺城，城内吏人多出城投靠叛军，其中杜僧明驻军城东，其在军中号称"万人之敌"，是攻城主力，将杜僧明部属在城东恰说明当有东城门可攻入城内，那么梁时番禺城开有东城门。据上，可以推定南朝时期番禺城至少开有北、南、西、东四门，这很可能不是南朝的创制，而是步骘初建番禺城时就开有四门。

东汉末年步骘重建州城，基本确定了六朝番禺城东西长、南北稍短，开四门的基本规制。尤可注意的是番禺城只筑单重城垣，② 这或与当时珠江三角洲地区开发比较成熟，③ 同时周边人群华夏化程度较高且无大规模战乱有关。

二 番禺的都市布局

徐陵《广州刺史欧阳𬱟德政碑》云番禺："贼盗皆偃，工贾竞臻，鬻米商盐，盈衢满肆。新垣既筑，外户无扃，脂脯豪家，钟鼎为乐。扬袪洒汗，振雨流风。市有千金之租，田多万箱之咏。"④ 其中或不乏溢美之词，但一定程度上反映了梁陈之际番禺的都市景象，上引描述透露的重要信息是番禺乃岭南地区的商贸中心，是各种物资和商旅的聚集地。这种盛况并非梁陈之际的瞬间显现，而是两晋南朝时期长期积累的结果。《南齐书·东南夷传》载，萧子显云"商舶远届，委输南州，故交、广富实，牣积王府"。⑤ 说明岭南地区海外贸易繁荣，中外商贸往来使番禺出现了规模较大的商品集散市场。⑥

---

① 《陈书》卷 8《杜僧明传》，中华书局，1972，第 136 页。
② 当前发现的六朝时期岭南州城遗址，交州治龙编城（今越南北宁省顺城县陇溪村）和越州治越州城（今广西浦北县石埇乡坡子坪村）均是双重城垣。可参见黄晓芬编著『交趾郡治·ルイロウ遺跡Ⅰ』、平成 25~28 年度科学研究費補助金基盤研究 A（一般）研究成果报告书、2015；『交趾郡治·ルイロウ遺跡Ⅱ—2014—15 年度発掘かちみた紅河デルタの古代都市像—』、フジデンシ、2017。《浦北县志》编纂委员会编《浦北县志》，广西人民出版社，1994，第 719 页。
③ 赵庆伟：《汉族移民与六朝时期珠江三角洲的经济开发》，《民族研究》2002 年第 3 期。
④ （南朝陈）徐陵：《徐陵集校笺》卷 9《碑·广州刺史欧阳𬱟德政碑》，中华书局，2008，第 1084 页。
⑤ 《南齐书》卷 58《东南夷传》，中华书局，1972，第 1018 页。
⑥ 关于当时番禺海外贸易的繁盛，可参见姜伯勤《广州与海上丝绸之路上的伊兰人：论遂溪的考古新发现》，广东省人民政府外事办公室、广东省社会科学院编《广州与海上丝绸之路》，广东省社会科学院，1991。

而且为保证商税的征收，这种市场当是设在城内，《南齐书·王琨传》载："世云：广州刺史但经城门一过，便得三千万也。"① 所述实际反映了货物进出城门时缴纳的关税，② 这就表明外商船舶所运货物绝大部分要进城销售。另外，商贸的繁荣和贸易市场的存在吸引了众多人口，造就了"脂脯豪家"，有关番禺城中豪富之家的直接记载不多，《异苑》载："沙门有支法存者，本自胡人，生长广州，妙善医术，遂成巨富。有八尺氍毹……又有沈香八尺板床……太原王琰为广州刺史，大儿邵之，屡求二物，法存不与，王因状法存豪纵，乃杀而籍没家财焉。"③ 该条所述是东晋时事，可注意的是支法存出自"胡人"，当是东南亚、南亚裔。另外，若推断不误，如支法存这类豪富之家当是居住在番禺城内，因此会与地方长官交往密切。换言之，番禺城内当有豪富之家的宅舍分布，这恰可与上引徐陵的叙述契合。

除上述外，番禺城圈内还存在象征国家权力的公共建筑。《晋书·五行志》载，元兴三年（404）卢循攻广州，"刺史吴隐之闭城固守。其十月壬戌夜，火起。时百姓避寇盈满城内，隐之惧有应贼者，但务严兵，不先救火。由是府舍焚荡，烧死者万余人，因遂散溃，悉为贼擒"。④ 所谓"府舍"当主要是指广州军府、州衙建筑以及部分民宅。另据《宋书·刘康祖传》载，晋义熙末徐道期在广州作乱，"攻没州城，杀士庶素憾者百余，倾府库，招集亡命，出攻始兴"。⑤ 徐道期率乱军攻入番禺城后，占据府库，可知官府仓库设置在城内；另可注意的是，乱军占据府库后进一步招集人员进攻始兴（治今广东韶关市），推测当时城内仓库当是储存着数量可观的兵器和服饰等物品，⑥ 因此徐道期等可凭此展开军事行动。

另外，上引《晋书·五行传》云卢循围广州城时"百姓避寇盈满城

① 《南齐书》卷33《王琨传》，第578页。
② 陈长琦：《六朝广东发展的考古观察》，《广东社会科学》1992年第3期，第82页。
③ （南朝宋）刘敬叔撰《异苑》卷6，"打鼓称冤"条，中华书局，1996，第58～59页。
④ 《晋书》卷27《五行志上》，中华书局，1974，第807页。
⑤ 《宋书》卷50《刘康祖传》，第1446页。
⑥ 《晋书·良吏·吴隐之传》载，晋末吴隐之任广州刺史，以廉洁称，"帷帐器服皆付外库"。根据王瑾的研究，东晋南朝州府库有外府（外库）和小府（内库）之分，外府是朝廷府库，主要储藏器杖，小府是州刺史可支配的府库，收储服饰等物。参见氏著《魏晋南北朝州制度研究》，天津古籍出版社，2012，第135页。

内"致使"烧死者万余人",卢循南下广州是从海路而来,围攻番禺城时影响所及当主要是城圈附近的人群,百姓避难于城内以致人满为患,恰说明平时并非居于城内,这提示我们番禺城外另有附城街衢。而且,附城街衢的居住人群构成较为复杂,《宋书·沈庆之传》载,宋孝武帝时萧简据番禺城反,"前征北参军顾迈被贼徙在城内"①,顾迈是因泄露始兴王刘濬密语被流放广州,②此处言"被徙",说明顾迈原不在城内。另据《梁书·王茂传》载,梁时王茂子王贞秀被徙广州,"乃潜结仁威府中兵参军杜景,欲袭州城,刺史萧昂讨之"。③"州城"即指番禺城,那么王贞秀等是从城外发起攻击,就此而言王贞秀当是居于城外。据上述两例,笔者推测广州当局应是将流放犯安置于番禺城外,且很可能采取了类似于"营"的组织形式,④使其聚居于一处,以便管理。⑤另外,亡命岭南之人也多聚居于城外,《陈书·杜棱传》载,钱塘人杜棱"颇涉书传,少落泊,不为当世所知。遂游岭南,事梁广州刺史新渝侯萧映"。⑥梁陈时期如杜棱般脱离户籍,亡命岭南谋求发展的人当不在少数。这类人群中的普通民众在番禺多处于社会底层,上引《宋书·刘康祖传》中徐道期流寓广州,"为侨旧所陵侮。因刺史谢欣死,合率群不逞之徒作乱,攻没州城"。若推断不误,徐道期勾结的"不逞之徒"及其后招集的"亡命",当多是非法脱离户籍的浮浪人。这类人中的绝大部分社会地位不高且经济窘迫,是侨旧"陵侮"的对象,不太可能居于城内,⑦同时从徐道期等"攻没州城"也可推知其本聚集于城外。

　　由上可知,番禺城圈内至少分布着军府、州衙、官方仓库和贸易市场

---

① 《宋书》卷77《沈庆之传》,第2006页。
② 《南史》卷15《刘穆之传附刘式之》,中华书局,1975,第429页。
③ 《梁书》卷9《王茂传》,中华书局,1973,第177页。
④ 关于两晋南朝时期军队"营"的形态及其管理方式,参见高敏《魏晋南北朝兵制研究》,大象出版社,1998,第144~147、281~286页。
⑤ 六朝时期岭南是重要的流放地,沈怀远《南越志》云:"义安郡有义昭县,昔流人营也。"(宋)乐史:《太平寰宇记》卷158《岭南道一·潮州》,"西衡泽"引《南越志》,中华书局,2007,第3036页。义昭县就是由流人营改置而来,当时岭南地区这类流人营为数不少。
⑥ 《陈书》卷12《杜棱传》,第191页。
⑦ 鲁西奇等就提出,相对于城内而言,附郭地区的居住成本较为低廉。因此,相较于城内,底层民众更倾向于择附郭街衢居住。参见鲁西奇、马剑《城墙内的城市?——中国古代治所城市形态的再认识》,《中国社会经济史研究》2009年第3期,第13页。

等公共建筑、场所，也有豪富之家的宅舍等私人建筑，相对于其他州级城市的双重城垣规划，番禺城内公私建筑的区隔或不会过于明显。随着城市的发展，番禺近郊出现了附城街衢，主要分布着宅舍和流徙营等，聚居着普通民众、流放犯和"亡命"等各类人群，构成了相对混杂的关系网络和文化景观。

上揭番禺城作为岭南地区的中心城市，城圈内外聚居着各类人群。那么值得追问的是：番禺城市运作中的聚合作用、人群的流动，又使番禺城与周边地域存在怎样的联系呢？

三 石门、朝亭与城西地域

番禺城西分布着大片丘陵台地，相对于城垣周边的沮洳低地，地理条件较好。另外，当时无论是顺浈水南下抑或经西江东来的官员、贾人和僧侣，进入番禺城都要经过城西地域。因此，城西地域对番禺城而言具有特殊意义。

石门水是发源于番禺城西的一条河流，《元和郡县图志》云，"出县西三十里平地"。[①] 这条源自城西三十里的河流在汉代已是进出番禺的重要水道，汉武帝元鼎六年（前111）平南越，楼船将军杨仆的水军即经石门水攻入番禺。[②] 石门水得名或是因其上有积石而成的石门，《广州记》云："石门，在番禺县北二十里。昔吕嘉拒汉，积石镇江，名曰石门。"[③] 司马贞所引此条当是出自晋宋时人裴渊之手，[④] 可知晋宋时期石门在番禺城北二十里，因地理位置重要，在某种程度上充当了番禺城的西门户。进一步而言，至晋时石门或已成为番禺城都市范围的界线，《舆地纪胜》载："贪泉，在番禺县西二十里石门口北岸。"[⑤] 可知贪泉与石门均在番禺城西二十里处，另据王隐《晋书》："（广）州界有水，名贪泉。父老云，饮此者，

---

① （唐）李吉甫：《元和郡县图志》卷34《岭南道一·广州》，中华书局，1983，第887页。

② 《汉书》卷95《西南夷两粤朝鲜传》，中华书局，1964，第3857页。

③ 《史记》卷113《南越传》，《史记索引》引《广州记》，第2976页。

④ 参见杨恒平《裴渊〈广州记〉辑考》，《中国典籍与文化》2014年第1期。

⑤ （宋）王象之：《舆地纪胜》卷89《广南东路·广州》，"景物上"，中华书局影印本，1992，第2838页。

皆使廉士变贪。"① 贪泉地处城西，是往来番禺的行旅汲水之处，"贪泉"得名可能与赴任官员的贪秽行为有关，当时广州海外贸易发达，南下任职者多是贫窭贪婪之辈，在任搜刮无度，以致朝野形成了"越中饶沃，前后守宰例多贪纵"的普遍认识。② 但问题在于番禺之西不可能只此一处有井泉，为何偏偏在石门口出现贪泉呢？笔者推测，这与时人对番禺城地域范围的界定有关，东晋末吴隐之为广州刺史，至贪泉，"语其亲人曰：'不见可欲，使心不乱。越岭丧清，吾知之矣。'乃至泉所，酌而饮之，因赋诗曰：'古人云此水，一歃怀千金。试使夷齐饮，终当不易心'"。③ 吴隐之此语中含有"越岭丧清"和"贪泉之饮"，均指人廉洁、贪腐之性的转变，同时提示了两个地理界线，"岭"当指大庾岭，④ 是岭南和岭北的地理界线；那么，"贪泉"所指呢？《太平寰宇记》载："沈香浦，在今县西北二十里石门之内。昔吴隐之清俭，罢郡，见妻箧中有沈香一斤，遂投于此水。"⑤ 可知沉香浦也距番禺城二十里，在石门口内。广州刺史驻番禺，贪腐多发生于此，从吴隐之赴任时饮贪泉之水而欲保持廉洁之性，说明过贪泉就标志着进入番禺；离任时必将其妻在番禺所获沉香丢弃于石门之内，强调不带一物离境，表明出石门便是离开番禺。这说明在时人的地理观念中，城西二十里的石门是番禺城的地理界线。

另外，石门以内的城西地域则与番禺城的联系日趋紧密，逐步发展为番禺的都市外缘空间。番禺城西北有芝兰湖，《南越志》云："番禺北有芝兰湖，并注西海。"⑥ 根据广州东风西路小学考古遗址，推断故芝兰湖范围大致在今东风西路以北至象岗西南麓一带。"西海"即古珠江，时珠江河道宽阔，以"海"称之，芝兰湖和珠江之间经由一条叫司马涌的水道相通。⑦

① （唐）欧阳询：《艺文类聚》卷 50《职官部六》，"刺史"，上海古籍出版社，1999，第 895 页。
② 《陈书》卷 17《王通传附弟劢》，第 239 页。
③ 《晋书》卷 90《良吏·吴隐之传》，第 2341~2342 页。
④ 南朝宋沈怀远《南越志》云："俗云：经大庾则清秽之气分，饮石门则淄素之质变。"（宋）李昉等：《太平御览》卷 172《州郡部一八·岭南道》，"广州"引《南越志》，中华书局影印本，1960，第 837 页下。可知，沈怀远所述与吴隐之所云之意相同，这当是晋宋时人普遍认同的地理观念。
⑤ 《太平寰宇记》卷 157《岭南道一·广州》，"南海县"，第 3016 页。
⑥ （唐）徐坚：《初学记》卷 8《州郡部·岭南道第十一》，中华书局，1962，第 192 页。
⑦ 曾昭璇：《广州历史地理》，第 63 页。

芝兰湖左近有朝亭，《南越志》云："朝台西三十里，即冈旁江，构越华馆以送陆贾，因称朝亭。"① 有关朝亭的具体位置，顾祖禹谓："朝亭，府西五里。后为西候津亭，因名曰朝亭也。"② 故址大致在今广州原彩虹桥附近。③ 从朝亭"即冈旁江"筑造以送陆贾看，是渡口无疑。至六朝时期，朝亭已是进出番禺城的重要津渡，《宋书·羊希传》载，泰始四年刘思道叛乱，"率所领攻州，希遣平越长史邹琰于朝亭拒战，军败见杀。思道进攻州城"。④ 当时广州刺史羊希遣邹琰在朝亭设防，刘思道击破朝亭后，便可进攻番禺城；另外，梁末陈霸先率军讨广州刺史元景仲，传檄云："元景仲与贼合从，朝廷遣曲阳侯勃为刺史，军已顿朝亭。"元景仲部随即溃散。⑤ 陈霸先军至朝亭广州之众便败溃。这均说明朝亭是进出番禺城的必经之地，乃至已成为一道屏障。

朝亭和芝兰湖在地理位置上相近，当时共同构成了城西地域景观群的核心，至晚南朝时期周边逐渐出现了众多的寺院和聚落，《出三藏记集》载，僧惠表"以齐建元三年，复访奇搜秘，远至岭南。于广州朝亭寺遇中天竺沙门昙摩伽陀耶舍，手能隶书，口解齐言，欲传此经，未知所授"。⑥ 其中"朝亭寺"仅见于此，或非专名，而是泛指朝亭周边的寺院。据《比丘尼传》载，僧敬尼元嘉中随广州刺史孔默之至番禺，留滞三十余年，"风流所渐，犷俗移心，舍园宅施之者十有三家，共为立寺于潮亭，名曰众造"。⑦ 所谓"潮亭"当即朝亭，因为六朝时珠江三角洲堆积尚浅，珠江口开阔，海潮上涌可达内河。那么，众造寺就建在朝亭左近。另据《续高僧传》载，陈光大二年（568）六月真谛欲入南海北山焚身迁化，被众人制止，"因而迎还，止于王园寺……（太建元年）正月十一日午时迁化，时年七十有一。明日于潮亭焚身起塔"。⑧ 真

① 《太平御览》卷 172《州郡部一八·岭南道》，"广州"引《南越志》，第 837 页下。
② （清）顾祖禹：《读史方舆纪要》卷 101《广东二·南海县》，"朝亭"，中华书局，2005，第 4601 页。
③ 刘文澜：《古广州的戢船澳·津亭·彩虹桥》，《岭南文史》1999 年第 1 期。
④ 《宋书》卷 54《羊玄保传附羊希》，第 1538 页。
⑤ 《资治通鉴》卷 162《梁纪十八》，"武帝太清三年六月"，中华书局，2011，第 5118 页。
⑥ （南朝梁）僧祐：《出三藏记集》卷 9《无量义经序第二十二》，中华书局，1995，第 353 页。
⑦ （南朝梁）释宝唱：《比丘尼传校注》卷 3《齐·崇圣寺僧敬尼传三》，中华书局，2006，第 124~125 页。
⑧ （唐）道宣：《续高僧传》卷 1《陈南海郡西天竺沙门拘那罗陀传五》，中华书局，2014，第 20 页。

谛迁化后，在朝亭建造舍利塔，佛教寺、塔多在一处，那么王园寺当也在朝亭附近。另外，真谛原驻锡制旨寺，光大二年被迎至王园寺，而《俱舍论序》云，天嘉四年（563）真谛"于制旨寺。始就开禅，《惑品》未毕，仍事徙居于南海郡内，续更敷说……至其年闰十月十日，文义究竟，论文二十二卷，刺史仍请于城内讲说"。[①] 真谛由制旨寺徙居城内，说明制旨寺在番禺城外；另据《开元释教录》载，真谛驻锡制旨寺期间，"尝居别所，四绝水洲。纥往造之，岭峻涛涌，未敢凌犯"。[②] 此处山水相间，水域面积很大，很可能是城西芝兰湖中某处小洲，那么制旨寺与之相距不会太远。上证王园寺在朝亭附近，综合推断制旨、王园寺当在一处，《长房录》载："《摄大乘本论》一部三卷，陈代沙门真谛于广州王园寺译出。"又云："《俱舍释论》，陈代三藏真谛于广州制旨王园寺译。"[③] 上述众经均是真谛在制旨寺译出，驻锡王园寺六月余并无译经，[④]而费长房多次提到真谛在王园寺译经，隋去陈未远，费长房当不会有如此错谬，这说明制旨、王园或本在一处。[⑤]

据上推断，当时朝亭、芝兰湖附近佛教寺院或为数不少，实际已成为当时岭南佛教的中心，[⑥] 另外可注意的是上引僧敬尼长期在番禺城讲法，那么"舍园宅"修筑众造寺者当主要是番禺民众，而真谛在制旨、王园寺的译经活动主要由时任广州刺史欧阳纥父子供养。[⑦] 就此而言，城西地域佛教寺院的形成、发展与番禺城中士庶的支持密不可分，同时上述众造寺是由十三家舍园宅而立，这说明朝亭周边存在一定规模的聚落，只是难知民众宅舍和佛教寺院出现的先后顺序，或许二者本是在相互促进中发展。

---

① （南朝陈）慧恺：《阿毗达磨俱舍释论·序》，《大正新修大藏经》第 29 卷《毗昙部四》1559，佛陀教育基金会出版部，1990，第 161 页中。

② （唐）智昇撰《开元释教录》卷 7《总括群经录上之七》，中华书局，2018，第 438 页。

③ 《大周刊定众经目录》卷 6，10 引《长房录》，《大正新修大藏经》第 55 卷《目录部》2153，第 406、435 页。

④ 汤用彤：《汉魏两晋南北朝佛教史》，北京大学出版社，2011，第 476～479 页。

⑤ 罗香林认为制旨寺和王园寺乃是光孝寺的前身，但无确凿证据。参见氏著《广州光孝寺与中印交通之关系》，中国学社，1960，第 29 页。

⑥ 特别是真谛在制旨、王园寺驻锡十余年，极大地推动了岭南译经事业的发展，所谓"今之所译，止是数缚多罗叶书，已得二百余卷"。（隋）费长房：《历代三宝记》卷 9，《大正新修大藏经》第 49 卷《史传部一》2034，第 88 页中。

⑦ 〔日〕吉川忠夫：《岭南的欧阳氏》，〔日〕谷川道雄编《中国边境社会的历史的研究》，昭和 63 年度科学研究费综合研究 A 研究成果报告书，1989，49～50 页。

四　城东的信仰之路与罗浮山

番禺城东北五里有北山（今白云山），甘溪发源于此，[①] 顺番禺城东城墙（今广州仓边路一带）南流注入珠江，是东郊最重要的溪流。《南越志》载："甘溪涧，昔交州刺史陆允之所开也。至今重之，每旦辄倾州连汲，以充日用，虽有井泉，不足食。"[②] 陆允之即陆胤，《吴书·陆胤传》载，陆胤为交州刺史，"州治临海，海流秋咸，胤又畜水，民得甘食。"[③] 陆胤"蓄水"当是导引甘溪水在城东北修筑了饮水池，后称"甘溪池"。[④] 可知，大致自吴以降，甘溪和甘溪池成为番禺城的主要饮水来源。或恰由于此，甘溪周边环境很好，满生菖蒲，故而又称"菖蒲涧"，沈怀远《南越志》云："咸安中，姚成甫尝涧侧遇一丈夫，曰：'此昌蒲，安期先生所饵，可以忘老。'"[⑤] 菖蒲被认为是辟邪之物，修道者经常服用，在当时具有特殊的宗教含义。显然，独特的自然环境和道教传说相互映衬，渲染了甘溪一带神秘的文化氛围。至东晋太元年间，"襄阳罗支累石涧侧，容百许人坐，游之者以为洗心之域"。[⑥] 另《世说新语》载："襄阳罗友有大韵，少时多谓之痴……后为广州刺史。"[⑦] "支"和"友"二字相近，罗支当即罗友。罗友和习凿齿是舅甥关系，[⑧] 很可能出自襄阳大族，魏晋时期荆楚之地本是方术的遗存区域，[⑨] 民俗文化颇具道教特质，罗友倾心于甘溪涧或与之有关。无疑，"洗心之域"的形成更增添了番禺城东郊脱俗、

① （宋）方信孺：《南海百咏》，广东人民出版社，2010，第 24 页。
② 《太平寰宇记》卷 157《岭南道一·广州》，"南海县"引《南越志》，第 3013 页。
③ 《三国志》卷 61《吴书·陆凯传附陆胤》，第 1410 页。
④ "甘溪池，在州东北五里。《番禺杂记》云：晋陆史君以海水味咸，导以给民。"《舆地纪胜》卷 89《广南东路·广州》，"古迹"，第 2850 页。
⑤ 《初学记》卷 8《州郡部·岭南道第十一》，"蒲涧"引《南越志》，第 192 页。
⑥ 《太平寰宇记》卷 157《岭南道一·广州》，"南海县"引《南越志》，第 3013 页。
⑦ （南朝宋）刘义庆撰，（南朝梁）刘孝标注，余嘉锡笺疏《世说新语笺疏》卷下之上《任诞第二十三》，中华书局，2015，第 831～832 页。
⑧ 《晋书》卷 82《习凿齿传》，第 2153 页。
⑨ 卢云：《汉晋文化地理》，陕西人民出版社，1991，第 183～184 页。另外，魏晋南朝时期荆楚民俗有着明显的重方术、巫鬼等道教文化色彩。可参见萧放《〈荆楚岁时记〉研究——兼论传统中国民众生活中的时间观念》，北京师范大学出版社，2000，第 207～219 页。

清幽的文化色彩。

自番禺城东郊顺水陆路可至罗浮山，罗浮山位于广州东部增城、博罗二县境内，六朝时同属南海郡，① 番禺城和罗浮山间有百八十里水陆路，② 相距不算太远，相互联系较为便利。《牟子理惑论》云："是时灵帝崩后，天下扰乱，独交州差安。北方异人，咸来在焉，多为神仙辟谷长生之术。时人多有学者。"③ 据此，汉末之际，一批善于神仙辟谷长生之法的术士为避乱，云游岭南，当时罗浮山或已成为道教的活动地区。④ 魏晋以降，随着江南新道教的发展和洞天福地体系的构建，江南地区的山岳在道教神仙地理体系中渐被位阶化，与此同时山中的神仙洞府也被具体化。⑤ 其中，罗浮山也被纳入了道教神仙洞府体系之中，并且作为修道成仙的福地而受到重视，《茅君内传》云："大天之内，有地中之洞天三十六所。罗浮山之洞，周回五百里。名曰朱明曜真之天。"⑥ 恰因此，番禺城和罗浮山之间的水陆路上渐趋频繁地出现士人和僧、道信徒的身影。

罗浮山的道教活动与番禺城中仕宦的扶持密不可分。约咸和五年（330）葛洪第二次南下，⑦ "至广州，刺史邓岳留不听去，洪乃止罗浮山炼丹。岳表补东官太守，又辞不就。岳乃以洪兄子望为记室参军。在山积年，优游闲养，著述不辍"。⑧ 可知，葛洪止于罗浮山修道与广州刺史邓岳的极力挽留有关，那么其能够在罗浮山修道、著书当是或多或少得到了邓岳经济上的支持。另外，尤需注意的是葛洪教团中的重要成员葛望当时出任邓岳军府记室参军一职，凸显了罗浮山道教团与广州地方政府的密切关系，这同样为道教在罗浮山的宗教活动提供了保障。事实上，爬梳史料可

① 胡阿祥、孔祥军、徐成：《中国行政区划通史·三国两晋南朝卷》，复旦大学出版社，2014，第 1439 页。
② 《太平寰宇记》卷 157《岭南道一·广州》，"增城县"，第 3016～3017 页。
③ （南朝梁）僧祐撰，李小荣校笺《弘明集校笺》卷 1《牟子理惑论》，上海古籍出版社，2013，第 6～7 页。
④ 王承文：《葛洪早年南隐罗浮山考论》，《中山大学学报》（社会科学版）1994 年第 2 期。
⑤ 魏斌认为，六朝时期道教对山岳体系的新构建并赋予江南山岳以神圣性，与六朝以建康为中心，立国江南的政治地理格局有关。参见魏斌 ""山中"的六朝史》，《文史哲》2017 年第 4 期。
⑥ 《艺文类聚》卷 7《山部上》，"罗浮山"引《茅君内传》，第 139 页。
⑦ 葛洪南下广州的具体时间不详，此处根据丁宏武的考证。参见丁宏武《葛洪年表》，《宗教学研究》2011 年第 1 期。
⑧ 《晋书》卷 72《葛洪传》，第 1911～1912 页。

知，两晋时期广州地方官员中多有道教徒，《罗浮山记》曰："鲍静，字子玄，上党人。博究仙道，为南海太守，昼临民政，夜来罗浮山，腾空往还。"① 鲍静当即鲍靓，② 是东晋时期著名道士，这条记载颇多神异色彩，但暗示了鲍靓出任南海太守期间曾频繁参与罗浮山的宗教活动。此外，东晋末五斗米道首领孙泰被流放广州，"广州刺史王怀之以泰行郁林太守"，另可注意的是孙泰北返是得王雅相助，③ 王雅是东海剡人，而两晋时期东海郡多出道教徒，④ 从王怀之、王雅与孙泰过从甚密推断，二王或同族且均是道教徒。据上可知，吴晋时期罗浮山道教团与番禺城联系密切，居于城内的仕宦不仅在经济上支持山中的宗教活动，且相当一部分地方官员本就是道教徒。因此，当时城、山之间有着频繁的行旅和信息往来，《晋中兴书》载，葛洪在罗浮山与广州刺史邓岳书，"当远行寻药。岱得书，径往别，而洪已亡"。⑤ 显然，两地间的频繁互动增强了城东这条道路的宗教文化色彩。

相对而言，两晋时期罗浮山的佛教团显得有些沉寂，少见其与番禺仕宦频繁接触的记载，这也使佛教徒在罗浮山的境况略显艰难。《高僧传》载，单道开"晋升平三年来之建业，俄而至南海，后入罗浮山。独处茅茨，萧然物外。春秋百余岁，卒于山舍。敕弟子以尸置石穴中，弟子乃移之石室"。⑥ 这反映了当时佛教徒在罗浮山身处茅茨、辟居岩穴的生活状态，袁彦伯《罗山疏》云："单道开尸，在石室北壁下，形骸朽坏，止有白骨在。昔在都识此道士，闻之使人慨然，其业行殊异，冀当蝉蜕解骨耳。"⑦ 其实，罗浮山佛教徒这种近似苦修的方式在某种程度上反映了其与番禺地方当局的疏离关系。但是，南朝以降这种状况渐趋改变，《舆地纪胜》载，景泰禅师，"梁大同中驻锡罗浮山，结庵小石楼下，广州刺史萧

① 《太平御览》卷41《地部六》，"罗浮山"引《罗浮山记》，第197页上。
② "鲍靓字太玄，东海人也……靓学兼内外，明天文河洛书，为南海太守。"《晋书》卷95《艺术·鲍靓传》，第2482页。
③ 《晋书》卷100《孙恩传》，第2631～2632页。
④ 参见田余庆《东晋门阀政治》，北京大学出版社，2012，第304～305页。
⑤ 《太平御览》卷664《道部六》，"尸解"引《晋中兴书》，第2964页上。邓岱当是邓岳之误。
⑥ （南朝梁）释慧皎撰，汤用彤校注《高僧传》卷9《神异上·晋罗浮山单道开》，中华书局，1992，第361页。
⑦ 《艺文类聚》卷73《杂器物部》，"抠"引袁彦伯《罗山疏》，第1255页。

誉召与语，甚异之。朝游南海，夕返罗浮，时谓之圣僧"。① 罗浮山有大、小石楼，在山西南麓，裴渊《广州记》云："罗、浮二山隐天，唯石楼一路可登。"② 大、小石楼相距约五里，中有石门，是攀登罗浮山的必经之地。萧誉时任广州刺史，从景泰禅师与萧誉交往密切来看，石楼寺院的建造、发展当是得到了萧誉的帮助。③ 及至梁末陈初，罗浮山的佛教寺院已具一定规模，《陈书·章华传》载，吴兴人章华，"侯景之乱，乃游岭南，居罗浮山寺，专精习业。欧阳頠为广州刺史，署为南海太守"。④ 侯景之乱中，如章华一般避地岭南、寄居罗浮山寺者或不在少数，可知罗浮山寺院必有一定的经济来源，而从章华后被署为南海太守看，颇疑当时番禺城中的部分仕宦就是供养者。或恰由于此，罗浮山佛教寺院也积极参与了番禺当局的政治活动，《陈书·高祖纪》载，永定三年（559）春正月"甲午，广州刺史欧阳頠表称白龙见于州江南岸，长数十丈，大可八九围，历州城西道入天井岗。仙人见于罗浮山寺小石楼，长三丈所，通身洁白，衣服楚丽"。⑤ 显然，罗浮山寺的仙迹是欧阳頠一系列奏献祥瑞活动的重要部分，这一活动必然是在罗浮山寺院的配合下完成的，由此可见罗浮山佛教团与番禺当局的互动关系。南朝以降罗浮山佛教团的发展及其与番禺仕宦联系的加强，同当时佛教发展的总体趋势相一致；另外，可能也与卢循之乱后，道教势力在岭南有所减弱有关。据此可知，南朝以降罗浮山佛教团通过与番禺仕宦阶层的频繁接触而获得支持，逐步发展了自身力量，从而使罗浮山形成佛、道并存，共同发展的局面。

五　结语

秦末动乱之际，赵佗以番禺为中心建立了南越国，筑越城以为都城，元鼎六年（前111）汉遣军灭南越，越城毁于战火之中，汉迁南海郡治于

---

① 《舆地纪胜》卷89《广南东路·广州》，"仙释"，第2862页。
② 《太平寰宇记》卷157《岭南道一·广州》，"南海县"引裴渊《广州记》，第3014页。
③ 嘉靖《惠州府志》卷15《杂志》载，景泰禅师结庵于小石楼下，后萧誉"因建寺于庵所，题曰南楼寺"。此条记载虽年代较晚，但或可为佐证。
④ 《陈书》卷30《章华传》，第406页。
⑤ 《陈书》卷2《高祖纪》，第38页。

越城之南。但两汉时期故越城周边地域处于持续发展中，[①] 汉末吴初步骘在越城故址重建番禺城，唯筑单重城垣，周长为 1700～1800 米，城开东、南、西、北四门；两晋南朝时期虽有修葺、改建，但基本规制并无变化。城内分布有府衙、仓库、贸易市场等公共建筑和以豪富之家为主的宅院，垣外近郊出现了附城街衢，分布着各类聚落和人群。另外，以城西二十里的石门为地理标志，城西地域可看作番禺城的都市外缘，以朝亭和芝兰湖为中心，周边聚集了数量可观的佛教寺院和民众住宅，陈时甚至发展成岭南的译经中心，可以说，城西地域与番禺城形成了紧密联系，官员、僧人、商旅和居民频繁往来其间，实际已将二者融为一体，从而拓展了番禺城的都市空间。番禺城东郊相对促狭，甘溪自此流过并成为城中饮水的主要来源，溪涧满生菖蒲，良好的生态环境烘托了东郊地域清幽、神秘的色彩，由东郊的道路可去往罗浮山，番禺城中的士宦和罗浮山的佛、道教团频繁互动，极大地推动和影响着罗浮山的宗教活动。显然，六朝时期番禺城作为岭南的统治中心，与周边地域的联系和互动，拓展了其都市空间和文化内涵，同时也为岭南佛、道教的发展提供了契机。

作者：鲁浩，江西科技师范大学历史文化学院

（编辑：许哲娜）

[①] 新中国成立以来，广州地区发掘的两汉墓葬异常丰富，约 2000 座，分为土坑墓、竖穴木椁墓、砖室墓和砖木合构墓等多种类型。南越国以降，西汉中晚期的墓葬主要分布在广州城东的龙生岗、红花岗、马棚岗，东北的永福路、太和岗，北面的横枝岗，西北的流花桥、皇帝岗等地。珠江南岸的大元岗和南石头等地有少量分布。东汉墓葬的分布范围较广，以广州古城近郊的东、东北、北和西北地区为中心，扩散到珠江南岸海珠区的大元岗、晓港新村、康乐村、官洲岛，番禺的钟村、沙头龟岗、小谷围岛，黄埔的茅岗、大田山，增城的新塘、石滩等地（广州市文物考古研究所编《广州考古六十年》，广东人民出版社，2013，第 69、72 页）。这说明围绕广州古城，周边地域的人口、聚落在不断增加和扩散。另外，1953 年在先烈路孖鱼岗发掘的大型砖墓有"永元九年甘溪造万岁富昌"和"甘溪灶九年造"墓砖铭文（广州市文物管理委员会、广州市博物馆编《广州汉墓·上》，文物出版社，1981，第 381 页）。甘溪是番禺城东郊的一条溪流，那么"甘溪灶"当是一座规模较大的手工业作坊。

元末开封五门格局形成考论[*]

元末开封五门格局形成考论*

吴朋飞　蔺　楠

内容提要：城门设置对城市外部形态和内部街巷格局起决定性的控制作用，是城市历史地理和城市史研究的重要内容。历史时期开封城墙的形成与发展过程极为复杂，本文依据文献记载、考古证据和地图复原，对开封城门设置与城门名称变化进行时空分析。元末至正十七年（1357）开封五门格局形成时，其内城只有十座城门，元将太不花只能塞五座和留五座城门，而非"余八门俱塞"。现存开封城墙最早可追溯到南北朝时期的汴州城，781年李勉重筑汴州城有陆行城门七座，至太平兴国四年（979）城门增至十座，一直沿用至1357年，中间只是名称稍有变化，此后开封五座城门格局为明清所沿用。

关键词：元末　开封　城门格局

明代开封城的地势和城门格局，《如梦录·形势纪》中有专门记载，即"三山不显，五门不对"。[①] 其中，"五门不对"的五门，《如梦录》及明清以来的文献记载很清楚，且能确指其具体位置。但对于五门的形成过程，今人不察，或多直接引用光绪二十四年（1898）《祥符县志》中"元将泰不花等以汴城四面城门，止留五座，以通往来，余八门俱塞"[②] 的记

---

* 本文系国家社会科学基金项目"泛滥黄河侵入开封城市过程的环境史研究"（15BZS024）和河南省高等学校青年骨干教师资助计划"黄泛平原古城城市形态演变历史研究"（2016GGJS - 027）的阶段性成果。

① 孔宪易校注《如梦录·形势纪第二》，中州古籍出版社，1984，第3~4页。
② 光绪《祥符县志》卷23《杂事志·识遗》。对于元将"泰不花"这一人名，近人论著如王育民的《中国历史地理概论》，刘顺安的《古都开封》，刘春迎的《北宋东京城研究》《考古开封》《揭秘开封城下城》，开封市地方志编纂委员会的《开封市志》以及《中原文化大典·文物典·历史文化名城》等都是直接引用光绪《祥符县志》的记载，而《元史》卷141有《太不花传》，应忠实于正史，写为"太不花"。其实，这一史料在乾隆《祥符县志》卷16《杂事志·识遗》已有记载，今人多不察。

比，城门仍为 7 座，水门 2 座，只是城门名称有些改动。

（四）北宋内城的城门

北宋定都开封，其都城继续沿用北周 955 年所形成的"外城—内城—皇城"三重城的城市格局，并不断修缮完备。故北周时的内城墙仍为北宋继续使用，《宋会要辑稿》对唐宋城墙的沿革关系记载很清楚，即"东京，唐之汴州，梁建为东都，后唐罢之，晋复为东京，国都因其名。旧城周回二十里一百五十五步，即唐汴州城，建中初，节度使李勉筑，国朝以来号曰阙城，亦曰里城"。[①] 北宋内城在沿用唐汴州城墙的同时，又在南城墙上增加了东门保康门、西门崇明门以及北墙上的西门天波门，这样北宋开封内城共设城门 12 座，其中陆路城门 10 座（见表 1）。

表 1　开封城墙城门名称演变一览

时间	东城墙		南城墙			西城墙		北城墙			资料来源
	南	北	东	中	西	南	北	东	中	西	
唐	宋门	曹门		尉氏		郑门	梁门	封丘	酸枣		《五代会要》
后梁	观化	建阳		高明		开明	乾象	含耀	兴和		《旧五代史》
后晋	仁和	迎春		薰风		金义	乾明	宣阳	玄化		《旧五代史》
北宋	丽景[旧宋门]	望春[旧曹门]	保康	朱雀	崇明	宜秋	闾阖[大梁门]	安远[旧封丘]	景龙	天波	《宋史·地理志》
	旧宋门	旧曹门	保康	朱雀	新门	旧郑门	梁门	旧封丘门	景龙门	金水门	《东京梦华录》卷1《旧京城》
	丽景	望春	保康	朱雀	崇明	宜秋	闾阖	安远	景龙	天波	《宋会要辑稿》
金代	宾曜	曹门	保康	丰宜	崇明	郑门	梁门	玄武	景龙	天波	楼钥《北行日录》卷上；《金史》卷25《地理志》
元初至1357年	宋门	曹门	保康	南门	崇明	郑门	梁门	北门	景龙	天波	乾隆《祥符县志》卷16《杂事志·识遗》

---

① （清）徐松辑《宋会要辑稿·方城一》，中华书局，1957，第7319页。

续表

时间	东城墙		南城墙			西城墙		北城墙			资料来源
	南	北	东	中	西	南	北	东	中	西	
1357年至明清	丽景门[宋门]	仁和门[曹门]		南门		大梁门[西门]	安远门[北门]				《如梦录》

由表 1 可知，北宋开封内城所设城门共计 12 座，其中陆路正门 10 座，汴河角门子 2 座（见图 2）。这些城门的名称沿袭前代又多次改动，又有俗称、旧称。10 座正门中，南墙有城门 3 座，中为朱雀，西为崇明，东为保康；西墙有城门 2 座，南为宜秋，北为阊阖；北墙有城门 3 座，中为景龙，西为天波，东为安远；东墙有城门 2 座，南为丽景，北为望春。这些城门的正式定名，除保康门为大中祥符五年赐名外，其余的都是宋太平兴国四年九月赐额改名的。① 另外，《东京梦华录》中记载的汴河南岸角门子、汴河北岸角门子是"陆行便门，不在正门之列"，② 而且角门子是与汴河上的水门闸一起，一并构成北宋东京内城特殊的水门形制。这与外城汴河入城时所设南北角门子加拐子城的水门形制不同，这一点在《北宋东京水门考》③ 里已有很清楚的解释。杨庆化的《北宋东京城水陆城门考补》一文提出内城"15 座之说"，即"东京内城的城门数量不是 12 座，而应是 15 座"。他在 12 座城门的基础上，认为"汴河穿过内城的上、下水门，金水河进入内城的水门，共 3 座水门被漏掉了"。④ 显然，搞清当时的水门形制和记述方式很重要，不能认为只要城墙上有开口就可以认为有城门。汴河穿过内城的上下水门是和其所设角子门一起作为城门系统看待的。

北宋东京内城城垣遗址的范围已被考古探出，城门中只有朱雀门遗址和汴河西角门子遗址的位置大致测定，其余各门址尚未找到。整个内城遗址略呈正方形，叠压在今开封老城区范围以内，较现存开封城墙范围规模略小，周长约 11550 米。南墙基位于今大南门北 300 米左右的东西一线，自西向东经市二建预制厂、市三建预制厂、迎宾饭店、包公东湖、封吉府

---

① 周宝珠：《宋代东京研究》，河南大学出版社，1992，第 56～58 页。
② 周宝珠：《宋代东京研究》，第 42 页。
③ 吴宏岐、孙伟：《北宋东京水门考》，参见陕西历史博物馆编《陕西历史博物馆馆刊》第 11 辑，三秦出版社，2004，第 153～158 页。
④ 杨庆化：《北宋东京城水陆城门考补》，《开封大学学报》2010 年第 3 期。

筑内城时，拆除了沿线的太学等建筑，就连原来的宋国子监也是"当城所经，弗便也，坏而徙之东南大城之下，不及屋而亡"。① 金宣宗扩建后的"里城"，奠定了今日开封城墙的规模基础。

按此，金宣宗筑里城仅是将南、北城墙分别向外进行了扩筑，到达了现在保存的明清南、北城墙的位置，那么城门的设置有无变化呢？王曾瑜指出，"金朝虽然重修宫殿，向北扩大宫城但对宋朝原有的里城和外城的整个城市格局没有更动只是将城门改名"。② 刘春迎同样认为，金代末年，宣宗迁都开封之后，"再筑子城"，但也不过是将原宋内城的南北两墙向外拓展而已，在城门的设置上，应无大的变化。③ 因而，兴定三年后的开封内城，仍为陆行门10座，但城门的名称出现了变化（见图3）。目前我们知道金代开封内城有三座城门的名称发生了变化。金代中期，按照宋使楼钥的记载，里城的"［旧］宋门，即丽景门，金改为宾曜门"；里城北墙偏东的"旧封丘门，即安远门也，金改为［玄］武门"；里城朱雀门改为"丹凤门"等。④ 金宣宗筑里城后的新南门名为"丰宜"，《金史》卷二十五《地理志》中有记载："宫（皇）城门，南外门曰南薰，南薰北，新城门曰丰宜，桥曰龙津桥，北门曰丹凤，其门三。丹凤北曰舟（州）桥，桥少北曰文武楼，遵御路而北，横街也。"《大金国志》卷三三指出"汴京制度，宣宗所迁，大概依宋之旧"。其他城门名称，恐怕未发生变化。

二　元末开封五门格局的形成

蒙古军占领开封后，在此设南京路，至元二十五年（1288）改为汴梁路。至元二十八年（1291）置河南江北行省，以汴梁为省会，开封成为地方政治中心城市。

元代汴梁城的建设保持了金代开封城的格局，只在元世祖至元二十七年（1290）修汴梁城和仁宗延祐六年（1319）修汴梁护城堤。⑤ 至元二十

---

① （元）姚燧：《牧庵集》卷5《汴梁庙学记》。

② 王曾瑜：《金代的开封城》，《史学月刊》1998年第1期。

③ 刘春迎：《考古开封·金代汴京城》，河南大学出版社，2006，第196页。

④ （宋）楼钥：《北行日录》卷上。

⑤ 康熙《开封府志》卷9《城池》。

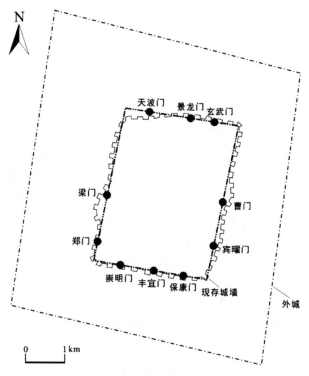

图 3　1219 年的开封内城城门

七年十一月，黄河决祥符县义唐湾（今开封城东北），水由外城东北水门（善利门）入，不得已乃颓城为堰，以拒水进城。水退后，"增外防百三十里"①。延祐五年（1318）正月，河北河南道廉访副使奥屯在上疏中建议："近年河决杞县小黄村口，滔滔南流，莫能御遏，陈、颍濒河膏腴之地浸没，百姓流散。今水迫汴城，远无数里，倘值霖雨水溢，仓卒何以防御。方今农隙，宜为讲究，使水归故道，达于江、淮，不惟陈、颍之民得遂其生，窃恐将来浸灌汴城，其害匪轻。"② 官府采纳了这一建议，在开封城北修建了一道护城堤，城东修建了黄河大堤。延祐六年创修河堤、护城堤，完善开封城北、东面的黄河防御工程。工程由大司农司下都水监移文汴梁分监修治，"自六年二月十一日兴工，至三月九日工毕，总计北至槐疙疸两旧堤，南至窑务汴堤，通长二十里二百四十三步。创修护城堤一道，长

---

① 开封市地方志编纂委员会编《开封市志》第 1 册，中州古籍出版社，1996，第 43 页。
② 《元史》卷 65《河渠志二·黄河》，第 1623 页。

七千四百四十三步，下地修堤，下广十六步，上广四步，高一丈，六十尺为一工"。① 这两次修城活动，都与抵御黄河洪水有关，根本未涉及内城，故内城城门未发生变化，仍为10座陆行门。

元末元军与农民起义军之间的数次战争则导致了开封城门的重大变化。这一变化发生在元顺帝至正年间。刘福通率领的农民起义军和元军在开封城下曾展开数场激烈战斗，至正十七年农民起义军攻打开封时，"纵火烧汴梁诸门城楼"，当时城内元军统帅太不花为了加强防守，"以汴城四面城门，止留五座，以通往来，余八门俱塞"，至此，开封内城墙上的城门减至五座，即《如梦录》所记的宋门、曹门、南门、西门和北门（见图4）。至正十八年（1358）刘福通率领的农民起义军攻占汴梁城后作为首都，也未将那些已堵塞的城门重新扒开。之后，开封五门一直为明清两朝所沿用，直到1927年，冯玉祥开辟新南门（新门），这一城门格局才被改变。

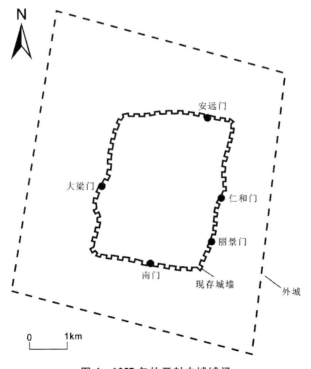

图4　1357年的开封内城城门

---

① 《元史》卷65《河渠志二·黄河》，第1623页。

按照前文的论述，元军统帅太不花其实仅堵塞了南城墙三座城门中的东西两座城门，留中间的南门；西城墙上两座城门中的南边一门；北城墙三座城门中的东、中两座城门，留东面的北门，共计堵塞了五座城门，留五座城门（见表1和图4）。而非乾隆《祥符县志》所谓的"余八门俱塞"，当时开封内城墙上总共才有十座陆行门，留了五门，又哪来八门呢？我们再从此文献出自该书卷十六"杂事志·识遗"，也很怀疑它的可靠性。

三 结语

城门决定着一座城市的内外交通，城内外街道的分布格局以及居民的聚居分布形态都将在很大程度上受其影响。通过本文得知，明清开封城五门格局的形成是至正十七年元军统帅太不花人为干预的结果，当时留下五座城门，堵塞了五门，非"余八门俱塞"。从各城墙上被堵塞的城门分析，东西城墙上留下的城门最多，自唐代781年的汴州城就已经确立名称和位置的四门中，堵塞了西城墙上南面的一门郑门，留下的三座，分别为东城墙上的曹门、宋门和西城墙上北面的大梁门；而南北城墙上被堵塞的城门最多，该两段城墙为金宣宗1219年所扩筑，六门中只剩二门，即南城墙上的南门和北城墙上的北门。这或许与各段城墙形成的年代早晚有关，越早的城墙其城门附近的防御设施也就越完善。

总之，现存开封城墙最早可追溯到南北朝时期的汴州城，781年李勉所筑汴州城为五代北宋定都开封奠定了坚实的基础，对后世开封城的发展影响极大。该城墙在781年至955年为开封城墙，955年至1357年则变为开封内城墙（1219年曾南北扩筑），洪武初开封内城墙改为砖城，一直延续至今。781年的汴州城有陆行城门7座，至太平兴国四年（979）城门增至10座，一直沿用至1357年，中间只是名称稍有变化，1357年后开封城门则变为5座，为明清开封城所沿用。因此，城门数量的变化，是开展城市历史地理研究过程中需要特别关注的重要问题。

作者：吴朋飞，河南大学黄河文明与可持续发展中心
蔺　楠，河南大学黄河文明与可持续发展中心

（编辑：张献忠）

明清北疆驻防城的商业化及影响[*]

——以张家口堡、宁远城为中心

郝园林

内容提要：明清时期，朝廷基于防御目的，在北疆地区修筑了大批驻防城。其后随着形势的稳定，个别城址的功能发生转变，成为地区性的商业城市。其中以张家口堡、宁远城为典型，二者在城市建置、形态方面体现了军事性特征。然而它们地处交通要冲的区位优势也决定了其商业发展的必然性，城市空间的扩展也为商业交易搭建了更大的平台。明清驻防城的商业化转型对地区城市格局产生了深远的影响，既促进了区域城市间的联系，也使得区域中心发生空间迁移。

关键词：明清驻防城　商业城市　张家口堡　宁远城

　　明清之际，面对北部边疆的军事威胁，中央政府在辽、冀、蒙、甘、新等地修筑了大批军事驻防城，个别城址的功能在以后的发展中发生了转变。其中明代宣府镇张家口堡和清代新疆宁远回城比较有代表性，二者始建时均是作为防御体系的一部分而存在，其后转变为同蒙俄贸易的商埠重镇，在中国城市发展史上具有典型性。虽然有学者已对张家口堡及宁远城的形制和发展脉络等方面做了详细梳理，然而视角较为单一，没有系统地说明二者商业化的过程及动力所在。^① 在对二者城市功能的转变方面也有

---

* 本文为国家社会科学基金青年项目"新疆清代城址设制的考古调查与综合研究"（项目编号：19CKG018）阶段性成果。

① 对张家口堡的研究可参考：孙召华《明代张家口堡考论》，朱诚如等主编《明清论丛》第 8 辑，紫禁城出版社，2008；杨申茂等《明代长城军堡形制与演变研究——以张家口堡为例》，《建筑学报》总第 7 期，2012；张明《张家口堡城池考》，《中国长城博物馆》2012 年第 2 期；魏坚等《京畿雄关——明万全右卫军事防御体系研究》，科学出版社，2016。对宁远城的研究可参考：魏长洪《伊犁九城的兴衰》，《新疆社会科学》1987 年第 1 期；闫雪梅《清代伊犁九城遗址》，《新疆文物》2005 年第 4 期；彭修建《清代伊犁九城的布局与战略作用研究》，《伊犁师范学院学报》（社会科学版）2010 年第 2 期。

学者做了梳理和研究，取得了一定的成果，[①] 然而，很少有人注意到张家口堡的商业化实乃发端于明代，宁远城的商业化肇始于清代，它们从始建时便具备了商业发展所需的要素。同时，对外形势的变化和政策的转变也诱发了商业化转型。商业的发展既推动了城市建置、城市形态、区域角色等各方面的发展和升级，也深刻影响了区域城市格局。张家口堡和宁远城都取代了原来的军政首府，一跃成为地区的政商中心，便是典型例证。笔者就这一内在理路做一探讨，不当之处，敬请方家指教。

一　张家口堡、宁远城的军事建置

张家口堡与宁远城都是平地起城，所在地之前并无城基。城址在建好之后，建置便不断完善，主要体现在城市建设和行政设置两方面，前者指城墙及城内建筑的日渐完备，后者指职官体系的完善及统城长官级别的日益提高。驻防官员的起居办公都在特定等级的衙署内，军政体系和城市建筑因此具有了内在的映射关系，它们既是帝制时代森严等级的折射，也体现着张家口堡和宁远城的军事属性。

张家口堡建于明宣德四年（1429）。始建时该城的长官为操守，隶属于万全左卫。宣德五年，明廷设万全都司，张家口堡亦随万全左卫划归于万全都司，其间曾在古城西北方向修建了真武庙。景泰四年（1453），其长官级别已升为守备。[②] 成化年间（1465～1487），职官设置更为完善，部分民事也从军政事务中剥离出来。成化十年（1474），宣府镇设置宣府西路参将，"置分守宣府西路参将……参将驻柴沟堡，属以柴沟、万全左右

---

①　目前对张家口城市兴起及商业转型的研究较多，参见许檀《清代前期北方商城张家口的崛起》，《北方论丛》1998 年第 5 期；李晨晖《明清时期张家口地区商业地理研究》，硕士学位论文，西北师范大学，2011；何一民《从军城到商城：清代边境军事城市功能的转变——以腾冲、张家口为例》，《史学集刊》2014 年第 6 期；王洪波、韩光辉《从军事城堡到塞北都会——1429～1929 年张家口城市性质的嬗变》，《经济地理》2013 年第 5 期。对宁远城兴起的研究可参见：吴轶群《清代新疆边境地区城市对比研究——以伊犁、喀什噶尔为中心》，博士学位论文，复旦大学，2007；郝园林《清代新疆"伊犁九城"建置始末——兼论满城形制的渊源》，《清史研究》2020 年第 3 期。

②　据《明英宗实录》，"守备万全左卫张家口堡都指挥金事齐广坐役军出口捕鹿"，《明英宗实录》卷 231，景泰四年秋七月辛巳，台北，中研院史语所校印本，1962，第 5064 页。

卫、新河、新开口、怀安、洗马林、西阳河、张家口九城堡"。① 张家口堡改隶宣府西路参将统领，长官仍为守备。守备作为统兵之官，管理张家口堡一应大小事务，有诸多弊病。② 于是在成化十一年粮仓事宜便交由万全右卫广盈仓管粮官。③ 到成化二十年（1484），专门在张家口设立了管粮草的官员。④ 大概同时在城内营建了察院和关王庙等。关王庙是祭祀武圣关羽的寺庙，旨在宣扬忠武精神，在明清军城内多有所见。

嘉靖年间（1522~1566）张家口堡的形制基本确定下来，嘉靖《宣府镇志》载："高二丈五尺，方四里有奇，城铺十，东、南二门……关厢一，高二丈，方五里。"⑤ 根据笔者实地调查，结合 CORONA 卫星影像判断，古城的东墙长 325 米，南墙 540 米，西墙 314 米，北墙 568 米，合周长1747 米。⑥ 万历元年（1573），为满足明蒙互市的现实需要，明廷又增筑来远堡，与张家口堡形成北南双城格局。据载，来远堡"并西垣，接旧城，四正曲直，延长一百四丈四尺，平高三丈，上加女墙五尺，下掘底，垒石为基，加瓴甓其上"。⑦ 且"添设防守一员，兵三百名"⑧。万历二年（1574）张家口堡被包砖，万历四十一年（1613）来远堡被包砖，《宣大山西三镇图说》绘制有万历年间张家口堡形制及周边形势图（见图1）。⑨ 张家口堡驻兵也由正德年间（1506~1521）的 1078 名升至万历三十一年（1603）的 1295 名。

张家口堡反映了明代卫所城的演变过程及形态特征，具有典型性。其形态为方形，是明代卫所城的普遍形制，城内修建的真武庙、关帝庙、察

① （明）严从简：《殊域周咨录》卷 18《鞑靼》，中华书局，1993，第 606 页。
② 据《明宪宗实录》，"万全都司所属沿边城堡仓场俱委军职管理，积弊不可枚举"，《明宪宗实录》卷 140，成化十一年四月己卯，第 2609 页。
③ 郝园林：《明代万全都司仓储建设与管理初探》，《农业考古》2017 年第 1 期。
④ （明）张学颜：《万历会计录》卷 23《宣府镇目录·职储》，《续修四库全书》史部政书类，第 832 册，上海古籍出版社，1995，第 353 页。
⑤ 嘉靖《宣府镇志》卷 1《城堡考·张家口堡》，台北，成文出版社，1970，第 94 页。
⑥ 郝园林：《CORONA 影像在城市考古中的应用》，教育部人文社会科学重点研究基地吉林大学边疆考古研究中心等编《边疆考古研究》第 22 辑，科学出版社，2017。
⑦ 乾隆《万全县志》，乾隆七年刻本。另有康熙《宣镇西路志》记载其"周一里百五才有六步，高三丈五尺"。
⑧ 《明神宗实录》卷 511，万历四十一年八月丁未，第 9669 页。
⑨ 万历《宣大山西三镇图说》卷 1《宣府守道辖上西路总图》，《玄览堂丛书》初辑第 4 册，台北，正中书局，1981，第 41041 页。

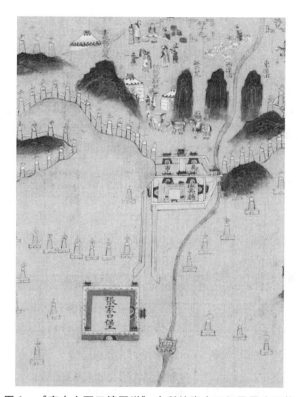

图1　《宣大山西三镇图说》中所绘张家口堡及周边形势

资料来源：（明）杨时宁、白希绣等编《宣大山西三镇说图说》，明万历三十一年秘阁本。

院也都是明代北疆城址中所常见的。[①]

　　宁远城是"伊犁九城"之一，建于清乾隆二十七年（1762）。该城是在伊犁将军的领导下，由回人所修建。[②]《清实录》记载了大体筑城经过："参赞大臣阿桂奏：……回人等在固勒扎建造城垣，与乌哈尔里克城相仿，所造房屋，亦俱竣工报闻。寻钦定……固勒扎城曰安远城，门东曰景旭、南曰嘉会、西曰环瀛、北曰归极。"[③] 该城始名安远城，不久改为宁远城："将军明瑞始鸠工焉，赐名宁远。"[④] 宁远城建好后，其规制为"城高一丈

------

① 郝园林：《张家口明代卫所城调查与研究》，中国人民大学北方民族考古研究所等编《北方民族考古》第 3 辑，科学出版社，2016。

② （清）铁保等：《钦定八旗通志》卷 118《营建志七》，第 7672～7675 页。

③ 《清高宗实录》卷 668，乾隆二十七八月庚子，中华书局，1986。

④ （清）刘锦藻：《清续文献通考》卷 321《舆地考十七·新疆省》，新兴书局，1963，第 10614 页。

六尺，周四里七分"①，合周长 2707.2 米。从伊犁将军所绘制舆图中可见
其详细规制："回城一座，周围四里七分，城身高一丈二尺，垛墙高六尺，
共高一丈八尺"；"城楼四座，每座高一丈五尺；城门四座，面阔三丈五
尺"；"瓮城四座，每座周围二十五丈五尺，东西北各瓮城门一座，南面瓮
城门二座"；"角楼四座，每座高一丈二尺，面阔二丈"；"炮台十六座，面
阔二丈"。②（图2）宁远城内居住的主要是回人："城内系阿奇木伯克鄂罗
木杂普率众回子居住。"③ 这些回人是从天山以南地方迁来的，④ 同时，城
内也兴建了"阿奇木伯克衙署一所、伊什罕伯克衙署一所、粮员衙署一
所"⑤，供官兵居住和使用。

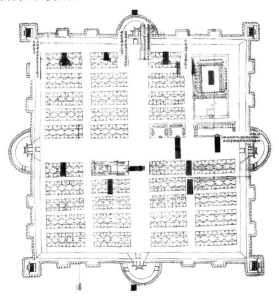

图2　宁远城式样

资料来源：《奏报伊犁城垣竣工折》，军机处满文录副奏折，乾隆二十七年七月初九日奏，中
国第一历史档案馆藏，档案号：03 - 0179 - 1958 - 036。

---

① （清）松筠：《新疆识略》卷4《伊犁舆图》，《续修四库全书》史部地理类，第732册，
上海古籍出版社，2002，第645页。
② 《奏报伊犁城垣竣工折》，军机处满文录副奏折，乾隆二十七年七月初九日奏，中国第一
历史档案馆藏，档案号：03 - 0179 - 1958 - 036。
③ （清）铁保等：《钦定八旗通志》卷118《营建志七》，嘉庆四年刊本景印本，台北，台湾
学生书局，1968，第7677页。
④ （清）刘锦藻：《清续文献通考》卷321《舆地考十七·新疆省》，第10614页。
⑤ （清）松筠：《新疆识略》卷4《伊犁舆图》，《续修四库全书》史部地理类，第732册，第645页。

宁远城在建好后，也一直不断扩建增修。乾隆三十二年，在古城南修建了仓厫，并在几年后进一步扩建，"三十二年，在城南十五里修仓厫一百间。三十八年，添仓二十间，俱为回子交粮收贮之所"①。古城设有"管仓同知一员"②，专门管理粮仓事宜。城外还有碑亭一座："回子驻劄碑亭一座，在城外东北隅半里许高阜上。"③ 里面有"恭勒高宗纯皇帝圣制平定准噶尔勒铭伊犁碑文一通，又圣制平定准噶尔后勒铭伊犁碑文一通"④。清廷于此处立碑，试图昭显其对伊犁核心地区的控制及权威。

宁远城虽是由回人所建，但其职官、形制也都体现了清代驻防城规制。城址形态为方形，城内有十字大街，防御工事较为完善，具有鲜明的军事防卫性质。⑤ 它同张家口堡一样，都体现出了明清之际北疆城址的鲜明特征：方形的城市形态，内部主干道为十字形，形制规整。二者官员配置的级别逐渐提升，职能也日渐完善，驻兵也逐渐增加，是典型的军事性镇城。⑥

作为军事性城址，张家口堡和宁远城首要的功能是防守。例如对张家口堡，明代边防将领格外重视，不断强调其重要性。⑦ 张家口堡建成后便一直历经战事，如成化二十年（1484）"虏入张家口、野狐岭诸处，攻围墩台，杀死官军"⑧；正德十年（1515）"虏……寇张家口，指挥张源等击

---

① （清）铁保等：《钦定八旗通志》卷118《营建志七》，第7677页。仓厫的位置另有一说："仓厫一所与粮员衙署俱在伊犁河北岸，距宁远城八里。"（清）松筠：《新疆识略》卷4《伊犁舆图》，《续修四库全书》史部地理类，第732册，第645页。

② （清）格琫额：《伊江汇览·官制》，《中国地方志集成·新疆府县志辑》第9册，凤凰出版社，2012，第548页。

③ （清）松筠：《新疆识略》卷4《伊犁舆图》，《续修四库全书》史部地理类，第732册，第645页。

④ （清）松筠：《新疆识略》卷4《伊犁舆图》，《续修四库全书》史部地理类，第732册，第645页。

⑤ 郝园林：《新疆清代城址的调查与研究》，《中国文物报》2020年4月17日，第6版。

⑥ 郝园林：《清代新疆"伊犁九城"建置始末——兼论满城形制的渊源》，《清史研究》2020年第3期。

⑦ 参见《西园闻见录》："张家口、西阳河等处城堡系紧要去处，仍前守备。"（明）张萱：《西园闻见录》卷53《兵部二·边防前下·宣府镇》，台北，华文书局，1969，第4226页；参见《叶文庄公奏议》："所据龙门关至张家口一带中军地方尤为紧要，必须一面巡哨防护，一面修筑营工。"（明）叶盛：《叶文庄公奏议》上谷奏草卷2，《续修四库全书》史部诏令奏议类第475册，第515页。亦有官员曾因"隐匿"情报而获罪："守备张家口诸处指挥胡玺等隐匿边情。"《明宪宗实录》卷203，成化十六年五月壬辰，第3555页。

⑧ 《明宪宗实录》卷253，成化二十年六月庚申，第4276页。

斩三十级"①；崇祯七年（1634）"清兵入大同张家口，又入膳房堡，焚龙门关"②。张家口地区的军事冲突几乎贯穿了明朝中晚期，其军事战略地位的重要性可见一斑。

宁远城同样在军事战争中扮演过重要角色。同治三年（1864）六月，"回变"在全疆爆发。伊犁河谷地区的"回变"先从宁远城开始并成功，该城由此也成为伊犁地区的根据地。当库车、奇台、乌鲁木齐、吉木萨尔等地的"回变"军开始行动后，宁远城礼拜寺内部分回民聚集准备响应。尽管伊犁将军进行了招抚，但这些回民还是在阿奇木伯克阿不都鲁苏勒的领导下起事并占领了宁远城。清军曾试图增援，"参赞荣某、领队额某同援宁远，复败于告车台，阵亡二千有奇"③，并以失败告终。"回变"军以宁远城为大本营，首先攻陷了附近的熙春城，而后占领了整个伊犁河谷地。可以看到，不论是宁远城，还是张家口堡，二者的修筑都是与区域局势紧密相连的，这源于它们重要的军事战略地位。其能否牢控于手，事关地区战事的成败和明清边疆的稳定。

二 张家口堡、宁远城的商业化进程

张家口堡与宁远城都经历了从军事城堡转为贸易重镇的过程。这个过程的主要诱因在张家口堡表现为明末在此屡开马市、大市、私市，张家口终成为内地和塞北互通有无的重要据点，在宁远城体现在清末沙俄于此通商，设立商业网点，强制扩大贸易。若再细究，二者的商业因素在始建时便有了发端，体现在区位、人口、官制及城市形态等方面。

明隆庆年间（1567～1572）开始，张家口正式开马市、大市、私市，并形成定制。早在嘉靖三十一年（1552），"初大同马市罢，宣府以虏守约互市不绝，至是虏益骄，方张家口开市毕，次日即入常峪口肆掠，故朴谓宜罢"，④当年即停止互市。其实前一年距张家口不远处的新开口便开马市，"宣府设马市于新开口堡，虏酋把都儿、辛爱、伯腰、卜郎台吉、委

---

① 《国榷》卷49，正德十年七月甲辰，中华书局，1958，第3089页。

② 《崇祯实录》卷7，崇祯七年七月辛卯，第205页。

③ （清）魏光焘：《戡定新疆记》卷1《武功记一》，台北，华文书局，1969，第24页。

④ 《国榷》卷60，嘉靖三十一年九月癸卯，第3801页。

兀儿慎台吉凡五部入市，共易马二千余匹"①。两次马市转瞬即逝，没有形成定制。隆庆五年（1571），正式开大市，"宣府张家口堡六月十三至二十六日，官市昆都力哈、永邵卜大成部马千九百九十三匹，价万五千二百七十七两，私市马骡牛羊九千，抚赏费八百两"。② 这次开市影响深远，其后市场规模不断扩大，市场也越来越规范，往后则设官负责，"张家口市听约束于上西路参将及口北分守使"。③ 对交易的规模也有所规定："万历三年，定其额，宣府万八千匹，货价银十二万两。"④ 市场规模远比大同镇、山西镇要大，可见其地位之重要。⑤ 此外民间还多有私市、民市："唯私市者，尚有上驷，而宣府张家口为最。"⑥ "夷部落多，钱粮有限，因广召商贩贸易，号'民市'，兼收其税，充诸将吏廪犒需。"⑦ 还有市期外之贸易，如"张家口、独石等处不及市期有交易，及至市期，虏马将竭"。⑧ 总之，张家口市场规模非常大，时人记载，其"初立市场，每年缎布买自江南，皮张易自湖广"⑨，"本堡乃全镇互市之所，堡离边稍远，恐互市不便，乃砖垣于其口，每遇开市，朝往夕还，楼台高耸，关防严密，巍然一巨观焉。堡人习与虏市，远商辐辏其间，每市万虏蚁集，纷纭杂错"，⑩ 虽有夸张之嫌，但仍可窥其市场交易之盛。

明末，张家口成为北疆重要的马匹交易和供应之地，辽东战事吃紧时，臣员多次商议去张家口买马，"宣府张家口夷马蕃庶，即差左都司前去易买"。⑪

---

① 《明世宗实录》卷 373，嘉靖三十年五月庚戌，第 6663 页。

② 《明穆宗实录》卷 61，隆庆五年九月癸未，第 1493 页。

③ （明）瞿九思《万历武功录》卷 8《中三边·俺答列传下》，《四库禁毁书丛刊》史部，第 36 册，北京出版社，2000，第 56 页。

④ （明）茅元仪：《武备志》卷 147《军资乘·贡市》，《四库禁毁书丛刊》子部，第 25 册，第 224 页。

⑤ "大同一万匹，货价银七万两。山西六千匹，货价银四万两。"（明）茅元仪：《武备志》卷 147《军资乘·贡市》，《四库禁毁书从刊》子部，第 25 册，第 224 页。

⑥ （明）茅元仪：《武备志》卷 147《军资乘·贡市》，《四库禁毁书丛刊》子部，第 25 册，第 224 页。

⑦ （明）黄景昉：《国史唯疑》卷 8《隆庆万历》，上海古籍出版社，2002，第 232 页。

⑧ （明）张萱：《西园闻见录》卷 59《兵部八·市市·前言》，第 4566 页。

⑨ （明）黄景昉：《国史唯疑》卷 8《隆庆万历》，第 232 页。

⑩ 万历《宣大山西三镇图说》卷 1《宣府守道辖上西路总图》，第 41042 页。

⑪ （明）熊廷弼：《按辽疏稿》卷 2《兑寺马疏》，《续修四库全书》史部诏令奏议类，第 491 册，上海古籍出版社，1995，第 506 页。

另有明人指出，"二十九年以前，夷市未开，何以有马？关西张家口一带非无马者，如使马必取给于本地"①，"将各路棚桩及节省各兵饷银内动支，在张家口买马"②。同时，张家口也成为蒙汉互通的重要据点，蒙古察哈尔部多次到张家口请罪求市："酋长满五大……乃从张家口悔祸自赎，刑牲而盟，边事益宁"③，"插汉部众投建房者千人余，二千人求驻张家口货买茶米"④，"插部从西边过来，往投边烽，曾在张家口讲要卖马，因他马匹不堪，不曾理他，他就去了"⑤，"插汉部目赤食等六十骑薄张家口，讲赏，明日又二百骑胁索，参将姜名武乞备之"。⑥这些都意味着张家口成为蒙古部落及明廷共同认可的贸易点，其象征意义愈加凸显。

宁远城所在伊犁地区的商业，在乾隆平定新疆后便通过与哈萨克的朝贡贸易逐渐发展起来，"兹查伊犁向为贸易辐辏之区，而雅尔地方，近亦驻扎办事大臣，将乌鲁木齐贸易实务定议统归伊犁、雅尔处理"⑦。伊犁所需马匹等，全靠与哈萨克贸易得来："伊犁驻防大兵，一切需用牲畜，全赖哈萨克贸易。"⑧同治十年（1871），伊犁河谷沦陷于沙俄之手，俄人重点兴建宁远城，伊犁河谷的其他城除个别仍住少量汉、回居民外，大多遭毁弃，"将大城、巴彦岱、霍尔果斯三城房屋俱平毁，清水河、塔尔奇、绥定三城俱付汉、回居住，芦草沟、城盘子俱弃置，而专于大城东南九十余里之金顶寺及固尔札两处拆各城材木，营盖市廛，横亘几二十里，用费以数百万计。不知者疑其不营西北转营东南为失计"⑨，所谓："当占据之

---

① （明）熊廷弼：《辽中书牍》卷1《与王振宇总戎》，《四库禁毁书丛刊》集部，第122册，第665页。

② 康熙《宣镇西路志》卷2《抚赏》，第32页。

③ （明）张佳胤：《建修独石三城碑（建修独石城）》，陈子龙辑《明经世文编》卷339《张崑崃集》，第3637页。

④ 《国榷》卷93，崇祯七年十二月丁亥，第5681页。

⑤ （明）杨嗣昌《杨文弱先生集》卷43，《戊寅三月初十日召对》，《四库禁毁书丛刊》集部，第69册，第655页。

⑥ 《崇祯实录》卷11，"崇祯十一年三月丙寅"，第322页。

⑦ 《永泰等为预办丙戌年伊犁各处贸易绸缎事呈军机处文》，乾隆三十年七月二十八日，《清代档案史料丛编》第12编，中华书局，1987，第95页。

⑧ 《清高宗实录》卷778，乾隆三十二年二月壬戌。

⑨ （清）李云麟：《论伊犁》，（清）葛士濬《清朝经世文续编》卷75《兵政十四》，台北，文海出版社，1972，第1924页。

时，尽徙遗民于宁远，而列城皆墟蘖，地数千里被割。"① 左宗棠亦曾说："伊犁大城，人烟甚少，俄兵及商户均萃居东面惠宁、熙春、宁远三城，而金顶寺烟户尤多。"② 俄商在宁远城北门一带开设大量店铺，将古城北大街至西沙河子这一带，叫作"诺威噶尔特"（俄语"新城"之意）。宁远城商业由此繁荣起来，很快成为伊犁地区的中心城市。

光绪十四年（1888），宁远城设县，商业进一步发展，货物品类也更繁多："所产之物以牲畜、皮毛、土药为一大宗。牲畜等类售销本地，亦有贩销他处者，难查其数，约每月除俄商贩卖不计外，可获牲税银三百两有奇，详报有案。"③ 交易的辐射范围及规模也更为广大，波及俄国、中亚等地："皮毛每年经华人卖与俄商者一万四千普筒，经俄人卖归俄商者四万六千普筒，合华秤共重一百六十五万斤，此非宁远一县所产，蒙哈各游牧所出实多，均运来汇总发售耳。土药行销本地，亦有贩销他处者，每年约共销二十余万，所有本地行销他处各项货物每年约三十万有奇（蒙哈各种人等均赴此间购货），此系华商由关内并俄国运来之货，而俄商销数更当加倍。"④ 宁远城商业之发达可见一斑。

三　商业化动因及区域中心转移

张家口堡与宁远城商业化在兴起的动力方面有诸多相通之处，体现在外因、内因两方面。外因方面，它们都是外部互市贸易需求直接刺激的结果。张家口堡的马市、私市，都是应蒙古部落所需而设。嘉靖年间，俺答汗迫切地需要与明廷互市，以换回各部落生活之所用。他甚至于嘉靖二十九年（1550）兵临北京城下，胁求通贡。在这种情况下，开市成为一种必然选择。宁远城的商业是为沙俄贸易需求所推动。在伊犁回归时，应俄方要求，在中俄条约中规定了宁远县为俄国领事及侨商的居所，⑤ 此规定虽

---

①　（清）刘锦藻：《清续文献通考》卷 321《舆地考十七·新疆省》，第 10615 页。

②　（清）罗正均编《左文襄公（宗棠）年谱》卷 9，台北，文海出版社，1967，第 740 页。

③　《宁远县乡土志》，清光绪三十四年抄本，马大正、黄国政、苏凤兰整理《新疆乡土志稿》，新疆人民出版社，2010，第 210 页。

④　《宁远县乡土志》，第 210 页。

⑤　（清）刘锦藻：《清续文献通考》卷 321《舆地考十七·新疆省》，第 10614 页。

署、兵营相对较少，多为粮仓、民居等，也为其商业转型提供了空间。在张、宁二城所处区域中，只有这两座城具备了上述内、外因条件。而这些条件是在古城始建时便具有或孕育产生的，从这方面来说二者商业化的发展有一定的必然性。

在上述各种因素的驱动下，张家口堡和宁远城不断壮大，分别替代了原来的中心城址万全右卫城和惠远城，成为地区中心，进而改变了区域地理格局。张家口地处农牧交错带，所谓"处华夷封疆，界在咫尺，黄沙白草，满目萧条，盖向来商贾舟车，足迹所罕到之地"。① 其北侧为坝上草原，自然环境相较恶劣，南侧为农耕区，适宜耕种。建堡伊始，长城并未修筑完备，封疆界限并不严格，因此，古城对坝上地区也施加了影响。为了对付蒙古部落游牧，采取烧荒的策略，② 影响范围可达二百多里："又令其于二百里外牧放，不许一人近边，致有巡兵剿杀。"③ 其后长城营建日渐完备，尤其是经嘉靖二十五年（1546）翁万达补修增筑，张家口堡与其所处区域内的长城、边堡、驿站之间的联系进一步密切，制度上也不断规范，反映了其对周边地区控制的加强和影响力的巩固。

商业化还促进了不同中心城址之间的联系。作为沟通燕山南北的重要节点，明代张家口与京师有着天然的联系，而张家口商业的发展，不断强化着这种联系。明初，成祖"迁都北平，三面近塞"，④ 张家口所处之宣府镇成为京畿重地，京张便已开始建立联系。永乐十二年（1422）成祖亲征瓦剌，便开始筹备粮饷事宜，"命成安侯郭亮等督运粮车赴万全"，⑤ 可知此时京师便直接给张家口地区调运粮食。宣德五年（1430）设立万全都司

---

① （明）梅国祯：《请罢榷税疏（宣府榷税）》，陈子龙辑《明经世文编》卷452《梅克生奏疏》，中华书局，1962，第4969页。

② 明人记："本月初二日卯时分，与同本路参将都勋、守备操守官杨钺、王勋、靳尚武、张辅等人马俱从本堡大变、新台西空出境，都勋领兵前哨，朱彬等后哨相继走。至未时分，哨至地名红崖儿等处，与张家口堡烧荒宣府游击王镇、南路参将刘江人马会合，仍分兵各从原路回还。朱彬等当先，都勋等人马继后，各责令夜不收，四散燃火。"（明）韩邦奇：《苑洛集》卷13《怯懦将官烧荒遇敌奔败事》，西北大学出版社，2015，第1613页。

③ （明）叶盛：《叶文庄公奏议》边奏存稿卷6，《续修四库全书》史部诏令奏议类，第475册，第360~361页。

④ 《明史》卷91《兵三》，中华书局，1974，第2235页。

⑤ 《明太宗实录》卷149，永乐十二年三月乙未，第1740页。

后，光靠屯田不足以供应新添设机构人员的使用，从京仓调运成为重要补充，"命礼部凡僧道请给度牒者，于通州运米二十石赴口外万全等处官仓，交收以备军用"。① 到了明朝中晚期，京张之间的联系进一步增强，直接表现为张家口在京师防御中所起的重要作用，官员们对此有明确认识："故张家口者，亦京师近日之忧，所当固守者也。"② "张家口、青龙口，京师近捷之径，不可以不扼险也。"③ "故宣府为皇都之后辅，独石、马营、葛谷、万全、张家口、新河口、洗马林为空府之后冲，尤所宜申饬车阵之法，教演将卒，昭示纪纲，以巩固皇都者也。"④ 张家口等地所形成的防御疆界也是明廷的心理安全界限，"神京……西北则南山隘口独石、张家口、青龙硗、苏林口、灰岭、雁门、八达岭、麋子谷、滴水崖诸处，三卫枝附，系陵寝肩背。山谷崎岖，深林蓊郁，三十里外即为远边。北虏轻骑直抵南山，不日可至……北虏窥虚阑入，如嘉靖庚戌年故事，悔何及矣"。⑤ 张家口商业的发展，也使得张家口货物贸易辐射到京津地区，"张家口一处华夷封疆……臣等窃惟市商段布狐皮一切杂货，来自苏杭、湖广，由临清以至天津芦沟通湾。"⑥

这种从军事性城址向商业性城址的转变对地区城市格局的影响，在宁远城也得到了鲜明的体现。宁远城是"伊犁九城"防御体系的一部分，伊犁九城始建时均是军事性城址，构建起了伊犁河谷军事防御体系，该体系以筑城徙民为基础，以八旗、绿营等兵制为构架，辅以各种军事装备，成为一套完整的军事系统，该防御系统是以惠远城为中心。⑦ 其后，在一系列因素的推动下，宁远城的规模和商业不断发展起来。到清末，宁远

① 《明英宗实录》卷 240，景泰五年四月癸巳，第 5230 页。
② （明）张东壹：《明战守以安畿辅疏（战守）》，陈子龙辑《明经世文编》卷 233 《（侯）张二公奏疏》，第 2449 页。
③ （明）张东壹：《明战守以安畿辅疏（战守）》，陈子龙辑《明经世文编》卷 233 《（侯）张二公奏疏》，第 2450 页。
④ （明）霍文玉：《破虏复套策》，陈子壮辑《昭代经济言》卷 12，中华书局，1985，第 260 页。
⑤ （明）王命潜：《敬陈愚见仰佐庙谟疏》，程开祜辑《筹辽硕画》卷 9，民国国立北平图书馆善本丛书第 1 集，第 49 页。
⑥ （明）梅国桢：《请罢榷税疏（宣府榷税）》，陈子龙辑《明经世文编》卷 452 《梅克生奏疏》，第 4969 页。
⑦ 郝园林、魏坚、任冠：《新疆伊犁九城的调查及初步研究》，《中国国家博物馆馆刊》2021 年第 1 期。

城成为伊犁河谷地区的中心，既是区域行政中心，也成为跨地域的重要商业据点。宁远城与周边的城址逐渐形成了施坚雅所谓"核心—边缘"结构，即以宁远城为核心的城市群来看，形成了以宁远城为中心，以熙春城、惠宁城、惠远城、绥定城等为边缘的商贸体系。它们共同形成一个有联结点的、有地区范围的，同时也具有内部差异的人类互相作用的商业圈，内部的商品、服务、货币、信贷、讯息及象征处于不断流动当中。

四　结语

张家口堡与宁远城是明清北疆众多军事驻防城的典型，从各方面体现出北方军镇的特征，具体表现在建置、功能等方面，呈现出丰富而立体的军政型城址的发展面相。但二者都在各种内外因的作用下成为清末民国时期北疆东西两侧的贸易重镇。

明清北疆驻防城的建设及其后的商业化转型，本质上是特定区域内多种地理因素综合作用的结果。优越的地理区位和不断扩充的城市形态作为张家口堡和宁远城基本的城市地理要素，共同促成了商业化体系的形成。而在转型过程中的种种表现如人口的集聚、商业规模及地区影响力的扩大，实际上是区域特征在城市发展过程中的一种现实投射。城市本身所具有的深刻地理学特征，往往与城市选址紧密相连。这些特征不仅在城市最初形成的时候便开始发生影响，成为城市发展的"基因"，也一直保持在城市后来的发展中，成为某种根深蒂固的东西。

明清以降，北疆城址除了张家口堡、宁远城外，尚有一些别的军事城址在向商业化转型，如大同卫、绥远城等，主要是通过开市、同沙俄远途贸易等手段实现。城址商业功能的转变，会对地方地理格局产生深远的影响。随着这些城市商业的不断繁荣，它们也一跃成为地区性的中心城址，影响深远。例如，张家口堡和宁远城商业化的发展，不仅使其对周边资源的利用效率提高，而且还使区域中心发生变迁，改变其与其他中心城址的相互关系，并导致新旧区域中心城市形态的变化。这种城市商业化及其产生深刻影响的现象，在明清其他地区也有所体现。

　　主要起防御作用的军事性城址是中国古代城址的重要组成部分，而明清北疆军城上承金元城址，下启现代城市，有自己的历史性和独特性，也对后世城市地理布局产生了深远影响。明清驻防城的功能及转型，值得进一步深入探讨。

作者：郝园林，天津师范大学历史文化学院

（编辑：张献忠）

近代东北城市化进程中的关内移民*

荆蕙兰　张恩强

内容提要：19 世纪末至 20 世纪中叶，在内外多种因素综合作用下，东北地区的城市出现了飞跃式的发展，随之也吸引了大量关内移民的到来，为东北城市经济注入了极大的活力。关内汉族人口移民东三省，萌芽于清初，迟滞于康熙、雍正、乾隆、嘉庆，咸丰、同治朝开始复苏，光绪朝开始大规模移民，民国时期更是形成规模。关内移民的涌入对近代东北城市产生了巨大影响，不仅在经济上直接与间接促进了东北地区工商业的发展，加速了东北城市化进程，而且带来的不同区域文化促进了民族融合，形成特有的关东市民文化。

关键词：近代　东北城市化　关内移民

近代以前，东北地区开发较晚，19 世纪末至 20 世纪中叶，在内外多种因素综合作用下，东北地区的城市出现了飞跃式的发展。城市数量增加，城市规模扩大，城市化水平居全国各省之首。在近代东北城市化进程中，东北吸引了大量移民涌入，对东北社会产生了深刻影响。有关近代东北移民的研究已有一些成果，[①] 但缺乏从城市化视角对近代东北移民的深

---

* 本文系 2021 年国家社会科学基金一般项目"新中国建立初期东北工业化与城市发展研究（1949～1957）"（项目号：21BZS016）的阶段性成果。

① 杜有、孙春日：《论近代东北地区汉族移民来源及其贡献》，《云南民族大学学报》（哲学社会科学版）2019 年第 5 期；范立君：《近代关内移民与东北地区饮食文化的变迁》，《学术界》2019 年第 3 期；张晓东：《近代灾荒与河南移民东北述论》，《中州学刊》2018 年第 3 期；等等。

入探究。本文拟综合运用相关文献资料，对近代城市化进程中的东北地区关内移民做一探析，以求教于方家。

一　近代东北城市的快速发展及其成因

近代东北城市发展进程主要表现为城市化与城市体系起步晚、发展快，城市呈突进式、非持续状态发展。九一八事变前，随着社会经济发展，东北地区不同类型和不同规模城市之间因现代化交通的兴起，相互间不断进行物质、人口和信息的交换，产生对流、传导和辐射等空间互动作用，从而使在农业时代彼此分离的城市开始结合为有机的整体，城市体系初具雏形。1931年九一八事变后，日本将中国东北作为进一步向东亚发动侵略战争的大后方，肆意掠夺东北的丰富资源，加大对东北的开发和巨额资金投入，这些因素客观上促进了东北城市迅速发展。但东北城市的发展是以经济的被掠夺为代价的。

不同类型和不同规模的城市由于现代化交通的兴起、工矿业的发展和自开商埠等原因，逐步向近代城市迈进。[①] 东北城市快速发展的原因如下。

第一，外国资本高额的投资。1898~1930年的32年时间里，外国资本共向东北投资24亿美元，其中日本大约30亿日元，俄国2.7亿美元，英美8200万美元。到了20世纪20年代末，日本在东北的投资占外资总额的72%，取得了垄断地位。1932年后，日本独霸东北，来自日本的投资数额进一步加大，投资总额由1931年的5.5亿美元激增至1944年的52.7亿美元。[②] 日本通过这些巨资投入，先后建设铁路，投资港口、煤矿、钢铁和炼油。在这一时期，东北的钢产量和发电量增长20余倍，生铁、水泥和煤矿产量也增长了1倍多，[③] 煤炭产业等现代化工业开始飞速发展。当时的抚顺煤矿和鞍山钢铁厂都由"满铁"经营。东北煤炭产量在1930年达到了1004万吨，大约是1918年的3倍。1937年日本开始全面侵华战争，其在东北的工业化和经济发展也未曾中断，东北变成了亚洲最大的钢铁工

---

① 焦润明：《营口开埠与近代辽宁城市崛起》，《辽宁日报》2008年8月29日，第12版。
② 吴承明编《帝国主义在旧中国的投资》，人民出版社，1955，第162页。
③ 何一民主编《近代中国城市发展与社会变迁（1840~1949年）》，科学出版社，2004，第238页。

业基地之一。巨额的资本输入，使东北的城市面貌发生了深刻变化，城市空间规模急剧扩大，城市功能由商业和轻工业为主转变为以重工业和能源工业为主，如大连、沈阳、抚顺、鞍山等城市在这种畸形的发展战略指导下发展起来。但是，由于日本出于军事和政治目的，东北发展起来的现代工业基本与本土民营资本无关，只侧重重工业发展，并且受到少数几个外国财阀的控制，导致产业结构畸形。

第二，以赵尔巽、徐世昌、锡良以及张作霖为首的东北地方当局领导的市政近代化运动在东北城市近代化过程中发挥了关键性作用。1905 年，赵尔巽任盛京将军，在任 2 年。他为官清廉，着意整理财政，开始成立财政局，铸造银元，创办东三省银号，发行纸币。1907 年，东北改设行省，徐世昌被任命为钦差大臣、东三省总督兼管三省将军事务。徐世昌在任期间，在东北推行新政，采取开商埠、借国债、修铁路等一系列措施，以此来抵制日俄对东北的控制，尤其是对东北经济、政治、教育、军事等进行近代化改革，成效显著。1909 年 2 月，锡良被授为钦差大臣，总督奉天（今辽宁）、吉林、黑龙江三省事务，兼任热河都统。他在任期间延续赵尔巽、徐世昌对东北的改革，政绩斐然。他对发展经济尤为重视，采取诸多举措，把新政改革又向前推进了一大步。张作霖主政东北期间，注重发展教育与实业，创办东北大学和奉天纺织厂，并从全国各地聘请能人志士来发展东北。在经济建设中大力发展铁路交通，促进了对内的商业往来和对外贸易。①

赵尔巽、徐世昌和锡良通过办学培养专门人才和创办近代报纸、图书馆，使东北城市文化形态与社会习俗风尚向近代化转变。他们又在诸多城市自开商埠，建立巡警制度。在以徐世昌为代表的东北地方督抚的努力下，东三省各大城市很快出现了"货物云集、贸易兴盛"的繁荣景象。一些新兴小城镇的商业贸易也表现出一定规模，如海拉尔有杂货铺百余家，饭店 30 余家。同时，从东三省外贸出口额来看，1909 年比 1907 年增长约 2 倍。② 东北地区出口贸易口岸的崛起，促进了东北内地商贸的繁荣。这些市镇贸易的发展与徐世昌等人在东北的新政改革是分不开的。③ 张作霖、

① 李正军：《张作霖与东北的铁路近代化建设》，《兰台世界》2013 年第 4 期。
② 张念之：《东北的贸易》，东方书店，1946，第 22 页。
③ 荆蕙兰、薛桂芬：《清末东北新政与东北城市早期近代化的发展趋向》，《大连理工大学学报》（社会科学版）2013 年第 1 期。

张学良父子先后主政东北，对东北城市近代化做出了较大贡献。如铁路建设、人口增长、无线电通信、进出口贸易等均走在全国前列。① 总之，从1905 年末开始，东北地方政府在为期 25 年的时间里，通过自开商埠、改造旧城和开发新城、招商引资、鼓励民族资产阶级绅商参与城市建设等一系列活动，使城市面貌大为改观，增强了城市的吸引力，并为整个东北社会、经济、文化的发展培养了各种人才。在他们的努力下，东北地区城市文明呈现出由城市向乡村、由经济向社会文化整体性推进的历史态势，这一态势对东北城市近代化乃至整个东北社会的近代化有重要意义，特别是对东北城市早期近代化具有不可低估的推动作用。

第三，便利的交通促进了城市的发展。东北地区地域辽阔，资源丰富，工业原料可以就近开采和利用，铁路、公路、航运等完善的交通体系，使得运输成本低，农产品市场与广阔的世界市场间的联系也更加便利。东北地区铁路修筑较早，线路分布较多。1894 年，关东铁路（又称"京奉铁路"或"北宁铁路"）的修建实现了东北地区铁路建设史上零的突破。1903 年 7 月，中东路和南满支线全线通车，形成了横跨东北北部、纵贯南北的铁路运输大动脉，东北交通形势为之改变。除中东路外，齐昂铁路、吉长铁路、安奉铁路、新奉铁路、关内外铁路等的相继修筑，使东北铁路交通系统逐渐形成。至 1931 年，东北地区铁道线路累计长达 6000余里，基本形成了以中东、南满两路"丁"字形路线为中心的四通八达的铁路运输网。东北铁路的修筑大大改善了东北的交通面貌，为移民进入东三省腹地提供了便利条件。市内交通方面，在一些大城市出现了有轨电车，俄式马车、日式洋车在沈阳有所增加，成为市内主要交通工具之一，出现了中日合办的马车铁道，省城奉天的交通状况有所改善。② 1930 年，大连地区有各种机动车 1112 辆，1935 年有 1984 辆。③ 到 1942 年，大连都市交通株式会社运营车辆达 496 辆，日平均客运量 35 万余人次。④

往来便利的沿海轮船航运也促进了近代东北的城市化。东北沿海的轮船航运始自 19 世纪 80 年代，当时的航运商主要有英商太古洋行、英印中

① 毕万闻：《张作霖张学良主政期间东北近代化进程新探》，《东北史地》2012 年第 6 期。
② 张志强：《沈阳城市史》，东北财经大学出版社，1993，第 161 页。
③ 大连地方志编纂委员会办公室编《大连市情》，天津人民出版社，1987，第 118 页。
④ 顾明义等主编《大连近百年史》，辽宁人民出版社，1999，第 1522～1523 页。

国航业公司代理商怡和洋行、大英轮船公司代理商隆茂洋行、日本大陀轮船株式会社、美商大来洋行，它们以营口、安东为挂靠岸，经营上海至营口、烟台至天津、烟台至安东航线。而从 1902 年起，东北沿海航运的规模骤然扩大。这一年大连的张本政开办政记轮船公司，运营大连至烟台、烟台至大东沟航线；接着，俄国中东铁路公司汽船部开辟了大连至上海、大连至日本长崎的长距离海上航线。1907 年，日本南满铁道株式会社开辟了大连至上海、大连至烟台、大连至龙口、大连至青岛的定期班轮；中国人李序园、李子初开办了肇兴轮船公司；等等。交通的完善不仅为东北城市化获得快速发展提供了重要支撑，而且大大方便了移民，他们可以在烟台、龙口、青岛、天津搭船，在营口及大连、丹东等地上岸，转赴东北各地。

第四，短时间内大量移民的到来，为东北城市经济注入了极大的活力。清末中央和地方政府实行的鼓励移民东北边疆的政策，极大地推动了关内民众到东北移民。从 1904 年开始，清政府和东北地方当局对移民改变过去限制的做法，采取了积极态度，实施移民优惠垦荒政策，鼓励移民开发东北，巩固边疆。随着东北大门的打开，"闯关东"的关内人越来越多，逐步形成一股移民洪流。从光绪二十三年（1897）到宣统末年，东北人口由 700 万左右增至 1840 万。[①] 中华民国成立后，东北各省来自关内的移民人口剧增。从 1912 年中华民国成立到 1931 年九一八事变止，东北地区的人口比清末增加了 1 倍多，总数达到了近 3000 万人。特别是在 1923 年至 1930 年的 7 年间，由于关内的北方诸省连年遭灾，贫苦农民迁徙到东北的潮流达到高峰，有 500 多万人涌入东北各地。[②]

人首先是生产者，是一切社会财富的创造者，是社会经济活动的主体。没有一定的最低限度的人口，就不可能有任何社会的经济活动。在大量关内移民涌入后，东北的城市得以快速发展。从 1904 年全面开禁后，随着大量移民的迁入以及近代交通业、近代工业的发展和港口的兴建，东北地区相继兴起一大批新城镇，加速了近代东北城市化进程。1907 年，东北有城镇 37 座，其中人口 10 万～20 万的有 2 座，5 万～10 万的 4 座，3

① 何一民主编《近代中国城市发展与社会变迁（1840～1949 年）》，第 238 页。
② 马平安：《近代东北移民研究》，齐鲁书社，2009，第 43 页。

万～5 万的 7 座，1 万～3 万的小城市有 24 座。1925 年，东北有城镇 70 座，比 1907 年有了很大的发展。其中人口在 20 万以上的大城市有大连、沈阳、哈尔滨 3 座；10 万～20 万的有 1 座，为长春；人口在 3 万～10 万的中等城市没有多大发展，5 万～10 万的 9 座，3 万～5 万的 6 座；1 万～3 万人口的小城镇则迅速发展，达 51 座。1907 年，东北地区城市人口占人口总数的比例为 6%，1925 年上升为 10.2%。[①] 城市人口由 106 万增加到 263 万，1930 年则达 303 万。[②] 在短短的 23 年中，城市人口增加 197 万人，速度是惊人的。可以说，大量的移民流入这些城市，对东北城市化进程产生了深远影响。《东北经济小丛书》记载，到 1941 年，东北大都市有沈阳、哈尔滨、长春等 16 处，小都市 172 处，另外还有一些小城镇，共计 312 处城镇。[③]

二　近代东北城市化进程中关内移民轨迹与人口结构

历史上，东北地区是一个少数民族聚居的区域，除了少数汉族外，满族、蒙古族、鄂温克族、鄂伦春族、达斡尔族、赫哲族等少数民族世世代代在这里劳动和生活。清初之前，东北世居群体的经济状况相对于内地来说比较落后，发展也极不平衡。从清代开始，关内大批汉族移民与俄、日、朝鲜、欧美等国和地区的国际移民逐渐进入东北，反客为主，形成了以汉族移民为中心的新的社会结构。这一移民社会的形成，大致经历了两个时期：第一个时期，从清初开始到咸丰十一年（1644～1681），这一时期，其移民构成大致包括流民和流人两种；第二个时期，从咸丰十一年到日本投降（1681～1945）。移民的大规模进入与东北社会人口结构的改变是在第二个时期才逐渐实现的。据统计，东北境内的汉人 1900 年已有 1400 万，九一八事变前夕，东北人口号称 3000 万，1940 年后超过 4000 万，1945 年抗战结束前夕，人口总数已超过 4600 万。[④]

---

① 章有义编《中国近代农业史资料（1912～1927）》第 2 辑，三联书店，1957，第 640 页。

② 〔日〕满铁经济调查会：《满洲经济年报（1931 年）》，改造社，1933，第 56 页。

③ 转引自王国臣《近代东北人口增长及其对经济发展的影响》，《人口学刊》2006 年第 2 期，第 22 页。

④ 王成敬：《东北移民问题》，《东方杂志》第 43 卷第 14 号，1947 年，第 11～18 页。

人口增加迅猛，表明东北地区已成为我国近代以来过剩人口的最大移民区域。1908～1930 年这 20 多年中，东北人口大约增加了 72%，其中，"估计有百分之四十八强是移民"，"这是从华北大量涌入农业移民的结果"。① 这样，移民构成了近代东北人口增加的主体，东北由处女地到得到开发，发展由停滞到前进，均与移民有极大关系。近代东北是中国一个典型的移民社会。据统计，仅 1923～1931 年，移居东北的关内移民就达 582 万人，定居的则有 265 万人。② 据满铁人事课劳务股调查统计，从 1927 年开始，"华北人口流向东北的人数，由 1926 年的 50 多万人猛增至 100 多万人，并且持续三年之久"。③ 从一定意义上来说，是汉族移民奠定了东北人口的基础。

（一）关内移民迁移轨迹

进入东北地区的移民，移民路线大致为奉天—吉林—黑龙江。进入东北地区的移民，山东东部流民大部"泛海"，山东西部、河南、山西、直隶流民大部"闯关"，从水路和陆路两条路线向东北流动。关内汉族移民人口流入东北呈现出由南向北，即由奉天省到吉林省再到黑龙江省的趋势。这股洪流最先交汇于辽河流域，之后渐次北进，先进入吉林地区，其后又分为两路进入黑龙江地区，一路自吉林、伯都讷沿嫩江两岸进入黑龙江西部地区，这部分移民大多数定居于今黑龙江省肇源县、安达县附近；另一路更多的移民则经双城堡至呼兰，并以此为据点进入今绥化、海伦、青冈、拜泉一带，也有的进入宁古塔等东北东部地区。

从水路（又称东路）方面来看，山东半岛与辽东半岛一衣带水，"奉天与山东隔海相望，距离很短，'片帆可渡'"，④ "顺风扬帆，一日夜可达"。⑤ 再加上船票低廉，因此在铁路开通之前，移民绝大部分走水路。故在乾隆年间"奉天南滨大海，金、复、盖（今天的金州、复州、盖州）与

① 〔日〕满史会编《满洲开发四十年史》上卷，王文石等译，东北师范大学出版社，1987，第 52 页。

② 〔日〕天野元之助：《满洲经济的发达》，南满铁道株式会社，1932，第 33 页。

③ 东北文化社编印处编印《东北年鉴》，1931，第 1270 页。

④ 张士尊：《清代乾隆年间奉天民人口数探究》，《东北师大学报》（哲学社会科学版）2010 年第 4 期，第 72 页。

⑤ 杨宾：《柳边纪略》第 1 卷，吉林文史出版社，1993，第 14 页。

登、莱对岸，故各属皆为山东人所据。凤凰城乃极边而山之陬水之涯，草屋数间，荒田数亩，问之无非齐人所茸所垦者"。① 19 世纪末以后，大连先后被俄、日强占，特别是日本推行"大连中心主义"政策，急需大量的劳动力，加快了大连的移民开发。除招募的华工到大连外，同时由于关内战乱、灾荒不断，大批闯关东的华北移民走海路多于走陆路，多途经大连流入东北。上船地多为山东青岛和芝罘等处。据当时的报纸报道：山东方面，迭遭兵患匪祸，以致民不聊生，故鲁民携眷来连赴北满一带谋生者实在不少。大连自今春以来过往难民比往年增加数倍。据最近探闻，16 日由青岛及龙口、芝罘等处入港之船舶所搭乘避难鲁民为数甚巨，如"共同丸"载有 4000 人，"当盘丸"载有 2500 人，宏利号 2000 人，连胜号 2500 余人，隆顺号有千余人，其他船只所载者亦在 2000 人以上。②

从陆路（又称西路）来看，移民多来自山东偏西部、河南、河北、山西一带，因为他们距东部沿海较为遥远，于是多沿官道步行北上。在光绪二十年（1894）天津—山海关段铁路开通之前，多沿渤海湾岸徒步前行，从柳条边威远堡门、法库门、辽东边墙的各边口及喜峰口、古北口、冷口等进入东北。光绪二十年之后，随着中东铁路及南满支线（1903 年）正式通车，京沈线（1894 年修至山海关，1903 年修至新民屯，1907 年修至皇姑屯，1912 年修至沈阳）、胶济铁路（1904 年通车）和津浦铁路（1911年通车）开通，关内移民选择乘火车北上者日益增多。黑龙江"及东清铁路通行以后，关内农垦、商贩、佣工络绎东来，不绝于道"。③ 到 20 世纪20 年代的移民高峰时期，东北境内各铁路支线如安奉、吉长（吉林—长春）、四洮、长图、洮昂、打通、沈海（沈阳—朝阳）等相继通车，各路段实现了联运，经陆路到达东北各目的地迅速而又便捷，于是走陆路的移民日益增多，呈不断上升的趋势。据记载：1918 年，山东、河北一带往东北打工的人约 35 万人，其中从烟台出发者 12 万人，从龙口出发者 10 万人，从青岛出发者 9 万人，从羊角沟出发者 2 万人，乘胶济铁路、津浦铁路再转京沈路者 2 万人。④

---

① 博明希哲：《凤城琐录》，辽沈书社，1984，第 274 页。
② 《大连难民何多》，《盛京时报》1927 年 3 月 20 日，第 5 版。
③ 张国淦：《黑龙江志略》，黑龙江人民出版社，1997，第 2388～2389 页。
④ 高劳：《山东之苦力》，《东方杂志》第 15 卷第 7 号，1918 年，第 21～25 页。

（二）关内移民人口结构

1. 移民类型

根据相关学者的研究，移民可分为个别移民、集体移民；国内移民、海外移民；合法移民、非法移民；自由移民、政府或团体有组织的移民；军事移民、民间移民；政治性移民、经济性移民、民族性移民；等等。[①] 本文所涉及的移民重点是向东北迁移的关内民众，但关内移民进入东北后，并不是全部留居此地，其中来而复返者也占相当大的比重。因此，本文把近代东北移民分为季节性移民和永久性移民两种类型做重点研究。

首先是季节性移民。季节性移民是指暂时移入某地，以从事季节性劳动为目的并无永久或长期居住打算，或稍有积蓄便返回家乡的候鸟式移民。早期移民，仅有20%的人在东北永久定居，季节性移民占了80%。[②] 长春宽城子车站统计的旅客流量表显示，1921年，经宽城子车站流入黑龙江区域的人数是375722人，流出人数是329372人；1922年流入人数是327319人，流出人数是346198人。[③] 由此可见在东北早期城市化进程中，这类季节性移民的数量是庞大的。

其次是永久性移民。永久性移民是指离开家乡在外地长期落户定居，并生息繁衍，最终融入当地社会的移民。1925年以后，由于关内生存环境的日益恶化和东北地区大规模的城市化运动及优越的经济条件，许多移民改变了过去那种单身"闯关东"的做法，开始携家眷同行，做长期定居的打算。这样季节性移民不断减少，永居者日渐增多。1923～1931年，移居东北的关内移民就达582万人，定居的则有265万人。[④] 1927年，关内流入东北人口为938472人，留下定居的有544225人，占58%；1928年，关内流入东北人口1021942人，留下定居的达

① 陈孔立：《有关移民与移民社会的理论问题》，《厦门大学学报》（哲学社会科学版）2000年第2期，第51页。
② 〔日〕南满洲铁道株式会社庶务部调查课编印《民国十六年の满洲出稼者》，1927，第141页。
③ 石方：《黑龙江区域社会史研究（1912～1931年）》，黑龙江人民出版社，2009，第32页。
④ 〔日〕天野元之助：《满洲经济的发达》，第33页。

780342 人，占 76%。[1]

2. 移民来源

近代以来迁往东北的关内人口，大多来自华北各省，其中以直、鲁、豫省籍人居多数，而尤以山东人为最多。关于华北各省移民所占的比例，有学者统计："移往东三省之人口，百分之八十为山东人，次之为河北及河南人。"[2] 据报道，"山东人每年减少二百余万；胶济铁路之调查，每日乘胶济车由青岛转赴东三省求生者，达三千余人，诚可为惊人之数目"。[3] 1929 年，山东移入东北人数为 74.2 万，占当年东北移民总数的 71%。[4] 可见，促使东北社会人口结构发生变化，起主力军作用的是在这个移民社会中居支配地位的广大"闯关东"的中原人口。他们影响了东北，同时也接受了东北当地文化，最终使汉民族成为东北人口的主体，也成为今天新型关东人主体的前身。

3. 移民性别与年龄结构

近代关内移民的性别构成比较单一，性别比例严重失调，男性比例偏高，占绝对优势。1921～1927 年的 6 年时间里，男性移民比例最高时为94.8%，而女性移民比例最高时为 19.9%，性别比例严重不均衡，但 1921年后女性的比例开始逐年递增。1925 年，取道大连赴满洲的妇孺只有 1500人，占由大连去满洲移民总数的 7%。1926 年增加为 30000 人，占总数的12%。1927 年约为 17%。另一组数据也基本相似，1927 年，关内流向东北的移民中，男子占 84.1%，女子占 15.9%。[5] 这些山东、河北的移民，男性占大多数，他们当中很多人是单身，即使成家的也因种种原因不能带家属。例如大连，1907 年人口统计数据显示：日本人 1233 户，男 9877 人，女5631 人；中国人 798 户，男 4626 人，女 2220 人。中国男性人口是女性的 2倍。[6] 1932 年关东厅调查统计数据显示，大连市内的中国男性 121595 名，中国女性 47797 名。[7] 男女比例失衡，给城市带来一些社会问题。

---

① 曹明国主编《中国人口（吉林分册）》，中国财政经济出版社，1988，第 46 页。
② 陈彩章：《中国历代人口变迁之研究》，商务印书馆，1946，第 119 页。
③ 集成：《各地农民状况调查——山东省》，《东方杂志》第 24 卷第 16 号，1927 年，第 134 页。
④ 吴希庸：《近代东北移民史略》，《东北集刊》第 2 期，1941 年，第 50 页。
⑤ 赵英兰：《清代东北人口社会研究》，社会科学文献出版社，2011，第 97 页。
⑥ 《大连人口》，《盛京时报》1907 年 12 月 15 日，第 4 版。
⑦ 《大连市人口统计》，《盛京时报》1932 年 12 月 11 日，第 5 版。

近代到东北谋生的关内移民，年龄普遍较轻，多为青壮年，一般在15～40岁，劳动适龄人口居多数。1928年，大连福昌华工株式会社对山东移民占绝对优势的大连码头13928名搬运工人进行调查，其中年龄最大者为63岁，最小者为18岁，平均年龄为32岁，20～50岁的劳动适龄者占97.5%，而20岁以下和50岁以上者仅占2.5%，① 可见青壮年占绝对优势。

4. 移民职业结构

清初和清中叶到东北的移民，大多从事采参、淘金、狩猎、伐木等职业。到清后期，移民绝大多数从事农业生产，也有商人和工人。民国时期，关内移民在东北除主要从事农业生产劳动外，还有在城市、矿山、内河航运、铁路沿线等从事劳务工作的。如1925年，东北三省平均每日能使用5名工人以上的工场有675家，职工总计为10805857人。到1928年，这样的工场已增至785家，职工总计达12964355人，其中关内工人占60%以上。② 另外，关内移民从事工商业的也占据一定比例。据20世纪20年代初的统计，哈尔滨的滨江商会和总商会共有58名会董，山东、河北人即占86%。③ 总的来看，这一时期的移民以农业移民为主，其次为劳务移民，再次为工商业者。

三 近代东北城市化进程中关内移民的特点及影响

东北地区在19世纪中期以前，城市数量少、规模小。但19世纪末以后，日俄竞相在中国东北地区扩张势力，注入大量资本，引进各种先进技术和设备，大规模修筑铁路、开矿山，因而需要大批劳动力，使移民人数剧增。19世纪末20世纪初，东北人口已达约1600万人，到1931年达到3200万人，净增人口100%。由于人口的增加、近代工业和交通运输业的发展，东北地区城市发展很快，仅基层区域政治中心的县城就增至120多个，还出现了许多新兴的工矿城市和港口城市，如沈阳、大连、鞍山、抚顺、齐齐哈尔、哈尔滨等城市成为区域性的经济中心。④

---

① 〔日〕藤山一雄：《碧山庄》，大连福昌华工株式会社，1929，第4～5页。
② 惠民：《由天灾人祸说到移民》，《中东经济月刊》第6卷第3号，1930年，第18页。
③ 东陲商报馆编印《哈尔滨指南》，1922，第19～20页。
④ 何一民主编《近代中国城市发展与社会变迁（1840～1949年）》，第99页。

清末至九一八事变前，关内人口迁移是社会、经济、文化等多重因素相互作用的结果，具有其明显的特点。同时，随着关内大规模移民的涌入，东北城市化进程加快，工商业得到极大发展，并形成了特有的关东市民文化。

（一）清末至1931年东北城市化进程中关内移民特点

清末至1931年，关内人口大规模移民东北，具有其明显的特点。

第一，规模大、速度快，移民由过去单身变为携带家眷同行增多。据尼克莱夫氏调查，北满人口从19世纪末至1926年增加之数目为：1900年150万，1908年570万，1919年900万，1926年1300万。1900年，南满人口为300万左右，北满人口150万，时满洲人口为450万；1927年，满洲人口为2200万左右。所以二三十年间，满洲人口由450万增长至2200万，增长了约4倍，而北满人口由150万增至1300万，至于7倍以上。[①]1912年，移民总数为10万多人，1927年已达到120万人。1912~1923年，每年移民到东北的人数为20万~30万，1924~1930年已增至70万人。[②]中华民国成立后，这种移民势头有增无减，至20世纪20年代中后期达到顶峰，成为"人类有史以来最大的人口移动之一"。[③]移民规模之大、人数之多、速度之快前所未有。

这时期的移民，老人、妇女、小孩的比例逐步增加，且多有长期定居的打算。于是，永居者日渐增多，"1925年以后移民的特点已由季节性迁移，变为永久性的移殖"，[④]"抱着定居目的来东北的移民增加了很多，这点是最显著的"。[⑤]据时人统计，在3万余名移民中，男子18000人，女子8000人，小孩4000余人。[⑥]"另就从大连上岸者观察之，女子人数亦有所增加。到民国十五年时，女子更为增多，无家族同行者特少。"[⑦]这一时期关内人

---

① 巴蜀书社编印《清代野史》第7辑，1988，第342页。

② 马平安：《近代东北移民研究》，第56页。

③ 章有义编《中国近代农业史资料（1912~1927）》第2辑，第638页。

④ 〔美〕何炳棣：《明初以降人口及其相关问题（1368~1953）》，葛剑雄译，三联书店，2000，第191页。

⑤ 《民国十六年的满洲出稼者》，第145页。

⑥ 李德滨、石方：《黑龙江移民概要》，黑龙江人民出版社，1987，第70~71页。

⑦ 东北物资调节委员会研究组编《东北经济小丛书·人文地理》，京华印书局，1948，第40页。

口移往东三省，呈现出永久定居的趋势。"从1923年开始发生的这次移民的特点，是很大一部分人长期定居在满洲。"[①] 1923～1930年关内移民前往东北的情况见表1。

表1 1923～1930年关内移民前往东北情况

单位：人，%

年份	入境数	出境数	留居数	定居率
1923	341638	240565	101073	30
1924	384730	200046	184684	48
1925	472978	237746	235232	50
1926	566725	323694	243031	43
1927	1021942	341599	680343	67
1928	938472	394247	544225	58
1929	877706	484000	394706	45
1930	748213	488504	259709	35

资料来源：曲晓范《近代东北城市的历史变迁》，东北师范大学出版社，2001，第238页。

第二，移民人口开始大规模向北进发，重点流入今黑龙江地区。早在"咸丰以后，直隶、山东之流民，以黑龙江省为目标而北进者，日有增加"[②]。整体上看，此时由于国内中原人口和周边国家外侨的涌入，移民呈"辐射性"流动特征。由于清朝前期和中期到东北的关内移民，多散落在奉天与吉林省南部一带，两地人口达到了相对饱和状态。到了清末，人口多流入今黑龙江地区。据统计，1920～1922年在营口上岸的劳动力移民中，留在营口的大约为6%（每年5000人），94%的移民则流向抚顺、奉天（含西北地区）以及北满。其中，转移到抚顺、奉天（今沈阳）等城市的为15%（1万人），20%（1.5万人）的移民前往奉天西北部地区，其余65%（约5万人）前往北满。在安东（丹东）上岸的留在安东附近从事伐木和养蚕业的为25%（1万人），0.2万人前往奉天，其余3万人沿鸭绿江北上前往东边腹地。[③] 经京奉铁路在奉天下车的10万～12万移民中，

---

① 章有义编《中国近代农业史资料（1912～1927）》第2辑，第638页。
② 〔日〕稻叶岩吉：《满洲发达史》，杨成能译，萃文斋书店，1940，第355页。
③ 满蒙文化协会编印《满蒙全书》第6卷，1922，第893～894页。

大约 2 万人（20%）定居在奉天及其附近，1 万人前往奉天省西部，其余 6 万~7 万人前往北满。根据以上资料分析，每年经大连、营口上岸和奉天下车的关内移民，至少有 25 万人移往北满地区。扣除进入或定居北满大城市的 5 万人，分布于北满农村的每年新增移民人数在 20 万左右。① 这就决定了这一时期移民的地理分布状况是，"百分之六十四往北满，百分之三十六往南满"。② 再以 1927 年为例，据官方调查，进入东北的移民，以沈阳、长春、哈尔滨为中心，而向各处分散。基本情况是：自沈阳出发者，由安奉路搭车或徒步走向东边道者约 3.64 万人（其中有 2.88 万人在安奉路各站下车）；在沈海路各站下车者，约 4.2 万人；在四洮路下车者约 6.8 万人；在南满路沈阳与长春间下车者，仅数千人；留于辽宁南部辽阳、岫岩等县者，约 2 万人。由长春出发者，8/10 前往哈尔滨，1/10 前往永吉，1/10 分散于长春、伊通、农安三县。集于哈尔滨者，住居中东路东部者，约 50 万人；住居松花江沿岸者约 3 万人；住居呼海沿线者约 1 万人；住居嫩江及黑龙江流域者约 40 万人。这说明，这一时期大部分移民分布在黑龙江省。③

第三，移民人口职业多元化且籍贯复杂。清末到民国前期，移民人口从事的职业与从前相比不尽相同。迁徙东北的移民虽然仍以农业为主，但已开始兼做其他各业。一部分移民人口流向新兴城市，成为泥、木、瓦、铁匠及从事各种手工业和力役等工作。也有一部分移民进入林区或矿区，谋生于伐木、狩猎、淘金、采矿等各行业之间，使东北地区的社会经济结构发生重大变化。移民中有部分人被城市及城郊工矿业和第三产业所雇佣，成为东北工人阶级的前身。

这一时期的定居性移民人口增多，籍贯复杂。关内移民中，以山东人口居首位，其中登州、莱州、青州人口占多数。据 1929 年东三省移民统计，各省移民人口总数为 104.4 万人，其中山东占 71%，河北占 17%，河南占 11%，其他各省占 1%。④ 直隶以天津、滦州、保定、乐亭等地人口居多，其余为河南、山西、安徽甚至陕西、浙江、福建等地的移民。这一

---

① 曲晓范：《近代东北城市的历史变迁》，第 239 页。
② 陈达：《中国人口问题》，商务印书馆，1934，第 361 页。
③ 马平安：《近代东北移民研究》，第 59~60 页。
④ 吴希庸：《近代东北移民史略》，《东北集刊》第 2 期，1941 年，第 50 页。

时期人口流动频繁，移民人口超过本地原住人口的现象也不少见。关内移民大多为汉族，在生活习惯和文化习俗上与当地少数民族明显不同，为民族融合与交流带来了契机。

（二）关内移民对近代东北城市的影响

清末至1931年关内人口大规模移民，对东北城市产生了巨大影响。

首先，大量关内移民的涌入促进了近代东北城市工业的发展。人口迅猛增加，不仅为近代新兴的东北工矿业提供了丰富和廉价的劳动力，也为近代东北工业化的发展创造了市场条件，进一步促进了工矿业的发展。东北近代工业的产生和发展，"大部分移民都被农村吸收为农业劳动者，另一部分则被城市及城郊的工矿业及其他事业所雇佣。城市工人的前身大多是农民，它的构成，一是割断了和农业生产的关系而转化成为纯粹的无产阶级；另是利用农闲期离乡出来打零工挣钱的实际农民……他们作为廉价劳动力的提供者，对满洲工矿业的发展起了很大的作用"。[1] 根据20世纪二三十年代的调查，在大连市，100名大连码头工人中农民出身的占69%。[2] 光绪三十年，奉天、吉林、黑龙江三省的工厂数分别为596家、152家和49家，至1912年增为1311家、311家和142家，[3] 均增长一倍以上，为此后东北逐渐发展为中国重工业基地奠定了基础。可以说，没有这些浩浩荡荡的移民大军成为产业工人，东北近代城市工业不会得到如此迅速的发展。

关内移民的到来不仅推动了近代东北城市重工业的发展，而且也促进了城市轻工业的繁荣。东北移民中有很多能工巧匠，有的掌握木工、冶炼、铁工、修筑等技术；有的会纺纱、织布（土布）、烧锅（制酒）、缫丝、榨油、磨粉等，这些技能有利于东北地方工业的建立和发展。移民开发所创造的大量农产品剩余为东北地区农产品加工业提供了丰富原料，使油坊、粉坊、烧锅等轻工业迅速发展起来，成为近代东北民族工业的三大支柱产业。1910年的调查统计显示，东北有油坊1824家，分布在158座城镇中。[4] 1918年，依

---

① 《满洲开发四十年史》上卷，第53页。
② 刘明逵：《中国工人阶级历史状况》第1卷第1册，中共中央党校出版社，1985，第147页。
③ 葛剑雄等：《人口与中国的现代化（一八五〇年以来）》，学林出版社，1999，第157页。
④ 杨余练等编著《清代东北史》，辽宁教育出版社，1991，第470页。

兰府油坊业有大小油坊 36 家以上，每年产油 5 万公斤。桦川县城有油坊 2 家，佳木斯镇有油坊 5 家。富锦县有油坊 6 家，年产豆油 4 万公斤，豆饼 3.4 万枚。同江县有油坊 3 家，年产豆油 2 万公斤。1930 年，阿城县有大兴昌制油厂、义盛源制油厂及同兴源制油厂，资本额分别为 8 万元、10 万元和 22 万元。从油业规模来看，呈现逐年发展的势头。据统计，1927 年，北满 21 个城镇共有油坊 147 家，除哈尔滨市区的 37 家外，其余 110 家油坊分布在各个粮食主产区的中心城镇。同时，东北地区出现了一批新式机器面粉厂。1911 年，东北地区由中国商人开办的机器面粉厂计有 11 家，资本总额为 157.5 万元。当时，全国由商人开办的机器面粉厂计 39 家，资本总额为 703.1 万元，[①] 东北地区机器面粉厂的资本额占全国机器面粉厂资本总额的 22.4%，占有重要的地位。1929 年，三姓（今黑龙江依兰县）设有通达火磨和依兰商会火磨，佳木斯有震泰丰火磨股份有限公司、同瑞昌面粉厂。据统计，1927 年，北满 21 个城镇共有面粉厂 53 家，除哈尔滨外还有 32 家分布在松花江流域其他四个市镇。[②]

其次，大量关内移民的涌入推动了近代东北城市商业的发展。随着东北移民的增加，以及工业和交通的发展，关内商业资本也逐渐渗入东北。最初是与人们生活相关的日用品商店和杂货店的出现，在此基础上，商人在各地建立了商业网点。这些商人的活动，有力地推动了东北商品经济的发展，促进了集市的增加和繁荣，在许多地区形成了所谓的"直隶帮""山西帮""山东帮"等商帮。著名的爱国实业家、哈尔滨同记商场的创始人武百祥，就是"闯关东"经商起家的代表。他从一个小杂货铺起家，经过 20 多年的苦心经营，建立起拥有店员、工人 2000 余名的商业帝国，几乎垄断了哈尔滨的百货市场，由一个穷货郎一跃成为拥资百万的商界巨子，一位名震关东的民族资本家、企业家，创造了商界神话，对民族百货业的创新和发展做出了重大贡献。山西商人的足迹更是遍布东三省。在沈阳，"山西帮……纷至沓来，反客为主矣"。[③] 山东移民不仅善于从事农业，更善于经营手工业和

---

① 汪敬虞：《中国近代工业史资料（1895~1914）》第 2 辑上册，科学出版社，1957，第 906~908 页。

② 参见曲晓范《近代东北城市的历史变迁》，第 250~252 页。

③ 张正明：《晋商兴衰史》，山西古籍出版社，1995，第 88 页。

商业。在长春，清末大小商铺 1200 余家，除银钱号 30 余家为他省商人经营外，当铺、绸缎、粮栈等大多为山东帮经营。在哈尔滨，清末时根基稳固、握有实力者仍为"山东帮"，民初哈尔滨商会会员全是山东人。在其他如齐齐哈尔、黑河等市，山东商人均有极大的势力。①

此外，从商会会员人数也可以看出这一时期东北城市商业的繁荣发展。1927 年，阿城县商会有会员 500 名；一面坡商会有会员 150 名，较大的商号 30 家；穆棱商会有会员 90 余名，大的商号 25 家；东京城商会有会员 200 余名，大的商号 46 家；宁安商会有会员 200 名；安达站商会有会员 290 名；黑龙江总商会有会员 900 多名，商号 1200 多家；海拉尔商会有会员 300 名，大的商店 61 家，其中杂货业 42 家；满洲里商会有会员 310 名，大的商店 36 家，其中杂货业 26 家；泰来县商会有会员 82 名，商号 300 家。② 这些数据至少说明关内移民的大规模涌入，促进了东北社会经济繁荣和商品流通，加强了各地特别是城市之间的联系，使得商品经济发展和商品销售网逐步形成，促进了城市经济繁荣和城市发展。

最后，大量移民的涌入构建了多元的关东市民文化。清代以前，东北地区白山黑水之间，一直是满族等世居民族的故乡。在漫长的历史岁月中，东北世居民族留下了丰富多彩的文化积淀。从清代开始，以关内广大汉族为主体的移民逐渐进入东北，形成了以汉族移民为中心的新的社会结构，给东北带来了各地富有特色的传统文化。这些移民文化与东北传统文化相互交融，奠定了多元融合的新型关东市民文化基础，形成了今天东北独特的文化特征。以酒文化为例，开放豪爽的山东人将饮酒文化带到东北，并逐渐发展成为东北城市中一种独特的饮酒礼节。为客斟酒曰"满上"，一饮一杯曰"干"，半杯曰"二开"，依次有"三开""四开"，敬人酒自己先喝曰"先饮为敬"。甚至置大碗于席上，尽倾酒于碗中，使满，然后依次豪饮，号为"推磨"。③ 这些饮酒习俗，成为关东市民文化的重要内容。

与此同时，关内移民在融入东北城乡生活的过程中，要面对严酷的社

---

① 参见范立君《近代东北移民与社会变迁（1860～1931）》，博士学位论文，浙江大学，2005，第 107 页。
② 中东铁路经济调查局：《北满与东省铁路》，哈尔滨中国印刷局，1922，第 298 页。
③ 范立君：《近代关内移民与东北地区饮食文化的变迁》，《学术界》2019 年第 3 期。

会压力和生存压力，环境的改变迫使移民改变原有的生活方式，养成了吃苦耐劳的敬业精神和宽容开放的近代意识。在这些移民中，除了劳苦大众，还有知识分子、商人和由于各种原因来东北避难的高层人士。他们作为城市精英、民族文化的传播者和载体，将各地市民文化带入东北城市，具有多元特征的大连文化、沈阳文化、哈尔滨文化、吉林文化等新型的东北城市社会文化由此形成。[①] 这些有着共同命运、来自四面八方的居民，在文化上很少有保守的偏见和排他性，这就使得东北这种移民文化形成了广泛吸收、兼收并蓄的市民文化特色。它广泛吸收南北各地的文化营养，取得了多元性、杂糅性的优势，形成了东北多元的关东市民文化。[②]

总之，关内汉族人口移民东三省，萌芽于清初，迟滞于康熙、雍正、乾隆、嘉庆，复苏于咸丰、同治时期，至光绪朝开始大规模移民，民国时期更是形成规模。据估计，九一八事变前，年均移入 50 万人左右，至1933 年总人口已由 1400 万增加至 2900 万人，以后迁入人口较少。到解放前夕，全区人口已达 4000 万人。[③] 东北移民的涌入，不仅在经济上直接与间接促进了东北地区的开发，加速了东北城市化的发展进程，而且带来的不同区域文化促进了民族融合，形成特有的关东市民文化。

作者：荆蕙兰，大连理工大学马克思主义学院

张恩强，大连理工大学马克思主义学院、

辽东学院马克思主义学院

（编辑：熊亚平）

---

① 曲晓范：《近代东北城市的历史变迁》，第 242 页。

② 参见李振远《大连文化解读》，大连出版社，2008，第 188 页。

③ 沈益民、童乘珠：《中国人口迁移》，中国统计出版社，1992，第 112 ~ 131 页。

呼海铁路与东北北部地区早期城市化
（1925～1931） *

汲长伟　　曲晓范

内容提要：20 世纪 20 年代，在民族利权不断为列强侵夺、经济发展困难重重的情形下，东北当局将自办铁路视为打破困局的重要路径，积极构建地区自主铁路网。黑龙江省官民筹建呼海铁路这一区域近代化动力机制，无疑契合了当时特殊的历史情境与时代需求。作为近代黑龙江地方自办的首条国有干线铁路，呼海铁路的通车运营引发了东北北部经济社会的深刻变化，尤其对推动沿线地区早期城市化进程，触发城市空间序列的变动和城市功能的转变发挥了显著作用。

关键词：呼海铁路　东北北部变迁　近代

关于在呼海地区①修建铁路的设想最早可追溯至清光绪三十二年（1906）黑龙江将军程德全上书军机处拟修黑龙江省铁路的奏折，② 其后历经各方论证、外资博弈等过程，修路计划多因时局变换、财政困窘，迟迟未能践行。③

---

* 本文系 2018 年度国家社会科学基金重点项目"清末民初以民族报刊出版为中心的中国东北边疆文化建设研究"（18AZS023）的阶段性成果。

① 文中所述呼海地区，地处东北北部地区的中心区域，包括呼兰、巴彦、绥化、望奎、庆城、铁力与海伦等县，全区面积约为 36000 平方公里。参见何廉《东三省之内地移民研究》，《经济统计季刊》第 1 卷第 2 期，1932 年，第 257 页。

② 《署理黑龙江将军程德全奏为拟修黑龙江省铁路事》（光绪三十二年正月二十六日），中国第一历史档案馆藏军机处录副奏折（光绪宣统朝），档案号：03 - 7144 - 010 - 533 - 2202。

③ 对所修铁路的称谓先后有滨黑铁路、兰瑗铁路、绥海铁路、哈绥铁路、绥兰铁路、呼嫩铁路、滨黑铁路（呼兰至海伦段）以及呼海铁路等，虽不同时期称谓有所不同，但均指在该地区建设一条铁路，而非多条。

直至 1925 年呼海铁路进入实施阶段，该地修筑铁路的夙愿才最终得以实现。呼海铁路全线单轨里程 221.399 公里，工程历时 3 年（自 1925 年 9 月始，至 1928 年 12 月 6 日止①），建筑费用达 1108.8 万元。② 它的建成通车与良好运营是东北地方当局和江省官民矢志不渝修建铁路的诉求与实现地区振兴迫切愿望的集中体现。对呼海铁路的建设成因、运营状况及其对沿线经济社会影响的考察，不仅有助于深化东北地区铁路史的研究，而且能够充实铁路与东北北部地区早期城市化内在关联性的认识。

一　呼海铁路建设与民初东北地方发展困局

铁路作为近代社会革命性的交通工具和运输机制，是具有综合性和战略性特征的基础设施系统，关系国计民生。民国初年，呼海铁路的施工修建，是东北各方参与主体基于当时特殊利益考量与现实选择的结果。

（一）国际势力围绕中东铁路控制权的博弈为呼海铁路的修建提供了缝隙与契机

1896 年《中俄御敌互相援助条约》（通称《中俄密约》）的签订使俄国获得了觊觎已久在中国东北修筑和经营铁路的特权，此后俄国通过中东铁路牢牢掌控着东北地区的铁路权益。1905 年日俄战争的失利，迫使俄国将南满铁路及其附属地权益让与日本，打破了其对整个东北地区路权的垄断。1917 年俄国国内爆发革命，使得俄国对中国东北北部的控制力下降，中国政府借此对中东铁路及其沿线的相关主权进行收回行动，然而日美等国也乘机加紧对东北北部的渗透。协约国向俄西伯利亚出兵期间，对中东铁路采取了共同监理的政策。华盛顿会议后，日、美、法等国达成共同管理中东铁路的协议。不论是共同监理还是国际共管，中东铁路的控制权是很长一段时期内日、美等国在中国东北北部争夺的重点，这使得列强对地区其他路权的关注度下降，为黑龙江地方政府自办铁路提供了难得的缝隙。

---

① 对呼海铁路的最终通车时间，有学者记为 12 月 15 日，笔者依据 1928 年 12 月 15 日《盛京时报》第 5 版所载《海伦：呼海路已全线通车》的新闻发生时间，记为 12 月 6 日。

② 中国边疆研究资料文库编委会编《边疆边务资料初编·东北及北疆边务》（六），中央编译出版社，2011，第 404 页。

20世纪20年代，日本对中国满蒙地区的经济渗透日益增强，不断通过外交压力和军事胁迫的方式向东北当局索取铁路修筑权。一方面，日本利用1913年同袁世凯北洋政府签署的《满蒙五路借款修筑预约办法大纲》（通称《满蒙五路换文》）所攫取的满蒙五路借款优先权和修筑权，逐步修建四（平）郑（家屯）铁路、郑（家屯）洮（南）铁路以及洮（南）昂（昂溪）铁路等，急欲将南满铁路延伸至满蒙腹地。另一方面，鉴于俄国在远东势力的削减，日本加紧对北满地区铁路修筑权的攫取。1925年，满铁总裁安广伴一郎向日本政府提出了"满蒙开发铁路网计划"，要求满铁20年内在东北修建总长达8800公里的35条新铁路。① 从军事上讲，交通作为战争的基本要素，是军队的生命线，更确切地来说，铁路的战略意义在于它不仅是敌我双方的防御线或封锁线、进攻线，还是敌我双方争夺的运输线、生命线。日本对东北地区路权的侵蚀，尤其是满铁对黑龙江路权的多次图谋，引起了东北当局的警惕。出于国防安全的考量，加快东北北部铁路的筹建成为主政者的共识，这为呼海铁路修筑计划的提出与实施提供了契机。

（二）东北当局对铁路诉求的重视与支持，为呼海铁路的修建提供了切实保障

张作霖父子主政东北后面临地区路权困局，亟须寻求新的破局通道。当时东北区域路网格局完全由俄、日两国主导，北部有俄国牢牢掌控的中东铁路，中南部有日本把持的南满铁路，西部有日本人已然攫取的满蒙五路。列强通过建构以铁路为主的交通网将东北区域对内对外的通道完全垄断，达到了控制地区经济社会发展命脉的目的。东北地方当局为了破除俄日对地区发展通道的封锁，将修建自主铁路视为破局的全新路径。1924年，东北当局成立东北交通委员会，根据自建自营的方针，提出构建东北铁路网计划，积极推进奉海、吉海以及京奉铁路大虎山至通辽的铁路支线等铁路建设。吴俊升1925年向张作霖提出修建呼海铁路的计划无疑契合了当时东北当局自建自营铁路的方针，这为江省建成该路获得东北当局政治、经济上的支持提供了可能。同时，自1921年3月至1928年6月，军

---

① 金士宣、徐文述：《中国铁路发展史（1876~1949）》，中国铁道出版社，1986，第341页。

阀吴俊升主政黑龙江七年间，重视铁路设施修建，积极构筑区域铁路网，为增强自身实力服务。他按照空间序列初步搭建起黑龙江区域铁路网，即东部修建鹤岗铁路①，中部建设呼海铁路，西部则建成齐克铁路、昂齐铁路及洮昂铁路。这些国有和合办铁路与中东铁路交织，使得黑龙江地区初步建构起比较立体的铁路网络。其中呼海铁路因贯穿黑龙江腹地，"不但为黑龙江省交通之枢纽，且为该省之命脉"，②吴俊升自呼海铁路筹办伊始就寄予厚望，视其为"沿江第一功绩"。③当局者的重视直接促成呼海铁路的修建由设想向现实转化，并为铁路工程的实施提供了所需的政治保障。

（三）黑龙江地方意欲借助呼海铁路架构起腹地与开放口岸的通道，充分发挥哈尔滨国际大都市的经济辐射作用，实现江省经济社会的振兴

20 世纪初，中东铁路的通车虽然是俄国殖民侵略的产物，但客观上铁路作为现代化交通工具和运输系统，打破了长久以来东北封闭沉寂的状态，将内陆腹地与通商口岸联结成了有机整体，迅速取代传统运输系统，变为地区发展的全新引擎，引起区域经济社会格局的变化。地处吉黑两省交界的哈尔滨凭借中东铁路陆运与松花江航运交会点的区位优势，吸引大量外来资本和国际移民涌入，加之俄国政府对其重点投资与建设，到 20 年代已然成为东北北部最大的商品集散地、金融中心、对外贸易中心，由区域首位城市跃升为国际大都市。中东铁路带动沿线地区经济快速发展的同时，给当时的黑龙江省经济带来了严重的冲击。江省大多非铁路沿线城镇经济发展迟缓，省城齐齐哈尔区域首位城市的地位被迅速崛起的哈尔滨（时属吉林省管辖）所取代，市内工商业一度十分萧条，东北北部区域经济重心逐渐向吉黑两省的交界地带转移，从而造成江省经济社会整体发展的失衡与衰减。

黑龙江地方希望通过修建该路改善呼海地区落后的交通运输条件，促

---

① 鹤岗铁路，虽所处的地理区域在当时属吉林省管辖，吴俊升为了开发该地的煤炭资源，解决哈尔滨、齐齐哈尔等松花江、嫩江沿岸城镇官商燃料问题，与中东铁路局缔结铺设密约，于 1925 年动工修建从松花江岸的莲江口至矿山站的煤炭运输专用铁路，全长 56 公里。

② 《黑省呼海铁路概况》，《津浦铁路月刊》第 1 卷第 2 期，1930 年，第 23 页。

③ 《吴督办行将来哈》，《盛京时报》1928 年 4 月 3 日，第 4 版。

进地区经济发展振兴。所拟呼海铁路的南端毗邻哈尔滨，利用铁路交通发挥港口对腹地经济的带动效应，能够促进相关产业发展和集聚，逐步构建起一个以铁路—港口为指向的外向化经济流通体系，激活地方经济潜在能量，促进呼海地区经济快速发展，培育出区域新的经济增长极，从而对江省经济的振兴起到拉动和引领作用。[1]

呼海铁路通车后，运营效益较佳。虽然所有桥梁皆为木质，基松轨重，车速缓慢，所用机车较其他铁路小，每列仅配 30 吨货车 16 辆，并且货物运输上下行失衡，上行主要为农产品，下行为杂货，其运输量与中东铁路和南满铁路相比相差甚远，但以自身车辆保有情况和实际路况而论，该路的客货运输量和盈利情况已十分惊人。仅以 1929~1930 年度营业概况为例，虽然受到国际市场需求减少的影响，较之往年有大幅减少，货运量仍达到 480810 吨，其中输出量 434505 吨，输入量 46305 吨，客运量多达 1763525 人次。[2]另据调查，1928 年赢利 2106400 元，1929 年赢利 1867897 元，1930 年赢利 1332344 元，年利润率分别达 46.04%、39.34%、33.97%。[3] 在同时期东北的九条国有铁路（见表 1）中，呼海铁路建筑成本每公里所耗费用不过哈洋 31982 元，筑路成本之低廉，获利之丰厚，在各国有铁路中十分突出。[4]时人给予极高评价："吾国自有商办铁路以来，由筹议而创办，由创办而得良果，能迅捷而可靠者，呼海铁路当首屈一指矣。"[5]

表 1　1928~1930 年东北九路盈利情况

单位：元

铁路	1928 年	1929 年	1930 年
北宁铁路	10883749	18593125	16299610
四洮铁路	—	-927751	—

---

[1] 吴松弟主编《中国百年经济拼图：港口城市及其腹地与中国现代化》，山东画报出版社，2006，第 68 页。

[2] 《呼海铁路民国十八年/十九年度之营业概况》，《中东半月刊》第 1 卷第 12 期，1931 年，第 13~15 页。

[3] 顾维钧：《参与国际联合会调查委员会中国代表处说帖》，商务印书馆，1932，第 237 页。

[4] 吴士元：《呼海铁路在经济上之价值》，《东省经济月刊》第 6 卷第 2 期，1930 年，第 3~4 页。

[5] 冬午：《黑龙江省呼海铁路现状纪要》，《交通公报》第 1471 期，1927 年 1 月 9 日，附录，第 8 页。

铁路	1928 年	1929 年	1930 年
洮昂铁路	95464	427638	—
吉长铁路	1075465	1187744	248446
吉敦铁路	—	55607	43677
呼海铁路	2106400	1867897	1332344
齐克铁路	—	—	—
沈海铁路	—	11943246	3023910
吉海铁路	—	—	—

资料来源：数据据选取资料统计所得，参见顾维钧《参与国际联合会调查委员会中国代表处说帖》，第 236～237 页。

二　呼海铁路与沿线地区经济社会变迁

铁路作为工业化社会的重要标志，其影响波及经济社会各个领域。呼海铁路的通车不仅实现了地区动力机制的更新，而且促进了区域人口的异质化、经济的近代化，进而带动了沿线社会文化事业的进步。

（一）呼海铁路改变了沿线地区传统交通运输格局，为区域铁路网络的构筑奠定了基础，对边疆安全与稳定意义重大

铁路建设前，呼海地区的交通工具主要是马车和船舶。陆路运输主要依靠马车，仅海伦一地 1914 年就有马车 41014 辆，民户饲养的运输马匹超过 10 万匹，然而，马车运输缺点较多，不仅因道途弯远，搬运费时久，人畜消耗大，而且途中时有胡匪啸聚，越货杀人，安全性低，另外，还受地理气候影响，一旦路况恶劣，沟槽纵横，轮蹄受阻，通达性差。水运主要为小船运输，呼兰河口至铁力水路长达千余华里，尤其绥化以下 400 华里之间航远相当繁盛，但呼兰河支流水道窄狭，舟船畅行维艰。以自然力、畜力、人力为主的传统运输方式，已无法满足当时经济社会发展的需要。呼海铁路作为近代化的机械动力运输工具，以运量大、速度快、成本低、对外接续能力强、辐射范围广的优势，迅速成为沿线地区对外联系的最主要交通方式。呼海铁路开通后，其运输量成倍增长，"沿线各站每年输送

之特产达一百七十余万车（五十六万余吨），将来尚有愈行增加之可能"。① 该路的辐射范围逐渐扩大，虽然铁路仅经过呼兰、巴彦、绥化、海伦四县，然而其辐射范围覆盖望奎、庆城、铁力、通北等八县，另外，与兰西、青冈、明水、拜泉、克山、龙镇等县也发生关系。② 这些地区的客货运输更为便捷，经济社会发展速度加快。出于扩大铁路辐射范围和提升运营能力、抑制马车竞运的考虑，该路局"拟添置运货大汽车五十辆"，③ 开展短途运输业务。这一做法直接催生了汽车运输业的兴起，使沿线地区形成较为立体的交通运输体系。

呼海铁路良好的运营状况和收益回报，为其延长线及支线的修建提供了资金支持和经验参考，为区域铁路网的构建奠定了基础。该路通车后不久，局长高云崑积极筹谋各支线，"本路对于路线之延长，亦决积极进行扩充，现决铺修由绥化至鹤冈之一大支线，由绥化至庆城一段，本年春业已测量竣事"。拟设支线有四望支线（可吸收兰西、青冈、明水三县之农产品）、沈巴支线（经木兰、通河、汤原等县，可延至鹤岗煤矿）、兴东支线（该处产煤，可供燃料）、绥铁支线（经庆城至铁力，木材、粮食丰富）、海拜支线（拜泉粮食产量居黑省之冠），在当时"各支线虽不能即时兴修，而以每年之纯益金，即可作为展修之基本也"。④

呼海铁路的通车对边疆安全与稳定意义重大。当时黑龙江省内国有铁路西有洮昂铁路，中有齐克铁路，而呼海铁路居于东侧，是江省铁路网的重要组成部分。同时，该路由于与邻省的毗邻关系，将黑龙江与吉林、辽宁乃至关内在交通上联结成有机整体，加强了边疆与内地、地方与中央的关系。该路与中东铁路联运的开展，打开了国际联系的通道，在地域交通体系中战略地位更加突出。另外，"黑省地连俄境，为东北之重要门户"，该路作为滨黑铁路先期线路，将来延长至黑河，省城至黑河的军队调遣可朝发夕至，实现强固边疆防卫的职能。同时，呼海地区历来匪患频仍，铁

---

① 钊介卿：《呼海铁路与其沿线之农业状况（续四五号）》，《中东经济月刊》第 7 卷第 7 期，1931 年，第 68 页。

② 介卿：《呼海铁路与其沿线之农业状况（续）》，《中东经济月刊》第 7 卷第 2 期，1931 年，第 121～122 页。

③ 《横断江省之呼海铁路现状》，《辽东月报》第 1 卷第 4 期，1928 年，第 1～2 页。

④ 《黑省呼海铁路概况》，《川南马路月刊》第 2 卷第 10～11 期合刊，1930 年，第 46～48 页。

路的开通对商路顺畅与剿匪维稳都会产生积极作用。

（二）呼海铁路将大量关内移民输送至呼海及以北地区，促进了地域人口结构的异质化

对于待开发地区，交通线对外来移民的迁入发挥着"急先锋"作用，交通原则即占优势。[1] 呼海铁路建成之际，恰逢 20 世纪 20 年代东北移民狂潮，而该路的通车直接促成这次移民潮中很大一部分永久性移民前往呼海地区。[2] 据统计，1927 年呼海铁路仅通至绥化时，自哈尔滨方向迁入呼海地区的移民约 1 万人，既有从事修筑铁路者，也有赴望奎及绥化从事垦殖者。1928 年移民迁入约 3 万人，1929 年约 4 万人。[3] 随着移民的涌入，人口密度发生显著变化，人口结构异质化增强。据统计，自呼海铁路营运以来，呼兰、绥化、海伦三地人口密度变化明显，其中呼兰每方里增加 37%，绥化增加 49%，海伦增加 177%。[4] 人口密度增加的原因除人口自然增长之外，更多是呼海铁路的修建，方便了大量外来移民的迁入。呼海铁路的建成提升了沿线地区对关内移民的吸引力，也推动了移民实边政策的实行。"如今秋由内省赈灾会拨来黑龙江省河南难民六万人中，分发呼兰者五百零四名，绥化者八百六十二名，海伦者一千零四十三名。"[5] 呼海铁路良好的通达性极大地方便了外来移民迁往呼海及以北地区，分散了聚集于中东铁路沿线特别是哈尔滨地区的外来移民，增加了该地区人口的数量，增强了人口结构的异质化程度，有力地推动了移民实边政策的实行，加快了黑龙江中北部地区移民垦殖事业的开展。

（三）呼海铁路促进了沿线农业经济的发展，推动了农产品加工业的扩大，开启了地区早期工业化进程

铁路运输业务是以火车为运输工具对外提供运输服务以获得一定收入

---

① 陆大道编《区位论及区域研究方法》，科学出版社，1988，第 30 页。
② 章有义编《中国近代农业史资料（1912～1927）》第 2 辑，三联书店，1957，第 638 页。
③ 何廉：《东三省之内地移民研究》，《经济统计季刊》第 1 卷第 2 期，1932 年，第 257 页。
④ 介卿：《呼海铁路与其沿线之农业状况（续）》，《中东经济月刊》第 7 卷第 2 期，1931 年，第 121～122 页。
⑤ 吴士元：《呼海铁路在经济上之价值》，《东省经济月刊》第 6 卷第 2 期，1930 年，第 10～11 页。

的业务，包括铁路货运业务与铁路客运业务。[1] 呼海铁路货运业务最核心内容是将呼海地区的农产品运往哈埠，而客运业务是为人们区域间往来提供便利，其中将大量关内青壮年农业移民输送到该路沿线地区是客运业务的重要内容，这极大地促进了地区农业经济的发展。一方面，伴随呼海铁路所输送移民的增加，尤其是青壮年劳动力的增多，最直接的影响就是种植面积的扩大，粮食产量的增加。仅以 1928~1929 年为例，呼海铁路沿线 1928 年种植面积为 1386770 垧，而 1929 年为 1410700 垧，增加 23930 垧，增长率为 1.73%。[2] 另一方面，该路使沿线地区对外贸易更为方便快捷，农产品输出量增加，粮食作物商品化程度提高。呼海铁路沿线种植作物中以大豆为最多，占全部作物的 34.2%，小麦占20%，谷子占 19%，高粱占 10.5%，所产粮食除供给当地消费外，剩余者皆出口销售。大豆的剩余数量和出口量最为突出，以 1930~1931 年为例，大豆的剩余数量占其生产数的 81%（见表2），其上半年的输出量占总输出量的 90%。[3] 铁路不仅为沿线所产的大宗农产品提供了便利的输出通道，而且使商品贸易变得更为公开和简化，从而使农民直接受益达2500 万~3000 万元之多。

表2　1930~1931 年呼海铁路沿线粮食剩余情况统计

单位：吨

种别	生产数量	消费数量	剩余数量	前年度剩余数量
大豆	451270	87200	364070	382330
其他豆类	13850	13820	30	2610
杂谷	879200	772860	106340	161610
合　计	1344320	873880	470440	546550

资料来源：介卿：《呼海铁路与其沿线之农业状况（续）》，《中东经济月刊》第 7 卷第 4~5期合刊，1931 年，第 152 页。

粮食收入的增加，激发了农民垦殖活动的积极性，引起了农业经营方

[1] 谢国新等编著《运输业务会计》，航空工业出版社，1995，第 9 页。
[2] 介卿：《呼海铁路与其沿线之农业状况（续）》，《中东经济月刊》第 7 卷第 4~5 期合刊，1931 年，第 149 页。
[3] 孙祖源：《呼海铁路本年一月至六月之运输状况》，《中东半月刊》第 2 卷第 16 期，1931年，第 30 页。

式的变化。当时，"原农业上耕作法之如何，与产额有密切关系，向者沿线农人于耕作，皆甚粗放，耘耨潦乱，莠草不除。每人耕地额有至六七晌者，故面积广而收获转薄。自交通便利，地价增高，移民入境，又复容易，大势所趋，不能不渐归于集约"。可见，交通便利后农民为了提高单位面积产量，耕种方式逐渐由粗放向集约转变。同时，为了提高劳动生产效率，农业生产的机械化水平也得到提高。如荒地较多的海伦、通北两县，当时已有火犁公司四家，除开垦外，耕种、刈割、打场等机器也开始配备，"盖人工农业进展之步骤，欲求产量之增加，由粗放而归于集约，已尽其能事矣"。[①]

呼海铁路带动了沿线以农产品加工为主的民用工业的发展，开启了地区早期工业化进程。一方面，呼海铁路开通后，以榨油、烧酒、制粉为主的民用工业企业数量增多。据日人统计，呼兰境内有油房15家，大小烧锅15家，磨房35家，还分布有其他各类工厂。[②] 绥化县内有大小油坊20家，烧锅13家，火磨业中规模最大的是广信公司火磨（注册资本90万元，当年赢利25万元）。海伦油坊14家，火磨4家，烧锅2家。[③] 另一方面，呼海铁路将近代科学技术、生产设备输送进沿线地区，触发了传统经济结构和运作方式的嬗变，民族工业逐渐发展起来，推动了工业化的开展。以榨油业为例，油坊原来都是以马匹与人力为动力的旧式作坊，20年代末已大多采用机器生产。一些民用工业企业开始向近代产业化经营转化，一批具有资本主义性质的近代企业逐渐发展起来。如呼兰制糖厂和振兴火柴公司、绥化广信公司油坊和火磨、海伦信工面粉公司等，这些企业大都建成近代化的生产厂房，引进先进的机器设备，聘请专业技师，雇用数百上千职工。

（四）呼海铁路引起了沿线地区社会文化的变迁

呼海铁路加快了沿线地区对外联系的频率和外来文明传入的步伐，使社会风气和民众生活发生变化。"该路通省，交通便利，省府命令可以朝

---

① 吴士元：《呼海铁路在经济上之价值》，《东省经济月刊》第6卷第2期，1930年，第8页。

② 〔日〕满洲帝国地方事情大系刊行会编印《呼兰县事情（下）》，1935，第47页。

③ 〔日〕满铁哈尔滨事务所庶务课劝业系：《呼海沿线经济事情》，南满洲铁道株式会社哈尔滨事务所，昭和4年（1929），第25～42页。

发夕至，而人民贸迁往来，兴新知识之灌输，均较容易。"① 铁路通过大幅缩小地域空间，强化超远距离间地域的行政、经济文化联系，有力地推动了地区社会文明的开化和百姓生活的改善。以民众生活为例，呼海铁路运入大量日用品，如煤、煤油、汽油、布匹、碱、盐、麻袋、纸张、糖、烟草、水果、铁及铁制品等，其中以食盐、麻袋、布匹、煤斤、果品及烟草等项，所占最多。② 这些物品促进了人们消费资料的多样化，满足了日常物质需求，改善了当地民众生活。

呼海铁路带动了沿线城镇公共事业的发展。首先，卫生事业上，该路建设之初，因经费紧张，路局无力筹办规模大的医院。1927 年 4 月，迫于"员工疾病之疗法，伤害之救护及传染病之预防，种种需要刻不能缓"，③路局组织松浦医院，按月给予津贴，代行铁路医院职能。伴随就诊者日众，药费不资，医院经费无多，亏累难堪，路局后将松浦医院收为呼海铁路路立医院。铁路运营的需要直接促成了铁路医院的成立，这为沿线地区医疗卫生事业的发展奠定了基础。

其次，教育事业上，为满足铁路运营对专业人员的需求，该路于 1926年 2 月和 1928 年 2 月，开办两班传习所，分别招生 87 人和 110 人，专授车务、机务及电务知识。传习所培养的人员对铁路运营发挥着重要作用，"现在查本路各站服务人员，上自站长，下至站务员、电报生等，十九为两班练习所学生，办事均颇得力，精神亦能统一，从可知自储人材，殊胜于取材他处也"。④ 为解决铁路职工子女求学问题，1928 年 11 月，呼海铁路局在松浦成立小学一所。同时，为提升员工文化素质，培养服务意识，路局还筹设平民学校一所，根据学生成绩酌优给予晋职加薪的奖励。各类不同层次学校的开办，不仅为铁路沿线城镇产业发展、社会进步和文化繁荣提供了人才，而且不同程度地推动了沿线居民自身的城市化。⑤

最后，公共管理上，为了保障行车秩序和客货运输的安全，呼海铁路

---

① 《黑省呼海铁路概况》，《川南马路月刊》第 2 卷第 10～11 期合刊，1930 年，第 45 页。
② 孙祖源：《呼海铁路本年一月至六月之运输状况》，《中东半月刊》第 2 卷第 16 期，1931年，第 31 页。
③ 呼海铁路工程局总务科：《呼海铁路纪略》，第 39 页。
④ 《呼海铁路纪略》，第 40～42 页。
⑤ 张玮、熊亚平：《华北铁路沿线集镇的教育发展（1905～1937）》，《兰州学刊》2015 年第 8 期，第 73 页。

配备了较为规范的铁路警察队伍。该路原计划设铁路警察 240 名，实际数量远超计划。具体为段长 1 员，由警务股主任兼任，分段长 3 名，巡官 10 名，长警 250 名，并设有专职的消防警察。铁路警察是属于交通警察的一种特殊警察，"在铁路区域以内，关于公安、卫生等地方警察事务，亦应切实执行，故路警兼有地方警察的职权"。[1] 铁路警察的设置，成为沿线地区公共交通管理体系向现代化转型的重要标志。

铁路通车所引发的社会变迁也出现了消极影响。如赌博、吸食鸦片等社会恶习迅速蔓延，尤其以松浦镇最为典型。由于哈尔滨市内禁食鸦片，不少烟馆转移至松浦镇继续营业，一时间松浦镇大小烟馆 170 余家，"平均每日每家，收入可四十余元，吾人一入其室，见夫黑籍中人，错杂枕卧，一灯荧然，无异阴府"。[2]

三 呼海铁路与沿线城市化的发展

20 世纪 20 年代末，呼海铁路辐射地域人口总量达 1348867 人，包括呼兰、绥化、望奎、庆城、绥棱、海伦、通北、铁力。[3] 按城市学通例，城市人口占总人口 10% 以上是进入城市化的起点，当时绥化县城 5.3 万人，海伦县城 6.9 万人，呼兰县城约 6 万人，城镇人口所占总人口比重均超过 10%，尽管从世界城市化的历史进程看，呼海铁路沿线地区仍处于城市化的初级阶段，但地区城市化进程已然开启。呼海铁路作为地区早期现代化的重要标志，不仅促进了沿线地区交通条件的改善、商品经济的发展、人口数量和结构的变化，而且触发区域城市和乡村空间结构的变动，有力地推动了东北北部地区城市化的发展。

（一）呼海铁路的修建加快了沿线地区城市化进程

呼海铁路的开通，改变了以往呼海地区城镇单点孤立的局面，城镇布局和发展向车站附近聚拢，逐渐形成以铁路为依托的线性城镇带，将地区城市化向纵深方向推进。铁路铺设以前，沿线仅有呼兰、绥化、海伦三处

---

① 沈嵩：《我国铁路警察之过去与现在》，《交通杂志》第 2 卷第 5 期，1934 年，第 61 页。
② 辽左散人著，张颐青、杨镰整理《滨江尘嚣录》，中国青年出版社，2012，第 196 页。
③ 《呼海沿线经济事情》，第 10 页。

具备城市形态。呼海线通车后，铁路以其强大的辐射功能，促使铁路沿线商业贸易日趋繁荣，工矿业投资范围扩大，沿线十余处以车站为据点的村落和城镇迅速崛起，从而步入城市化的轨道。代表性城镇有以下几处。

1. 马家船口

位于松花江北岸，与哈尔滨道外江岸相对，自曹家窝铺起，至呼兰糖厂一带，划为市街地。在呼海铁路建设前，该处本是一落后村庄，自铁路开通后，工商业快速发展，逐步实现了城市建设资本的积累，开始推进城市设施建设的进程。"在该地之商店、旅馆、粮栈等已建筑十余家。又由马家船口至松浦镇，铁路两旁之空地于本春将大起土木工程，如广信公司、奉天储蓄会、中国交通、东三省永衡各金融机关及其他各大商店等五六十家，目下正运批大宗砖瓦及其他建筑材料。据中国人传云，解冰后将需要苦力六七千人，约建房三千余间，本年该地之发展可立而待也。"[1] 该地经过数年的发展已逐渐具备现代城市的雏形，后成为松浦市区的重要组成部分。该地夏季时与哈尔滨道外江岸间，有汽艇往来，冬季则因江面结冰有汽车行驶于上，以搭载来往行人。平时附近及由铁路运来的农副产品大都集中在该处，冬季以马车搬运过江，夏季以帆船运至哈埠八站。因此该处日见发达，发展蒸蒸日上。

2. 松浦

距马家船口7.38公里，原称松北镇，以前"不过茅舍十数橼而已"。1925年呼海铁路开工建设后，黑龙江政府基于该处是黑龙江省最靠近哈尔滨的一个市镇，遂将其作为经济特区重点建设，设立呼海铁路局。1926年1月19日，改称松浦市，设市政局办理一切市政。当时市政建设，"因市局收入不敷所出，因之种种建设，亦无相当之成绩。最近经当局协议之结果，归并于呼海路办理"。[2] 呼海铁路局在松浦修建总局，收用民地60亩，建成砖房124间，[3] 后又筹办松浦医院、学校等。呼海铁路的开通使松浦"陡行发达，抢报街基者，大有人在"，由荒凉村落一跃成为近代化城镇。

---

① 《呼海路沿线之发展：本年土木建筑工事之繁兴》，《哈尔滨公报》1927年3月9日，第6版。

② 介卿：《呼海铁路与其沿线之农业状况（续）》，《中东经济月刊》第7卷第4~5期合刊，1931年，第145页。

③ 《呼海铁路纪略》，第4~5页。

据时人游历所见，新建筑房舍 3000 余间，租金也极为昂贵。居民达 500 多户，3200 多人，且一半从事买卖等行业，客栈、伙房、小店有 40 多家，其他商店有 30 多家。1927 年后，由于从哈尔滨前往绥化、海伦等地的旅客多赴松浦乘坐火车，松浦至哈尔滨的过江船只由原来的几艘激增到几十艘。市政方面，邮局、电报局、学校等机构也渐趋完备，小镇开始展现出城市景观。[①]

3. 绥化

南距哈尔滨 125 公里，清中叶时属呼兰厅辖，后因该地为多条陆路交会点发展为市镇，称为北团林子。光绪年间在此设独立的绥化理事通判厅，后随松嫩平原农产品经济的发展，这里成为农产品集散中心和加工中心，对外输出商品以大豆、小麦为主。1913 年改设道治，当时市内总人口为 11280 人。1915 年，城中始建公园。当时该城的一大特点是古庙宇多，有火神庙、关帝庙、娘娘庙、龙王庙、鬼王庙等。至 1929 年，据日人记载，县城城壁东西 3 公里，南北 2.3 公里，人口约 5.3 万人。[②]

4. 四方台

距哈尔滨 157 公里，原为一村落，因村前有一四方形高岗，故称四方台（另传说金代名将金兀术之妹曾在此方台上阅兵，又有"点将台"之称）。呼海铁路通车后，该站凭借路程较近的优势，将原为中东路满沟站势力范围的望奎、青冈两县的所有货物运输业务争取过来。"且四方台附近开垦之地，约三四十万垧，上年输出之大豆、小麦达四十万石。"[③] 因此，该地的发展速度较快，成为沿线较具影响的铁路市镇。20 世纪 30 年代初，人口接近 3000 人。

5. 克音河（绥棱）

距哈尔滨 195 公里，位于克音河流域中心腹地，周边"地势平坦，地颇肥沃"，清末时，这里即已成为粮食集散中心。1918 年在此设镇，称兴农镇，归绥化县管辖。铁路设站后，改名为克音河，从此该地经济、社会进步很快。20 年代末，城内有市政筹备所、商农会、警察厅等行政机关和

---

① 辽左散人著，张颐青、杨镰整理《滨江尘嚣录》，第 195～196 页。

② 《呼海沿线经济事情》，第 14 页。

③ 介卿：《呼海铁路与其沿线之农业状况（续）》，《中东经济月刊》第 7 卷第 4～5 期合刊，1931 年，第 148 页。

社团，人口约 3000 人。后绥棱县城迁入该地，改称绥棱。

6. 海伦

距哈尔滨 227 公里，清末时为一村庄，人口仅 80 人，因通肯河流经境内故称通肯。由于该地位于拜泉、明水、通北、绥棱、望奎、青冈诸县的交叉点，商品经济活跃，清宣统年间在此设海伦府。民国初年发展为有三条大街的市镇，以制粉、榨油、烧酒为中心的农产品加工工业远近闻名，城内有烧锅、粮栈、油坊 58 家。① 呼海路开通后，作为终点站，"其势力所及，达至海伦、通北、绥楞、拜泉诸县。于呼海铁路未通以前，上记诸县之物产，大都以马车运往哈埠及满沟，间或亦有经拜泉而出安达者。目下该方之产物，概由呼海路为之运输矣"。② 因此，人口急剧增长，县城规模逐渐扩大。据日人记载，1929 年海伦县城比绥化县城广，南北 4.5 公里，东西 5.4 公里，市街区划整齐，户数约 4500 户，人口 69000 人。③

7. 海北（今海伦市海北镇）

距海伦 27 公里，清代民初时称大天主堂，又称约瑟屯。原系一小村落，光绪二十八年（1902），法国传教士路平来此建大天主教堂，以后传教士和教徒信众纷纷到此传播宗教。20 年代初，当地人口超过 5000 人。以后在海伦发展的影响下，大批农业移民来此定居，这里成为商品集散中心。30 年代中期，常住人口增至 9000 人，其中教徒占 80%。④

呼海铁路的修建，使得沿线原本沉寂的城镇和乡村焕发全新的生机和活力，潜在的区位优势得以发挥，车站所在地迅速由农村地带发展为城镇形态，形成一条明显的线性城镇带，从而使东北北部城市空间布局趋于完善和均衡。

（二）呼海铁路的运营引起沿线城市空间形态的变化

1. 呼海铁路的开通引发商品流通网络和城市功能的改变

呼海铁路方便了沿线农产品的输出，直接对传统流通网络带来较大冲

---

① 汤尔和译《黑龙江》，商务印书馆，1931，第 472 页。
② 介卿：《呼海铁路与其沿线之农业状况（续）》，《中东经济月刊》第 7 卷第 4～5 期合刊，1931 年，第 149 页。
③ 《呼海沿线经济事情》，第 27 页。
④ 曲晓范：《近代东北城市的历史变迁》，东北师范大学出版社，2001，第 216～218 页。

击。呼兰在铁路开通前，"凡呼兰、绥化、巴彦三县之特产以及庆城、铁力、绥楞、海伦诸地之谷物，悉集于是地。冬季以马车输往哈尔滨或对青山，夏则以民船运往哈埠，故市面极为繁荣"。铁路建成后，"其集散之范围仅及于附近之一小部分，其他皆利用铁路直接为之输出。因之该处由集散市场一变而为通过地矣，势运遽见衰微"。呼兰在地区间的贸易集散中转作用由中心逐渐减弱为一处普通乘降所。拜泉县在该路通车前，周边数县的物资和农产品均需经由该县运往中东路安达站，商业极其繁荣。1926年，商业遍及 54 个行业，大小商号 792 户，有"北上海"之誉。该路开通后，北部各县的物产转经呼海路输出，拜泉县的商业中转中心地位丧失，商业反而不及此前发达，从前繁华热闹的商店，"多行歇业者"。[1] 同时，铁路车次频率的提高，使城市空间联系加强，提升了地区民众信息沟通的时效性，打击了不良商人利用交通不畅造成的信息不对称性，肆意压低粮食价格压榨农民牟取暴利的行为。"在交通不便时代，农民及正常商人直接交易，颇感困难，现在运输敏捷，商业上之窒碍已除，则奸商不能操纵居奇，于民生有莫大之裨益。"[2] 随着对外贸易的加强和市场价格的公开，该地区统一粮食价格市场逐渐培育形成，从而使农民在粮食贸易中获益。

　　铁路的开通间接触发城市功能的变化。呼海铁路开通后，呼兰虽然商业受到冲击，但工业和金融业得到较快发展，城市功能悄然发生着转变。"近年以来，为转化之策，大有为工业地之现象，颇可为一般之注目。"[3]至 1926 年底，呼兰有各类店铺 350 余家。工业除制粉、酿酒、榨油业外，境内还出现了卷烟公司、火柴公司、洋碱公司、织袜工厂、木工场、锻冶工场、染色工场、洋铁工场、蜡烛工场、银器工场、制毡工场、皮革工场、铜器工场等 150 家大小工场。[4] 随着工业的发展，呼兰作为呼海铁路的设站城市生产职能更加突出，经济活力增强，逐渐成为沿线地带产业发

---

①　钊廉英：《齐克铁路与其沿线之概况》，《中东经济月刊》第 7 卷第 9 期，1931 年，第 53 页。

②　《黑省呼海铁路概况》，《川南马路月刊》第 2 卷第 10~11 期合刊，第 47 页。

③　介卿：《呼海铁路与其沿线之农业状况（续）》，《中东经济月刊》第 7 卷第 4~5 期合刊，1931 年，第 146 页。

④　曲晓范：《近代东北城市的历史变迁》，第 258~259 页。

展的组织核心和经济空间活动的支配中心，转化成哈尔滨以北地区的一个次级区域经济中心。

2. 呼海铁路的修建引起城市景观的变化和城区空间的拓展

城市景观直观展现城市形态变化，呼海铁路对地区城市化产生的直接影响就是铁路车站建设所带来的景观变化。呼海铁路全线 19 站，根据地理位置、资源条件和工商业等方面的差异，采取"差序化设置"。[①] 其中甲级站 2 处即松浦站和海伦站，乙级站 7 处即马船口、呼兰、康金井、兴隆镇、绥化、四方台、克音河，丙级站 10 处。尽管因经费困难，一切设备皆求简略，各站所建设的基础设施和配套设施依然成为沿线各地新的城市景观。建设的基础设施包括行政办公场所、员工寓所、仓库、月台、油窖、上水塔、机车库等，配套设施包括提供旅客食宿的饭店、旅馆、医院、学校、中央公园、护路警察局、电报局等。新建的铁路局所房舍皆为红砖，均属西式风格，室内装设电灯、电话、暖气管。松浦总机厂当时已设机器厂、发电厂、充电室、暖气室、材料仓库及办公室，并购入大量现代化机器设备。[②] 另外，出于为铁路职工提供休闲空间的考量，在松浦新建中央公园。[③] 伴随铁路基础设施及配套服务建筑的建设，沿线地区不同程度地受到西方先进物质文明的影响，特别是建设的现代化建筑和引进的机器设备，作为物质文化载体，其风格和技术的移植引进体现了文化的传播和交流，提高了城市发展水平。

呼海铁路促进了沿线地区人口与物资向车站所在城镇聚合，引发城镇人口和规模的扩大，配合以呼海铁路局对地方市政建设的投入，城市地域空间不断得到拓展，城市功能逐渐齐全。以松浦为例，原归黑龙江省呼兰府管辖，1911 年呼兰府自开商埠后，在这里修建呼兰糖厂，开始形成 1 平方公里城区。1920 年改称松北市政局，商埠区规划扩至 3 平方公里。1925 年 9 月，裁松北市政局，改设呼海铁路下辖松浦市政管理处，在此设松浦火车站和呼海铁路总工厂，占地约 6 平方公里，形成松浦镇。1929 年，复设松浦市政局，成为黑龙江省松浦市。松浦市辖区

---

① 熊亚平、迟晓静：《铁路站厂"差序化设置"与华北集镇的"差异化发展"（1881～1937年）》，《历史教学》（下半月刊）2015 年第 7 期，第 21 页。

② 《呼海铁路纪略》，第 59 页。

③ 《呼海路开辟公园》，《盛京时报》1926 年 7 月 16 日，第 4 版。

37.78 平方公里，其中建成区面积为 6.5 平方公里。① 除松浦市政局、呼海铁路局、马家船口税捐征收局外，还设有邮局、电报局、医院、松浦第一小学校及两处务本女子小学、消遣场所（舞台、烟馆）等。"电灯所用之灯，归呼兰制糖厂发送。电话则为呼海铁路局所安置，但仅官署局所已安设，系属公用性质。"② 松浦初步发展为城市功能齐全的沿线区域行政管理中心。

3. 呼海铁路的筹建与开通催生了铁路报刊的出版，对地区城市公共舆论空间的扩展产生了积极影响

近代报刊作为建构城市公共舆论空间的关键性要素，是城市近代化的重要标志。因"职局创立伊始，百端待举。关于工程之规划正在进行，各种章则图样及文书函件并收支款项等"，亟待公布，同时，铁路建设取得的成绩，通过报刊"既可详悉事功，又可就正当世"，③ 1925 年 9 月，呼海铁路工程局设编辑处创办《呼海铁路月刊》。④ 该刊以铁路行政为范围，每月发行 1 期，体例分为论著、译述、命令、公牍、调查、纪录、艺苑、附录以及各项图标等。文稿类型多样，内容丰富充实。既刊发《铁路职员应有的认识》《我国大豆在欧洲销售情形》等论说性文章，又收录《严沧浪论诗》《国民外交常识》等通识性稿件，还登载路局进出款项统计表和行车时刻表等实用性图表。⑤ 由此可见，《呼海铁路月刊》作为大众传播媒介，传递了各种政治、商业贸易和社会文化信息，满足了人们认识和了解外部世界、融入城市生活的需要。随着发行量的不断增加和影响力的逐渐提高，《呼海铁路月刊》为区域民众的思想交流搭建了新的渠道体系和公共领域的交往平台。它把散落在沿线百姓中的个体观点搜集起来，加以集中宣扬和传播，从而使地区城市公共舆论空间得以扩展。

---

① 哈尔滨市地方志编委会编《哈尔滨市志·城市规划》，黑龙江人民出版社，1998，第 61 页。
② 辽左散人著，张颐青、杨镰整理《滨江尘嚣录》，第 196 页。
③ 《呼海铁路工程局为具报编辑〈铁路月刊〉简章呈》，黑龙江省档案馆编《黑龙江报刊》，内部发行，1985，第 111 页。
④ 《〈呼海铁路月刊〉编辑简章》，《黑龙江报刊》，第 111 页。
⑤ 《呼海铁路月刊》第 53 期，1930 年 1 月，上海图书馆藏。

结　语

　　呼海铁路连同奉海铁路、吉海铁路、打通铁路等初步构筑起了20世纪20年代东北地区民族自建铁路网络体系，打破了东北路权为日俄所操控的局面，成为东北北部地区经济社会发展的新通道。它的良好运营有力地推动了东北北部经济社会的变迁，既改变了传统交通运输格局，促进了农业、工业和社会文化事业的发展，又推进了地区城市化进程，优化了东北北部城市空间布局，还促进了城市空间形态的改善，提高了区域城市发展水平。总之，通过对呼海铁路与东北北部地区早期城市化内在关联性的探究，证明了铁路交通是近代东北地区早期城市化的主要推动力。

作者：汲长伟，东北师范大学历史文化学院、
黑河学院文化旅游学院
曲晓范，东北师范大学历史文化学院

（编辑：熊亚平）

清代苗疆城市发展的动力探析*

王肇磊　王思琪

内容提要：清代苗疆城市发展是以政治为导向的，它在政治优先超常发展规律的作用下，通过国家政治内核来集聚城市发展各要素，使苗疆城市获得了十分宝贵的发展推动力，极大地促进了苗疆城市的内地化发展。随着苗疆的开辟，区域经济的开发，大量汉族移民迁居苗疆，为苗疆城市的进一步发展提供了极为重要的"人"的因素。交通则是苗疆城市发展的另一推动力，它对苗疆沟通内地和促进区域市场机制的形成起到了重要作用，并促进了清代苗疆城市的内地化发展。

关键词：清代　苗疆　城市发展要素

城市的发展取决于汇聚城市的政治、经济、人口等要素转化的动力条件，它在城市化发展进程中扮演着推动力角色。各地区具有相对独立的地理、政治、经济、社会与人文环境，其动力条件因产生机理不同又存在显著的差异，清代苗疆城市亦是如此。有清一代，苗疆在国家政治、移民、交通的推动下，其区域城市的数量和规模都比前代有所增加和扩大，且城市的区域分布更趋均衡；城市间的联系更加密切，区域城市体系日益发展，其城市基本完成了与其他区域城市一体化发展的历史进程，成为清代中国城市网络体系的一个有机组成部分。目前，关于苗疆城市发展的推动力问题已为学界所关注，但成果不多。笔者限于视野仅见少数学者从国家

---

* 国家社科基金项目"清代以来西南苗疆城市发展研究（17世纪中叶～20世纪中叶）"（16BZS030）阶段性成果。

政治、社会经济的角度分别做了初步的探讨，① 但囿于研究主旨，他们从整体宏观上专门分析清代苗疆城市发展的动力问题还不够深入，还有进一步研究的必要。故本文拟从政治、移民和交通的角度具体解析它们是如何推进清代苗疆城市发展的，希冀方家指正。

一　政治：苗疆城市发展的主导力量

在城市文明发展的进程中，"向内聚合"的"社会权力"发挥着至关重要的作用。② 它随着国家政治的出现和强化对区域城市的发展，"从形式到内容"都起着决定性的影响。③ 苗疆因地理、政治、经济、人文、民族的特殊性，城市发展的内部原生动力长期不足，城市发展亦长期落后于周边地区。随着元明清三代中央将苗疆渐次纳入国家的直接治理之中，苗疆城市才开始走上相对较快的城市发展之路，尤其是清代将苗疆全面纳入国家统一治理之后，苗疆城市便在国家政治力量的主导和推动下，逐渐形成了具有典型性区域城市的发展格局。

（一）　苗疆城市与内地的行政治理的归一

从历史上看，中国城市发展在很大程度上秉承着政治优先的基本原则，即国家政治主导了城市的发展。清代经过"改土归流"完成了苗疆地区的国家政治一统，出于地方治理和区域社会发展的需要，清政府在苗疆通过设府置县立厅、建城池的方式，使苗疆城市得到了较快的发展，并使之与内地的

---

① 参见王洪《从苗民到边民：清代"湖南苗疆"的政治构建与社会结构变迁》，《北方民族大学学报》（哲学社会科学版）2018 年第 6 期；张晓燕、暨爱民《国家在场：地方治理视野下清代湘西苗疆之集场交易》，《贵州民族研究》2018 年第 6 期；吴晓美《明清苗疆治理与边疆商业城镇的形成》，《中州学刊》2018 年第 3 期；张中奎《清代苗疆"国家化"范式研究》，《广西民族大学学报》（哲学社会科学版）2014 年第 3 期；曹端波《国家、市场与西南：明清时期的西南政策与"古苗疆走廊"市场体系》，《贵州大学学报》（社会科学版）2013 年第 1 期；游建西《苗疆旧州古城在近代繁荣的原因讨论——山林农业与大田稻作区农业交汇研究》，《贵州民族研究》2011 年第 10 期；陈征平《近代西南边疆民族地区内地化进程研究》，人民出版社，2016；等等。
② 何一民主编《近代中国城市发展与社会变迁（1840～1949 年）》，科学出版社，2004，第 49 页。
③ 〔美〕刘易斯·芒福德：《城市发展史——起源、演变和前景》，宋俊岭、倪文彦译，中国建筑工业出版社，2005，第 26～27 页。

行政治理归一。这为苗疆城市的发展奠定了最基本的政治基础。

1. 废土司，设郡县

清朝作为少数民族建立的中央王朝，较少有"内华夏外夷狄"的政治观念。自清初以来便很注重民族地区的政治统一，具体到苗疆地区则是强力贯彻执行"改土归流"的政策，将长期游离于国家直接管控之外且"高度区域自治"的苗疆及其城市全面纳入国家治理之中。

西南土司制度自元代施行以来，逐渐建立起了一套"内边区"和"外边区"分层管理的边疆政区体制。苗疆虽为"内边区"的一个有机组成部分，但因国家直接控制的力量长期不足，元、明两朝始终都面临着苗疆土司分裂势力造成的危害国家政治统一的威胁及其引发的严重社会危机，如明代"奢安之乱"[①]、"思州黄姓土司之乱"[②] 等。为解决土司制度威胁国家治权统一的问题，明代中叶开始在苗疆施行"改土归流"，如将思南宣慰司、思州宣慰司以"仇杀谋乱"为名改流，将其析置为思州和思南府等。[③]

明清易代后，清政府为彻底改变苗疆"土人知有土官而不知有国法久矣"[④] 的状况，继续强力推行"改土归流"政策，以求得"军民相得以安"[⑤] 的地方政治局面，消弭土司制度危害国家统一的"天地间之缺陷"，[⑥] 最终实现"变夷为夏"、"以等齐民"[⑦] 的国家政治统一目的。雍正二年（1724），清政府用兵广顺州和定番州，拉开了苗疆大规模"改土归流"的帷幕。至雍正十一年，"苗疆辟地二三千里"，[⑧] 中央完全控制了苗疆地区，并在贵州"生苗"区裁革麻哈、石阡、龙里、凯里、平州等安抚司、长官司和婺川土百户等土司，置其地分属石阡府、婺川县、炉山县、松桃厅等府州县厅；设置了清江厅、台拱厅、古州厅、都江厅、丹江厅和

① 庞思纯：《明末"奢安之乱"中的贵阳保卫战》，《贵州日报》2017 年 2 月 24 日。
② 蓝武：《元明时期上思州黄姓土司之乱与王朝中央之治策探析》，《贵州学院学报》2014 年第 3 期。
③ 王强：《明代西南地区改土归流研究》，硕士学位论文，浙江大学，2010。
④ 《云南通志》，《艺文志·筹边第二疏（蔡毓荣）》，乾隆元年刻本。
⑤ 鄂尔泰：《分别流土考成疏》，贺长龄、盛康辑《清朝经世文正续编》卷86《兵政十七》，广陵书社，2011，第 2 册，第 303 页。
⑥ 戴名世：《戴南山全集纪红苗事》，时还书屋 1918 年木活字印本。
⑦ 朱批奏折民族事务类，中国第一历史档案馆藏，档案号：第 1729 号。
⑧ 魏源撰，韩锡铎、孙文良点校《圣武记》，中华书局，1984，第 292 页。

八寨厅，分别隶属镇远府、黎平府和都匀府，① 填补了清初国家城市版图上的空白。苗疆其他地区亦在清初进行了"改土归流"（见表1）。这样，苗疆经过清初"改土归流"建立了中央直接控制、全面管理的府州县厅行政区。于是，"湖北之施南，湖南之永顺，四川之宁远，广西之泗城，云南之东川，贵州之古州、威宁等府州县，先后建置，渐成内地"。② "蛮悉改流，苗亦归化。"③ 苗疆形成了以城市为中心具有传统国家性质的地方政治管理制度。

表1　清代湘、鄂、川苗疆"改土归流"设置府州县厅情形

所属省	原土司辖地	改流时间	所设州、县	所属府（州）
湖南省	五寨长官司	康熙四十六年（1707）	凤凰直隶厅	凤凰直隶厅
	永顺军民宣慰使司、南渭州（土知州）、施溶州（土知州）、施溶长官司、腊惹洞长官司、驴迟洞长官司	雍正七年（1729）	永顺县	永顺府
	白崖洞长官司，上溪州（土知州）	雍正七年	龙山县	
	田家洞长官司	雍正七年	古丈县	
	保靖军民宣慰使司、大喇巡检司（土巡检）	雍正七年	保靖县	
	桑植宣慰使司、上峒长官司、下峒巡检司（土巡检）	雍正七年	桑植县	
	茅冈长官司	雍正七年	澧州直隶厅	澧州直隶厅
湖北省	施南宣抚使司、忠建宣抚使司、忠峒安抚使司、高罗安抚使司、木册长官使司	雍正十三年	宣恩县	施南府
	东乡五路安抚使司	雍正十三年	恩施县	
	忠路安抚使司	雍正十三年	利川县	
	金峒安抚使司、龙潭安抚使司、唐崖宣慰使司	雍正十三年	咸丰县	

① 余宏模：《试论清代雍正时期贵州的改土归流》，《贵州民族研究》1997年第3期。
② 《民政部奏各省土司拟请改设流官折》，《政治官报》第1216号，宣统三年二月二十二日，第42册，第342页。
③ 赵尔巽：《清史稿》卷512《土司一·湖广》，中华书局，1977，第14206页。

所属省	原土司辖地	改流时间	所设州、县	所属府（州）
湖北省	散毛宣抚使司、大旺安抚使司、东流蛮彝长官司、腊壁蛮彝长官司	雍正十三年	来凤县	施南府
	容美宣慰使司	雍正十三年	鹤峰直隶厅	鹤峰直隶厅
四川省	酉阳宣抚司	雍正十三年	酉阳县	重庆府
	石耶洞长官司、平茶洞长官司、邑梅洞长官司、地坝副长官司	雍正十三年	秀山县	
	石砫宣慰司	乾隆二十六年（1761）	石砫直隶厅	石砫直隶厅

资料来源：傅林祥等《中国行政区划通史（清代卷）》，复旦大学出版社，2013，第342~343、355~356、459~490页。

2. "省卫入县"，建构城市一元化政治体系

在"改土归流"的同时，清政府还通过"省卫入县"的方式，彻底废除卫所制度，将部分卫（所）城改置为府州县厅的治所。① 康熙二十六年（1687），"偏桥等二十五卫所，悉行裁并"。② 施秉县"旧为偏桥卫，本土司地。康熙中省卫入县，建县治于卫城。别设偏桥正长官司，左右两司，分辖民苗各户"。③ 镇远"今省卫入县，实以守兵"。④ 这些单一军镇性质的卫所城市便转型为地方政治、经济、军事、文化中心，使苗疆城市形成了完整的政治、军事、城市管理一元化的地方行政制度，⑤ 达到了国家在政治上对苗疆城市的全面控制和统一管理的目的。

清代顺应历史潮流在苗疆设置各级行政机构之后，便根据地理形势在治所修筑城池、建府衙、设屯卫，以靖地方；编户齐民，以施统一的政治、社会管理。正如云贵总督张允随上疏所言："苗、猓种类虽殊，皆具

---

① 清政府在苗疆改卫设县是一项重要的地方治理工作，其中在贵州苗疆以偏桥卫改置施秉县、以镇远卫设置镇远县、清平卫改设清平县、平溪卫改设玉屏县、清浪卫改设清溪县、天柱所改置天柱县、新添卫裁卫并置贵定县、龙里卫设置为龙里县、设置松桃直隶厅等，湘西苗疆乾州军民厅则改置为乾州厅、凤凰营改置为凤凰厅等。
② 刘献廷：《广阳杂记》卷1，中华书局，1997，第15页。
③ 刘书年：《刘贵阳遗稿》卷3《黔行日记》，紫江朱氏据原稿印行，第46~47页。
④ 陈鼎：《黔游记》，中国西南文献丛书编委会编《西南稀见丛书文献》第5卷，兰州大学出版社，2004，第199页。
⑤ 《嘉庆重修大清一统志》卷499《贵州统部·建置沿革》，四部丛刊本。

人心。如果抚驭得宜，自不至激成事变。臣严饬苗疆文武，毋许私收滥派，并禁胥役滋扰。至苗民为乱，往往由汉奸勾结。臣饬有司稽察捕治。"① 正是因为清代在苗疆实行了统一的政治治理模式，苗疆才在国家政权的强力推动下，实施移民实边政策，以充实人口，开发"新疆"资源；厉行儒学教育，建立统一的文教制度，以促进苗疆城乡与内地文化教育的一体化发展；组建与内地一体的各级城市管理机构，以保证苗疆城市社会秩序的稳定。② 这些都是以城市为中心展开的。总之，清代国家"改土归流"政策的推行，打破了此前苗疆城市封闭的政治地理状态。这在维护国家政治统一的同时，也提高了苗疆城市的发展水平，并促使苗疆城市的政治结构、行政体系、社会经济、文教事业以及城市建设与管理等各个层面逐渐趋向内地化并与内地一体化发展。这都是以清代"改土归流"为政治基础的。

（二）苗疆与内地城市制度、治理的归一

为实现苗疆与内地一体化发展的目标，清政府按照内地模式积极开展了苗疆城市制度建设与城市治理活动。

在城市制度建设方面，清政府介入苗疆城市发展最直接、最直观的表现，就是在原土司辖地和"生苗"地区新设治所，并动用国家资源修筑古丈坪、保靖、龙山、定番、荔波等数十座城池。③ 苗疆城市数量因此增加，且城市制度亦与内地相同。同时，国家还不断通过行政手段，在苗疆按照内地城市行政构建模式合理地配置各种政治军事力量，调整苗疆县级行政区划，也使城市的地理分布格局不断趋于均衡，进而形成了这一时期苗疆城市"省—府（直隶州）—县（厅、州）"三级制和"省—直隶厅"两级制的行政体系，即所谓清代苗疆的"府州县厅制度"。④ 但因国家长期秉承地方行政管理的传统和受当时社会条件的制约，苗疆城市未能形成一个以

---

① 赵尔巽：《清史稿》卷 307《张允随传》，第 10557 页。
② 李良品、李思睿：《改土归流：国家权力在西南民族地区乡村社会的扩张》，《青海民族研究》2015 年第 2 期。
③ 《湖南省志》卷 41、42《城池》，光绪十一年刻本；《贵州通志》卷 5《城池》，乾隆六年刻本，嘉庆补修本。
④ 《清高宗实录》卷 147，乾隆六年七月丁亥，中华书局，1985 年影印本，第 1118 页。

省会城市为中心相对单一的城市行政体系，而是分属湘、黔、川、鄂等省。在这个独特的行政体系构架之下，苗疆城市又因历史、社会、经济发展的特殊性与彼此间的地域相关性和民族同源性，与其所属省份其他区域的城市又存在较大差别。出于政治和现实的考虑，清王朝在苗疆地区实施了一些特殊的政治措施，如颁布"苗例"等。① 这为后世苗疆城市民族区域自治制度的形成奠定了基础。

在城市治理方面，清政府还在苗疆城市派驻官员，驻扎军队，设立巡检与保甲，建场市，② 发展交通，兴学校，易风俗，促同化，等等，强化苗疆城市的治理，使苗疆的城市治理与内地趋向一致，促进了苗疆城市的内地化发展。

关于苗疆的城市发展与清代国家政权之间的关系，诚如清代方志所言："古属苗区，今则狉狉獉獉，均为赤子。昔震以威，今柔以德，时势固不相侔。顾其间设堡设碉所以弹压而周防之者大要。扼吭据脊，断其率然之势，使不能狡焉。思逞以故，相地设堡，星罗棋布至严密焉，则夫城郭司卫。"③ 即国家政治力量主导了苗疆城市的发展。可见，清代国家政治力量的进入与强化，直接推动了苗疆城市的发展，使之真正成为国家城市发展的一个有机组成部分，并与内地城市发展逐渐融为一体，这在根本上开始改变过去苗疆城市发展封闭落后的状态。

二 移民：推动苗疆城市发展的重要外部推动力

外来移民也是促进清代苗疆城市发展的重要动力源。清代以前，苗疆除毗邻汉族的部分"熟苗"区域稍早得到开发，人口较多外，其他地方还是一个山川锁闭、人烟稀少的"化外之地"。其城市多分布在"熟苗"区，且多呈卫城、所城、土司城等军事城堡形态。例如，台拱"建城设兵，以

---

① 袁翔珠：《清政府对苗疆生态环境的保护》，社会科学文献出版社，2013，第12~21页。
② 据乾隆古州总兵韩勋奏疏记载："苗疆向无市廛，近今兴立场市，各寨苗民商贩俱按期交易，称便，并无强买强卖，军苗实属乐业。"《清高宗实录》卷105，乾隆四年十一月二十九日，第581页。
③ 《松桃厅志》卷2《地理门》，道光十六年刻本。

镇抚之。且上为丹江声援，下为清江犄角，而施秉、镇远之藩篱以固"。①
如果城市仅承担单一的军事控制功能，这在清代苗疆不断融入祖国大家庭
的历史进程中，显然是不能带动区域社会经济全面发展的，也不合乎苗疆
城市发展的历史逻辑和趋向。要解决这一问题，就需要国家和社会增加苗
疆城市的"人"的生产。但长期以来苗疆人口生产有限，无法从区域内部
有效解决这个问题，于是清政府采取积极措施鼓励移民迁居苗疆。这为该
区域开发与城市发展移入了十分宝贵的人口资源。这样，外来移民便在不
自觉中充当了一股推动苗疆城市发展的重要力量。

　　移民迁居苗疆城市在明代就已存在。徐霞客在游记中曾记述道：独山
"署篆所属皆客户，余所主者江西南昌人"。② 自清初始，出于国家政治和
区域开发的考虑，清政府多次颁布鼓励移民垦殖的政策。如"各处逃亡人
民，不论原籍何处"，编入保甲，使之安居乐业。③ 划拨本地无主荒地以资
垦种，官给印信执照，准为永业。④ 于是，大量移民不远千里纷纷迁居苗
疆。"至贵阳南北大路，居民皆新经招集。"⑤ 他们或垦殖山林、荒地，或
居城从事工商业活动，从而促进了清代苗疆城市人口的增长和社会经济的
发展。镇远"地狭民聚，梯航交驰，黔中有驿，州县惟此最繁"，⑥ 其"居
民皆江楚流寓"。⑦ 铜仁"郡居辰常，上游舟楫往来，商贾互集"。⑧ 台拱
厅在清乾隆年间"城内汉民四百三十七户，两千零七十名口"。⑨ 荔波县
"城厢内外汉民七百六十五户"。⑩ 广顺县"北关，在小街之外。康熙四十
六年州牧张承明捐资建，第系荒郊，群盗出入。自建关后，移民二十余
户，给银一两，民赖无恐，近为场地，烟户日稠，逢卯日集"。⑪ 永绥厅城
本孤悬于苗疆腹地，城外为苗寨所环绕，后随移民不断涌入，其中"附郭

① 《贵州通志》卷24《武备·师旅考》。
② 徐霞客：《黔游日记》卷12，瘦影山房刊本校印本，1924，第7页。
③ 《清世祖实录》卷25，台北，华文书局，1969年影印本，第5~8页。
④ 《清世祖实录》卷43，第17~18页。
⑤ 《清圣祖实录》卷95，中华书局，1985年影印本，第1194页。
⑥ 爱必达：《黔南识略》卷14，乾隆十四年修刊本。
⑦ 爱必达：《黔南识略》卷12。
⑧ 万历《贵州通志》卷17《铜仁府》，书目文献出版社，1990年影印本。
⑨ 爱必达：《黔南识略》卷13《台拱同知》。
⑩ 何光渝、何昕：《贵州社会六百年》，贵州人民出版社，2014，第365页。
⑪ 《广顺州志》卷3《营建志》，道光二十七年广阳书院刻本。

原野，客民占据日广"。[1] 洪江在乾隆时便已是"庐烟数千"[2] 的"西南一都会"。[3] 嘉庆二十一年，辰溪县城有 897 户，5119 人，其中客籍 131 户，439 人。[4] 石砫厅城也是"人烟辐辏"之地。[5] 爱必达亦在《黔南识略》中专门统计了其为官之地的"住居城市乡场"客民数。"住居城市乡场及隔属买当苗人田土客民一千九百七十三户，并住居城市乡场买当苗民全庄田土客民及佃户，共四千四百五十五户。"[6] 可见，清代苗疆城市人口因各地移民的到来得到了较快的增长，促进了城市规模的扩大。

这些来自社会生产力发展水平较高地区的移民的到来，为苗疆带来了先进的生产技术，"对于经济的影响甚大"。[7] 例如，清代汉族的农耕技术因移民的带入，使苗疆从落后的"刀耕火种"的原始农业跨越到封建农业生产阶段，农村经济"昔日禽兽窠巢"变为"今皆膏腴之所"。[8] 一些农业条件较好的地方，如偏桥、平越，其"田畴衍沃不殊内地"，[9] "几于中州"。[10] 农业的发展与进步，为苗疆城市的发展提供了必需的粮食、原材料供应，较充分地满足了城市工商业发展的需求。汉地的手工业技术随着移民到来也传入了苗疆城市。"客民之贸易者、手艺者，邻省邻府接踵而来。"[11] 道光十八年，婺川县署理知县陈文衡在县城设纺织局，延聘外地技术人才，"教习"本县男女织工。[12] 还有相当数量的移民从事开矿、冶金及其相关行业。[13] 清代苗疆城市商业亦因外地商贾聚集而日益兴盛。如芷江

① 石宏规：《湘西苗族考察纪要》，长沙飞熊印务公司，1936 年铅印本，第 25 页。
② 《直隶靖州志》卷 13《艺文志》，道光十七年刻本。
③ 《洪江育婴小识》，转引自周秋光《湖南慈善史》，岳麓书社，2010，第 290 页。
④ 辰溪县志编纂委员会编《辰溪县志》，三联书店，1994，第 112 页。
⑤ 《补辑石砫厅志·建置志第五·市街》，道光二十三年刻本。
⑥ 爱必达：《黔南识略》卷 1《总叙》。
⑦ 胡鉴民：《人口变迁与社会变迁》，《民国丛书》第 1 编第 19 辑，上海书店出版社，1989，第 81 页。
⑧ 《山羊隘沿革纪略》，鹤峰县委统战部编《容美土司史料汇编》，1983，第 492 页。
⑨ 《贵州通志》卷 7《苗蛮》。
⑩ 光绪《平越直隶州志》，《中国地方志辑成·贵州府县志辑》第 22 册，巴蜀书社，2006，第 591 页。
⑪ 罗绕典：《黔南职方纪略》卷 6《黎平府》，台北，成文出版社，1974 年据道光二十七年刻本影印，第 157 页。
⑫ 《思南府续志》卷 2《公署》，道光二十一年刻本。
⑬ 邹逸麟：《中国历史人文地理》，科学出版社，2001，第 173 页。

"上下舟楫少停蚁泊，凡油、豆、米、谷、煤、铁之属，皆集于此路，为滇黔所必经，行客信宿"，"人烟愈密"。① 江口县城早在顺治时期即是"商贾云集，三年之间铺行不下五六百计，须称小盛"。② 随着清代工商业的不断发展，外来工商业者为平衡利益、维系原乡和行业情感在苗疆城市"俱建会馆"。③ 这进一步促进了清代城市经济的繁荣和城市功能格局的演变，尤其是工商业街市的形成与发展。在清代，苗疆城市街巷名称或因商人属地而名，或因市场属性而名的现象极为普遍，如松桃厅麻阳街、南市街，④ 秀山县城麻阳街、清正街（鸡市）、柴巷，⑤ 恩施县城珠市街，宣恩城内铁匠街，等等。⑥ 这是清代以前苗疆城市发展没有的现象。

有些住城移民还积极参与所居城市的建设活动。如乾隆十二年迁居宣恩县城的安徽休宁商人宋文奇，捐资铺砌了县城石板路，开凿了五条水沟。道光元年，宋宏尧与唐开洋等人再次捐资续修了县城水沟。⑦ 乾隆年间，江西儒商刘九龄见恩施县万寿宫前街巷道路难行，捐资整修以便行人。⑧ 又如溆浦水府庙，"在西城外，祀旌阳令许逊。一名万寿宫，万历二年建。清乾隆甲子江西客民重修"。⑨ 其他苗疆城市亦有类似"客民"主持或参与街道、桥梁、沟渠、公共场所等市政建设事例。这些活动进一步促进了苗疆城市的发展。

苗疆城市民居建筑风格也因汉族的房屋建筑模式的植入而发生了一些改观。"夹街楼房连属，俱用瓦盖，复无茅栏牛圈之陋"成为苗疆城市建筑的常态。⑩ 汉族婚丧、年节等日常风俗习惯也因汉族移民而扎根于苗疆城市。⑪

---

① 《芷江县志》卷5《市集》，同治九年刻本。
② 贵州省江口县志编纂委员会编《江口县志》，贵州人民出版社，1994，第441页。
③ 林博：《古州杂记》，劳亦安辑《古今游记丛钞》卷40《贵州省》，上海中华书局，1936，第24页。
④ 《松桃厅志》卷3《疆域》。
⑤ 《秀山县志》卷4，光绪十七年刻本。
⑥ 《施南府志》卷6《建置志·坊市》，同治十年刻本。
⑦ 《施南府志续编》卷2《续建置志·津梁》，光绪十一年刻本。
⑧ 王晓宁：《恩施自治州碑刻大观》，新华出版社，2004，第97页。
⑨ 《溆浦县志》卷5《坛庙》，1921年刊本。
⑩ 徐霞客：《黔游日记》卷12，第7页。
⑪ 《湖南通志》卷40《风俗志·苗俗》，光绪十一年刻本。

另外，汉族移民的到来不仅增加了苗疆城市人口数量，而且还改变了苗疆城市人口的族群结构，并在潜移默化中促进了清代以来苗疆社会生产和城市的发展与变迁，增加了城市发展的多样性。城市意象也因外来移民的增加而发生了巨大改变。如清代独山"屋舍比连，绣壤交错，望万家之灯火，数百家之仓籍"。① 沅州西门外"万瓦鳞鳞，甍蔽成拱，行人往来肩摩踵接"。② 可见，大批移民的到来对苗疆城市发展来说影响几乎是全方位的。他们极大地促进了苗疆城市社会、经济、文化、市政等各项事业的发展，并丰富了城市的人文色彩。

三　交通：苗疆城市发展的推进剂

"交通是城市形成的力。"③ 但苗疆"向称山国，道路崎岖，交通梗阻"。④ 清代以前，苗疆内外交通仅有数量不多且崎岖逼仄、人称"鸟道"⑤ 的驿道和沅水、都柳江、清水江、乌江等数条部分河段能通航的水路。这在很大程度上制约了苗疆城市的发展。自"改土归流"以来，出于国家政治统一和区域治理的需要，清政府积极开展了苗疆水陆交通的建设，以巩固其城市内地化发展的成果。

（一）陆路交通的拓建

长期以来苗疆城市远离国家主要路网，元明时期中央力量渐次到达苗疆地区，以驿路为主干的陆路交通遂延伸至云贵高原东缘的苗疆城市。其中湖广通往云南的西南官道，从湖北荆州，经洞庭，过常德、沅陵、晃州入贵州，历平溪（今玉屏）、镇远、偏桥（今施秉）、麻江、黄平、新添（今贵定），至贵阳，再经黔西南，由普定进入云南。这条官马大道自元朝开辟以来，经明代续建，初步形成了依托西南官马大道，以长沙、贵阳为

---

① 《独山州志》卷 3《地理志》，乾隆三十四年刻本。
② 刘书年：《刘贵阳遗稿》卷 3，紫江朱氏据原稿印行，第 39 页。
③ 转引自陆大道《区位论及区域研究方法》，科学出版社，1988，第 28 页。
④ 钱春祺：《贵州之工业建设与金融》，贵州企业公司成立三周年纪念特刊，1942，第 3 页。
⑤ 张澍：《续黔书》卷 1。

中心的驿路交通网。①

清代在明代基础上进一步完善了苗疆以驿道为主体的陆路交通网。雍正五年，为满足西南军需物资的运输需求，鄂尔泰请疏开路改驿，② 修筑了从贵阳至湘西的湘黔驿道，将新辟苗疆与内地连接了起来，其中贵州段共设11驿，245公里。③ 贵州"新疆六厅"④ 新设后，清政府又先后兴筑了镇远至丙妹、施秉至丙妹（经台拱、清江、古州、下江四厅）、都匀经八寨至丹江、丹江至台拱、清平经凯里至丹江、八寨经都江至古州、清江至天柱等8条驿道，共设139座驿铺，长2018公里。⑤ 同期，湘西、鄂西南、渝东南苗疆地区亦各自修筑了数量较多的驿路，并通过湘黔、川黔、湘鄂、川鄂、滇黔、黔桂等主干驿道与外界建立起了较为密切的交通联系，形成了苗疆区域陆路交通网。

（二）航道的疏通与延伸

苗疆虽然河流众多，但通航水程有限，仅沅水、清水江、都柳江等少数河流的部分河段可通航，且易受河流水文环境的影响，经常发生航道阻塞的情况。为了增加苗疆通往外界的孔道，除驿路建设外，清代中央和地方还开展了航道疏通与延伸的建设活动。如顺治贵州巡抚卞三元组织平越、偏桥、黄平、兴隆等卫营兵及民工千余人，重开潕阳河诸葛洞段，使潕阳河航道由镇远向上延伸了180里，直抵黄平州。⑥ 雍正七年，云贵总督鄂尔泰"题请开浚自都匀府至湖广黔阳县（清水江河道），总一千二十余里，遄行无阻"。⑦ 雍正十二年，总督尹继善疏浚了清水江支流巴拉河施洞口至欧家寨的航道。⑧ 乾隆及以后，国家和地方对清水江航道亦屡有疏

① 李斌：《清代清水江流域社会变迁研究》，贵州民族出版社，2016，第52页。

② 吴振棫：《黔语》卷下《改驿》，咸丰四年刻本。

③ 黔东南苗族侗族自治州地方志编纂委员会编《黔东南苗族侗族自治州志·交通志》，贵州人民出版社，2000，第113页。

④ "新疆六厅"是指清政府在黔东南、黔南"生苗"地区所设立的都江厅、古州厅、丹江厅、台拱厅、清江厅和八寨厅。这六厅又与清政府同时期设立的乾州厅、永绥厅、凤凰厅湘西三厅，合称"新疆九厅"，或"生苗九厅"。

⑤ 林芊：《贵州近代交通史略（1840～1949）》，贵州人民出版社，1985，第1～11页。

⑥ 何仁仲主编《贵州通史》第3卷，当代中国出版社，2003，第209～210页。

⑦ 《都匀县志稿》卷4《沅江》，1925年铅印本，第17页。

⑧ 李斌：《清代清水江流域社会变迁研究》，第55～56页。

浚，"以资挽运而济商民"。① 民间亦进行了相关河道的整治，如嘉庆十二年三脚屯商人胡德金捐巨资整治了都柳江河道等。②

沅江、清水江、都柳江等航道的疏浚及延伸，为苗疆丰富的物产输往汉口等中心城市，运回苗疆所需食盐、洋纱、杂货等物资，提供了便利条件，③ 是为苗疆重要的商道。如清水江沿岸城镇"商贾络绎于道"，"牙坪、王寨、卦治三处，商旅几数十万"。④

（三）交通对苗疆城市发展的推动

交通对清代苗疆城市发展的影响几乎是全方位的，其主要体现在三个方面。一是为城市发展聚合了各类生产、消费要素。例如，位于都柳江、寨蒿河、平永河三江之汇的榕江县城，清初被辟为粤盐入口的主要口岸，出口则以木材及林产品为大宗，为流域木材集散中心。三合县城，"位于黔桂之交，水陆互市。在昔南越以财物役属，蜀贾以蒟酱窃市，皆会集而交易于此"。⑤ 经雍正时期"凿江开道，从古化外之域，今为水陆之通庄"。⑥ 城市经济日益繁盛，"四时风帆上下，商贾往来，为黔南商埠之重心焉"。⑦ 镇远既是清水江水运的上游终点，又是通往贵阳的陆路起点，"故舟车辐凑，货物聚集"，⑧ 为湘黔货物贸易中转中心。这些城市因清代交通的改善注入了"人"和"物"的生产要素而获得了较快发展。

二是完善了城市基础设施。清代苗疆城市一般都较重视交通及其附属设施的建设，尤其是水陆码头的修建。三合县城因都柳江航道的开辟，为便于人员往来、商品交流，在都柳江边建"有上、下两码头。上码头称江头半月，盖石砌俨如新月；下码头称江头渔火，盖夜阑人静，渔父烛火捕鱼"，

---

① 贵州省文史研究馆校勘《贵州通志·前事志》卷 20，贵州人民出版社，1987，第 317 页。

② 《都柳江航道在贵州开发史上的历史作用有哪些》，http：//news. sina. com. cn/c/2006 - 08 - 21/shtml。

③ 夏鹤鸣、廖国平主编《贵州航运史（古、近代部分）》，人民交通出版社，1993，第 159 ~ 162 页。

④ 爱必达：《黔南识略》卷 21《黎平府》。

⑤ 胡蒿修撰《三合县志略》卷 9《营建略》，1940 年铅印本。

⑥ 爱必达：《黔南识略》卷 9《都江通判》，"台拱同知"。

⑦ 胡蒿修撰《三合县志略》卷 5《水道》。

⑧ 陈鼎：《黔游记》，《西南稀见丛书文献》第 5 卷，第 199 页。

为黔桂两省交通的主要口岸。① 镇远则在潕阳河左右两岸修建了岸线长达270余米的11座码头，为镇远所产大米、土特产和百货、进出口物资的转运码头。铜仁在西门、便水门、后水门、中南门、下南门外修建了五处码头，年吞吐量达1万多吨。思南则建造了食盐、米粮专用码头，并附设有仓库。② 这些建设在完善城市基础设施的同时，也促进了苗疆城市功能结构的优化，如城厢关市的发展就得益于城市水陆码头的修建及其相关交通设施的完善。

三是苗疆城市借助交通的建设与完善所构建的商道纽带初步形成了一个以城市为中心，彼此间经济联系密切，且层级有序的区域市场网络体系（见表2）。

表2　清代苗疆城市市场体系

中心市场	中间市场	基层市场	所属水系
武汉（汉口）	长沙*、岳州*、常德*	沅陵、泸溪、保靖、龙山、辰溪、凤凰、麻阳、洪江、新晃、乾州、古丈、永顺、花垣、龙山、怀化、芷江、黔阳、会同、靖州、通道、溆浦、城步、绥宁、松桃、江口、铜仁、玉屏、镇远、凯里、天柱、三穗、岑巩、都匀、贵定、黄平、施秉、麻江、台江、黎平、锦屏、剑河、秀山、酉阳	沅江
		桑植、鹤峰	澧水
	宜昌*	恩施、利川、宣恩、来凤、咸丰	清江
重庆	涪陵*	德江、思南、印江、务川、沿河、石阡、彭水、武隆、黔江	乌江
	万州*	石砫	长江干流
广州	柳州*	独山、荔波、榕江、下江、都江、三合、长寨、融水、三江	都柳江
	梧州*	贞丰、册亨、安龙、紫云、罗甸、定番、大塘、平舟	北盘江

注：长沙等标注"*"者为非苗疆城市。

资料来源：〔日〕东亚同文会《中国省别全志·贵州省》，南天书局，1988年影印本，第162～352页；〔日〕斯波义信《中国都市史》，布和译，北京大学出版社，2013，第114～120页；湖南省地方志编纂委员会编《湖南省志·商业志》，湖南出版社，1990，第5、139～153、468～476页；傅润华、汤约生编《陪都工商年鉴·物产》第9编，文信书局，1945，第32～33页。

---

① 《都柳江航道在贵州开发史上的历史作用有哪些》，http：//news. sina. com. cn/c/2006 - 08 - 21/shtml。

② 夏鹤鸣、廖国平主编《贵州航运史（古、近代部分）》，第179～180页。

总的来说，苗疆交通虽然经过清代两百余年的发展，但依然还很落后，对区域市场、商品流通、人员往来、城乡发展的作用还比较有限。因此，在评价交通对清代苗疆城市发展的推动作用时，不能过度拔高它的作用。正如帕金斯所言："二十世纪的工业化和铁路改变了中国城市化的方式，但只是部分地改变了城乡关系。"①

当然，促进清代苗疆城市发展的推动力还有许多，如苗疆地区自发的内生原动力，但这相对于国家政治的主导、移民的迁居、交通的发展等外部动力来说还是相当薄弱的，其对清代苗疆城市发展的推动作用也是很有限的。

四　结语

清代苗疆城市在国家政治、移民、交通等动力因素的推动下不仅获得了长足的进步，而且还因苗疆与内地一体化发展被赋予了深远的历史意义。首先，国家政治力量的进入从根本上解决了长期以来苗疆缺乏的国家政治一统制约城市发展的问题。有清一代，政府在苗疆实施了"治国莫重于治边"的国家战略，在吸收明代"蛮夷而用中国之法"的经验基础上，②采取了军事、政治、移民、交通相结合的策略，即实行"改土归流"、鼓励移民、开辟苗疆与内地交通等措施，将苗疆完全纳入国家统一的秩序之中，完成了国家治理苗疆从"无法"到"有法"的华丽转变。苗疆因此在政治、军事、法律、文化、经济和国家观念意义上成为清代及其以后国家治理体系中一个无法分割的有机体。政治的统一为苗疆城市发展及其与内地城市发展日趋均质化，即人们常说的"内化"提供了一个十分有利的大环境。它是推动苗疆城市发展的主导力量。其次，苗疆城市的发展还得益于内地移民的持续推动。清代中国中东部地区移民因国家的鼓励和西南山区的开发而源源不断地迁居苗疆，广泛从事于工商业、农业等经济活动，并将中东部地区先进的生产技术、文化等带到了苗疆。他们从民间的层面在不自觉中为苗疆城市的内地化发展提供了十分宝贵的"人"的条件，进一步促进了苗疆区域社会经济的开

---

① 〔美〕德·希·帕金斯：《中国农业的发展（1368～1968）》，宋海文等译，伍丹戈校，上海译文出版社，1984，第 186 页。

② 《策断三首》，冯琦编纂《经济类编》卷 69《边塞类二·御夷二》，台北，成文出版社，1968，第 7895 页。

发和城市的发展。最后，清代苗疆交通的开辟不仅促进了本区域城市规模的扩大、市场体系的发展，而且体现出了深远的政治、历史意义。即交通不仅在经济、文化、人员交流上架构起了苗疆城市之间及其与内地城市之间双向联系的桥梁，而且还在政治层面上保证了国家以上率下及其城市治理的有效性和时效性，而成为一种强化国家存在，实施政治、经济、文化等高度一体化的工具，并促进了苗疆城市各阶层国家观念的内地化发展。

有清一代，无论是国家推行移民政策和移民大量迁入，还是开辟苗疆及其与内地联系的交通，都是围绕苗疆城市发展内地化进程展开的，最终形成了苗疆城市发展以国家政治推力为主导、为核心的动力机制。苗疆城市遂在这个动力机制的推动下基本完成了由"边"到"内"的历史进程，[①] 并达成了"其所在方所虽异而制度则同"的内地化效果。[②] "宛如中州"[③]、"不减内地"[④]、"宛如内地者"[⑤] 的苗疆城市发展意象自清代以来便成为一个不可逆转的历史趋势。此外，我们在肯定上述动力因素的历史作用时，还应看到在清代特殊的时空背景下诸多不利于苗疆城市发展的制约因素。它们极大地限制了苗疆城市的发展，是苗疆城市发展长期落后的根源，即便清代国家实行了诸多积极措施，苗疆城市发展状况亦远落后于周边区域城市。"延袤虽千百余里，实不及中州一大县"，[⑥] "赋税所入不敌内地一大县"[⑦] 等判词几乎是所有清代苗疆城市发展落后的真实写照。因此只有有效地培育动力要素、解决制约因素才能更好地促进苗疆城市的发展，这便是历史为苗疆城市发展留下的启示。

作者：王肇磊，江汉大学城市研究中心

王思琪，格拉斯哥大学教育学院

（编辑：熊亚平）

---

① 方国瑜、缪鸾和：《云南郡县制度两千年》，《方国瑜文集》第 1 辑，云南教育出版社，2001，第 31~42 页。

② 《陕西通志》卷 37《土地五·建置沿革》，嘉靖二十一年刻本。

③ 《独山州志》卷 3《地理志》，乾隆三十四年刻本。

④ 林博：《古州杂记》，劳亦安辑《古今游记丛钞》卷 40《贵州省》，第 24 页。

⑤ 段汝霖：《楚南苗志》卷 5《田土》，乾隆湖北巡抚采进本。

⑥ 顾炎武：《天下郡国利病书（云南贵州备录）》第 8 册《总舆图记》，上海书店，1935。

⑦ 贵州省文史研究馆编《续黔南丛书》第 2 辑上册《黔南识略·黔南职方纪略》，贵州人民出版社，1992，第 15 页。

昆明近代城市化发端新解[*]

——一个人文生态学的观点

吕付华

内容提要：以不同于革命史或政治史的人文生态学观点来看，昆明近代城市化是在 1905 年开始的。咸同年间回民起义使昆明遭到空前破坏，其人口规模、经济等较战前均大为倒退，战后发生的一系列变化不过是恢复性量变而非近代化质变。直到 1905 年，自辟商埠才宣告昆明近代城市化的发轫。随着新政改革、铁路通车、人口增长、经济由入超到出超、新兴组织涌现壮大等一系列变化的发生，昆明在辛亥重九起义后的护国、护法运动等全国性事件中扮演了先锋角色。由此，昆明这一边疆城市近代转型的特点也得以更加清晰地展现出来。

关键词：近代城市化　人文生态学　昆明

云南省会昆明，历史上长期集云贵总督、云南巡抚、云南府与昆明县行政治所于一身，是云贵地区乃至全国重要的城市之一。尽管如此，明清时期昆明的城市空间却一直局限在明洪武十五年（1382）修筑起来的城墙范围之内，长期没有太大变化。直到近代，在城市化发展推动下，其空间才突破了旧有范围，城市建设也得以大规模展开，进而奠定了延续至今的城市基本格局与风貌。因此，近代城市化对于昆明城市发展意义重大。然而，昆明近代城市化究竟始于何时，学者莫衷一是。一些研究者把昆明近代城市化的开启确定在 1856 年，因为"1856 年杜文秀领导的回民起义是近代云南城市发展的一个转折点"。① 另

* 本文为云南省哲学社会科学规划项目"疫情防控与风险治理研究"（YB2020037）阶段性研究成果。

① 李艳林：《重构与变迁——近代云南城市发展研究（1856~1945）》，博士学位论文，厦门大学，2008，第 13 页。

一些研究者认为昆明近代城市化开始于"19世纪70年代以后的一个时期，差不多相当于内地或沿海地区的洋务运动时代"。① 还有研究者把辛亥重九起义视为昆明近代城市化开始的标志。② 综观这些看法，它们无一不是以革命史或政治史为坐标来论证与断定昆明近代城市化的发端。

实际上，在国际学界社会学、历史学研究中，还有另外一种探讨城市化的视角——人文生态学视角。这种视角肇始于美国芝加哥社会学学派20世纪二三十年代的城市研究，③ 后经两代社会学学家提炼与应用，形成了经典的"生态复合体"（POET）理论模型，即从人口规模（population）、社会组织发展（organization）、自然环境控制（environment）、技术进步（technology）四个方面对城市化的历史演变规律进行归纳与概括。④ 这一理论模型在20世纪60年代经由美国历史学家兰帕德（Eric E. Lampard）的大力倡导，⑤ 不仅成为美国历史学界城市化研究最为重要的框架、方法之一，而且标志着城市史学作为历史学一个分支的诞生。⑥ 几乎同一时期，在其里程碑研究中，施坚雅即创造性地应用源自人文生态学的理论模型，对19世纪中国的地区城市化过程与特点进行了精彩分析与阐释。⑦ 同样，在罗威廉关于汉口18世纪末到19世纪末经济社会变迁的代表性著作中，

---

① 谢本书、李江主编《昆明城市史》第1卷，云南大学出版社，2009，第21页。

② 昆明志编纂委员会编纂室编印《昆明历史资料汇辑草稿·第二编下册（清代部分之下）》，1963。

③ 人文生态学的早期理论与方法可参考 Robert E. Park，Ernest Burgess，Roderick McKenzie，*The City*，Chicago：University of Chicago Press，1925。尤其值得注意的是，早在1949年，清华大学社会学系苏汝江先生即撰文对人文生态学早期城市研究做过系统深入述评（参见苏汝江《人文区位学的发展和贡献》，《社会科学》第5卷第2期，1949年）。

④ Otis Dudley Duncan，"Human Ecology and Population Studies，" in Philip M. Hauser and Otis Dudley Duncan，eds.，*The Study of Population：An Inventory and Appraisal*，Chicago：University of Chicago Press，1959，pp. 678 – 716；Leo F. Schnore，"Social Morphology and Human Ecology，" *American Journal of Sociology*，Vol. 63，1958，pp. 620 – 634；Otis Dudley Duncan and Leo F. Schnore，"Cultural，Behavioral，and Ecological Perspectives in the Study of Sociology，" *American Journal of Sociology*，Vol. 65，1959，pp. 132 – 146.

⑤ Eric E. Lampard，"American Historians and the Study of Urbanization，" *The American Historical Review*，Vol. 67，No. 1，1961，pp. 49 – 61.

⑥ 姜芃：《美国城市史学中的人文生态学理论》，《史学理论研究》2002年第2期；陈恒等：《西方城市史学》，商务印书馆，2017，第416页。

⑦ 施坚雅：《十九世纪中国的地区城市化》，〔美〕施坚雅主编《中华帝国晚期的城市》，叶光庭等译，陈桥驿校，中华书局，2000，第242～297页。

也深深刻有人文生态学观点的烙印。① 20 世纪 90 年代以来，以张仲礼、隗瀛涛、皮明庥、罗澍伟等为代表的国内学者，也在施坚雅和罗威廉等的直接或间接影响下，考察了上海、重庆、武汉、天津及东南沿海、长江沿江城市的近代化过程，取得了丰硕的成果。② 新世纪以还，中国城市史研究在广度与深度上不断推进，要求从诸如空间演变、经济变化、城市网络、城乡关系等与人文生态学高度契合的途径，③ 进一步深入探讨除上海、天津等大城市外的中国省城近代发展变迁问题的呼声也越来越高。④ 本文即试图运用人文生态学的观点，从空间、技术（尤其是交通）、人口、行政、经济与社会组织六个变量以及它们间的交互作用出发，⑤ 再次审视与解读相关文献，重新思考昆明近代城市化的发端问题。

一　中华帝国晚期的昆明城市及其嬗变

成书于道光二十一年（1841）的第一本专记昆明一县的志书《昆明县

① 〔美〕罗威廉：《汉口：一个中国城市的商业和社会（1796～1889）》，江溶、鲁西奇译，彭雨新、鲁西奇审校，中国人民大学出版社，2016。

② 张仲礼主编《近代上海城市研究》，上海人民出版社，1990；隗瀛涛主编《近代重庆城市史》，四川大学出版社，1991；皮明庥主编《近代武汉城市史》，中国社会科学出版社，1993；罗澍伟主编《近代天津城市史》，中国社会科学出版社，1993；张仲礼主编《东南沿海城市与中国近代化》，上海人民出版社，1996；张仲礼、熊月之、潘君祥、宋一雷：《近代上海城市的发展、特点和研究理论》，《近代史研究》1991 年第 4 期；隗瀛涛：《近代重庆城市史研究》，《近代史研究》1991 年第 4 期；罗澍伟：《近代天津城市史散论》，《近代史研究》1991 年第 4 期；熊月之、沈祖炜：《长江沿江城市与中国近代化》，《史林》2000 年第 4 期。

③ 周锡瑞：《华北城市的近代化——对近年来国外研究的思考》，孟宪科译，《城市史研究》第 21 辑，天津社会科学院出版社，2002。

④ 张利民：《近年来中国近代城市史研究回顾》，《城市史研究》第 19～20 辑，天津社会科学院出版社，2000；邵勤、谢宝耿：《以小见大：城市研究新视角——邵勤教授访谈》，《学术月刊》2005 年第 4 期。

⑤ 本文提出的六个变量既与"生态复合体"理论模型和施坚雅指出的中华帝国晚期地区城市化的六个影响因素紧密相关，又有所区别与发展。在"生态复合体"理论模型中，社会组织虽然被认为是最重要的自变量，但它究竟包含哪些具体范畴始终不够明确（Otis Dudley Duncan and Leo F. Schnore, "Cultural, Behavioral, and Ecological Perspectives in the Study of Sociology," *American Journal of Sociology*, Vol. 65, 1959, p. 136）。而在施坚雅的分析中，他似乎更多接受的是第一代人文生态学学者的观点，即把城市化（Urbanization）与城市社会文化生活（Urbanism）分别看待，因此在他的中国地区城市化影响因素分析中，并没有出现社会结构或组织变迁这一重要因素（参见施坚雅《十九世纪中国的地区城市化》，〔美〕施坚雅主编《中华帝国晚期的城市》，第 266～270 页）。

志》，如此记录了其时的昆明城市："城周九里三分，高二丈九尺二寸，设门六，上皆有楼……环城有河，可通舟楫。外有重关，扼衢市之隘。"① 这一描述相比康熙三十五年（1696）的记载——"云南府（昆明县附郭）……明洪武十五年重筑，拓基周九里三分，高二丈九尺二寸，向南。城共六门，上各有楼……环城有河，可通舟楫。外有重关，跨隘街市"② ——几乎没有什么变化。在《昆明县志》附图中，内城被明洪武年间即已修筑的城墙和护城河紧紧包围起来，其间官府等行政设置占据着大部分空间。外城特别是其南部和东南部，则密密麻麻分布着众多街巷、市集，较之内城，更为热闹与繁盛。这既与时人张涛之观察"会垣城内居民十之三，附郭十之七"③若合符节；也和已故云南省文史研究馆馆员罗养儒④的印象大体吻合："昆明地方，自康熙二十二年（1683）大清兵将吴三桂的乱事削平后，直至道光末年，在这一百五六十年当中，昆明直无一乱事发生，昆明人尽是在升平时世度生活。所以昆明城外，才积成这样的繁盛，城内才得到这样的安靖。"⑤

上述空间结构和人口布局，无疑显示出昆明在19世纪中期仍保有晚期中华帝国治所的典型形态特征。正如韦伯所言：一方面，中国的城市主要是理性行政的产物；另一方面，所有中国城市的形态结构只不过是都城的微缩和简化版本，它们无一不反映着帝制中国皇帝和官僚阶层关于城市的构想和设计。⑥ 可能也正是这些特征，才使得费孝通等学者认为中国传统

---

① 《昆明县志》，台北，成文出版社，1967，第41页。
② 《云南府志》，台北，成文出版社，1967，第78页。
③ 张涛：《滇乱纪略》，白寿彝编《回民起义》第1册，神州国光社，1952，第266页。
④ 罗养儒，1878年前后生人，"其父实夫因与云贵总督岑毓英有姻亲关系而被延为幕僚，故养儒少年即随父举家迁住昆明……养儒因其曾供职于云贵总督衙门，后任安平厅（今马关县）同知，宜良、元江等县县令，彼以省亲关系，足迹遍及三迤，又时聆家中其他长辈讲述滇事，故所知甚多。同时养儒虽曾从事教育、实业及其他公职，但由于较长时间以新闻工作为主，与社会各阶层人士接触较多，故见闻亦广。因之，其所著之《纪我所知集》，就形成一部内容丰富、题材广泛的掌故性记叙文集。所记主要内容，为清末及民国时期有关云南的社会、政治、经济、民族、文化等，大都为其亲闻、亲见与亲历，既有一定的真实性，也有一定的可读性"。参见王樵《前言》，罗养儒撰《纪我所知集：云南掌故全本》，李春龙整理，云南人民出版社，2015，第3页。
⑤ 罗养儒撰《纪我所知集：云南掌故全本》，第47页。
⑥ 〔德〕韦伯：《中国的宗教 宗教与世界》，康乐、简惠美译，广西师范大学出版社，2004，第48页。

的城市本质上是一个能自给自足的防御工事或政治中心。① 不仅如此，施坚雅在分析中华帝国晚期的城市时，也曾特别指出昆明作为典型行政治所的特征："因为冲繁难疲是帝国里最重要治所的标记，如北京、苏州、南京、广州、西安、成都和昆明。冲繁难疲城市本身就是军事上的争斗目标，经常是军事统帅部的所在地，明显不同于那些因靠近大区中心而获得战略重要性的城市。"②

然而，咸同年间的云南回民起义却彻底改变了昆明作为晚期帝国治所的城市面貌，并使其一举由道光年间的繁盛转入咸同光绪年间的破败萧条。

首先，这一时期随着战争而来的瘟疫、饥馑等灾害，使昆明人口锐减。据光绪《续云南通志稿》载，至道光十年（1830），云南府人口一度达到清代以来的顶峰，计有民户 190762 户 1017275 丁，屯户 75713 户 430826 丁，总计户数 266475 户 1448101 丁。而咸同回民起义后，到光绪十年（1884），云南府实有民户下降到 70912 户 254295 丁。③ 而昆明城乡，"当光绪十年，省垣人民犹不及十万"。④ 这一时期，瘟疫断断续续发生。据载："咸丰……十一年（1861），大饥，斗米万钱，饿殍载道。同治……二年（1863），大疫。四年（1865）……仍疫，以后频年皆疫。"⑤ 罗养儒述光绪年间的瘟疫：光绪甲申年（1884）七八月间，"此症竟大流行于城厢内外，每日城内之居民死于是病者不知凡几，而城外与乡间之死者更不必言矣。……在此三几个月内，昆明城内城外以及乡村间之病瘵子症而死者，亦达到二三万人矣"。第二年（1885），疫情较上年更为加重，"积至八月初，遂漫至昆明。病势则较上年为凶，城内城外之死者，直如麻乱"。⑥ 上述说法，不仅为近年来李玉尚、曹树基的相关研究⑦所肯定，而且后者的另一研究还对此一时期昆明疫病流行情况有所补充，他们结合 20 世纪 50 年代昆明市卫生防疫站的调查报告指出："昆明曾有三次大的鼠疫

① 费孝通：《中国士绅》，赵旭东、秦志杰译，三联书店，2009，第 77～81 页。
② 施坚雅：《城市与地方体系层级》，〔美〕施坚雅主编《中华帝国晚期的城市》，第 373 页。
③ 光绪《续云南通志稿》23 册《户口》，第 4～5 页。
④ 罗养儒撰《纪我所知集：云南掌故全本》，第 105 页。
⑤ 陈荣昌、顾视高总纂《民国续修昆明县志校注》，年四国校注，云南民族出版社，2016，第 443 页。
⑥ 罗养儒撰《纪我所知集：云南掌故全本》，第 553～554 页。
⑦ 李玉尚、曹树基：《清代云南昆明的鼠疫流行》，《中华医史杂志》2003 年第 2 期。

流行，即同治五年（1866）、同治十年至同治十二年和光绪十四年至十五年，其间有不间断的小流行。……直到20世纪50年代，叙述咸同年间鼠疫的人数最多，次则同治末光绪初，再次则光绪年间。"① 总而言之，尽管迄今尚未找到此一时期昆明城乡人口的确切数据，但从罗养儒的见闻和近年来的相关研究中，仍可见当时人口锐减情形之一斑。

其次，接踵而至的战乱、饥馑与瘟疫等灾害给昆明城市经济带来了巨大破坏。"经过二十年来的祸乱，是元气大伤……而街道却残败，市井极萧条。屋庐半邱墟，人民实稀少。云商业，则够不上言发达，工业尤够不上言振兴。"② 与此同时，一向作为云南最重要矿产的滇铜，"在这十八年里，各地铜矿一律封闭，云南全省曾无一斤铜之产出"。③ 张涛也发现："民少而贫，元气大伤。乱定迄今，又二十年，省城内外仍一片瓦砾，浩劫也，不可不记。"④ 由此不难想见，昆明在19世纪七八十年代的经济已经凋敝到了何种程度。

当然，在咸同回民起义结束后的30年中，昆明还是渐次发生了一些变化。

其一，战乱之后，在官方一系列休养生息举措影响下，昆明城市经济得以缓慢恢复和发展。回民起义刚刚平息，时任云贵总督也是清廷镇压回民起义的主要功臣岑毓英就向朝廷上书："伏念滇省乃地瘠民贫之区，被贼多年蹂躏……兹幸军务肃清，亟宜与民休息，臣拟将乡勇厘谷，自本年以后，永远截止，以纾民力。"⑤ 上述请求得到了朝廷积极的回应："着加恩将同治十一年（1872）以前民欠钱粮概行豁免。其本年应征钱粮，着该抚督地方官认真清查，分别荒熟地亩酌量征收成数，奏明办理。"⑥ 或许因为朝廷与地方的这些休养生息政策，昆明城乡经济开始缓慢复苏，城市商业也渐有起色。

这一时期，昆明城市经济复苏的主要迹象是商业行帮的发展与壮大。

---

① 李玉尚、曹树基：《咸同年间的鼠疫流行与云南人口的死亡》，《清史研究》2001年第2期。

② 罗养儒撰《纪我所知集：云南掌故全本》，第105页。

③ 严中平：《云南铜政考》，中华书局，1957，第45页。

④ 张涛：《滇乱纪略》，白寿彝编《回民起义》第1册，第277页。

⑤ 《岑毓英奏稿》卷8《截止民兵厘谷请免积欠钱粮片》，黄盛陆等标点，广西人民出版社，1989，第268页。

⑥ 光绪《云南通志》卷78，第24页。

其大体可分为三类。第一类是以官吏资财为主的商业行帮。在镇压回民起义过程中，不少军官靠没收回民财产与抢掠等手段，积累了大量财产。战乱之后，其中一些军官开始投资商业，如腾越镇总兵蒋宗汉即创办了"福春恒"商号，不仅在腾冲、保山、大理设有分店并兼办堆栈，而且在昆明开设有总店，到清末时，该商号资本已达数万两。与此类似的还有"长盛号"和"庆昌和"等商号。第二类是由云南本地商业资本投资或小本经营壮大而起的商业行帮。咸同之前，云南商业主要操纵在外省人之手，咸同军兴，外省商业资本基本从云南撤出，趁此之机，以"同庆丰"票号为代表的云南商业资本得以兴起，"兴盛和""永茂和""裕和号""永昌祥"等皆与此相差无几。第三类则是以华侨投资为主的商业行帮。由于云南省有4000多公里漫长的边境线分别同缅甸、老挝、越南等国接壤，滇人赴缅、越做工经商，历史悠久。咸同年间，受战乱影响，滇人尤其是腾越一带百姓纷纷走避缅甸，战后，少数发财致富者渐次将资本移到省内特别是昆明，从事进出口贸易。[①]

还有一个对昆明城乡经济恢复和发展至关重要却少为官方文书和方志提及的事实，即鸦片（云土）在云南尤其是昆明的种植和贸易。据载："云南种烟，系从同治七、八年间开始……昆明是在光绪初年，始行种植。……故尔，在光绪末叶，滇中农民，凡有田耕种者，经济无不充裕。"[②] 另据王福明的研究，云南烟土保守估计年销约13392担，若按每担价值120两（产地价）计，每年因烟土一项流入云南的足色白银即达160多万两。[③]

其二，随着法英势力的侵入和云南地方当局的应对，昆明开始出现零星向近代化方向发展的组织与技术变化。同治十一年，云贵总督刘长佑、云南巡抚岑毓英为了平定回民起义，即"创设军火局于三圣宫，制造明火枪炮、叉杆、刀矛以济军用"。[④] 1873年攻占大理时，军火局仿造的开花大炮起到了极大的作用。于是在光绪十年（1884），岑毓英又由上海、广

---

① 王福明：《近代云南区域市场研究（1875～1911）》，彭泽益主编《中国社会经济变迁》，中国财政经济出版社，1990，第422～423页；罗群：《近代云南商人资本的历史构成及经营》，《中国经济史研究》2010年第1期。

② 昆明市志编纂委员会编印《昆明市志长编》卷6，1984，第46页。

③ 王福明：《近代云南区域市场研究（1875～1911）》，彭泽益主编《中国社会经济变迁》，第384～387页。

④ 《新纂云南通志》卷130《军制考四》，云南省地方志编纂委员会翻印，1989，第24页。

东、福州等地雇来工匠，在军火局基础上开办了云南机器局，并选昆明城内北部承华圃后宝云钱局隙地为址建盖厂房，制造笔码（即子弹）、铜帽等器具。后经光绪十七年和三十四年两次扩建，"自是器具略具，厂房宏阔，月出笔码十二三万，并能搭造军刀军械等件"。[①] 机器局之外，还架设了电报线。光绪十一年，云贵总督岑毓英奏准在云南安设电线，建立电报局。光绪十二年在蒙自动工安设，年底即开局通报。光绪十三年开始与四川电线接合，滇川通报。电报局在昆明设立总局。自是至宣统三年（1911），云南全省共有电报局30所，总计有东、西、南三路干线及各支线，通外省者有滇川、滇黔、滇桂三线，通外国者有滇越、滇缅及通暹罗（泰国）猛乌（今老挝北部）之三线。

这些零星官办企业的出现，曾是谢本书等认为的昆明近代城市化开始的标志之一。[②] 但笔者认为，它们的出现根本无法代表昆明城市的近代化。笔者同意李珏所言：它们"主要是以封建生产关系作为基础的。……主要是为官府服务。……这和一般资本主义企业的生产是迥然不同的"。[③]

二 昆明近代城市化的发轫

根据上节讨论，可以清楚看到，云南回民起义前，昆明仍是一个典型的晚期中华帝国行政治所。事变后，昆明虽渐次出现了一些经济、组织与技术变化，但这些变化只不过是恢复性的、带有些许近代化意味的量变。质的变化，要到1905年昆明自辟商埠才真正开始。下面从六个方面分述之。

第一，最能说明昆明近代城市化开始的一个事实，是昆明在云南地方行政当局主导下自辟商埠后，市区空间范围的极大扩展，以及随之而来的一系列发展变化。1905年，因法英帝国主义势力步步紧逼，在云南蒙自、思茅、河口、腾越依次被迫约开商埠后，昆明为"杜外人之觊觎"，由时任云贵总督丁振铎据云南绅士陈荣昌等禀，"相应请旨，俯准将云南省城开设商埠，以便通商而扩利源"。[④] 同年三月，丁振铎的奏折得到了清廷的

---

① 《新纂云南通志》卷130《军制考四》，第31页。
② 谢本书、李江主编《昆明城市史》第1卷，第22页。
③ 李珏：《洋务运动与云南地方官僚资本的萌芽》，《经济问题探索》1984年第4期。
④ 《新纂云南通志》卷143《商业考一》，第10~13页。

积极回应，"应准照所请办理，由该督查照各处自开口岸办法，预备一切事宜，俟议妥章程，奏明定期开办"。[1] 1908 年 5 月，昆明商埠在城墙东南外正式设立。[2] 1910 年，在时任总督李经羲主持下，商埠总章制定完成。至此，商埠设立程序全部完成。

自辟商埠意味着昆明城市空间构造开始发生根本转变。毕竟，城市最重要的一个特征就在于它的空间性。[3] 如上文所述，从清初直到光绪年间，昆明城市的规模、结构与布局，基本延续着明代以来的状况。清代道光年间，城墙四围尤其是南门外与东南部，虽已出现众多街巷、集市，居住着大量从事手工生产和商品贸易的人口，但由于咸同回民起义，城外沦为废墟，逃过战乱的百姓纷纷涌往城内。这样一来，城市空间非但没有扩展，反而更加局限在城墙以内。直到自辟商埠，才真正突破了城墙的限制而逐渐向四方蔓延发展。特别是在南门与东门外，商埠开辟短短数年就使旧城区陆续扩展到周围约 12 华里的区域，从而使市区增加了约旧城一半的面积。由此可以想见，自辟商埠给昆明城市空间扩展带来了何种巨大而深远的影响。

第二，几乎与自辟商埠同时，云南地方行政当局开始了一系列虽然被动但却带有现代化意味的新政改革，尤其表现在新军编练、陆军讲武堂创设与警察总局筹办上。1905 年，丁振铎甫一接任云贵总督，即奏称："窃维滇省地当边隅，时事日艰，练兵诚非缓图。"[4] 同年，丁振铎奉谕成立督练处，创设绥靖新军步队三营、炮队一营。但因财政困难，新军编练进展缓慢。直到 1907 年，在清政府计划于全国编练新军三十六镇的大背景下，云南才又因"控制西南边徼，亟宜厚集兵势，以资防守"[5] 之故，被委以五年之内编练两镇新军之任。1909 年，云南新军在昆明城北教场编练成一镇，定为暂编陆军第十九镇，计有官兵 10977 名。与此同时，1905 年前后，在清政府授意下，云南地方行政当局着意选拔了一批士官生派往日本、法国等国求学培训，而 1907 年创办、1909 年复办的云南陆军讲武堂

① 《清德宗景皇帝实录》卷 543，《清实录》第 59 册，中华书局，1987 年影印本，第 214 页。
② 严中平编《中国近代经济史统计资料选辑》，科学出版社，1955，第 46 页。
③ Ernest Burgess, "The Growth of the City: An Introduction to a Research Project," in Robert E. Park, Ernest Burgess, Roderick McKenzie, *The City*, p. 47.
④ 中国社会科学院近代史研究所民国史组编《清末新军编练沿革》，中华书局，1978，第 267 页。
⑤ 《清末新军编练沿革》，第 75 页。

的大部分教官及教员即来源于此，"在已知担任教官（员）的四十人中，就学于日本各学堂者二十八人，就学于京师大学堂者四人，就学于越南巴维学校者两人，情况不明者六人"。[1] 正是这些教官及其学员，日后成了辛亥昆明重九起义的主力军。不仅如此，1905 年前后，昆明城内首次出现了警察这一新兴事物，"光绪三十年（1904）五月二十九日云贵总督丁振铎、巡抚林绍年檄委试用道韩树滋会同按察使陈灿筹办警察事务，归并原有保甲，由省会先行试办。六月，设局于圆通寺内，名曰：云南通省警察总局"。[2] 后来，警察总局也成了昆明城市行政建制史上的重要一环。

第三，1904 年滇段开工、1910 年通车的滇越铁路也给昆明城市，尤其是其交通发展带来了难以估量的影响。铁路建成后，一方面，客运由昆明乘火车直达越南海防只需 23 小时，一星期内可由昆明经越南海防至香港，9 天可到达上海；[3] 另一方面，货运上，"滇越铁路的通车首先方便了个旧大锡的出口，大锡成为云南对外贸易的支柱产品，锡业也代替昔日的铜业成为云南矿业的命脉。滇越铁路还刺激了煤炭需求，促进了整个云南煤业的发展"。[4] 由此，昆明与外界的交通运输、信息沟通效率大大提升，人口流动、商品贸易也成倍增长，从而一跃成为当时西南地区最重要的商贸中心之一。与此同时，滇越铁路的开通也带来了一些负面影响。其一，它使昆明日益卷入法英等欧美资本主义经济体系，从而加速了城市的半殖民地化。其二，它使外国商品和资本大量输入昆明，从而极大地冲击了传统的手工业和商业贸易，以致"自滇越铁路通车后，奢侈的风气一天天地普遍，消费水准一天天提高，但生产力却不能与消费力同时增强"。[5] 从而，昆明逐渐沦为严重依赖外国产品的消费城市。

第四，昆明在城市人口数量、空间分布、结构与职业类型上，这一时期亦出现了一系列重要变化。在人口数量方面，随着昆明自辟商埠与滇越铁路建成，城乡人口开始稳定增长，并渐趋缓慢恢复至道光年间水平。以

---

[1] 茅海建：《云南陆军讲武堂与辛亥革命起义》，《华东师范大学学报》（哲学社会科学版）1982 年第 3 期，第 76 页。

[2] 《新纂云南通志》卷 126《庶政考六·警察》，第 2 页。

[3] 何玉菲：《昆明开埠和滇越铁路通车对云南的影响》，《云南文史丛刊》1993 年第 4 期。

[4] 谭刚：《滇越铁路与云南矿业开发（1910～1940）》，《中国边疆史地研究》2010 年第 1 期。

[5] 万湘澄：《云南对外贸易概观》，新云南丛书社，1946，第 163 页。

宣统年间昆明城区及其腹地昆明县的人口而言，1910年城区达到95234人，昆明县达到116222人，总计211456人；1911年城区达到97981人，昆明县仍维持在116222人，总计214203人。换言之，城市人口已接近10万，城乡总人口则超过了20万。[①] 从人口空间分布来看，从清初直到咸同回民起义，昆明城内主要为官员及其家属居住区；从事手工和商贸的市民大多聚居在城门外南部、东南部区域。但咸同回民起义后，城外居民为逃避战乱，纷纷迁入城内。这一局面直到商埠开辟以后数年，才又逆转过来。自此，昆明外城人口即一直多于内城。从人口结构来看，自辟商埠和滇越铁路通车后，不仅外县、外省的商人与游历者纷至沓来，而且来自国外的人员也日渐增多。迄至20年代，据钱文选描述，"德国领事馆、电报局、邮政局、海关均在南城外火车站附近。出火车站，即为白尼里旅馆、车站旅馆，与海关相近有法国旅馆。此为昆明城外之三外国旅馆"。[②] 从人口职业分布来看，到1910年前后，市区已分化出千人以上职业者11类：官吏2637人，商贾9756人，手工4817人，种植1397人，挑夫1068人，隶役1416人，学界3446人，贩业3405人，雇工6843人，工艺7201人，书吏2498人，总计44484人。[③] 从中可以看出，昆明已出现了职业分化的端倪。

第五，清末云南经济由入超转为出超，则为昆明近代城市化奠定了坚实物质基础。前文业已述及，咸同回民起义后，云南城乡经济开始缓慢复苏。而随着大锡出口以及鸦片贸易的增长，"在清末，云南转为对外出超，这在全国各省中是不多见的。大量白银的流入，使其经济实力加强，有清一代靠邻省协饷的云南，民国后不仅自立，而且雄踞西南"。[④] 仅以官办企业而言，就相继开办了云南省造币厂（1906）、制革厂（1908）、印刷局（1910）与云南模范工艺厂（1912）等。官商合办企业则有宝华锑矿公司（1909）、耀龙电灯公司（1910）等。至于私营或商办企业，则为数更多。此外，这一时期，昆明市区的商业也在商会行帮创设基础上进一步稳步发展。例如，"福春恒"、"永昌祥"与"洪盛祥"等商号，大部分不仅在这

---

① 此系根据"国民党云南省政府民政厅、财政厅、建设厅、教育厅、秘书处"各年统计册整理而得。详情参见《昆明市志长编》卷7，第267～269页。
② 钱文选：《游滇纪事》，1930年重排印本，第7页。
③ 《昆明市志长编》卷7，第270页。
④ 王福明：《近代云南区域市场研究（1875～1911）》，第414页。

一时期继续壮大，而且不少还完成了交接换代。[①]

第六，在云南经济由入超转为出超的局面下，一系列现代工商组织与企业陆续创设。譬如，在工商行政方面，1906 年成立云南总商会，1908 年成立云南劝业道管理农工商行政事务，1910 年成立省农会与盐政公所，1911 年设立工业总会和矿政公所，等等。

如果说昆明近代城市化在 1905 年后即实实在在地发生了，那么该如何理解 1911 年昆明重九起义的意义与影响呢？

迄今为止，几乎有关昆明近代城市化的所有研究都把紧跟辛亥革命后的重九起义视为昆明城市发展的一个重要时间节点，并有研究直接视其为昆明近代城市化的起点。从人文生态学的角度来说，重九起义的作用与影响并没有以往研究所认为的那样巨大。这是因为，时间上，从起义酝酿到爆发再到胜利，不过短短数月而已，尤其是，重九起义在一夜之间就取得了胜利。[②] 空间上，起义也主要局限在昆明内城机器局、五华山和总督衙门一带，其他地方并没有太多波及。人员方面，起义一方主要由以云南陆军讲武堂师生为主力的革命党构成，而其对象"清督李经羲、镇统钟麟同、参议靳云鹏"则"组织力量，进行反抗"，[③] 可见，双方人员力量均极为有限。最后，如若我们把重九起义前革命力量的壮大与起义后由同一力量发起的护国运动、护法运动等联系起来，不难发现，其中包含很大的连续性，而这种连续性的基础，正在于昆明从 1905 年即开始的近代化发展。正如茅海建与吴达德等学者业已指出的那样，辛亥云南起义的胜利，清末云南新军尤其是昆明陆军讲武堂师生发挥了重要作用。[④] 而云南新军编练与陆军讲武堂设立教学，皆为云南地方行政当局有意为之。不特如此，云南陆军讲武堂的大部分教官及教员，本身就是由清政府授意下的云南地方行政当局在 1905 年前后选拔并派往日本、法国等国求学培训的。而从辛亥

---

① 罗群：《从会馆、行帮到商会——论近代云南商人组织的发展与嬗变》，《思想战线》2007年第 3 期。

② 谢本书：《近代云南与中国——近代云南"以一隅而荷全国之重任"》，《学术探索》2018年第 2 期。

③ 谢本书：《论蔡锷》，《历史研究》1979 年第 11 期。

④ 茅海建：《云南陆军讲武堂与辛亥革命起义》，《华东师范大学学报》（哲学社会科学版）1982 年第 3 期；吴达德：《清末新军与辛亥革命——以云南为中心的探讨》，《中共云南省委党校学报》2011 年第 5 期。

重九起义胜利到 1915 年护国运动、1917 年护法运动再到 1921 年云南陷入军阀内战，这些政治事件的主角也无一不与原云南新军将士和陆军讲武堂师生密切相关。这也说明，至少在人事方面，辛亥革命前后的昆明是具有一定连续性的。

三　结语

基于人文生态学视角，本文从空间、技术、人口、行政、经济与社会组织六个变量及其交互作用出发，对昆明近代城市化的发端问题进行了新的解读。本文认为，1905 年自辟商埠扩展空间、新政改革、铁路建设、人口增长、经济出超与新兴组织涌现等，才真正意味着昆明近代城市化的开端。相反，在这之前或之后，要么由于昆明仍是一座衙门围墙式的城以及云南回民起义带来的严重破坏，昆明在 1905 年前谈不上有近代城市化的出现，要么因为 1911 年重九起义并没有打断昆明城市自然发展的连续性，因而其更应当被整合到从 1905 年即开始的近代城市化时段中。总之，在人文生态学视角下，我们能更充分地观察到昆明近代城市化进程中的连续性与断裂性。

进而言之，在人文生态学视角下，我们也能更加深刻地认识与理解昆明这一边疆城市近代转型所具有的复杂性与独特性。因其重要的边疆政治军事战略地位，昆明在明清时期一直是最重要的治所之一，又因其地理上远离国家中心地区，城市主要是作为政治中心与防御工事存在。这既使得城市在咸同云南回民起义中破坏严重，也大大延迟了其近代城市化的到来。故此，与上海、天津等东部沿海城市以及武汉、重庆等内陆沿江城市在 1840 年前后或者洋务运动时期即开始近代城市化不同，昆明这一边疆城市迟至 20 世纪初才在国内外多种作用力下开始朝向近代化转型。当然，转型过程中，昆明因地处边疆，在诸如辛亥重九起义等国内革命以及后来爆发的抗日战争中，并没有经历上海、天津、武汉等城市曾遭遇的那种命运。最终，边疆时空的复杂作用，造就了昆明近代城市化的特别韵味。

作者：吕付华，云南大学民族学与社会学学院

（编辑：张利民）

近代汉口中资银行的发展（1891～1936）[*]

刁　莉　杨玉蒙

内容提要：从行业发展来看，近代汉口的中资银行比其他沿海开埠城市的中资银行发展要晚。1937年抗战全面爆发前，汉口中资银行主要经历了萌芽、曲折发展和黄金时期三个阶段。汉口是近代繁盛的贸易集散地之一，中资银行内部多元化经营手段、发展的新式业务，既是时代的感召，也是商业与金融市场相互作用的结果，更是现代地方商业性银行管理的雏形。近代汉口中资银行的发展促进了中资银行同业协调合作思想和银行内部自我管理思想的产生。新式业务的开展与近代汉口城市的商业贸易息息相关，既扩大了汉口城的商业发展格局，又促进了本地商业发展的资金流通，活跃了本地的金融市场，为汉口湖北省金融中心地位的确立奠定了基础。

关键词：近代汉口　中资银行　行业发展

一　引言

汉口控扼南北、援引东西，地理位置十分优越，有着九省（湘、鄂、赣、豫、川、云、贵、陕、晋）通衢的美誉，特别是在京汉、粤汉铁路通车之后，更是全国陆路交通的枢纽。历史上，汉口依托优越的区位优势，成为各地商贸往来、转运货物的不二选择，继而成为近代中国重要的贸易集散地，[①] 位列"四大名镇"。"商人集则商市兴，财富集则金融裕。"汉口商业经济的繁荣

---

*　本文为国家社科基金重大招标项目"清代财政转型与国家财政治理能力研究"（项目号：15ZDB037）阶段性成果。

①　汉口商业一览编辑处编印《汉口商业一览》，1926，第11页。

又促进了其金融业的发展,[①] 二者呈同一脉搏跳动。由此,汉口作为近代中国华中地区的商业和金融中心,在当时全国四大金融市场中地位仅次于上海。[②]

开埠之后,汉口成为外国资本渗透到中国内陆市场的重要跳板,各大洋行在汉设立分支机构,地区内的各类金融业也随之发展。汉口是一个沿江的城市,与上海、广州、天津等沿海城市完全不同。在甲午战争之前,汉口本地的旧式金融业仍处于优势地位,作为现代金融机构的中资银行则起步较晚,直到19世纪90年代才在汉口出现,[③] 这些中资银行也大多是上海总行的小支行或者分行。在发展过程中,汉口的金融市场呈现出极强的区域性特点,受上海金融市场的影响,其发展也受到国际和国内金融市场的影响,而汉口自身又因为城市商业的繁荣加上九省通衢之便表现出较强的吸引力,辐射周边地区。到辛亥革命之后,汉口的中资银行才迎来春天。在步入20世纪20年代后,全国反帝爱国浪潮风起云涌,长期占据汉口金融市场支配地位的外资银行信用收缩,一直与汉口中资银行并驾齐驱的汉口本地钱庄在时代风雨中盛极转衰。在汉中资银行虽然也在迭起的金融风潮中遭受重大挫折,但在经历停业清理的阶段于1928年之后便快速恢复和发展,整体呈现出繁盛之势。从经济运行轨迹来看,银行业的发达与否应当是社会经济繁荣盛衰的最好写照。在20世纪二三十年代,世界经济正处于大萧条中,中国经济因国内外战争影响亦处于飘摇阶段。在此种局面下,汉口却因特殊的时机正处在工商业发展与市政建设的高峰期,这也恰恰为在汉中资银行的发展提供了机遇,使其在外资银行和钱庄的衰落中乘机而起。

对我国金融发展史的探讨一直是学界热点,虽然近代汉口金融在历史进程中占据着重要地位,但大多数研究者把目光投向上海。近代汉口金融史的相关专著与论文亦多围绕近代汉口的金融市场、金融机构和金融政策等展开论述。[④] 在对近代汉口金融机构进行研究的学术论著中,有关汉口

① 〔美〕罗威廉:《汉口:一个中国城市的商业和社会(1796～1889)》,江溶、鲁西奇译,中国人民大学出版社,2005,第3页。
② 〔日〕水野幸吉:《中国中部事情:汉口》,武德庆译,武汉出版社,2014,第21页。
③ 张家骧:《中华币制史》,民国大学,1925,第266页;武汉金融志办公室、中国人民银行武汉市分行金融研究所编《武汉银行史料》,1987,第12页。
④ 相关研究成果参见陈锋《明清时期汉口的发展历程》,《江汉论坛》2002年第11期;姚会元《近代汉口钱庄性质的转变》,《武汉师范学院学报》(哲学社会科学版)1984年第2期;武汉地方志编纂委员会主编《武汉市志·金融志》,武汉大学出版社,1989。

中资银行发展脉络的论述显得并不深入，偏重于从整体上进行分析，更多只在分析钱庄、票号等金融机构发展史时，对中资银行的概况稍做提及。同时，专研我国中资银行史的文献大多着眼于全国，只将汉口作为一个沿江口岸简单论述。① 本文将专门梳理汉口中资银行于 19 世纪末至 20 世纪 30 年代的兴衰历程，从而揭示 20 世纪前后特殊的经济政治环境对汉口金融业的影响，以及汉口中资银行在时代变迁中的潮起潮落。

二　汉口中资银行的产生与发展

1911 年前，汉口的中资银行处于萌芽阶段。在近代，银行作为先进的城市金融机构类型进入中国，是由外国人引进的。虽然相较于上海、天津等沿海城市，汉口银行业的产生时间要稍晚一些，但亦源起于外国洋行在汉开设分行。汉口在开埠之后，不断发展成为一个国际性大商埠，各国洋行先后来汉设立银行。英国洋行汇隆银行开了先河，于 1861 年在汉口设立分支机构，② 英国的众多传统银行如麦加利银行、汇丰银行、有利银行、丽如银行、阿加剌银行等紧随其后，均于 1880 年之前在汉口设立分行。③ 在开埠后的 30 年间，由于汉口的进出口贸易仍处于发展阶段，虽然后来德华银行（德）、花旗银行（美）、东方汇理银行（法）、华俄道胜银行（俄）、横滨正金银行（日）亦在汉设立分行，但在汉的洋行总数与后来相比其实并不多，④ 对汉口传统的金融行业格局并未产生较大影响。而钱庄和票号等传统金融机构在此时期快速增长并处于优势地位。据统计，至 1891 年，汉口钱庄数量多达 500 家。在此局面下，早在 1897 年，张之洞就主张兴办银行。1897 年 11 月 29 日，中国通商银行首先在汉口设分行，

---

① 相关研究成果参见郑成林、刘俊峰《近代汉口金融史研究述评》，《近代史学刊》2011 第 1 期；王强、萨日勒《近代中国银行业资金运用的若干特征述论》，《江西财经大学学报》2011 年第 5 期；王玉茹、苗润雨《经济发展与中国近代银行业结构的演化——基于 1918 ~ 1936 年市场集中度的实证分析》，《财经研究》2011 年第 6 期；杜恂诚《20 世纪 30 年代的华资银行与中国实业》，《中国金融》2003 年第 3 期。

② 苏云峰：《中国现代化的区域研究：湖北省（1860 ~ 1916）》，台北，中研院近代史研究所，1987，第 331 页。

③ 陈锋：《明清时期汉口的发展历程》，《江汉论坛》2002 年第 11 期。

④ 政协武汉市委员会文史学习委员会编《武汉文史资料文库》第 3 卷，武汉出版社，1987，第 540 页。

成立武汉的第一家中资银行。[①] 1906 年，遵循户部指示，大清银行分行于汉口设立，主营币值整理、钞票发行、资金放贷、汇兑办理、金银买卖。1908 年，交通银行在汉设分行。[②] 随后以浙江兴业银行为首的一批中资银行陆续在汉设立支行，在汉中资银行呈现萌芽之势。[③]

在甲午战争前后，汉口的进出口贸易额开始激增。如每年洋货的平均进口额由 1100 余万两到战前增加至 4400 余万两，出口额从不到 2000 万两到大战前夕增为 8000 余万两。[④] 外国大公司与商行的分支机构纷纷以雄厚的资本角逐汉口市场，企图垄断进出口贸易，商行聚集对资金的汇通有了更高要求，遂使在汉外资银行的数量开始激增。1895 年之后，外国洋行开始在汉接踵设立。到辛亥革命前夕，在汉的外国洋行步入鼎盛阶段。1905 年，汉口洋行数达 114 个，人数多达 2151 人。[⑤] 此时，随着外资银行凭借其雄厚财力与制度创新在汉口影响力的不断提升，本地钱庄、票号等旧式金融机构的市场主导权不断旁落。但外国金融机构移植武汉，对武汉传统金融机构向近代组织过渡起了样板与引导作用。1896～1911 年的 15 年间，在汉开设的本国银行共 8 家（华商银行、信成银行、交通银行、浙江兴业银行、信义银行等），而类似银行的官钱局共 5 家，外商银行共 8 家。[⑥] 但此时的汉口中资银行整体上完全仿照外国的经营方式，人才管理照搬英国汇丰银行模式，银行单据印刷也完全复刻甚至采用英文。[⑦] 可以说，外商洋行的入侵成为汉口中资银行发展的畸形动力，其本身也构成了汉口传统金融业向近代金融业过渡的形式。汉口中资银行的发展正式拉开序幕并进入上升期。

1911 年至 1936 年是汉口中资银行曲折发展阶段。经过第一次世界大战，国际金融格局发生变化，本国民族工商业获得了一定程度的发展，1917 年后在汉开设的银行激增，行业加速成长，渐趋形成与本地钱庄、外国银行相抗衡之态势。到 1925 年，武汉的本国银行发展为 32 家，与当时

---

① 苑书义、孙华峰、李秉新主编《张之洞全集》卷 118，河北人民出版社，1998，第 16 页。
② 苏云峰：《中国现代化的区域研究：湖北省（1860～1916）》，第 334 页。
③ 苑书义、孙华峰、李秉新主编《张之洞全集》卷 118，第 16 页。
④ 彭雨新：《抗日战争前汉口的洋行和买办》，《理论战线》1959 年第 2 期。
⑤ 皮明庥主编《武汉近代城市史》，中国社会科学出版社，1993，第 127 页。
⑥ 《武汉市志·金融志》，第 69 页。
⑦ 皮明庥主编《武汉近代城市史》，第 127 页。

的 140 家钱庄和 18 家外国银行形成三足鼎立之势。① 当时全国著名的商业银行，在汉都设有分支机构。

从整个汉口金融发展史的角度来看，1926 年成为汉口金融史上一个重要的分水岭。1926 年至 1928 年，汉口银行业在艰难恐慌中步入寒冬。1926 年 2 月，汉口金融业的"巨型领头人"湖北官钱局宣告倒闭；② 12 月，武汉国民政府在汉口建立中央银行，以整理公债，力图恢复建设。同年，北伐军一路北上，攻陷沿线城市。伴随吴佩孚军队北撤，汉口被攻克，陆路和水路交通受阻，贸易停滞，汉口的各行各业均受到很大损失。1927 年 4 月 17 日，武汉国民政府实行"集中现金"政策，市面上只接受汉钞。③ 加之南京国民政府宣布对武汉实行经济封锁，其他各省都停止兑换汉钞，此时汉口金融业全面陷入瘫痪。上海对汉口金融只收不放，银根紧缩，北京、天津等地相继宣布与汉口断绝金融关系又引发了汉口金融恐慌，④ 整个汉口金融市场处于动荡之中。仅 1926 年，汉口中资银行陆续倒闭 23 家。⑤ 时人感慨："汉口商业金融，全恃交通与时局为之维护。"⑥

1928 年之后，汉口中资银行走出困境，迈向复兴发展之路。1928 ~ 1931 年，湖北省银行、中央银行汉口分行、邮政储金汇业局分局相继成立。1931 年，汉口中国银行恢复营业，改设支行。1933 年 4 月 1 日又注资 250 万元正式开立鄂豫皖赣四省农民银行（后改为中国农民银行）。总体来看，20 世纪二三十年代的汉口银行业呈现一片蓬勃之象，每年都有新银行设立，尤以 1934 年为最多，共计增加 5 家（陕西省银行、川康殖业、农商银行汉口分行、中国国货银行、汉口商业银行）。至 1937 年抗战全面爆发前夕，仍在汉营业的中资银行共计 27 家，⑦ 并且大多数银行得以恢复发

---

① 中国人民银行总行金融研究所金融历史研究室编《近代中国的金融市场》，中国金融出版社，1989，第 102 页。

② 经济讨论处编《1924 年金融市况》，《中外经济周刊》1925 年 4 月，第 77 页。

③ 《金融绝交后之观察》，《钱业月报》第 7 卷第 4 号，1927 年 5 月，第 4 页。

④ 《武汉市志·金融志》，第 554 页。

⑤ 如汉口商业储蓄、鄂州兴业、泰丰、中原实业、四川铁路、陕西省、秦丰、远东、广西、华充、中华商业储蓄等银行，参见《武汉市志·金融志》，第 69 页。

⑥ 黄既明：《民国十五年汉口金融商况》，《银行杂志》第 4 卷，1927，第 9 页。

⑦ 但是根据《武汉市志·金融志》统计，抗战全面爆发前，在汉中资银行一共有 37 家。考虑到当时的社会经济背景，数据可能会出现偏差，本文暂采信有名录可查的 27 家。

展，并存有盈余。① 此时在汉外资银行仅剩 10 家。从 1937 年《全国银行年鉴》数据可以看出，② 抗战全面爆发前仍在营业的中资银行大多在 20 世纪 30 年代前后开设，此时期可被称为汉口中资银行的黄金阶段。

伴随着汉口银行业的发展，在汉银行同业之间的联合亦开始酝酿。"银行者，金融界之枢纽也，集合众银行而成一团体之机关是为银行公会。""以就一地之金融，矫其弊而策其利，以期日进于繁昌。"③《银行月刊》宣称："本地为扬子江流域中心商埠，上下游金融机关咸聚于此，重要比于沪上。"④ 1915 年，中央政府以法令形式颁布银行同业公会章程，于是一些大城市开始设立银行同业公会，汉口继京、津、沪之后于 1920 年成立汉口银行同业公会，是较早设立银行同业公会的十个城市之一。⑤ 1921 年，由于货币行业协会的反对，汉口银行同业公会组织了汉口银行交易所。第四届全国银行业协会联合会于 1923 年在汉召开。八大商埠的银行协会代表齐聚汉口，为建设银行业协会大楼筹集资金。⑥ 自此，汉口银行同业公会步入正轨。至 1926 年，共有 17 家银行加入汉口银行同业公会，公会规模不断壮大，影响力持续增强。到 1937 年，加入公会的银行共计24 家。⑦

其间，在银行业协会的支持下，银行业学术研究会、银行夜校相继成立，为银行从业人才的专业化培养提供了重要基石，弥补了人才空缺，为银行业的持续发展提供了人才储备。

---

① 皮明麻主编《武汉近代城市史》，第 407 页。
② 中国银行总管理处经济研究室编《全国银行年鉴（1937）》，第 98 页：中央银行（1929年）、中国银行（1913 年）、交通银行（1908 年）、中国农民银行（1933 年）、陕西省银行（1934 年）、湖北省银行（1928 年）、湖南省银行（1936 年）、大孚商业储蓄银行（1935 年）、大陆银行（1923 年）、上海商储银行（1919 年）、中南银行（1923 年）、中国通商银行（1932 年）、四川美丰银行（1933 年）、四明商业储蓄银行（1919 年）、金城银行（1920 年）、浙江兴业银行（1875 年）、汉口商业银行（1934 年）、聚兴诚银行（1914 年）、中国国货银行（1934 年）、中国农工银行（1931 年）、中国实业银行（1922年）、浙江实业银行（1921 年）、农商银行汉口分行（1934 年）、川康殖业银行（1934年）、盐业银行（1916 年）、香港国民商业储蓄银行（1923 年）、广东银行（1923 年）。
③ 《银行杂志》第 1 卷第 1 号，1923，第 156 页。
④ 《银行月刊》第 3 卷第 9 号，1923 年 9 月，第 24 页。
⑤ 《银行杂志》第 1 卷第 1 号，1923，第 154 页。
⑥ 《银行月刊》第 3 卷第 4 号，1923 年 4 月，第 21 页。
⑦ 《银行杂志》第 1 卷第 1 号，1923 年，第 57 页。

　　就金融业而言，信息之间的传播与交换显得尤为重要。在银行同业公会各项政策的推动下，1923年，《银行杂志》应运而生。"近据于该会仿京、沪公会办法，发行杂志一种，定名为《银行杂志》，每半月刊行一次，与北京之《银行月刊》，及上海之《银行周报》，同为银行业之参考资料。"① "杂志之宗旨与日报不同。日报所重独在报道消息，而评论得失次之，研究学理又次之。杂志则不然，介绍学说、阐明理论乃其固有的职责。"② 同时对汉口本地经济、工商业市场状况以及国外的经济动态做出报道，兼顾宣传欧美各银行机构的先进管理模式和金融制度，为金融从业人员掌握汉口金融市场动态提供重要途径，推进银行从业人员的思想启蒙，更为在汉中资银行之后的经营模式创新提供了理论指导。③

三　汉口中资银行快速发展原因探析

　　就前文所述，汉口金融业最初主要由钱庄、票号和外商银行所控制，而后情况慢慢发生了转变，中资银行开始在汉口金融市场中崭露头角，发挥越来越重要的作用，逐渐可以与钱庄、外商银行比肩。到20世纪20年代末，汉口金融业三分天下的局面被打破，中资银行后来居上甚至在此后独占鳌头，钱庄和外国银行逐渐没落。在汉中资银行的崛起与时代的感召、行业协会的自助，还有其内部产生的先进的现代化经营管理模式是分不开的。

　　1927年初，武汉国民政府发动了收回汉口英租界运动。"汉口市民实行对英经济绝交，英国各洋行及银行均岌岌自危，毫无生意，所有已约定契约之进出口货，因华商钱庄不与活动，呆滞之状，颇为重要，国外汇兑，昨日不但未作交易，即行市亦未开出。"④ 可见收回英租界运动对长期在汉口金融市场中占据主要地位的外商银行打击其大。加上"集中现金令"的影响，在汉外商银行的各项业务均大幅度缩减，不复当年。至1928

---

① 《银行月刊》第3卷第9号，1923年9月，第46页。
② 《银行杂志》第1卷第1号，1923年11月，第23页。
③ 详见《银行杂志》所载《美国联合准备银行制度概论》《美国公司债券概论》《德发债票问题》《美国票据交换所之特点》《英国票据交换所之制度》等文章。
④ 《民国日报》1927年1月8日，第12页。

年，在汉外商银行仅剩 11 家。[①] 同时，国际经济形势低迷，危机席卷，众多在汉外商银行遂不复昔日的辉煌。

自武汉国民政府"集中现金"政策颁布后，汉口钱庄纷纷倒闭。时人记载："钱庄庄票，失其流通作用，洋例银两，亦因此无形废除，几金融周转不灵，同业亏损，共计不少千余元，以致相率停业。"[②] 汉口钱庄告别昔日繁盛之势，达源、永茂、德隆、永安、民裕等知名钱庄相继倒闭。经过 1935 年的金融恐慌，到 1935 年底，汉口钱庄"收歇者约 1/2"。[③] 汉口中资银行崛起之时却是汉口钱庄没落之际。就数量而言，汉口钱庄数目自 20 世纪 20 年代开始逐年下降：从 1928 年的 149 家，[④] 锐减至 1935 年的 60 家左右，至 1937 年仅余 20 多家。[⑤] 就资本存量来看，30 年代初的 55 家钱庄中，资本额大体不变的仅剩 4 家，占总数的 7.3%；资本额有所上升的共有 18 家，占总数的 32.7%；而资本额下降的却有 33 家，占总数的 60%。[⑥]

与此同时，众多银行在汉开设分行，在汉银行业呈现出繁盛之势。时文记载："上海近年成立银行，则以汉口为华中唯一集散市场，农产丰富，商务较繁，便于推广存款、汇款各方面业务，其已取得发行权者又视汉口为扩充流通区域，甚至以在汉增募股款若干，为派充汉口行经理条件，所以在汉添设分行，仍有络绎不绝之势。"[⑦] 国民革命后，在汉口银行业组织的监管下，汉口中资银行开展多元化经营。[⑧] 到 20 世纪 30 年代，越来越系统化的现代银行服务在汉口普遍实施。中国银行和中国电信银行[⑨]等以前的国有银行逐渐转型为商业银行，部分国有商业银行也完全控制了商业股票，这些都反映了当时商业银行私有化的趋势。

伴随着宁汉合流，在汉中资银行开始迎来十年的稳定发展时期。而外

---

① 《财政月刊》第 1 卷第 4 期，1928 年 10 月，第 33 页。

② 杜邦纪：《武汉金融之调查》，《财政月刊》第 1 卷第 5 期，1928 年 12 月，第 22 页。

③ 湖北省政府秘书处统计室编印《湖北省年鉴（1957）》，第 406 页。

④ 《经济评论》第 1 卷第 3 期，第 66 页。

⑤ 《汉口银行预算表》，武汉市档案馆藏，档案号：119 - 12 - 6。

⑥ 姚会元：《近代汉口钱庄研究》，《历史研究》1990 年第 2 期。

⑦ 《武汉银行史料》，第 186 页。

⑧ 《银行月刊》第 6 卷第 12 号，1926 年 12 月，第 21 页。

⑨ 其总公司于 1911 年成立于上海，1928 年拨款十万元在汉口设立分公司，地址在江汉路，后因中央信托局在汉口设立分局，分公司于 1936 年改名为中一信托公司。

部时代环境的改变、由各种因素交叉衍生出来的各式各样市场新需求，以及银行起初以经营存放款、汇兑为主的经营模式被打破，使得银行兼营其他业务成为可能。与最初的完全照搬外国银行经营模式不同，汉口的中资银行在结合汉口城市特点的基础上开展了诸多新式业务，如证券、信托、保险、堆栈等以扩大市场份额。由于政府的频繁变动以及受当时动荡时期的限制，政府对银行业控制减弱，为行业发展提供了契机。

首先，存放款业务作为银行最本质与核心的业务，是衡量银行资力的重要指标。[1] 1928～1931年，农村经济萧条导致资金大量涌入城市，银行存款激增；在汉各工商业投资愈显低落，皆暂储以求投资利润。1926年，在汉主要银行储蓄业务仅为200万～600万元。至1936年，在汉中资银行储蓄额一般为1500万～2500万元。其中金城银行以5867万元位居榜首；以聚兴诚为代表的中资银行居中，储蓄额为200万～1000万元；末尾以湖北省银行为代表，储蓄额在10万元左右。[2] 以汉口中央银行为例，1929年上半年放款额为298万元，余额为90万元；1933年末放款额为1800万元，剩余220万元；1936年末放款额增至5100万元，余额为900万元。[3]

存放款的不均衡变化，使银行存有大量剩余资金，为其他各种业务的经营提供了可能。当存款增速快于放款增速时，剩余资金就会流入证券、房地产领域。[4] 有价证券及房地产作为银行资金的一大去处，各行皆颇为重视。[5] 银行投资各行业，除赚取更多利润以外，同时也是分散风险的需要，特别是在20世纪30年代世界性经济危机余波扩散至中国后。汉口工商业呈现颓靡之势，放款业务有较大潜在风险，银行转而投资证券行业，意图减少这种不确定因素的冲击。

---

① 王志莘：《中国之储蓄银行史》，人文印书馆，1934，第243页。

② 中国银行总管理处经济研究室编印《中国重要银行最近十年营业概况研究》，1933，第316页。

③ 湖北省地方志编纂委员会编《湖北省志·金融》，武汉人民出版社，1993，第52页。

④ 〔日〕城山智子：《大萧条时期的中国：市场、国家与世界经济（1929～1937）》，孟凡礼、尚国敏译，江苏人民出版社，2010，第148～149页。

⑤ 如汉口商业银行1936年证券成交额仅为8.5万元。根据《中国的银行》1932年的统计，有价证券的大部分集中在几个大银行手中，中国、交通、浙江实业、大陆、金城、盐业、中南、四明、上海、中国农工、中国实业、广东、中孚及四行储蓄会合计对证券的投资达到21100多万元，占全国银行证券投资额的90%以上。

　　以在汉重要银行的证券为例，图 1 中大部分银行的有价证券占银行资产总额的比重基本维持在 1%～34%，1926～1936 年，多数银行的证券占资产总额的比例呈现稳渐上升之态势，可见有价证券交易在当时已经成为银行的重要业务之一。[1]

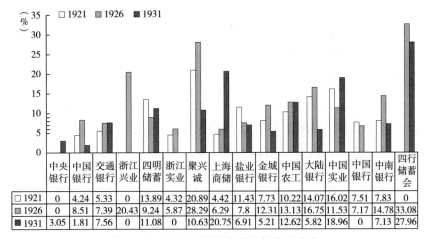

	中央银行	中国银行	交通银行	浙江兴业	四明储蓄	浙江实业	聚兴诚	上海商储	盐业银行	金城银行	中国农工	大陆银行	中国实业	中国银行	中南银行	四行储蓄会
□ 1921	0	4.24	5.33	0	13.89	4.32	20.89	4.42	11.43	7.73	10.22	14.07	16.02	7.51	7.83	0
▤ 1926	0	8.51	7.39	20.43	9.24	5.87	28.29	6.29	7.8	12.31	13.13	16.75	11.53	7.17	14.78	33.08
■ 1931	3.05	1.81	7.56	0	11.08	0	10.63	20.75	6.91	5.21	12.62	5.82	18.96	0	7.13	27.96

图 1　有价证券占银行资产总额的百分比

说明：0 为数据缺失。

资料来源：《中国重要银行最近十年营业概况研究》，第 303、308 页；中国银行总管理处经济研究室编《全国银行年鉴（1927）》，第二、三、四、五、九章中各银行资产负债表。

　　汉口金融业发展已久，团体和个人的债权债务关系日益繁复，而普通民众因缺少相应专业知识无法处置得当，如收付往来款项、买卖证券、打理私有财产等事项，由专人代为打理的信托事业应时势之需要而兴起。汉口最早的信托公司为 1911 年设立的中央信托公司，随后中资银行也开始兼营信托业务。1926 年，信托业务还未受到银行重视。1930～1932 年因银行资金太多无法融通，设立信托部成为融通资金的方式之一，兼办信托业务的银行也越来越多。到 1937 年，全国设有信托部的银行有 79 家。[2] 由表 1可知，信托业务的业务额较大。如大陆银行和浙江兴业银行的信托存款规模十分可观，1936 年分别达到了 591 万元和 755 万元左右。

---

① 中央银行经济研究处：《仓库经营论》，商务印书馆，1935，第 211 页。
② 朱斯煌：《信托常识》，《信托季刊》1937 年 2 月 1 日，第 241～250 页。

表1　1936年汉口主营信托存款业务的银行信托存款及纯益情况

单位：元

银行	信托存款总额	信托部纯益	手续费
交通银行	846199	49873	51128
大陆银行	5913516	65437	4054
浙江兴业银行	7559191	39711	42861

资料来源：《全国银行年鉴（1937）》，第 B19、D20、D144 页；沧水《银行与堆栈业务之关系》，《银行周报》1920 年 4 月 11 日，第 23 页；《武汉之工商业（一）》，《汉口商业月刊》1934 年 1 月 11 日，第 70 页。

　　在这一时期，堆栈业务也在汉口中资银行中兴起。[1] 外部经济环境的持续低迷使得银行放款由信用放款转变为抵押放款。汉口作为全国最大的贸易集散地之一，往来货物以棉花、麻、茶叶、布、杂粮等大宗商品为主，[2] 这类抵押的货物需存入货栈保管。但在其存放过程中极易发生火灾，故银行又兼营堆栈及保险业务，在增加收入的同时又兼顾货物安全。[3] 银行兼营的保险业务也受到"汉口特色"商品的影响，因杂粮、棉花类商品都是易燃物品，故汉口保险公司数量很多。根据《中国保险年鉴》统计，1934 年，汉口华商保险公司共 14 个，在全国排名第 4 位，保险业务也以火险为主。[4]

　　汉口是近代繁盛的贸易集散地之一，在汉中资银行兼营这些新式业务，为汉口近代金融体系的建立、金融手段的多样化提供了助推力，也使在汉各种金融衍生行业更迅速地趋于成熟。如银行兼营信托业务时，用整个银行的信用和资金来作担保，开展业务比专门的信托公司要容易，并且其所覆盖的地域范围比信托公司更大，从而促进了近代信托业的发展。这才有了 1935 年 10 月 22 日中央信托局汉口分局的成立。新式业务的开展是汉口金融市场发展的铺路石，更为银行自身积累了扩大资本体量的诸多实践经验。

---

[1]　潘君祥、陈立仪：《近代上海商业略论》，《史林》1989 年第 1 期，第 1 页。

[2]　丁振一：《堆栈业经营概论》，商务印书馆，1931，第 178 页。

[3]　《武汉之工商业（一）》，《汉口商业月刊》1934 年 1 月 11 日，第 4 页。

[4]　沈春雷：《中国保险年鉴》上编，中国保险年鉴社，1937，第 154 页。

四　在汉中资银行发展对汉口的影响

自 20 世纪 20 年代开始，汉口中资银行实现对在汉外商银行与汉口钱庄的反超，在汉口金融业中处于领先地位。从外部因素看，与城市商品贸易息息相关。农村破产，资金流向城市使银行内部持有资金增多；而时局动荡，政府滥发债券，利益优厚，银行因此获利颇丰等因素均为其行业发展提供了契机。档案显示，1935 年新华信托银行仅代理买卖政府公债就达到了 3.7 亿余元。① 但发展的原因亦来自银行内部，新式业务的多元化经营策略为银行积累了大量资本，促进了行业发展。

这些新式业务的开展与近代汉口城市商业贸易息息相关，既扩展了汉口市的商业发展格局，又促进了本地商业发展的资金流通，活跃了本地的金融市场。汉口是重要的商品集散地，不仅是大宗转口贸易货物的周转地，更是大量小商品批发和专业化加工的集散地，这与沿海开埠城市不同。汉口依托长江这一黄金水道，成为全国内贸中心。

汉口中资银行的兴起尤其是推出的小额多元化信贷业务、小型资本与金融衍生品的流通促进了汉口中小商品在全国的流通。汉口商品市场行业众多，商品种类繁杂，既有汉口"码头文化"的当日结算模式，也有短期和长期的小额信贷业务。可以说，汉口中资银行新式业务的开展结合了城市经济发展的特点，更是近代商业与金融市场相互作用的结果，对大部分中等收入的小商户群体的发展大有裨益。

近代汉口市场成为集批发、加工和专业制成品批发的商品集群，对内贸易体量大、产品单价低，在全国都有不可比拟的竞争优势。这期间汉口各类商品市场和一些本地闻名全国的老字号开始声名鹊起，有全国著名的中药材批发市场、茶叶批发市场、棉布批发市场、五金批发市场、木材批发市场等。汉口中资银行成为推动汉口经济发展的不自觉的工具。② 甚至汉口全国闻名的小吃店也是中资银行新式业务的受益者，诸如"汪玉霞糕点""叶开泰大药房""蔡林记""四季美汤包""五芳斋汤圆"一系列老

---

① 《新华信托储蓄银行五年来营业行务之总述》，上海档案馆藏，档案号：Q269 - 1 - 629。
② 皮明麻主编《武汉近代城市史》，第 141 页。

字号店铺活跃发展至今。汉口中资银行的发展为这座城市留下了珍贵的瑰宝。[①]

汉口中资银行的发展带动了湖北地区商业银行的发展，促进了汉口城市地位的上升。[②] 从行业发展脉络来看，1912～1926年，受到中资银行向上发展的势头影响，黄陂商业银行、鄂州兴业银行、汉口商业储蓄银行、湖北道生银行和汉口商业银行等本地银行开始涌现。[③] 其中比较特殊的属黄陂商业银行。它与湖北官钱局关系颇深，官钱局交办的一切事务，该行无不尽力代办，官钱局多余的头寸，也通过该行长期转放给工商业户。官钱局倒闭后，黄陂商业银行最终也在1931年倒闭。虽说如此，不可否认的是，这些本地银行的发展又同时促进了湖北各地商品贸易的便利化，加强了汉口与湖北各地区的金融联系。

汉口中资银行逐渐走上了近代商业银行业自主经营的道路。从汉沪两地金融联系的宏观角度来看，1928年后汉口中资银行的兴盛，其实质是上海商业资本向内地寻找新的投资机会的进程。这一点从汉口中资银行的绝大部分是上海银行的分行就可以看出。这一时期中资银行开始从各方面加强与工商业的联系，包括大力发展储蓄、信托、保险等新式业务，并努力摆脱对于政府的依赖，走自主化经营的道路，即"顾客之招徕，不趋重于官厅之存款，而注意于商民之往来"。一些官商合股的商业银行也转化为商股绝对控股。这些都反映了当时商业银行开始逐步民营化的趋势。

限于时局动荡，政权更迭频繁，政府对银行业控制力减弱，也成为商办银行迅速扩张的条件。中资银行民营化趋势明显，是通过市场的力量自发形成的。湖北本地银行的发展又同时促进了湖北各地商品贸易的便利化，加强了汉口与湖北各地区的金融联系，加上其他各地银行在汉设立分行，最终形成以汉口为金融中心，以湖北、湖南、河南、江西等省大部分地区为腹地的层级，奠定了汉口民国时期在长江中下游地区的金融地位。从汉口银行业角度来看，中资银行发挥着不可估量的作用。特别是代替政府行使监督权的银行同业公会这种自发性组织，促进了银行同业协调合作思想和银行内部自我管理思想的产生。这种由官到民、自主经营工商思想

---

① 王葆心：《汉口小志》，商务印书馆，1915，第124页。
② 皮明麻主编《武汉近代城市史》，第148页。
③ 汉口商业储蓄银行和鄂州兴业银行在1926年之前由于经营不善而先后停止营业。

的产生都为以后中资银行的管理及良好发展打下了坚实基础，外商银行和钱庄的衰落也就成为必然。

作者：刁莉，武汉大学经济与管理学院
　　　杨玉蒙，武汉大学经济与管理学院

（编辑：张利民）

·市镇研究·

太平天国时期江南市镇的精英阶层与地方社会[*]

——以濮院为中心

罗晓翔

内容提要：濮院镇地界嘉兴府属嘉兴、秀水、桐乡三县之间，是著名的丝绸专业市镇。咸丰十年至同治三年，该镇被太平军占领。五年间，一批地方精英活跃于团练、安民与善后事务中，成为清政府与太平天国政权轮番动员与倚靠的地方力量。对沈梓《避寇日记》的解读，可见地方军事化与精英权力扩张对地方自治与地域认同的促进作用有限。战争并未引发精英阶层社会构成与行为模式的根本转型。

关键词：江南市镇　太平天国　地方精英　地方自治

濮院属古槜李地，宋元之际因市成镇。明中叶以降，以丝绸业闻名的濮院发展为浙西大镇。该镇地处嘉兴府属嘉兴县长水乡、秀水县灵宿乡、桐乡县梧桐乡三乡之会。[①] 清中后期，濮院镇有二十四坊，街道密布，人烟辐辏。除远近闻名的濮绸机房外，镇中还有豆腐作、染坊、酱园、烟作、炼坊、铁店、脚班、挑水、茶馆、米店以及赌场等，是典型的江南专业市镇。

太平天国战争期间，濮院镇不可避免地遭受重创。咸丰十年（1860）至同治三年（1864），战乱导致濮院机业不振，居民时逃时归，市面难聚。值此之际，一批镇中"豪右"也登上历史舞台。从沦陷前组织团练局，到

---

　* 本文系国家社科基金一般项目"明清江南城市记忆与都市心态研究"（项目号：16BZS028）的阶段性成果。

　① 樊树志：《明清江南市镇探微》，复旦大学出版社，1990，第408、412页。

太平军占领期间主持安民局，再到清军收复失地后进入善后局，这一群体成为清政府与太平天国政权轮番动员与倚靠的地方力量。他们的人生际遇，很大程度上折射出晚清江南市镇的社会生态与历史变迁。沈梓的《避寇日记》是引领我们走入这一历史场景的珍贵资料。

沈梓，字桑与，号北山，一号梦蛟，晚号退庵居士，乃生长于濮川的土著。沈梓高祖沈廷瑞，字东瑜，晚号东畲，"少孤好学，以家贫弃儒业贾"，在濮院镇经商，住坝底头。祖父名震，字金雷，精勾股学。父沈涛，号莘汀，秀水县诸生，"早年服贾，为人所卖，乃返而专精于学"。[①] 沈涛育有三子三女，沈梓行二，三弟、六弟似皆习贾，沈梓则业儒授徒为生，受新塍镇巨富高晴皋赞助尤多。沈梓"生平谨言慎行，读书以圣贤自励，擅楷法，工制艺，兼治诗古文，门下士甚盛……见长吏侃侃陈地方利弊，绝不干以私"。[②] 太平军攻陷桐乡时，沈梓 32 岁，是家中的顶梁柱，在地方事务中也较为活跃。

在太平天国史料中，日记为数不少，但作者多系逃难乡绅，所记亦为沿途见闻。而沈梓在战争期间几乎未离开濮院，其日记属较为稀见的"在地"叙事。《避寇日记》自咸丰十年二月始，止于同治三年七月，较为完整连贯地呈现出一段镇史，值得细致解读。

太平天国战争前后的士绅活动与精英能动性一直是学界关注的话题，但以市镇为视角的研究并不多。在对盛泽镇王氏家族的研究中，陈岭指出"咸同之际的战争作为近代江南市镇发展的关键节点，不仅改变了市镇的经济网络，更重构了市镇内部的权力格局"。以盛泽王氏为典型的商人家庭，代表了战争中通过资本与权力结合而出现的"新士绅"群体，是晚清商绅群体的重要来源。[③] 在距盛泽不远的濮院，战争期间的精英阶层与地方社会之关系又呈现出怎样的面貌？战争是否促进了地方自治与地域认同？更多的个案研究，将进一步深化我们对相关问题的认识。

---

① 民国《濮院志》卷 19《人物二》，《中国地方志集成·乡镇志专辑》第 21 册，上海书店出版社，1992 年影印本，第 1106 下栏、1116 页下栏。

② 民国《濮院志》卷 19《人物二》，《中国地方志集成·乡镇志专辑》第 21 册，第 1120 页上栏。

③ 陈岭：《咸同之际江南政治变动与市镇权力的格局转换——以吴江盛泽镇为中心》，《清史研究》2019 年第 1 期。

一　从办团到办贡

咸丰十年初，李秀成两破江南大营，随后挥师东下，丹阳、溧水、句容、宜兴相继失守。二月，太平军入浙江，径逼杭州。二十七日传杭城失守，众人惊惧。濮院镇最初议及团练，即在此时。

据《避寇日记》载，二月二十三日，桐乡县令方铨"请里中豪右速团练乡勇，为扞卫里井计，而诸豪右殊漠然"。① 沈梓所言"豪右"，即其旧友夏蓉卿②、岳蓉仙③等，都是有生员身份的镇商，"豪于资，而与知里中事"。④ 沈梓虽未入局，却对团练颇为上心。他给夏、岳等四位知事分别去信，就团练之资金筹措、人员招募、城乡协防、战略战术提出详细建议。至三月初，杭州城在提督张玉良及满城将军瑞昌的内外夹击下收复。夏蓉卿回信告知沈梓，濮院镇"已写米一千一百担赈饥，安戢机工之失业者，团练事已集各坊水龙友为之备"。沈梓遂不哓舌。⑤

然而杭城收复并未缓解浙西的紧张局势，民间对团练亦不抱太大期望。四月十六日，沈梓好友朱霞轩从嘉兴城至濮院。沈问及府城守御之法，朱氏答曰："平日城内外诸绅士每日坐轿赴军需局，意气自矜，所写捐款，多半已入己，与委员等略遗相属，嘉兴元气伤于此辈。且希图议叙，贪缘功名，所办保甲、团练、支更等事，皆虚糜无实济……此刻贼匪不来则已，来则必失。"⑥ 可见团练绅董形象之败坏。

此时的濮院镇绸机停工，织工失业，虽有殷户写米赈饥，"而诸无赖

---

① 沈梓：《避寇日记》卷1，《太平天国史料丛编简辑》第4册，中华书局，1963，第3~4页。
② 夏清泰，字履安，号蓉卿，同治五年（1866）桐乡岁贡，《避难日记》中称"夏蓉卿上舍"。夏清泰子夏辛铭，号颂椒，桐乡优贡，廷试第一，授直隶知县，后为民国审计院协审官，归乡后主编民国《濮院志》。参见民国《濮院志》卷17《选举》，《中国地方志集成·乡镇志专辑》第21册，第1079下栏、1080页上栏。
③ 岳廷梧，号蓉仙，光绪十二年（1886）嘉兴岁贡，《避难日记》中称"岳蓉仙茂才"。参见民国《濮院志》卷17《选举》，《中国地方志集成·乡镇志专辑》第21册，第1080页上栏。
④ 沈梓：《避寇日记》卷1，《太平天国史料丛编简辑》第4册，第5页。
⑤ 沈梓：《避寇日记》卷1，《太平天国史料丛编简辑》第4册，第6页。
⑥ 沈梓：《避寇日记》卷1，《太平天国史料丛编简辑》第4册，第12页。

子未足餍其欲，早蓄异心为剽劫，声且汹汹"。① 四月间，镇中迁避纷纷。嘉兴府照磨邬澍与镇绅再次商议举办团练。② 此次出头主持团练者，为绅商朱飞泉、生员沈小芸与土豪沈牌士。

朱飞泉即朱漱芳，字飞泉，以廪贡生注选训导。民国《濮院志》载："咸丰庚申，粤寇扰浙，大府檄各属绅董就地设局团练防堵。濮院镇募勇筹费，一切漱芳皆一身任之。"③ 从沈梓日记中可以看出，朱漱芳在濮院镇大街开有衣庄、典铺，后又开钱庄，是个典型的镇商，沈梓视其为"豪绅"。④ 沈小芸即沈学濂，号小芸，桐乡诸生，"咸丰间办团练，乡人德之"。⑤ 沈牌士为枪船头子，曾被浙抚王有龄械系，此时赦罪授职，组织枪船团练。⑥ 这三人分别代表团练局的出资方、谋士团与武装统帅。濮院团练局设在土地庙捐厘局，镇中"写捐饷，给口粮，外御长毛，内绥土匪"。⑦

四月二十五日，嘉兴府城陷。国界桥保长魏老琪率秀才曹聘三等向太平军进贡，濮院团练局董们亦有进贡之意。二十九日又闻国界桥进贡之秀才亦被掳，众人"始决然以团练御长毛矣。姚、朱、张牌守东栅，朱德守北栅，沈牌士守西南栅"。⑧ 五月初一日，太平军由正家浜进大悲庵，与濮院镇团勇正面交锋。团勇不支，渐无斗志。此时沈牌士率属下至，大骂道："平日食人食，今日乃拼一逃耶！"下令力攻迎击。"以大铳毙长毛执旗者一名，志益奋，长毛却走，追至十锦塘，又毙长毛二名。"⑨ 这大约是濮院团练的最佳战绩。

此后两个多月，濮院团练规模有所扩大，镇绅朱飞泉"激厉团勇，日

① 沈梓：《避寇日记》卷1，《太平天国史料丛编简辑》第4册，第13页。
② 沈梓：《濮院镇殉难纪事》，民国《濮院志》卷25《大事记》，《中国地方志集成·乡镇志专辑》第21册，第1192页上栏。
③ 民国《濮院志》卷19《人物二》，《中国地方志集成·乡镇志专辑》第21册，第1117下栏~1118页上栏。
④ 沈梓：《避寇日记》卷1，《太平天国史料丛编简辑》第4册，第18页。
⑤ 民国《濮院志》卷24《艺文·书目》，《中国地方志集成·乡镇志专辑》第21册，第1184页下栏。
⑥ 沈梓：《避寇日记》卷1，《太平天国史料丛编简辑》第4册，第11页。
⑦ 沈梓：《避寇日记》卷1，《太平天国史料丛编简辑》第4册，第13页。
⑧ 沈梓：《避寇日记》卷1，《太平天国史料丛编简辑》第4册，第14页。
⑨ 沈梓：《避寇日记》卷1，《太平天国史料丛编简辑》第4册，第14~15页。

夜不寐。时提督张玉良驻营陡门，倚以为重"。① 然而沈梓却认为"团练各勇固众而有力矣，然不习兵法，未谙纪律，只可以缉土匪，未可以御贼也"。当其向团董沈小芸表达担忧时，沈却坦言："贼果以大队至镇，则无须御之矣。"② 果然，七月底陡门张营溃，张玉良奔省城。三日后桐乡县城陷，濮院团勇即溃走。③ 在逃难人群中，沈梓看到"以长枪作扁担而手执腰刀，盖即向者保卫局之团勇也"。④

咸丰十年岁末之前，城镇乡皆陷入混乱。七、八月间，濮院镇逃亡几空，沈梓亦挈家中女眷避至南乡，苦不堪言。沈梓患疟未愈，"又染目病，是以大惫。母妹皆发疟，一家五口均卧病，不能兴，雇二女工，人甚肮脏，姊呻吟床底，朝夜不止"。⑤ 不久身染重病的长姊绝食自尽。沈梓妻乡间分娩后染疾而死，女婴亦夭。沈梓为办丧事，于镇乡两地奔波。其间既受母亲苛责，又遭乡人勒索，身心俱疲。九、十月中，镇上局面稍稍安定，"而乡间枪匪横行，肆行劫掠，故避乡者仍迁归镇"。⑥ 十月中旬，沈梓在新塍高晴皋家坐馆，闻新塍、王店等处船路皆通，"居民贩卖治生，尚有生机，不绝民命"。⑦ 十月二十四日，知濮院亦有双林航船。⑧

事实上，早在九月中下旬，濮院镇即向太平军进贡。⑨ 从日记内容推测，组织进贡者即原团练局董事，包括朱飞泉、朱星河昆季。据民国《濮院志》载，咸丰十年七月"张营忽溃，濮镇遂陷，漱芳愤懑不食，呕血数升而亡，年仅四十六"。⑩ 但沈梓记朱飞泉于十月"死于乡，十二日治丧，

---

① 民国《濮院志》卷19《人物二》，《中国地方志集成·乡镇志专辑》第21册，第1118页上栏。
② 沈梓：《避寇日记》卷1，《太平天国史料丛编简辑》第4册，第28~29页。
③ 沈梓：《濮院镇殉难纪事》，民国《濮院志》卷25《大事记》，《中国地方志集成·乡镇志专辑》第21册，第1192页上栏。
④ 沈梓：《避寇日记》卷1，《太平天国史料丛编简辑》第4册，第32页。
⑤ 沈梓：《避寇日记》卷1，《太平天国史料丛编简辑》第4册，第40页。
⑥ 光绪《桐乡县志》卷20《兵事》，《中国地方志集成·浙江府县志集》第23册，上海书店出版社，1993年影印本，第867页下栏。
⑦ 沈梓：《避寇日记》卷1，《太平天国史料丛编简辑》第4册，第48页。
⑧ 沈梓：《避寇日记》卷1，《太平天国史料丛编简辑》第4册，第49页。
⑨ 沈梓：《避寇日记》卷1，《太平天国史料丛编简辑》第4册，第47页。
⑩ 民国《濮院志》卷19《人物二》，《中国地方志集成·乡镇志专辑》第21册，第1118页上栏。

余往吊"。① 可见朱飞泉非因濮院镇陷落"不食"而死。从其九月底组织进贡来看，求生欲相当强烈。但作为曾经的团练局董，此时办贡"降贼"必然遭人非议，朱飞泉深感无奈与"愤懑"也是必然的。其在《杂感》一诗中即写道：

飞楼百尺界雕栏，尽许清时壮大观。盛世原无兵革事，重关且作画图看。

一封书博功名易，两局棋分黑白难。笑问官私都不值，嗣宗有泪肯轻弹。②

对于朱氏先倡团练、后谋进贡，沈梓却报以理解之同情。他认为：

夫朱首倡团练，原为保安一镇而设，至于张玉良大营不守，团练无功，转而为纳贡之举，原欲迁延以待官兵之至，岂真有归心于贼哉。若贼性之贪暴淫虐，朱岂不知之，所以低首办此者，无非为举镇百姓作偷生旦夕之计。③

果然，进贡后镇中日渐平静，迁回者不少。沈梓听闻沈牌士及朱星河合开一洋货行，"一班巨室恃有进贡，故各各回镇"。十一月初一日，"源丰、洪兴两当俱开，市色甚好"。④ 然而几日之后，镇中又遭大劫。

据沈梓记载，十一月初，被掳至湖州的朱月舟茂才从新塍来信，提醒局董们太平军近日将打先锋，"若彼西行，吾镇必有患，宜早避之"。局中不以为意。初四晚，有新塍航船自陡门回，见万寿山等处太平军停船无数，镇人仓皇四逃，朱星河亦避至乡间。团练局中只留地保李双及沈牌士之兄毛叔，"以贡牌及百子等贡物待贼于灵官桥，而别派赌场诸团勇各备刀枪，为守御计"。⑤

初五日，太平军至镇，李双、毛叔跪献贡物，初无不妥。未料此后有

---

① 沈梓：《避寇日记》卷1，《太平天国史料丛编简辑》第4册，第48页。
② 民国《濮院志》卷29《集诗二》，《中国地方志集成·乡镇志专辑》第21册，第1225页下栏。
③ 沈梓：《避寇日记》卷1，《太平天国史料丛编简辑》第4册，第57页。
④ 沈梓：《避寇日记》卷1，《太平天国史料丛编简辑》第4册，第51页。
⑤ 沈梓：《避寇日记》卷1，《太平天国史料丛编简辑》第4册，第51~53页。

二十几名太平军入镇逛街，团勇误以为长毛掳掠，开枪击之，太平军愤而还击，遂至不可收拾。东河头仓前、大全桥、花园口、翔云观西、庙横南街一带房屋皆被烧。沈梓大叹朱星河等虑变无才，"身任一镇之事者，则当总一镇之成败"，"而不得委其事于人也"。①

十一月初，太平军开始在桐乡、秀水各镇派驻官员，指派军帅、师帅及安民局董事。但经初五日之大劫，濮院瓦砾遍地，四市为墟，团练局董亦不敢回镇。有徽州朝奉陈姓者，"向在朱仲二典中作伙"，被掳至湖州，此时自告奋勇回镇安民。陈某每日肩扛一牌，上写"长毛远去，镇上可保无虞，避居乡下者速即回镇"，于四栅行走鸣锣。见此举未能奏效，陈氏又放出谣言，"谓从前办贡之钱俱被局中人脱失，长毛并未得之，故此番延此大祸。举镇皆信之，咸归咎于朱星河昆季，朱于是大不理于众口"。②二十九日，沈梓遇朱星河于柳岸，"形容狼狈之极，受众人诟詈，结莫解深仇，于是始叹公事之不易办也"。后朱星河将首饰押洋四百元，为进贡之计。沈梓感慨道："星河第短于才耳，镇人诟之者过矣。余与星河为总角交，深知其冤，然亦无可回护。"③

咸丰十一年正月，太平军正式在濮院设馆子把卡。点泾塘顾氏为军帅，④濮院镇沈幼巢为师帅，镇绅沈小芸、夏蓉卿、钟筠甫与地保孟永林、讼师郭梅溪及徽州朝奉陈某等主安民局公事，借白雀寺为议事处。⑤ 至此，由太平天国军官、乡官与安民局司事三方组成的地方行政架构正式形成，新一轮的权力抗衡与合作随之拉开序幕。

二 从畏惧到合作

太平天国政权占领江南期间，将在籍绅士视为可以倚重的地方力量。但士人阶层对出任乡官多有顾虑，不肯受军帅、师帅之职，只充绅董。于是军帅、师帅多由地保、胥吏、纨绔、无赖承当。事实上，这一群体在早

---

① 沈梓：《避寇日记》卷1，《太平天国史料丛编简辑》第4册，第51~53页。
② 沈梓：《避寇日记》卷1，《太平天国史料丛编简辑》第4册，第57页。
③ 沈梓：《避寇日记》卷1，《太平天国史料丛编简辑》第4册，第57页。
④ 沈梓：《避寇日记》卷2，《太平天国史料丛编简辑》第4册，第75页。
⑤ 沈梓：《避寇日记》卷2，《太平天国史料丛编简辑》第4册，第66页。

期也相当畏惧新政权，点派乡官时逃跑者有之，无奈受职者有之。在濮院镇，泾塘秀才顾友斋被点为军帅后，仅向安民局缴白银二百两，并未开印。沈幼巢任师帅，亦"非得已也"。①

当时濮院镇"殷实之家皆避匿乡下，镇上居民亦无几人"，甚至朱星河、沈小芸这样的安民局司事也躲在乡间不出。钟筠甫及地保孟永林等"日差人至乡邀各富室至镇"，② 最后徽州朝奉陈氏封沈小芸、朱星河等房屋，③ 逼其回镇办事。地保孟永林甚至引在镇设馆之贾姓太平军往泾塘打先锋，导致秀才顾友斋家被劫一空。顾氏也因此与安民局结下怨詈。④

咸丰十一年六月下旬，沈梓等听闻太平军符天燕、钟良相将调往桐乡、乌镇、屠甸、濮院皆归钟姓把卡，心下颇为欣喜。钟良相为清军将弁，"湖北汉阳人，屈志降贼，非其本怀，所管辖平望一路，抚下以宽，勤恤民隐，尤爱文学之士，不事杀戮，禁止贼众打先锋"。⑤ 六月底，钟良相发文书告示至濮院安民局，正式到濮把卡。⑥

钟良相上任后，首先处理了师帅沈幼巢与未开印之军帅顾友斋之间的矛盾。七月中，沈幼巢为完成公务，又逼顾氏写捐。顾氏不肯，沈幼巢遂将友斋弟顾小楼抓至局中管押数天。顾氏不忿，至桐乡钟良相处控告。"其时局中差役等滋事，不少民受害者，咸至钟处告状，案牍不一"，钟良相遂调沈幼巢至桐乡。面对询问，沈俱对以不知，钟大怒道：

> 尔为师帅，于地方事一切不知，尔所司何事？今他不必论，第顾小楼为何管押？沈曰：局中写捐故也。钟大怒曰：我未尝需索民财，局中及卡上支用，自有店捐粮米银子等进款，尔何得写捐，擅索民财，不法如是。

沈幼巢在桐乡被械系五日，经屠镇军帅王花大调停，以五百金赎归。经此一案，沈幼巢请求卸去师帅一职，但被钟良相驳回，濮院镇军帅则令

① 沈梓：《避寇日记》卷2，《太平天国史料丛编简辑》第4册，第75页。
② 沈梓：《避寇日记》卷2，《太平天国史料丛编简辑》第4册，第65～66页。
③ 沈梓：《避寇日记》卷2，《太平天国史料丛编简辑》第4册，第67页。
④ 沈梓：《避寇日记》卷2，《太平天国史料丛编简辑》第4册，第75页。
⑤ 谷农退士：《寇难琐记》卷1，台北，台湾学生书局，1969年影印本，第19～20页。
⑥ 沈梓：《避寇日记》卷2，《太平天国史料丛编简辑》第4册，第71页。

屠镇王花大代理。沈梓认为沈幼巢本为纨绔，"未尝经历，其所以被人控诉诸不法之事，实由办理无人故也"。①

作为嘉、秀、桐三县交会之地，濮院镇因把卡、写捐所引发的利益纠葛相当复杂。不仅乡官与司事不能和衷，三县之间亦时有争夺，太平军内部矛盾也层出不穷。如咸丰十一年八月底，忽有嘉兴太平军来濮院东栅秀水地界设卡收税。其中"真长毛不过二三人，其管帐办事者十余人，皆府县吏胥"。据沈梓所言，设卡"初非长毛意"，皆嘉兴之从贼者怂恿，而濮院镇东美食桥张九、草鞋桥张七"与府县胥吏有旧，招之使来而分肥焉"。② 新卡每担征米税一百六十文，较陡门大卡尚多十文，不仅病民，也令陡门把卡之谭姓太平军不忿。师帅沈幼巢将此事告知桐乡钟良相后，钟氏即移文嘉兴听王陈炳文，"言百姓凋敝已极，何堪此七里两卡之税"。嘉兴太平军大为恼火，与陡门卡军士于濮院镇来往斗杀。③ 最终听王陈炳文袒护前者，斥责钟良相多事，称卡在秀水地，非其所司，令镇东秀水地界每日店捐归于新卡。师帅沈幼巢被传至嘉兴械系十日。④ 濮院镇安民局筹五百洋赎人，洋未筹齐，桐乡太平军又来催粮，"局中杨青藜、夏蓉卿几被逮"。⑤

同治元年八月中旬，又有嘉兴人来濮院镇设馆子把卡，将新任桐乡师帅沈五弟锁至馆子中，称秀水人开店在桐乡街者，其捐应归秀水，责其"冒收店捐"。沈五弟争辩道："店在某处，则捐归某处。若必归秀水，则苏人之店，其捐必归苏州，南京人之店，其捐必归南京，将越千里而收捐乎？"新卡之人将沈五弟杖责二十板，直至桐乡太平军来争始放。⑥

沈梓认为，嘉兴人两次来濮院设卡滋事，皆为镇东秀水界"美食桥、草鞋桥两乡猾民张姓所纂成者，借以希图授伪职，横噬乡里耳"。⑦ 从畏惧承充乡官，到"希图授伪职"，表明地方人士已逐渐学会在新政权中牟利。太平军不再是可怕的"长毛""贼匪"，与之合作成为更加"理性"的

---

① 沈梓：《避寇日记》卷2，《太平天国史料丛编简辑》第4册，第75页。
② 沈梓：《避寇日记》卷2，《太平天国史料丛编简辑》第4册，第81页。
③ 沈梓：《避寇日记》卷2，《太平天国史料丛编简辑》第4册，第81、84页。
④ 沈梓：《避寇日记》卷2，《太平天国史料丛编简辑》第4册，第85~86页。
⑤ 沈梓：《避寇日记》卷2，《太平天国史料丛编简辑》第4册，第87页。
⑥ 沈梓：《避寇日记》卷3，《太平天国史料丛编简辑》第4册，第182~183页。
⑦ 沈梓：《避寇日记》卷2，《太平天国史料丛编简辑》第4册，第89页。

选择。

对于新政权，镇绅的态度也在不断变化。出于名节考虑，他们不愿背负"从贼"罪名；出于现实考虑，他们又不愿放弃眼前利益。游走在矛盾之间，他们如履薄冰，动辄得咎。如嘉兴陷落后，濮院镇秀才翁镜蓉曾往苏州仇天义处请求庇护。翁镜蓉返濮后，镇人岳蓉邨①上门拜访，托其为自己谋得一差半职，并贻以《保镇刍言》一则。见翁镜蓉未予答复，岳蓉邨即公开谴责其投贼。翁某立时服软，不仅迅速为岳蓉邨谋得职位，而且在沈梓与岳某面前剖白，"自陈在长毛处无权，故《保镇》之说非所及也。乃不得已从贼，汉李陵身在贼庭而心在濮川。即安民一举，亦为保安吾镇而设，非为索钱计也"，沈梓认为"其言甚娓娓可听"。②

随着时间推移，更多底层士人开始效力于新政权，或在太平军与乡官幕中掌书记。他们不再感到羞耻不安，反而扬扬得意。如逃难至镇之嘉兴秀才江梦兰，曾为师帅沈幼巢办笔札，后与"伪订天豫萧姓比，萧荐其为军政司，于是出则黄包头黄马掛（褂），于镇上各大户投贴，为开印请酒，将以博取贺分也"。③濮院秀才翁镜蓉也收起小心，行事不再低调。当他以做寿为由向镇中大户索礼敛财时，沈梓不由痛骂道：

> 噫！遭此乱难，乃天怒神怨、反复消灭之时，亦既罹祸不死，苟足以糊口度日亦幸矣哉。身入红门，而甘心从贼，廉耻何在，将以求业抑以聚财耶？是真别有肺肠，亦足齿冷，鸣鼓何妨。④

从濮院镇的案例来看，尽管乡官与绅董都任事于安民局，但两个群体间的矛盾却一日未息，难以共处。如师帅沈幼巢"汩于赌博，亏空太多"，被投诉至代管濮院的屠镇军帅王花大处。王氏"易置章程，令绅衿各出办事，毋使军师帅当权"，又于安民局外为绅士另设议事处，"于是开塌坊浜

---

① 即岳昭垲，《濮录》编者。岳昭垲字容春，号蓉邨，同治元年岁贡，"咸丰间馆杭州，值粤寇至，乃流离转徙而归，成《约略说》，所述避难情形及粤寇逸事，有为他书所未及者。桐乡严缩僧太史奉檄办本邑善后，延司翰札，极相得"。参见民国《濮院志》卷19《人物二》，《中国地方志集成·乡镇志专辑》第21册，第1119页下栏。
② 沈梓：《避寇日记》卷2，《太平天国史料丛编简辑》第4册，第72页。
③ 沈梓：《避寇日记》卷2，《太平天国史料丛编简辑》第4册，第95页。
④ 沈梓：《避寇日记》卷2，《太平天国史料丛编简辑》第4册，第95页。

莲汀所住屋为南局，而谓旧局为北局云"。① 同治元年二月初四日，沈幼巢卸师帅职，"升为第陆参军，设馆子于白雀寺"。② 设馆把卡后，沈幼巢又因"吞捐索诈"被告至桐乡钟良相处。局董沈小芸、仲兰亭、杨青藜、朱星河皆赴桐乡与沈幼巢对质。钟良相以沈太贪，令其撤馆。③

在太平军占领期间，安民局司事以早期办团的镇绅朱星河、沈小芸、夏蓉卿为核心，较为稳定，但乡官却更换频繁。师帅沈幼巢卸职后，原点泾塘顾友斋之弟顾小楼承当，小楼举小五弟代己。小五弟又与安民局司事不和，双方诉至桐乡，钟良相将小五弟撤回，"缴师帅印于顾小楼"。④ 不久之后，顾小楼又卸职于沈五弟。后因逼捐之事，沈五弟与仲竹泉⑤、仲兰庄昆季争执，被驻镇太平军处罚。⑥ 此后濮院师帅换为沈马士。同治元年底，沈马士又与局董沈五畴闹翻，太平军"遂退马士，而保举南新街董麻之子老寿为师帅"。⑦ "董麻之子老寿"当为此后日记中多次出现的董春圃，也是唯一未与安民局司事产生严重矛盾的师帅。《避寇日记》中最后一次记载师帅换人是在同治二年十二月初三日。当时桐乡县归乌镇何培章统辖，"何甚严厉，搜索财物急如星火，不给则动以锁拿枷打为事。濮院不堪其求，师帅董姓累遭拷掠，乃告退。换桐乡人张姓为师帅，于十月初开印，张故桐乡役隶之子也"。⑧

三　权力的代价

濮院师帅与安民局司事的主要任务有二。首先是为太平军提供各种经费。濮院镇每日所收店捐及各富户日捐，总计五十余千，⑨ 其中供给镇中馆子经费约六千文，⑩ 此为正项费用。除此之外，各类临时派费亦相当繁

---

① 沈梓：《避寇日记》卷3，《太平天国史料丛编简辑》第4册，第138页。
② 沈梓：《避寇日记》卷3，《太平天国史料丛编简辑》第4册，第133~134页。
③ 沈梓：《避寇日记》卷3，《太平天国史料丛编简辑》第4册，第147~148页。
④ 沈梓：《避寇日记》卷3，《太平天国史料丛编简辑》第4册，第147~148页。
⑤ 仲濂，原名仲淳，字效周，号竹泉，桐乡岁贡。
⑥ 沈梓：《避寇日记》卷3，《太平天国史料丛编简辑》第4册，第188页。
⑦ 沈梓：《避寇日记》卷3，《太平天国史料丛编简辑》第4册，第207页。
⑧ 沈梓：《避寇日记》卷4，《太平天国史料丛编简辑》第4册，第288页。
⑨ 沈梓：《避寇日记》卷3，《太平天国史料丛编简辑》第4册，第138页。
⑩ 沈梓：《避寇日记》卷3，《太平天国史料丛编简辑》第4册，第147页。

杂，如忠王生日、修理听王殿、太平军过往使费等，一切皆由安民局措办。第二项任务则是处理地方公务，主要包括征粮与义赈。表面上看，镇中收捐与乡间征粮都是局董们新获得的"权力"，而征粮甚至有"镇管乡"的意味。但从沈梓日记中却不难看出，这份"权力"背负着沉重的枷锁。

向殷户收日捐、股捐始于咸丰十一年七月。当时局中向濮院镇富人派股，每股二洋，随贫富等级，每户自一二股至五六股不等。每股每日出钱二百五十文，日日来收。沈梓不由慨叹："长毛固善收括，而局中亦善于聚财也。"①同治元年正月，又向商户收捐。沈梓曾亲见局中人于大街写店，评许姓铜匠店写两元，许姓曰："尽我店中货不过二洋生意出息，饭食不给奈何！"局中人不顾也。②然而局中司事朱、仲等姓皆开有衣庄、典当、钱庄，既为殷户，又为商户，不仅认股最多，遇事赔垫也最多。日常收捐多则招怨，收捐少则犯上，处境尴尬。如同治元年三月忠王做生日，"濮院派费，局中诸人皆不理事"。钟良相大怒，锁仲宅之伙某及沈学濂至桐乡，"局中人于是大窘，奔走办洋，廿四夜先派洋三百元送至桐"。③

安民局代太平军乡间征粮，亦为一大负担。地方征缴不清，皆要局中赔垫，与明代粮长制如出一辙。沈梓认为，嘉、秀、桐三邑征粮，"嘉兴为最苛，系伪总制章、伪监军陈姓所为，章等皆务聚敛病民者也。其秀邑则沈子山、夏月帆所办，桐邑则姚福堂、王花大所办，惟银粮两□赋实取之田户，其余杂捐及海塘、听王殿等费，皆系各镇殷户派股支应，其派及乡人者犹暂而不常"。④可见安民局征粮看似具有"镇管乡"性质，实际上市镇只有对上的义务，不具备对下的控制力。

在濮院安民局存在的两年多时间里，镇上大小商户为供应太平军日用及赔垫各乡粮米、杂捐所费不赀。咸丰十一年底初次办理桐乡征粮，镇中便难以支应。次年二月，"因乡人不肯纳租，产户无所取给，粮米迫征不齐"。濮院司事眼见贴赔难免，便向钟良相请求削减派费。后钟良相撤一馆，日用减五千文，但每日仍需四十余千。⑤四月初，桐乡县征粮毕，民

①　沈梓：《避寇日记》卷2，《太平天国史料丛编简辑》第4册，第87页。
②　沈梓：《避寇日记》卷3，《太平天国史料丛编简辑》第4册，第129页。
③　沈梓：《避寇日记》卷3，《太平天国史料丛编简辑》第4册，第146页。
④　沈梓：《避寇日记》卷4，《太平天国史料丛编简辑》第4册，第237~238页。
⑤　沈梓：《避寇日记》卷3，《太平天国史料丛编简辑》第4册，第138页。

欠漕米由各镇安民局均赔。因濮院镇"荒破"，最初仅派赔三百二十两。①
但濮院司事言行怠慢，令钟良相大怒，改派濮院镇两千两，并将司事仲某
传至桐乡管押。司事沈小芸、朱星河、夏蓉卿等"皆剜肉补疮，大费斡
旋，仍系各司事商酌填派，局中另出票子追粮户缴局"，最终缴得几何不
得而知。② 同治二年正月十八日，夏蓉卿向沈梓诉苦道："伪局公事已历两
载，吾镇殷户悉索已空，生意不集，市上又无从收括，长毛诛求无厌，供
亿浩繁，局中剜肉补疮，千疮百孔。"③

值得注意的是，太平军占领期间，由各镇乡官、绅士主持的地方善举
相当频繁。同治元年五月初湖州城破后，湖城绅士及盛泽镇王氏分设抚恤
局于各镇，安置难民，施粥施药，每局人数达两三千。其中双林镇设局于
南栅，晟舍镇设局于北乡利济寺。沈梓曾往利济寺，"见寺中难民独
多……又均病泻痢，秽气逼人，死者日二十余人，其知名者以棺木殓，否
则埋之而已"。尽管条件有限，但抚恤局毕竟活人无算，"可谓绝大善
举"。④ 至六月，浙西天旱无雨，禾干生虫，米价每升贵至一百二十文，人
心惶惶。⑤ 随后各镇又相继组织赈饥。沈梓积极参与其中，并在日记中详
细记载了办赈经过。

濮院最初提议赈饥者，并非镇绅，而是一位无锡买烟客。这位商人因
见天旱米贵，饥民众多，便舍洋一百元，嘱烟行主人王炳翁于镇南观音堂
施粥。然百元仅能沽米十石许，施粥数日即尽。濮院"师帅局好义者群出
写捐"，所得米仍不及三十石。而濮院镇东属秀水地界，为新塍镇军帅夏
月帆所辖，夏月帆遂有委托濮院代办之意。于是濮院、新塍两镇商定，新
塍局再出粮五十石，濮院局合桐乡、秀水两地饥民共赈，由桐乡师帅出告
示，设粥局于秀邑翔云观。

此次赈饥章程相当周密。沈梓日记中载：

> 令饥民先至局领筹。凡镇人及乡人无食者均得给筹，凡领筹必以

---

① 日记中两次提及此事，但一次记"三百廿两"，一次记"二百二十千"，当为笔误。参见
　沈梓《避寇日记》卷3，《太平天国史料丛编简辑》第4册，第138、156页。
② 沈梓：《避寇日记》卷3，《太平天国史料丛编简辑》第4册，第156页。
③ 沈梓：《避寇日记》卷4，《太平天国史料丛编简辑》第4册，第234页。
④ 沈梓：《避寇日记》卷3，《太平天国史料丛编简辑》第4册，第169页。
⑤ 沈梓：《避寇日记》卷3，《太平天国史料丛编简辑》第4册，第177页。

熟识者为介绍。不分大小口，每一人则给一筹，分筹二日，凡计筹一千八百有零。凡至局领粥者，先以所领之甲筹，至分筹所验筹，即出钱二文买乙筹，然后至分粥所缴甲筹。每收一筹，即给粥一铜镉（勺），明日又买乙筹而缴甲筹，轮流领粥。其粥甚厚，可以巾裹。每日烧粥计米四石许，以所收之买筹钱给买柴及炊夫挑水等费，不给，则王炳翁资助焉。

然而待赈人口众多，八十石米显然不敷使用，于是司事们又前往盛泽募捐。当时镇人岳蓉邨在盛泽大乡官沈枝珊[①]处掌书记，而濮院、新塍厘卡皆沈枝珊所管，助赈理所应当。在岳蓉邨引荐下，沈梓与粥局朱、娄二人于八月二十二日抵达盛泽，与沈枝珊面议。沈同意先行给洋二百元，资助濮院赈饥，并允诺日后继续追加。

盛泽之行看似相当圆满，但从次日开始，沈梓便遭遇一连串不快之事。从盛泽返回濮院前，岳蓉邨与沈梓等在茶肆见面，称账房同事私扣二十元，实给洋一百八十元。沈梓等亦无如何。此后朱、娄二人至新塍籴米，"以洋不用而阻"，故将买米之事托与新塍局虞殿銮。回镇后，安民局以为朱、娄等带洋而归，欲移支他用，未料洋已留于新塍，"以是挟憾"。不久，沈枝珊至濮院镇查丝绢，局中有人告沈梓等染指捐费，沈枝珊颇为疑惑。后经新塍虞殿銮、夏月帆、蔡峄琴三人为其剖白，"因得不偾事，阻饥民生路"。最终沈枝珊、新塍局各复捐米五十石，合濮院镇捐米三十石，共得二百三十石。八月初八日，濮院开赈，"历闰八月，至重阳而后止，凡施粥两月，而新米出，价甚廉，饥民乃得谋食自给矣"。[②]

赈饥结束后，沈梓的心情相当复杂。此次参与地方善举，非但未令其感受到乡梓深情，反而深刻体会到公事难为，人心难测。他在日记中感慨道：

> 鸟兽不可以同群。余生长濮川，窃不见濮川有人，以其皆偎鄙无

① 《盛川稗乘》中写作"沈枝珊"，沈梓《避寇日记》中写作"沈子山"，实为同一人。因沈梓非盛泽人，笔误可能性大。参见鹤樵居士《盛川稗乘》，《太平天国史料丛编简辑》第2册，中华书局，1962，第190～191页。
② 沈梓：《避寇日记》卷3，《太平天国史料丛编简辑》第4册，第184～185页。

行，龌龊不足道也。行道拾遗，儿女所羞，饥民之食，岂容攘臂……至镇人播造谣言，则直鬼蜮之不如矣。幸雪覆盆，不绝泛舟，亦可见天道之不爽也。虽然小人之腹属餍而已，推己度人亦恕道也，在彼知面而不知心者，余何尤焉。①

至同治二年六月底，形势对太平军日渐不利。分管濮院的太平军官张镇邦谕局中司事办团练，"局中以无经费为辞"。张镇邦曰："三赌局挑取人三十名，我馆中亦挑取人三十名，局中拨差夫廿名，得八十人足矣，何用经费。"七月初一日，张镇邦领团勇巡街。②此时一批乡官、镇董、枪船头子又重新倒向清军一方。八、九月间，湖州秀才施补花"结连各镇枪船，俟官兵下杭城后即谋内应之举"，且邀沈梓甥婿吴兰皋共事。九月初九日，沈梓在乌镇偶遇双林镇叶惠田，得知王店镇、盛泽镇均有部署举事之人。然而沈梓却认为此举必败，他劝叶氏道：

> 共事之人贤否不齐，机事不密，则首先败盟，一也；枪船赌棍见利则起，易收难制，他日转召噬脐之患，二也；官兵畏贼迁延，克期不至，或得而不守，则民受其害，三也。此理势之显然者。又其中人心叵测，世局更变，日久愆作，不可知也。且即使成功，而徇利冒功，弊不可言。况其不成，祸至无日。凡事瓜熟则蒂落，刻下人心日横日骄，天心恐未厌乱，不如静待机会，以欲从人，庶可希冀完全，慎勿以人力强为也。③

沈梓对"人心叵测，世局更变，日久愆作"的感受，是相当准确的。尽管太平军占领期间，人人期盼官军早日收复失地，重见升平之日，但战争结束后，地方权力之争却变得更为残酷。

同治三年正月，官兵收复桐乡。初十日，桐乡知县发照会与沈小芸、夏蓉卿等，命其设局办理善后。而泾塘秀才顾友斋与讼师秀才叶询枚、仲少秋等则诉之于县，称沈五畴、沈小芸、夏蓉卿、仲兰亭、杨青藜等"向办长毛局务，请黜去，而自请愿发照会办事"。前文提及，顾友斋及弟顾

---

① 沈梓：《避寇日记》卷3，《太平天国史料丛编简辑》第4册，第185页。
② 沈梓：《避寇日记》卷4，《太平天国史料丛编简辑》第4册，第264页。
③ 沈梓：《避寇日记》卷4，《太平天国史料丛编简辑》第4册，第274页。

小楼曾被任命为濮院镇军帅、师帅。顾友斋求脱，顾小楼举小五弟代己，可见其行事谨慎。然而顾氏兄弟不入局，利益不得，又被乡官局董逼捐，早已心怀不满。此时或为谋利，或为报复而来，沈梓认为"其行事更在沈、夏之下"。王县令以"地方残破，度支不继，公事难办"为辞，令双方一同入局办事，和衷共济。但老司事沈、夏却不愿与顾、叶等为伍，情愿告退。① 未料很快太平军重新占领新塍，濮院罢市，店捐无从收取，"团练费及官兵过境支应公差毫无取资"。顾友斋等不再争相入局，局务仍由沈小芸、夏蓉卿等办理。②

二月十九日，嘉郡被攻破，曾为乡官的章义群首先登城，用红旗报至藩台处；次日，枪船头子沈牌士、汪四福袭击新塍，太平军退走。局势稳定后，嘉兴知府令各处停收店捐，撤团练局与官卡，顾友斋、叶询枚等再次与沈小芸、夏蓉卿等构讼，夺取濮院镇司事之职。二月底，双方赴桐乡县当面对质。顾、叶等指控沈小芸"为师帅之叔"、夏蓉卿"为二王宗僚（廖）蜡利字保先生"、仲兰亭"为秀士之兄"，杨青藜"为许公子同盟"。③ 最终沈、夏、仲、杨四人败诉，各罚百余元了此纷争。此后夏蓉卿逃往上海，仲兰亭、杨青藜皆卖屋认罚，司事让与顾、叶等为之。④

顾友斋成为司事后，与濮院捐局委员串通，在大街开公估庄。濮院捐局委员宰姓，即原桐乡知县，此时以军功起用。沈梓认为顾、宰行径"几与小船地棍麀诈相近"，⑤ 公估庄弊端百出，后被嘉兴知府许本高取缔，并出告示曰："刁恶市侩，通同劣绅，开设公估，以好作坏，上下其价，盘剥小民，大属不便，严行禁止。"⑥ 正如沈梓所言，此辈扳倒沈、夏等人，行事却在沈、夏之下。战争对市镇社会生态产生的影响，还将在更长时段内持续发酵。

---

① 沈梓：《避寇日记》卷5，《太平天国史料丛编简辑》第4册，第306～307页。
② 沈梓：《避寇日记》卷5，《太平天国史料丛编简辑》第4册，第307页。
③ 濮院师帅中，沈姓有沈幼巢、沈五弟，沈小芸可能为沈五弟叔；二王宗廖，或为荣王廖寿法；许公子为听王属下，曾在濮院镇开设天意绸庄，参见沈梓《避寇日记》卷3，《太平天国史料丛编简辑》第4册，第208页。
④ 沈梓：《避寇日记》卷5，《太平天国史料丛编简辑》第4册，第307、311页。
⑤ 沈梓：《避寇日记》卷5，《太平天国史料丛编简辑》第4册，第312页。
⑥ 沈梓：《避寇日记》卷5，《太平天国史料丛编简辑》第4册，第312页。

结　语

　　从市镇观察地域社会，进而讨论基层权力结构、地方自治与能动性、国家—社会关系等相关话题，是明清江南市镇研究的重要范式之一。由于市镇在国家正式行政构架中缺乏独立地位，官方控制力不足，地方力量必须更多介入各类公共事务，这似乎为地方自治与"共同体"认同创造了天然的有利条件。太平天国战争时期的地方军事化，常被视为推动该种趋势的强心剂。与此同时，不少学者亦指出，市镇并非国权缺失地带，所谓"地方自治"与"地域认同"皆有其局限性。① 然而我们较少考虑的，是被寄予"自治"厚望的精英如何看待其"权力"，以及地方社会的"被支配者"与其"代理人"之间的关系。沈梓的《避寇日记》正可让我们倾听到部分当事人的言说。

　　太平天国战争期间，濮院镇也出现了一个组织团练、承办公务、与清军和太平军分别展开合作的地方"精英阶层"。但无论是地方军事化，还是财政权与民政权的扩张，在当事者看来都是额外的负担。夫马进提出的"善举徭役化"现象，② 仍具有相当强的解释力。正如文中指出的，濮院镇奉命办理团练时，董事们的态度相当漠然，对团练也毫无信心。太平天国政权统治初期，地方人士对出任乡官与安民局董事都有所顾忌，很多人是被迫顺从。与当权者合作确实能带来牟利机会，但也意味着各种赔垫，以及被械系惩罚的危险。更重要的是，这种合作会导致地方社会内部矛盾。③身在核心层之外的沈梓，对濮院精英"代理人"的态度是不断变化的，时而同情，时而谴责。这种因时因事而产生的道德评判，表现出"被支配者"对地方精英缺乏稳定的认同与信任。在对抗战初期江南沦陷城市中的

① 张海英：《"国权"："下县"与"不下县"之间——析明清政府对江南市镇的管理》，《清华大学学报》2017年第1期；武乾：《官治夹缝中的自治：明清江南市镇的非正式政体》，《法学》2013年第12期；杨茜：《明代江南市镇中的"主姓"家族与地域认同——以常熟县为例》，《历史研究》2020年第2期。

② 〔日〕夫马进：《中国善会善堂史研究》，伍跃、杨文信、张学锋译，商务印书馆，2005，第516~517页。

③ 另参见罗晓翔《晚清江南社会的绅权与信任危机：以常熟为中心》，《中央研究院近代史研究所集刊》第103期，2019年。

通敌与合作行为进行研究时，卜正民指出"最易遭到道德评判的是受过教育的地方头面人物，人们期望他们服务于国民政府，并期望他们从某种程度上具有普通人所没有的责任"。[1] 这似乎是地方精英的宿命。

张佩国曾提出，清代绅权"实现了家产制与卡里斯玛的二重支配"，[2] 因此地方精英具有保护型经纪与赢利型经纪的双面特征。这在濮院镇也体现得相当明显：乡官、局董们既会不择手段地收捐敛财，也可不辞劳苦地施粥施药。战争并没有改变这一群体的行为特征。从地方精英的构成来看，战争前后也未发生根本转变。朱星河、夏蓉卿、岳蓉邨、沈小芸等皆出身商人家庭，并有生监身份。他们在战前被委以团练局董之责，此后又成为安民局司事。而战后与其争夺善后局司事之位的顾友斋等，家世出身与朱、夏相似。在濮院镇，并未出现真正意义上的权力结构变化或"新士绅"群体。

事实上，沈梓本人的身份地位转变也体现着传统模式的延续。为实现家族期望，沈氏自幼弃贾业儒。战争期间，他虽然一直关心地方事务，但受经济与社会地位所限，未能进入"地方精英"的核心层。战争结束之后，沈梓抓住了机遇。同治四年（1865）补行咸丰十一年（1861）拔贡，沈梓考取八旗官学教习，为武英殿校录，授内阁中书。沈梓并不留恋京城，不久便"以母老乞终养归"，光绪初举孝廉方正亦未赴。此后沈梓往来吴中，以教授子弟为生。但内阁中书的身份使沈梓在濮院镇的地位迅速提高，并进入地方核心层。他在家乡创建翔云书院、保元善堂，又仿杨园义葬法，举行葬会，"方事之殷，至辞馆辍业以从事，其苦心孤诣，为乡里谋公益，盖有为人所难能者"。[3] 倚靠科举完成的社会上行流动，在战后依然相当普遍。

最后，颇具悖论意味的是，当清末民初国家真正开始推行地方自治时，很多历史上形成的"镇域共同体"却变形甚至分裂了。地方为了达到"自治"标准，纷纷编造出本不存在的"区域传统"，镇可改乡，乡可改镇。"如此富有弹性的标准，也助长了划分自治区过程中的随意。"[4] 这种

---

① 〔加〕卜正民：《秩序的沦陷：抗战初期的江南五城》，潘敏译，商务印书馆，2016，第282页。

② 张佩国：《清代绅权的二重支配》，《开放时代》2019年第4期。

③ 民国《濮院志》卷19《人物二》，《中国地方志集成·乡镇志专辑》第21册，第1120页上栏。

④ 吴滔：《清代江南市镇与农村关系的空间透视——以苏州地区为中心》，上海古籍出版社，2010，第128页。

随意性是否也暗示着地域认同的脆弱性呢？

民国《濮院志》主编夏辛铭曾言，光绪初年沈梓等创建保元善堂时，合嘉、秀、桐三县乡村而确定区域。"顾当时若教育，若防务，凡地方公益事，类皆合三县地界统筹办理，由来甚久，不独善举也。"民国初年改定区域后，"若自治公所，若商会，若保卫团，向之同在一地而合办者，至此乃无一而不分，而濮院秀界之商会、自治公所则又隶属于离镇二十六里之新塍"。曾为濮院商会总董的夏辛铭感慨道："吾镇秀桐界，仅不过一河之隔，以数百年来历史地理上之关系，民情风土之密切若此，今必事事强而分之，又强而与相距数十里外之他镇合，我未见其有利也。"① 此类现象，对我们进一步思考地域社会的自治力、认同感，以及国家与地方关系颇具启发意义。

作者：罗晓翔，南京大学历史学院

（编辑：张献忠）

---

① 民国《濮院志》卷1《疆域》，《中国地方志集成·乡镇志专辑》第21册，第981页上栏。

铁器贸易、交通变动与市镇变迁

——以山西荫城镇为个案

唐　浩

内容提要：长治荫城镇地处山西上党盆地南缘，邻近豫、冀。明清时，荫城镇依靠晋东南铁器贸易和交通优势，迅速兴盛崛起，被誉为"千年铁府、万里荫城"。近代之后，荫城镇经营的铁器贸易随着铁路、工厂铁器产品的出现而渐呈衰势，这也导致该镇发展陷入停滞。荫城镇兴衰的决定因素是铁器贸易与交通路线，但同时也深受地域社会环境变迁影响。近代以来，华北随着铁路交通、机器工业的发展，各地域间的联系不断被重塑，剧烈变化的交通和区域环境也对各地市镇的商业经营、空间形态、区域地位等多方面产生影响。荫城镇虽也积极利用新兴交通来运销货物，但依然在多重因素的综合作用下不断衰退，其发展过程同样是华北内地商业市镇兴衰变迁之缩影。

关键词：铁器贸易　交通路线　荫城镇　华北地区

山西长治荫城镇位于长治、壶关、高平、陵川四地交界处，邻近冀、豫。晚清前，荫城镇依靠丰富的矿藏资源和便利的地理位置，成为晋东南铁器贸易的重要集散市场，其经营的铁器贸易是泽潞地带最重要的贸易之一。学界对山西商人与市镇的研究，大多侧重明初"开中法"、清末晋中"票号业"以及晋商语境下商业市镇的宏观论述。① 华北市镇的研究则主要

---

① 有关晋商与山西市镇的研究论著有：〔日〕寺田隆信《山西商人研究》，张正明译，山西人民出版社，1986；张正明、张舒《晋商兴衰史》，山西经济出版社，2010；黄鉴晖《明清山西商人研究》，山西经济出版社，2002；黄鉴晖《山西票号史（修订本）》，山西经济出版社，2002；王尚义《晋商商贸活动的历史地理研究》，科学出版社，2004；梁四宝、武芳梅《明清时期山西市镇的崛起与区域经济发展》，《晋中师范高等专科学校学报》2003 年第 3 期；李丽娜《晋商的兴起与山西城镇的变迁》，《太原理工大学学报》（社会科学版）2008 年第 4 期。

聚焦于特定时期区域市镇数量变化，及近代交通线路影响下的重要枢纽与沿线市镇。其中虽不乏突破性的扎实论著，[1] 但受限于资料和视野，长时间段的具体个案研究有待深入，而对荫城镇的考察则将有助于进一步探索近代华北商业市镇的兴衰变迁。

一 铁器贸易与荫城镇兴衰

山西长治荫城镇位于潞州城东南六十里，[2] 地处山西上党盆地南缘，同时邻近豫、冀。明清时期，荫城镇作为晋东南铁器贸易的重要集散地，有着"千年铁府、万里荫城"之称。其所在泽潞地区北起五云山与晋中相连，东枕太行山与河北相接，西隔太岳山与晋南相望，南依王屋山与河南相邻，群山环抱中，地势外耸内低起伏巨大，境内地少人多，降水奇缺。地方志载："上党居万山之中，商贾罕至，且土瘠民贫，所产无几，其奔走什一者，独铁与绸耳。"[3] "（泽）州介万山中，枉得泽名，田故无多，虽丰年，人日食不足……贾人冶铸盐策，曾不名尺寸田。"[4] 泽潞长期地狭人稠，粮食短缺，煤、铁矿藏却极为丰富，又邻近解州盐池和豫省粮仓，因此成为盐、粮、煤、铁等物资转运的中心。

乔志强认为"至迟在唐代，潞安府已经成为晋东南各种铁器的集散中心"；[5] 宋庆历六年（1046），泽州知州李昭遘上疏："阳城冶铸铁钱，民畏山险，输矿炭，苦其役，为奏罢铸铁。"[6] 有关荫城盐、粮、铁、牲畜等贸易记载可远溯金元之时。镇内《李氏族谱》载："公（李植）时年尚未冠，自后家道日昌，不逮纪星，勇增数倍。至有刍马百匹，羊豕万余，牛

---

① 相关华北市镇、山西商人研究的突破性论著有：许檀《清代河南赊旗镇的商业——基于山陕会馆碑刻资料的考察》，《历史研究》2004 年第 2 期；行龙、张万寿《近代山西集市数量、分布及其变迁》，《中国经济史研究》2004 年第 2 期；杜正贞、赵世瑜《区域社会史视野下的明清泽潞商人》，《史学月刊》2006 年第 9 期；赵世瑜《村民与镇民：明清山西泽州的聚落与认同》，《清史研究》2009 年第 3 期；熊亚平《华北铁路沿线集镇的"差异化发展"（1881～1937）》，社会科学文献出版社，2018。

② 《潞州志》，中华书局，1995，第 30 页。

③ 乾隆《潞安府志》，中华书局，2002，第 667 页。

④ 万历《泽州府志》，北岳文艺出版社，2009，第 5～6 页。

⑤ 乔志强：《山西制铁史》，山西人民出版社，1978，第 38 页。

⑥ 《宋史》，中华书局，1977，第 9145 页。

骒驴畜，各逮百数，皆公之力。"① 金元间，李植投身商贾，贩卖牛羊、骒马、粮食而致富。自明中叶起，晋东南煤矿、冶铁业发展迅速，荫城、桑梓、阳城等地的民营制铁业迅速崛起，荫城也在明嘉万年间"聚村成镇"。② 镇中煤、铁原料曾供应潞府、长子、襄垣等地。"山西省产铁之区，铁货原料，无虞缺乏……长子、襄垣所需原料，均购自长治之荫城镇；长治所需原料购自荫城镇及高平。"③ 荫城镇储量丰富的煤、铁资源以及充足的牲畜运力为其铁器贸易崛起提供了坚实基础。

入清后，荫城镇铁器贸易规模不断扩大。康熙五十二年（1713），镇南关帝庙重修。④ 雍正十二年（1734），镇中《三圣堂重修墙垣改造门楼记》载："吾潞以铁为生，□南荫城镇乃产铁之区也，每逢会期，商贾辐辏。"⑤ 有百余家商号参与捐资。乾隆五十一年（1786），镇南关帝庙殿前添建戏房。⑥ 同年，镇西关帝庙添建观风亭。⑦ 至同治二年（1863）三圣堂再次重修时，捐资商贾已达到 879 人（家），是上次重修时的八倍多（见表1）。镇内各处庙宇重修彰显市镇的繁兴态势。镇中平日每旬集会三次，并与西火镇集会日期相交错。"（长治县）市集之在城者，四门及上党门均无定期，以次相及。在乡者，有荫城镇，三、六、九日；西火镇，四、七、十日；韩店镇，一、四、七日；东和镇，二、五、八日。"⑧ 每年荫城镇还会在四月、五月、八月举行铁货会⑨来行销铁器。

清中叶时，荫城镇已成为泽潞铁器贸易的重要集散地，并与周围村镇形成明显的供销网络。其所经营的铁器种类以生活用品、生产工具为主，具体品类有"钉、锤、绳、锁、铃、锅、勺、壶、笼、錾、匙、盆、桶、

---

① 贾圪堆主编《三晋石刻大全·长治市长治县卷》，三晋出版社，2012，第307页。
② 唐浩：《上党"荫城古镇"建置沿革研究——以地方志与碑刻资料为中心》，《长治学院学报》2018年第6期，第37～39页。
③ 实业部国际贸易局编《中国实业志·山西卷》，凤凰出版社，2014，第475页。
④ 《重修拜亭创建戏房碑记》，碑现存于荫城镇大云寺，未刊资料。
⑤ 《三圣堂重修墙垣改造门楼记》，碑现存于荫城镇三圣堂，未刊资料。
⑥ 《荫城镇关帝庙传示田土器物入公梵修小言》，碑现存于荫城镇大云寺，未刊资料。
⑦ 《创建观风亭碑记》，碑现存于荫城镇慈惠庵，未刊资料。
⑧ 乾隆《长治县志》，《中国地方志辑成·山西府县志辑》第29册，凤凰出版社，2005，第106页。
⑨ 荫城镇庙会现全年分别于四月初五日清明会、五月十三日（西庵）铁货会、六月二十四日牛神会以及八月初一等日期多次举办，且五月十三日铁货会会期长达1～3个月。参见晋旅主编《山西故事·民俗风物》，山西人民出版社，2015，第225～226页。

表 1　同治二年荫城镇三圣堂募化布施情形

个人（人）		商号（家）		行会（家）	
独资	416	独资	369	本地	12
募化	46	募化	48	外地	7
合计	462	合计	417	合计	19
占比（%）	51.4	占比（%）	46.4	占比（%）	2.2

资料来源：《重修三圣堂碑记》，碑现存于荫城镇三圣堂，未刊资料。

刀、剪、锯、斧、镢、锄等"，产品分类细密，品种万千。而周边村镇也各有所长，"横河村的娃娃铁绳每挂 100 环，是藏民喜爱的装饰品。桑梓的铁勺锻黄铜，入水不生锈，做菜不变味。工农庄村的铁锅，坚硬光滑，做饭不结锅巴；琚寨村的厨刀锋利耐用，不卷刃。大峪村的铁叶是制作门饰的最佳材料。南宋村的水泡钉不掉盖，还有樱桃沟村的火柱、西火镇的剪刀、石炭峪村的铁砧等"。① 荫城铁器贸易也带动了周边村镇经济繁兴。邻近李坊村在乾隆三十三年（1768），斥资 477 两重修"眼光奶奶庙"。② 冯村在乾隆三十九年重修"玉皇观"，补修"彩画大殿、西角殿、关圣殿、鲁班殿、东西廊房、三门戏楼"。③ 荫城镇属商户也在苏店镇泰山庙，④ 壶关县真泽宫、白云庙、观音堂，⑤ 屯留县三官庙，⑥ 陵川关帝庙⑦等庙宇修缮中留下捐资记录。铁器贸易的繁荣使荫城镇不断扩展自身经济腹地范围，还极大地促进了泽潞地域间市镇的相互交往。

荫城镇铁器贸易由盛转衰发生在 19 世纪末。先是清末"丁戊奇荒"⑧中，晋、豫两省受灾严重，泽潞冶铁业深受打击。随之甲午战后，本土机器工厂投建，洋铁入境倾销，工厂产品迅速挤占手工铁器行销市场。《中

---

① 长治市政协编委会编《晋商史料全览·长治市卷》，山西人民出版社，2006，第 80 ~ 81 页。
② 贾圪堆主编《三晋石刻大全·长治市长治县卷》，第 146 页。
③ 贾圪堆主编《三晋石刻大全·长治市长治县卷》，第 154 页。
④ 贾圪堆主编《三晋石刻大全·长治市长治县卷》，第 232 页。
⑤ 张平和主编《三晋石刻大全·长治市壶关县卷》，三晋出版社，2014，336 页。
⑥ 冯贵兴、徐松林主编《三晋石刻大全·长治市屯留县卷》，三晋出版社，2012，第 76 页。
⑦ 王立新主编《三晋石刻大全·晋城市陵川县卷》，三晋出版社，2013，第 288 页。
⑧ 1876 ~ 1879 年的"丁戊奇荒"涉及晋、豫、直等多省，晋省南部尤为严重，李文海认为山西冶铁、丝绸等传统手工业在"丁戊奇荒"之后，再未能恢复，此次灾荒几乎是山西全省的盛衰转折，见李文海等《中国近代十大灾荒》，上海人民出版社，1994，第 104 页。

国实业志·山西卷》载:"晋锅鼎铁货业之集中地,首推长治、晋城、阳城……在前清乾、嘉年间,长治之荫城镇,为晋南铁货业中心,出品畅销全国。每年交易,达银数一千余万两之巨……光绪晚年,海禁大开,洋货侵入,械制物品,精巧价廉,销场尽为所占。待欧战发生,外货输入锐减,土货之销数复旺,其时每年交易,约二百余万元。较之往昔,已不啻天壤……加之交通不便,运费昂贵,捐费重复,出品复不求改良,今后情形,惟有每况愈下。"① 镇内铁器贸易繁荣不再,传统手工冶铁行业日渐衰微。

1891 年 9 月,汉阳铁厂动工,两年后建成开炉,其拥有生铁、熟铁、钢轨、铁货、铸铁、打铁等十余厂,最初仅年产生铁 1 万余吨。② 1896 年,盛宣怀"官督商办"之后,生铁年产额增至 3.8 万余吨。1898 年,盛氏委派张赞宸开采萍乡煤矿、修筑矿区萍株铁路,扩张铁厂。至 1907 年,汉阳已可年产生铁 7.2 万余吨、铁砂 100 万吨、焦煤 100 万吨。③ 晋省在 20 世纪初也先后于阳泉、平遥建成保晋铁厂、西北炼铁厂,前者"(生铁)年产量至少在三千吨以上,二十年及二十一年各有五千余吨,全年产值 2020354 元",④ 还在平定、大同、晋城和寿阳设立分公司,后者年产值也达 27 万元。⑤ 工厂冶铁带来全新的生产方式,通过冶炼与原料供给分离,分别对开采、冶炼等环节机械化来提高生产质量与效率,最终规模化生产的铁器产品不断挤占市场。

1898 年,英国福公司雇员肖克利(William Hillman Shockley)深入华北各地,对山西荫城、高平、阳城多地矿产情形进行调查。其报告写道:"荫城镇和高平的铁矿和冶铁铺子看起来十分繁忙,但似乎获利不多,两镇都是一幅贫穷景象。"肖克利认为:"荫城镇此时的炼铁业已大不如前,

① "年交易额达白银 1000 余万两"这条数据因被收入彭泽益所编《中国近代手工业史资料(1840~1949)》而多方引用,可参见乔志强《山西制铁史》,第 26 页;张正明、张舒《晋商兴衰史》,第 56 页;刘建生《山西近代经济史》,山西经济出版社,1995,第 156 页。考其最早来源应为《中国实业志·山西卷》,第 465 页。需要注意的是,此条能否作为确切数据直接使用有待商榷。因《中国实业志·山西卷》编撰出版于 1937 年,时值抗日战争全面爆发,强烈的排外情绪或许促使编者将传统手工业的衰微完全归咎于外来势力冲击,也导致对荫城镇在清朝辉煌的记述有所夸大。
② 向元芬:《张之洞建汉阳铁厂始末》,《湖北档案》2006 年第 12 期,第 39~40 页。
③ 张国辉:《论汉冶萍公司的创建、发展和历史结局》,《中国经济史研究》1991 年第 2 期。
④ 《中国实业志·山西卷》,第 384 页。
⑤ 《中国实业志·山西卷》,第 385 页。

生产量仅为 30 年前的 1/3（此时年产 6000 吨），主要原因是来自洋铁的竞争。洋铁有些是从外国直接进口的，也有相当一部分是汉阳铁厂生产的。"① 郑观应记载了当时各类外来工业产品对社会造成的巨大冲击："洋布、洋纱、洋花边、洋袜、洋巾入中国，而女红失业；煤油、洋烛、洋电灯入中国，而东南数省之柏树皆弃为不材；洋铁、洋针、洋钉入中国，而业冶者多无事投闲，华民生计，皆为所夺矣。"② 传统手工冶铁行业也因失去市场、运输不畅而日渐萎靡。

铁器市场与镇内的商贾规模密切相关。明清间，荫城镇铁器行销市场不断拓展，往来商旅数量随之增加。至清中叶，外地客商远超本土商人数量，且客商来源地由相邻府县向河北、河南、山东甚至东北等地延伸。"长治铁货之销路，除本省外，为山东、河南、河北、陕西、甘肃等处。晋城铁货，销本省及陕西、湖北、山东、河南、河北等处。"③ 这些行销市场也成为荫城镇客商的来源地，镇中"关东客（东北三省）、京客（北京、天津、河北）、上府客（大同、内蒙古）、西府客（陕西、甘肃）、河南客（河南、山东）等地客商超过五百余人"。④ 手工铁器市场遭挤占后，客商源地则退回到相邻潞府苏店、壶关、长子及泽府凤台、陵川、高平等地。铁器贸易直接决定着荫城镇的商旅规模、经济腹地以及区域地位。近代手工冶铁业的衰落，也使荫城镇从跨区域的商业重镇退回到区域性市镇。

二 交通变动与荫城镇空间形态

明清时，荫城镇能够成为铁器贸易的重要集散地，地理交通优势极为重要。镇区坐落在高平长平驿至长子漳泽驿的南北官道右侧，⑤ 紧邻长治到高平、陵川的铺递路线。⑥ 镇中东北向为陶清河、北河与大峪河三条河流交汇处，南

① 〔美〕威廉·希尔曼·肖克利：《中国山西省东南部的煤铁矿报告》（1989 年），转引自周珞《1898，一位美国工程师的山西之行》，《民间影像》第 8 辑，同济大学出版社，2018，第 4～73 页。

② 夏东元编《郑观应集》上册，上海人民出版社，1982，第 715 页。

③ 《中国实业志·山西卷》，第 377 页。

④ 《晋商史料全览·长治市卷》，第 83 页。

⑤ 黄汴：《天下水陆途程》，山西人民出版社，1992，第 43 页。

⑥ 乾隆《长治县志》，《中国地方志辑成·山西府县志辑》第 29 册，第 709 页。

向背枕高达"二百七十丈"① 的雄山——全县最高峰。西北面为五龙山，东北面为浮山，面水背山，三山夹峙，构成山环水绕的空间格局。据现代测绘，荫城镇大致处于三座山峰顶部的中心位置（见图1），是邻境往来的必经之地。周围交通在此划分为两路四向：一路从镇西南接高平，北接潞府；一路从镇东向外东北接壶关、邯郸，东南接陵川。地处四地交界，交通极为便利。同时，泽潞还是连接甘肃、陕西、晋南与河南、河北、山东等地的关键区域。东晋郭缘生《述征记》载"太行首始河内，北至幽州，凡百岭，连亘十三州之界有八陉"，② 泽潞铁器可以通过荫城镇销往"山东、河南、河北、陕西、甘肃等处"。③

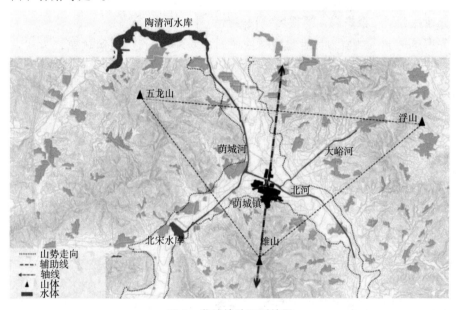

图1　荫城镇地理测绘图

资料来源：田丰《山西省长治县荫城镇历史文化名镇保护规划研究》，西安建筑科技大学，2016，第58页。

清中叶至清末是泽潞冶铁业发展的黄金期。荫城镇依靠丰富的矿藏资源和便利的交通优势，将铁器销往各市场。壶关县谓理村乾隆五十七年

---

① 据现代测绘，最高峰海拔1416米，为全县最高峰，史籍记载为"二百七十丈"，见乾隆《长治县志》，《中国地方志辑成·山西府县志辑》第29册，第425页。
② 参见王尚义《刍议太行八陉及其历史变迁》，《地理研究》1997年第1期。
③ 《中国实业志·山西卷》，第377页。

（1792）有碑刻载：“我谓理虽弹丸微区，其西则荫城诸镇货物所出，流行于山东、河南诸省者，行旅往来不绝。”[1] 表明当时销往河南、山东的货物运输线便从其村旁经过。荫城镇外往北之壶关、邯郸，往南之清化皆是其铁器外销的转运枢纽。光绪年间，泽潞铁器贸易的衰弱与铁路修建密切相关。光绪二十四年（1898），津海关道盛宣怀督建京汉铁路，山西巡抚胡聘之建正太铁路。光绪二十八年，英国福公司建道清铁路。前两者于1906年通车，后者也于次年竣工。[2] 对泽潞而言，京汉行于东，正太通于北，而道清建于南，1934年，西侧又建成同蒲铁路（南段）。[3] 泽潞四周通行的铁路线几乎将其封锁在群山之内，曾作为豫、晋、陕、甘间走廊通衢的交通优势则完全丧失，严重影响铁器货物外运。

1898年，潞府官员对荫城镇铁业调查发现：“长治之荫城镇，为（高平、长治）两县铁矿萃聚之区，共有铁行三十余家，制造铁器之炉三百余家。”[4] 京汉、道清铁路开通后，荫城镇铁器通过邯郸、清化等车站转入铁路线来行销，成为邻近铁路车站的集镇类型。[5] “铁货产于山西潞安府，聚于荫城镇……除去销售山西本省及河南、山东（由清化镇运出）外，则有荫城运至邯郸，上火车（京汉线），或由苏曹镇装船运销天津、奉天、张家口，每年由邯郸运出约五十余车。”[6] 1926年，荫城镇约每年有50余车厢（1000余吨）铁货经邯郸站，走京汉铁路运销天津、奉天、张家口等地，但整体已呈衰退之态。镇内铁器年销量从1869年的1.8万余吨，降到1898年的6000吨，再降至1926年的1000余吨。至1937年，“该镇共有经营铁货之行栈及商号四十余家，每年交易，约四十余万元”。[7] 40年间，镇中铁业商号由300余家骤减为40余家。

交通路线对荫城镇商业集聚、职业结构以及空间形态影响极大。金元

---

① 张和平主编《三晋石刻大全·长治市壶关县卷》，第158页。
② 杨勇刚：《中国近代铁路史》，上海书店出版社，1997，第132页。
③ 《中国实业志·山西卷》，第390页。
④ 彭泽益编《中国近代手工业史资料（1840~1949）》第2卷，三联书店，1957，第142~145页。
⑤ 熊亚平：《华北铁路沿线集镇的“差异化发展”（1881~1937）》，第40页。
⑥ 《邯郸县之经济状况》，《中外经济周刊》第190号，1926年，第13页。本条资料、文中多份报告资料以及诸多宝贵指导意见都由熊亚平老师提供，特此感谢！
⑦ 《中国实业志·山西卷》，第375~376页。

时，"上党山高地狭，自昔宜于畜牧……元李植，尚书惟馨之族也，亦以谷粮、牛马富甲诸州"。[①] 荫城《李氏族谱》载："潞多山，民事畜扰，马骡羝犍，克牣林谷。"[②] 时荫城民众多事耕畜，牲畜贸易集中于镇南雄山脚下。明清铁器贸易崛起后，商人规模扩大，商路畅通时，来自潞府苏店、壶关，泽州凤台、高平甚至东北、河南、山东等地的客商集聚于镇东街及观街，旅馆、商店也在东街最为密集。镇中三圣堂两次重修时，前后共近1000家商号进行捐资。其中同治二年重修时有189家客商捐资，泽州凤台、高平、陵川的客商最多，共83家，占比超过43.9%；潞府长治、壶关二县客商次之，共70家，占比达37%。[③] 镇西北街则是骡马行、仓厂汇集区。镇西慈惠庵建观风亭时，有"东西两班骡行""阖镇三班钉店行"等商人组织，[④] 以及"□盛厂，协成厂、三成厂、积成厂"等仓厂商号的捐资记录。

近代京汉、正太、道清等铁路通车后，泽潞被隔绝起来，内外商路阻塞，荫城镇内的商户规模也在缩减，邻境商户多向邯郸、清化等交通沿线市镇汇聚。1924年，全镇登记543户中，农户342户、商户201户，商户占比超过37%。[⑤] 此时，虽然荫城镇还是潞南商户比例最高的市镇，但商业前景黯淡，弃商从军成为很多人的新出路。革命战争时期，荫城镇属牺牲烈士数量超过205人，[⑥] 高居全县之首。随着商路兴废，镇内民众的主要职业历经务农畜牧到经商打铁，再到当兵从军的转变。荫城镇镇区有"东街""南街""西北街"三条主干道，多条细密巷子与之相连通。镇区东西狭长而南北较短，东南至西北向的道路上商号分布，既有前店后厂的大型铁庄，也有单独店面的小商铺，东街中部多条铁货巷密布，当地称为"铁货圪廊"。细窄而密集的巷子里，店门直接开在墙上，各店收购周围村庄的铁器制品进行精加工和包装批发。[⑦] 因送货车辆通过较频繁，镇内各

---

① 顺治《潞安府志》，中华书局，2002，第42页。

② 贾圪堆主编《三晋石刻大全·长治市长治县卷》，第312页。

③ 《重修三圣堂碑记》。

④ 《倡修观风亭布施银两善姓碑》。

⑤ 山西自治筹备处：《山西各村户口调查表》，现藏于山西省图书馆，1924。

⑥ 长治县志纂委员会编《长治县志》，中华书局，2003，第875页。

⑦ 例如荫城镇西旁西陕村有碑言："斯是铁村荫城一基地耳，山庄虽小，常有铁炉十余所，有长者称之曰：东场炉、三炉、沙坡院炉、马蹄院炉、东炉、外头院炉、岸底院炉，余者难以尽数，主营车辖、绳、钉、锄、镰、钩、镢诸器具。"见《雄山思源亭记》，碑现存于西陕村圣井背，未刊资料。

处巷口转弯处均被磨平。

　　谢佳佳、孔敬对该镇街道建筑进行测绘，认为市镇空间扩展经历从镇中心向东西、南北延伸的发展过程（见图2）。这两位建筑学的研究者认为在宋代至明代，荫城镇的外边界较为开放，南北两条街巷交叉呈现"十"字形。明代初期，市镇形态初具规模，南北边界趋于平整，街巷向纵横方向发展成"土"字形。明末清初，铁器贸易繁荣勃兴，市镇规模扩大，街巷沿着地势向南部挺进，不断密集形成"树枝状"形态。民国后，市镇的街道、边界再向北部扩张。① 但该观点的问题在于忽视了镇内商业集聚与外部形态变化的时间逻辑。结合方志、碑刻以及民间家谱文书等资料分析，镇内应是历经先镇南，再镇西，后镇东，最后镇西北的扩展过程。镇南大云寺是全镇年代最早的大型建筑。"大云寺，在城东南六十里荫城镇。金大定九年创建。元至元六年重建。"② 镇西关帝庙建筑群地势宽阔，多有仓厂、骡马厂分布。镇内东街、南街交会处的三圣堂，则自清顺治时始建，镇东牛神庙则在清乾隆年间才有记载。③

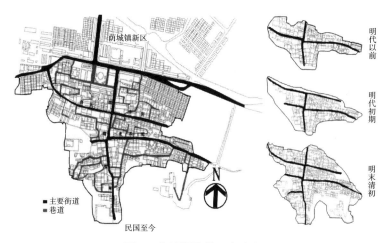

图2　荫城镇聚落形态演变

　　资料来源：谢佳佳、孔敬《长治市荫城古镇聚落形态演变研究》，《中外建筑》2016 年第12 期。

---

　① 谢佳佳、孔敬：《长治市荫城古镇聚落形态演变研究》，《中外建筑》2016年第12期。
　② 乾隆《长治县志》，《中国地方志辑成·山西府县志辑》第 29 册，第 582 页。
　③ 光绪《长治县志》卷 4，《中国地方志辑成·山西府县志辑》第 29 册，第 108 页。

金元时期，镇内南街（见图3区域A）最先得到开发。南部雄山的肥沃土壤、广阔草地，为粮食、畜牧贸易提供了良好基础。镇南"雄山书院"是泽潞最早的书院之一，[①] 大云寺是荫城镇最早有记载的寺庙。书院、寺庙的主要赞助者皆为南街李氏。其族人李植在金大定二十三年（1183）继承家业，贩卖粮食、牛羊骡马发家后，对雄山先师殿进行重修，碑文载："村民李植等……尽出囊金，鼎新革故，成轮奂之居，以致草木生辉，峰峦增色，终成上党名山。"[②] 同年，李植还修缮荫城大云寺、宝峰寺，一时"长治金碑多植立，盖时之富而能施者"。[③] 元泰定乙丑年（1325），李恒捐资重修雄山书院，并赠田地二顷、松树万株充学田。元末明初，李惟馨"守其先世雄山书院，建万松亭、知非斋、可己堂。有筇日始终交杖，一时耆宿，如宋濂、陶凯辈嘉其高尚，连章赠别，卷帙至今尚存"。[④] 明万历元年中秋，李策还与仇臮同游大云寺，唱和作诗。[⑤]

镇南牛羊、骡马、粮食、松木的外运促成镇西（见图3区域B）的初步开发。镇西地势宽阔、邻近南街，成为进出货物的存放地，当地称之为驴市、骡马市。镇西南的沙口原氏也依靠交通运输优势兴家，族人原守正、原天鹤先后在民国时期出任荫城商会副会长、村长等职。[⑥] 明清时镇西北所建慈惠庵、关帝庙建筑群的主要赞助者也大多为运输商行。[⑦] 镇东南至镇西北的狭长地带（见图3区域C），地势平坦，便于商户往来，成为镇内商铺最多、建筑最密集之地。[⑧] 东街刘氏依靠投资土地、经营医药

① 乔志强、李书吉等：《中华文化通志·晋文化志》，上海人民出版社，1998，第467页。

② 《雄山先师殿记》《修大云院记》《宝峰寺记》，参见胡聘之《山右石刻丛编》，山西人民出版社，1988，第678~679页。

③ 胡聘之：《山右石刻丛编》，第601页。

④ 王连成主编《潞安府志》，山西古籍出版社，2006，第255页。

⑤ 贾圪堆主编《三晋石刻大全·长治市长治县卷》，第94~96页。

⑥ 〔日〕西村洁：《山西调查报告》，青岛守备军民政部、铁道部，1916，第270页。

⑦ 镇西北关帝庙建筑群前殿为白衣慈惠庵，后院为关帝庙，前高后低，独具特色。每年五月十三日关帝会（铁货会）即多在此举办，抗战时期日军警备部驻扎于此。但遗憾的是，因其曾至少两度被毁，现仅存完整乾隆年间增修观风亭布施碑一通、残碑两块，存留信息较少。

⑧ 荫城镇内时存较大商号有：原盛店（33间）、迎瑞庄（21间）、双盛店（21间）、协盛东（12间）、宝元通（18间）、魁盛恒（24间）、荫城东街李氏万和钉店（13间）、壶关瑞盛钉店（30间）、庆丰货栈（12间）、积盛昌（11间）、南宋村孟盛隆盛魁（9间）、壶关申氏林兴成（11间）、宏丰货栈（6间），等等。规模较大的商号多为外地东家，现多难以追溯。

业发家，成为东街牛神庙、奶奶庙的重要赞助者。① 东街李氏则通过批发、贩运铁器致富。镇内最后开发的是西北靠近北河的南北两岸（见图3区域D）。20世纪60年代后，随着镇北河渠两岸筑堤坝建桥，长陵公路、林荫公路等交通线通车，镇北处的电影院以及西北处的学校、法庭、汽车运输站、职工俱乐部、矿机砂轮厂等陆续修建，市镇开始跨越北河向北扩张。总之，市镇空间形态变迁的推动力源自交通道路开发和商人集聚，经历"由南向西"，到"由东南向西北"，再到"由南向北"的发展过程。

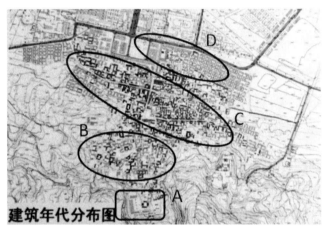

图3　荫城镇建筑年代分布

资料来源：西安建大城市规划研究院、山西省城乡规划设计研究院《长治市长治县荫城镇总体规划（2013～2030）》，2014，第23页。

三　潞南政局与荫城镇变迁

潞府南部区域位于上党盆地边缘，范围大致包括长子、长治、壶关以及平顺南部，此区横亘深林沟壑，地势复杂，邻近豫北及冀南。明代中叶以前，大片地域仅由长子、壶关两县管辖，行政管控缺乏。明正德、嘉靖年间，潞州青羊山陈卿动乱由潞北蔓延至潞南，成为山西境内规模最大的

---

① 光绪《长治县志》卷4，《中国地方志辑成·山西府县志辑》第29册，第108页。据荫城镇东街刘氏现存地契、税单、医书等资料，其家族成员在清代康熙至光绪年间长期承担催征赋税的里甲职务，并在刘家巷、苦水巷、花店巷以及大峪等地拥有多处土地、房产。族内还有成员行医治病，经营药店。东街刘氏家祠建筑及牌匾是荫城镇唯一现存的祠堂。

农民起义。明世宗亲命晋豫十万军队征剿才得以平定。此后，明廷在夏言建议下，升潞州为潞安府，划潞城、黎城、壶关而设平顺县，并设长治县于府城附廓。①"明嘉靖八年（1529）设潞安府，并于廓置长治县，至1971年，治所未变。"②科大卫教授认为潞安开府是地方官府与藩府间斗争的结果。③但潞南地区行政区划的调整并未彻底改变当地行政管控缺乏的情形，而这也是潞南区域商业活动活跃，能够孕育出荫城镇、苏店镇、鲍店镇等多处商业市镇的原因之一。

明清时，荫城镇民日常生活按街区由镇中东社、大东社、南社、西社、中社、北社等组织来管辖协调，凡镇内外修庙捐资必由各社来筹划。咸丰八年（1858）南街重修关帝庙时，便是由南社主持，东社、中社、西社共同协助完成。④而壶关紫团山真泽宫所存嘉庆十五年（1810）《重修圣公母正殿募化捐资十方布施碑记》以及道光七年（1827）《重修簪花楼临河石梯碑记》两通捐资碑中，荫城镇分别以东社、南社、西社、北社和东社、西社、西巷社、南社、北社的名义位列捐资名单之首。⑤镇中商务则由崇圣会、佛圣会、观音会、蜡烛会、兴隆会、同义会等多个商人组织来管辖，而凤台、高平、陵川、苏店等地的客商亦有隶属原籍的商人组织。⑥镇内不论是社还是商人组织，均明显以地缘因素为主导。

20世纪初，华北内地市镇也接连面临中外碰撞的新挑战。荫城镇基层社区组织和商人组织也因应对区域环境剧变而逐渐增强凝聚力。光绪二十八年（1902），荫城镇成为长治县徭役津贴的主要征收地之一。这年，长治县"奉文将旧设骡柜名目裁革，清徭局绅董办理，由荫城、西关及西火等镇驼厂每月收钱三十六千九百二十六文，月抽收外来过往驮骡钱一千文上下，统年共收钱四百五十五千有零，遇闰照加款有数"。光绪三十年，"因县属之荫城为境内大镇，铺户人烟稠密，募设巡兵十名，保护该镇，

---

① 王连成主编《潞安府志》，第359页。
② 《长治县志》，第59页。
③ 〔英〕科大卫：《明清社会和礼仪》，曾宪冠译，北京师范大学出版社，2016，第248～259页。
④ 《重修（关帝庙）拜望亭创建戏房碑记》，现存荫城镇南街关帝庙，未刊资料。
⑤ 《重修圣公母正殿募化捐资十方布施碑记》，现存壶关县真泽宫，未刊资料；《重修簪花楼临河石梯碑记》，现存壶关县真泽宫，未刊资料。
⑥ 《重修三圣堂碑记》。

应需口粮，按铺大小酌量抽捐，自行备办，每名月支口粮钱三千文，每月共支钱三十千，又统年共支钱三百六十吊文，遇闰照加。光绪三十四年，实收钱三百六十吊文"。① 荫城镇向商户征收铺捐，设警备署及巡兵以维护治安。

宣统元年（1909），全镇统一的商会组织成立，首任会长常三纲，副会长原守正，设会董28人。商会向会员征收每户300吊文的会费，负责协调日常交易纠纷、应付巡警、抽捐等事务。② 荫城市镇组织不仅渐跨越地缘因素，还在晋省保矿运动中发挥积极作用。时泽潞矿藏引起英国福公司觊觎后，潞府留日学生李庆芳与荫城李就联合发起创立"潞安矿产公会"并在荫城设立支会试办。《荫城支会章程》写道："本会为潞安矿产公会之分支，凡雄山乡左右煤铁各矿山，概归本会调查勘验，故名荫城支会。本会由潞安八属全体人民组织而成，暂李就家祠设立，由公会公推董事二人，股票收发员一人……凡矿山收入本会者，会中自有保护之权，不使矿主钱业两空。倘有无知愚民从中煽惑阻挠，定行禀官究办。本会宗旨系参考欧美各国矿务章程，意在保守国民公产，至有未尽事宜，由公会再行酌定。"③ 学、商界保矿行动最终获得省府、商务局以及潞安府衙支持，为保护潞安矿产与矿区百姓生计做出重要贡献。

在近代动荡的大环境中，荫城镇商贸活动受到严重影响。1911年10月武昌首义后，晋府太原紧接着便起义成功。晋东南则和平易帜，潞南虽经几次兵变，但始终没有爆发大规模冲突，至迟在1912年4月，新的秩序已在逐步建立。④ 但还是不时有小股兵变、匪乱波及荫城，平日商旅往来的"四向通衢"在动荡时则变成"四战之地"。《申报》报道：1912年6月"兹又得潞安友人函云，驻潞巡防第二营马、步约一百余人于五月二十七日夜一钟，忽然暴动……一时荫城、黎城、潞城卡兵皆望风而变，抢掠银钱无算"。⑤ 1927年9月，荫城又遭受平顺红枪会匪乱。"据日前潞泽剿匪司令张明甫之报告谓，自奉命进剿，前方甚为得力，九日克复荫城镇，

① 陈锋主编《晚清财政说明书》第3卷，湖北人民出版社，2015，第288~289页。
② 〔日〕西村洁：《山西调查报告》，第270页。
③ 山西同乡会事务所编《山西矿务档案》，晋新书社，1907，第138~141页。
④ 刘存善编著《山西辛亥革命史》，山西人民出版社，1991，第87页。
⑤ 《潞安乱事已平》，《申报》1912年6月16日。

毙匪八百余人，生擒数十人当已正法。"①

1931 年 4 月，波及长治、陵川、绛县多地的兵变席卷荫城镇。"日前，长治兵变尚未完全解决，乃绛县、陵川又复先后骚动。绛县所驻扎系宋哲元部、张自忠旅之一部，于二十一日夜间哗变……又距长治县七十里之荫城镇，二十一日被叛兵窜至。先向商会勒索五千元，该叛兵乃离荫城而去，临行商会会长、村长均送行出镇里许，区长、商会会长均折返回，惟村长被迫多送一程。不料行至据荫城二十里高平属之建宁镇，即停脚不前，并令该荫城镇限三日内以现洋二十万元来赎。该镇当时即承认八千元，并派人交涉，尚无结果。是日夜，该匪兵复返该镇，肆行劫掠一夜，民商各户无可幸免。该镇素以产铁著名，商业繁盛不减于潞安市，此次损失在百万以上。"②哗变军队跑到荫城镇勒索绑架村长，并折返荫城肆行劫掠，镇内一夜损失达百万以上。

1938～1945 年的报纸频频出现荫城"克复""收复"字样，镇区多次沦为战场，还一度爆发巷战。1938 年 4 月 12 日，"万部朱师刘旅：今日与战□高平，步、骑、炮连会千余名之日军，战于荫城镇，我事先将所部分伏于镇内东西高低，待日军入镇，施以包围，□以猛烈□击，□日军百余名，马数十匹，残部向长治逃去"。③ 1940 年，全年镇上爆发战事多达 34（41）次。④ 此外，日军派遣警备队驻扎在镇西的关帝庙。1942 年，日本探险团曾多次留宿荫城，队员松下进记载："五月九日，天气晴朗，今天去东南距离八公里的关东，步行往返……今夜也是在荫城镇的警备队受到照顾。五月十日，阴，今日前往高平。在等待卡车期间，步行到荫城镇的村庄进行了参观。原来在此地附近是盛行土法炼铁的地方，荫城镇是作为铁器集散地的繁华的小镇。然而，目前不少店家倒闭，留给人的是麻痹阴森的印象。"⑤ 1938～1945 年，荫城镇深受战火蹂躏，共历经 62（64）次战事（见表 2），镇内的商贸活动几乎陷于停滞。

---

① 《太原军政要闻》，《申报》1927 年 9 月 24 日。

② 《晋省善后益难收拾》，《申报》1931 年 4 月 1 日。

③ 《我军克复平陆、荫城》，1938 年 4 月 12 日，参见唐自然《全面抗战特辑》，香港新闻社汉口分社，1942，第 114 页。

④ 统计数据来自《新华日报》与《申报》数据库，所用《申报》数据，加（）以区别。下同。

⑤ 〔日〕山本地荣：《山西学术探险记》，朝日新闻社，1943。亦可见侯振彤译编《山西历史辑览》，山西省地方志编纂委员会办公室，1987，第 272～273 页。

表2　1938～1945年荫城镇战乱频次

单位：次

月份	1938年	1939年	1940年	1941年	1942年	1943年	1944年	1945年
1月			6（14）	1				
2月			1					
3月	1（1）			3（3）	1	（1）		
4月	4（4）		2（2）	2（3）		1		
5月			6（10）					
6月	1（1）		10（9）	1		1		
7月		（4）	1					
8月			2					
9月		1（1）	3（4）	（1）				
10月		6（3）		（1）				
11月			2（2）				1	
12月				2	2			
总计	6（6）	7（8）	34（41）	9（8）	3	2（1）	1	0

资料来源：数据分别来自《新华日报》与《申报》数据库，其中《申报》数据，加（）以区别。

抗战结束后，荫城镇才渐渐恢复商贸流通。1946年，《新华日报》载："从豫北林县到上党盆地，长二百余里的晋豫大道，过去被敌寇和伪军封堵，荒凉多年，现在已是商旅畅通。每天从早到晚，由北向南，运送着山西陵川、丰城、壶关、长兴一带的煤，长治荫城镇的铁货，上党的粮食、硫磺以及米、酒、席子、麻等货物。"[1] 同年，长治县政府主动放贷，扶持、改造荫城镇内的铁器庙会。"长治县解放后，民族政府为恢复铁业，首先发出铁业贷款三百五十万元，现已恢复铁炉五百一十七座。"[2] 镇中陆续恢复铁器贸易。1958年，荫城镇发动群众，组建红旗公社，将百余个村落纳入其管辖范围。镇内"统筹四万四千余劳动力，建成上千座高炉，新开煤窑八座，出产生铁八万吨，还兴建九十二个厂、矿，吸纳八千四百

---

[1] 《走在繁荣的晋豫大道上》，《新华日报》1946年3月11日。

[2] 《长治荫城镇改造庙会的总结材料》，长治县档案局藏，档案号：00602008。

余名工人"。① 实际上，这种运动式的组织方式严重违背经济规律，对地方经济损害颇大，镇内日常的商贸往来逐渐减少。

荫城镇接下来遭受的重大打击是长治县治的搬迁。20 世纪 70 年代，为战备考量，韩店镇因距潞南各地距离适中，且有羊头岭山脉做掩护而成为新县治的选地。1971 年 11 月，长治县治从潞府附廓迁到韩店镇。② 自明嘉靖八年设潞安府及长治县至 1971 年，荫城镇始终保持着潞南经济中心的地位，成为长治县差徭津贴、铺捐等杂税征收地之一。但随着铁器贸易衰落、动荡环境冲击以及新县治迁移至韩店镇，荫城镇逐渐从区域中心沦为矿产原料产地，其繁荣蓬勃的市镇面貌随着区域中心的偏移而消失。

四 结语

山西长治荫城镇的兴衰发展整体以铁器贸易、交通条件以及区域环境为基础，也是近代华北内地商业市镇变迁的缩影。明清时，荫城镇依靠地处泽潞之间，邻近四县的区位优势成为南北交通要地，其背山面水的优越环境以及丰富的矿产资源是构建经济腹地、商贸网络的重要基础。近代以来，新式铁厂以及铁路、公路等交通线修建，荫城、泽潞甚至整个晋省的通衢优势均不复存在。京汉、正太、道清及同蒲铁路环绕泽潞而建，几乎将其封锁起来，虽然镇内商户也主动利用铁路线来运销铁器，但显然无法与汉阳铁厂、保晋铁厂等工厂产品相竞争。近代沿海开埠后，洋铁、洋钉进入内地，传统冶铁业遭受多重冲击，荫城镇发展也随着铁业衰微而停滞不振。

荫城镇铁器贸易直接决定往来商旅的数量规模，也决定着围绕铁业

---

① 全国农业展览馆编《山西长治市荫城红旗人民公社工农业生产高速发展》，农业出版社，1960，第 4~5 页。

② 明代韩店镇虽然也处于南北交通要道，但是设县前经济条件较差。明崇祯二年（1629）《准免韩店镇出办麦糠棘茨碑》载道："韩店镇既系冲途，有供应之扰，准免出办麦糠棘茨，立石以示永久。"详见贾圪堆主编《三晋石刻大全·长治市长治县卷》，第 112 页。同时根据 1946 年长治县政府调查，可知韩店镇在抗战胜利前仅有 10 闾 373 户，商号 12 家，小饭铺 6 家，15 户在街做小贩谋生，12 户赤贫靠讨吃要饭为生，参见《长治第三区韩店经济调查》，1946 年 3 月 24 日。

的各类牙行、杂货、典当、食宿等行业的兴废。当铁器行销市场远达省外时，河北、河南、陕西、山东甚至东北的商贾纷至沓来。而远方市场的萎缩，也导致外省商贾的消失，客商范围缩退回周围邻县。市镇的空间形态同样受商贸、交通因素的影响。金元及明代时，镇南、镇西因粮食、牲畜贸易最先得到开发。明末清初至清中叶，镇东南至西北地带因南北铁器贸易和客商进驻后来居上，成为全镇最密集繁兴的地带。最后镇北才因河渠、桥梁、公路的修通开始发展。20世纪初动荡的社会环境导致传统以地缘为主导，分散独立的社区、商人组织无法满足镇民与商户的实际需求，全镇统一商会、巡警等组织开始建立，在协调日常活动与贸易纠纷的同时，还承担为长治县征收杂税、维持秩序的重要职能。

荫城镇在潞南区域经济中心的地位几乎完全依靠铁器贸易来构建和维持。这一过程开始极早，至明代中叶"青羊山之乱"平定后，设长治县于府城附廓，潞府南部地区行政管控缺乏，因而给予其商业繁兴的重要条件。到清中叶，荫城已经与周边村镇形成明显的层级生产、供销网络，且其铁器贸易直接面向河北、山东、河南、陕西等全国性市场。潞府南部以荫城为中心的社会网络甚至在晚清时发挥征税、维稳等多重作用，并在保矿运动中对当局决策形成重要影响。然而近代后，传统冶铁业日渐衰微，荫城在潞南的经济中心地位亦渐被削弱。20世纪70年代的行政调整使长治县治自府城附廓迁至城南15公里外的韩店镇，韩店镇成为潞南新的中心市镇，荫城镇则沦为矿藏原料的输出地，成为工业化的附属。

近代华北市镇受行政、交通、区域环境等外界因素影响极大。铁路、海运等新式交通使得天津、石家庄、郑州等地一跃成为繁荣都市。山东泺口镇、黄台桥镇，河北徘徊镇、乱石镇等邻近交通线的市镇发展迅速，而丧失各项竞争优势的塘沽镇、朱仙镇等地则明显衰败。但华北迅速繁荣或衰败的市镇往往只是极少数，更多则如荫城镇般陷入停滞。天津杨柳青镇仅有零星几家油坊、磨坊商户经营，芦台镇船户多半失业；郑州须水镇草帽编织业大不如前；石家庄附近方村、于底等镇商业萎靡。近代华北市镇的普遍停滞也可从荫城镇兴衰变迁中鉴知原因。其一，市镇主导型贸易产出被工业产品取代；其二，新式交通使得市镇原先运输优

182

势丧失；其三，新兴中心市镇或城市出现，导致区域经济、社会中心偏移。而华北市镇的新发展则既要认清自身定位，不断发掘特色、优势资源，也要认清区域发展的战略规划，主动探寻融入工业城市的方式路径，改变过于集中的城乡体系，构建中心城市与周边市镇的协调、可持续发展之路。

作者：唐浩，苏州大学社会学院

（编辑：熊亚平）

· 城市治理 ·

1933 年上海工业灾害的治理[*]

——以正泰爆炸案为切入点

刘秀红

内容提要：1933 年的上海是中国最发达的城市，也是工业灾害最严重的城市。1933 年正泰橡胶厂爆炸案使上海社会开始重视工业灾害问题，引发了一系列治理工业灾害事件。这些事件显示了上海工业灾害治理的复杂性。行政权的不统一和社会组织的多元化，导致诸多社会主体参与治理过程。它们之间既有关于行政管理权、经济代价、社会保障权利的利益博弈，也有共同目标指向的合作。在此过程中，政府与社会的灾害预防合作增强，工业灾害治理状况得到一定的改善。

关键词：工业灾害　正泰橡胶厂　上海

1933 年 2 月 21 日，上海公共租界内正泰橡胶厂发生爆炸，81 人当场死亡。虽然此前有单次工业灾害死伤人数多于此事件者，但此次爆炸案发生于经济繁荣、媒体发达而中国政府未有完整行政权力的上海租界内，时值《工厂法》实施后南京政府和租界进行工厂检查权谈判的关键阶段，国人对租界主权问题正处于敏感期，所以惨案引起全国关注，并引发了上海工业灾害治理的一系列事件。

---

* 本文为国家社会科学基金一般项目"近代上海工业灾害及其治理研究"（项目编号：20BZS098）的阶段性成果。

一 正泰橡胶厂爆炸案及引发的工业灾害治理事件

（一）正泰橡胶厂爆炸案的缘起

正泰橡胶厂创设于 1927 年，是合伙经营的公司，生产"八吉牌"胶鞋，资本 18 万元。它共设两个分厂，职工 1000 余人。1933 年 2 月 21 日 10 点 30 分左右，位于塘山路的第一厂内一楼涂光间所用的挥发油突然起火，火势猛烈，火焰冲入烘缸间，烘缸内空气压力增大，几分钟后有两座相继爆炸。工人来不及逃生，共有 81 人葬身火海，受伤者至少 45 人。[①]当时厂内有 411 人在工作，"从事于制造者，女工 276 人，男工 101 人"。[②]

此次工业灾害现场极其惨烈。"当肇祸之后，救火车未到以前，火光熊熊，气焰冲霄。锅炉爆烈之声，远在三四里外亦能闻得，而男女工人之已经逃出者，或受伤未能行走者，及在厂内尚未逃出正在焚炸受痛呼号者，同时高呼惨哭，其声震天……""而此际火场之中，奇臭熏天，不可向迩。盖不仅被灼尸体，发出焦臭，而已焚毁之橡皮气息，亦殊令人难闻。而瓦砾堆中累累者皆为尸体，且大部残缺不全。或有双尸拥抱而死者，或则有头无足，或则眼突口张。而焦木废铁之间，更有存留一腿一掌，且筋脉挛张，为状至堪恐怖。至于脏腑之横流，血肉之遍地，尤使人为之唏嘘不置……"[③]

火灾发生几分钟后，各区救火车及救护车即赶来，同时榆林路巡捕房中西巡捕全部到达现场。众人一边灭火，一边将死伤者从瓦砾中抬出。[④]死者由地方法院检验官验尸后让家属认领，无法认出者，令普善山庄暂代收殓。三日内共挖掘出遗体 81 具，仅有 11 具由家属认出，其他皆不可辨认。[⑤]重伤者由救护车送入各大医院。据媒体统计，送广仁医院 5 名（1 人

---

① 《上海市政府指令第五一八七号　令社会局　为据呈报正泰厂惨变经过已电复实业部查照由》，《上海市政府公报》第 131 期，1933 年 4 月 10 日，第 52～53 页。

② 《关于正泰橡胶厂爆炸案之报告书：公共租界内橡胶厂之现状》，《上海公共租界工部局公报》第 4 卷第 15 期，1933 年 4 月 15 日。

③ 《本市新闻　惊人惨耗　男女工死伤百余》，《申报》1933 年 2 月 22 日，第 10 版。

④ 《本市新闻　惊人惨耗　男女工死伤百余》，《申报》1933 年 2 月 22 日，第 10 版。

⑤ 《正泰橡胶一厂之变　爆炸锅炉查系日货》，《申报》1933 年 2 月 25 日，第 13 版。

死亡），仁济医院3名，同仁医院1名，圣心医院6名，疗养病院4名。

事故发生当晚，正泰厂召开股东会议，拟定出七条处理办法。次日，上海市社会局和上海公共租界工部局先后到现场勘察。① 事件引起了各大媒体的关注。事故发生当日，《申报》即派记者前往调查，次日大幅版面刊发了详细报道，此后连续多日进行跟踪报道。《新闻报》《上海商报》《时报》《民报》等上海各大报纸也连续做了报道。事故也引起执政党党务部门和工会的关注。2月24日，国民党中央民运会致电上海市党部，请查明真相。上海市总工会派人前往正泰厂询查起火情形及工人善后事宜。第一区橡胶厂工人就此事发表宣言。②

（二）正泰爆炸案引发的事件

1. 关于死难工人抚恤费的争议

事故发生后，正泰厂方发给死难工人家属的抚恤费为300元，一些家属则要求按照《工厂法》的规定赔偿，与厂方交涉后无果。3月1日，一些家属请律师向厂交涉，并成立"正泰橡胶第一厂被难家属后援会"。③

同一天，正泰厂工人所属的上海市第一区橡胶产业工会召集了全市橡胶厂工人代表会议，成立"正泰永和惨案后援会"（以下简称"后援会"）④，反对正泰厂的处理办法，提出抚恤费的另外计算方式。3月9日，后援会向社会发表宣言，⑤ 此后又致函公共租界工部局、纳税华人会、上海市商会及国货橡胶制品业同业公会（以下简称"橡胶业公会"）。⑥ 3月18日，上海市总工会发表宣言，对工厂进行谴责。⑦

经正泰橡胶第一厂被难家属后援会与厂方交涉，厂方同意给每位死难

---

① 《正泰橡胶厂惨祸　死伤百余工人之善后》，《申报》1933年2月23日，第9版。
② 《正泰橡胶一厂之变　爆炸锅炉查系日货》，《申报》1933年2月25日，第13版。
③ 《乐俊英律师代表正泰橡胶第一厂被难家属紧急声明》，《申报》1933年3月1日，第5版；《正泰橡胶第一厂被难家属后援会请被难家属重新登记启事》，《申报》1933年3月1日，第5版。
④ 正泰爆炸案发生不到一周，2月27日，位于上海闸北宝兴路的永和实业公司第一橡胶厂也发生火灾，死亡17人，伤20人，故3月1日橡胶工会成立的后援会称为"正泰永和惨案后援会"。见《全市橡胶厂工友昨日会议》，《申报》1933年3月2日，第11版。
⑤ 《正泰永和惨案后援会宣言》，《申报》1933年3月9日，第5版。
⑥ 《正泰永和惨案后援会续发两要函》，《申报》1933年3月17日，第11版。
⑦ 《两橡胶厂惨祸　市总工会发表宣言》，《申报》1933年3月18日，第11版。

者增加抚恤费50元。3月12日，正泰橡胶第一厂被难家属后援会登报声明解散。① 3月13日正泰厂发表启事，公告社会各界，事故经过业已呈报社会局，善后处理事宜全体死难者家属均感满意，抚恤金已全体领去。②

后援会对正泰厂的处理办法非常不满。3月27日，后援会和工人家属代表十余人到上海市党部、上海市总工会、上海市社会局请愿。党部许诺会同社会局办理。上海市总工会表达了对此事的支持。③ 一个月后，此事并无回音。5月2日，死难者家属到后援会请求援助，后援会派人同家属40余人到社会局、党部请愿。社会局允诺迅速予以办理。④

至6月，后援会听到正泰厂要出盘的传闻，又致电国民党中央民运会与实业部，请求"钧部会迅派大员来沪，勒令该厂按照工厂法从优抚恤，以重民命而维法典"。实业部咨行上海市政府转饬核办。民运会函上海市党部、上海市政府依法办理。⑤

至9月，死难者家属仍未得到答复。9月22日，死难者家属20余人，由后援会人员率领，又向党政机关请愿，请求党政机关给予迅速调解。市党部与社会局同样接待、允诺解决。⑥ 然自此以后，再无下文，此事不了了之。

2. 正泰爆炸案后新一轮工厂检查权谈判启动

2月25日，灾害发生后的第四天，上海市社会局向上海市政府呈交正泰厂事故的调查报告时，恳请上海市政府向租界当局交涉，商定工厂检查方法。3月6日，上海市政府同意再同租界当局交涉，并将上海市社会局的报告电复实业部。⑦ 3月13日，实业部函复上海市政府，租界工厂检查事宜仍由上海市政府办理。⑧

① 《乐俊英律师代表正泰橡胶第一厂被难家属后援会紧要声明》，《申报》1933年3月12日，第5版。
② 《正泰橡胶第一厂启事（一）》，《申报》1933年3月13日，第6版。
③ 《正泰永和两厂工友被难家属　昨向党政机关呼吁》，《申报》1933年3月28日，第10版。
④ 《正泰厂死难家属昨日请愿》，《申报》1933年5月3日，第13版。
⑤ 《正泰永和惨案近讯》，《申报》1933年7月4日，第15版。
⑥ 《正泰橡胶厂死难工人家属昨请愿》，《申报》1933年9月23日，第11版。
⑦ 《上海市政府指令第五一八七号　令社会局　为据呈报正泰厂惨变经过已电复实业部查照由》，《上海市政府公报》第131期，1933年4月10日，第52~53页。
⑧ 《公牍·函：函上海市政府：劳字第二〇八八号（中华民国二十二年三月十四日）：函请饬查永和实业公司工厂惨变经过及善后办法并将交涉进行特区工厂检查等情形随时见示由》，《实业公报》第115~116期，1933年4月1日，第88页。

4月，自"一·二八"事变后中断一年多的工厂检查权谈判重新开始。4月19日，公共租界修改了《洋泾浜地产章程》附则第34条。根据章程，工部局取得了包括工厂检查权在内的工厂管理权。

《洋泾浜地产章程》修正案遭到中国社会的强烈反对。21日，上海市市长吴铁城公开发表讲话，上海各社会组织，如公共租界纳税华人会、上海市民提倡国货会、中华国货维持会亦纷纷发文发电表示反对。[①] 29日，上海市政府向驻沪各国领事提出正式抗议。[②] 租界当局为缓和局势，派人向上海市政府解释，愿意继续谈判。至9月，双方仍未达成协议，此轮谈判结束。[③]

3. 租界当局对橡胶厂的安全检查

正泰爆炸案发生后，工部局令下属的火政处、警务处对惨案原因进行调查。两处在对爆炸案原因进行调查的同时，全面调查了租界内27家橡胶厂的安全情况。[④] 3月18日，工部局对不符合安全条件的工厂进行通告，要求其进行整改。[⑤] 由居住房屋改造成厂房的6家橡胶厂，4家被责令限期停工搬迁，2家正停工歇业的，不得复工。[⑥]

最早接到迁厂命令的是位于北成都路的义源橡胶厂。义源厂工人在接到工厂停工通告后，报告上海第三区橡胶工会，请求调解。工会派人与厂方交涉不成，7月4日，带领义源厂全体工人向上海市政府、上海市党部、上海市社会局请愿。[⑦] 请愿的同日，社会局召集劳资双方进行调解，但调解未成。[⑧] 至7月下旬，在社会局的调解下，义源厂与工人达成解决办法。[⑨]

针对工部局对橡胶厂的处理，7月5日，橡胶业公会召集被停工的4厂负责人进行临时谈话。7月7日，橡胶业公会召开会员临时代表大会，

---

① 《租界图夺工厂管理权　吴市长发表重要谈话》，《新闻报》1933年4月21日，第9版。
② 《国货团体反对工部局管理工厂》，《新闻报》1933年4月28日，第9版。
③ 劲夫：《上海租界与工厂检查》，《劳动季报》第1期，1934年4月10日，第195～201页。
④ 《正泰橡胶厂事件工部局调查报告》，《申报》1933年4月5日，第13版。
⑤ 《橡胶业迭受警告后定期召集代表大会》，《申报》1933年7月6日，第12版。
⑥ 《关于工业法规之报告》，《上海公共租界工部局年报》（1933年），第25页。
⑦ 《义源厂被迫停业后　天星等厂又接劝告》，《申报》1933年7月5日，第12版。
⑧ 《橡胶业被勒迁后公会昨向市府等请愿》，《申报》1933年7月11日，第13版。
⑨ 《中国乒乓公司亦被警告勒迁》，《申报》1933年7月27日，第11版。

商定应对办法。[①] 7 月 10 日，橡胶业公会组织各厂代表赴市政府、市商会、公共租界纳税华人会请愿，并递交呈文，请上海市政府"依法交涉，以保主权而维实业"。[②] 上海市政府允诺向工部局提出交涉。

橡胶业公会请愿取得了租界华人的支持。公共租界纳税华人会 7 月 11 日致函工部局，请求其收回迁移成命。[③] 橡胶业公会的请愿也取得了上海市商会的支持。7 月 12 日，市商会致函工部局及各华董，并呈请市政府向工部局交涉，暂停执行。[④] 上海国货工厂组织——上海机制国货工厂联合会（以下简称"机联会"）在义源等厂接到迁厂警告后派代表前往工部局进行交涉。[⑤] 7 月 25 日，机联会召开常务理事会，再推代表向市政府催询，同时上呈实业部。[⑥] 次日，又请外交部向工部局抗议。[⑦]

在社会各界的质疑中，7 月 28 日，工部局回复了公共租界纳税华人会来函，并转达橡胶业公会。工部局解释了对橡胶厂进行迁移的原因，强调对租界工厂的管理权。

此后机联会和公共租界纳税华人会又进行了几次交涉，但未能改变工部局的决定。租界内橡胶厂按工部局的要求，或迁厂，或停业，或对工厂设备进行改良。次年，工部局开始系统地对公共租界内的工厂及工场实施检查。[⑧]

4. 工业灾害预防专业组织的成立

正泰爆炸案的发生，使中国工业界认识到工业灾害预防的重要性，"灾情重大，近年所罕见，群觉提倡工业安全之不容稍缓"。5 月 6 日，由家庭工业社、天厨味精厂等 8 厂发起筹备工业安全协会。6 月 17 日，协会正式成立。[⑨] 这是中国近代第一个工业安全组织。工业安全协会的业务范

---

① 《法租界依样葫芦突然警告大中华厂》，《申报》1933 年 7 月 8 日，第 12 版。

② 《橡胶业被勒迁后公会昨向市府等请愿》，《申报》1933 年 7 月 11 日，第 13 版。

③ 《纳税会函工部局商请收回橡胶迁厂成命》，《申报》1933 年 7 月 12 日，第 13 版。

④ 《市商会函请工部局暂停执行勒迁橡胶厂》，《申报》1933 年 7 月 13 日，第 13 版。

⑤ 《橡胶业被迫后　今晨特向市府等请愿交涉　机联会改期开会并呈市府》，《申报》1933 年 7 月 10 日，第 14 版。

⑥ 《工部局取缔橡胶厂　机联会呈请抗议》，《申报》1933 年 7 月 26 日，第 11 版。

⑦ 《中国乒乓公司亦被警告勒迁》，《申报》1933 年 7 月 27 日，第 11 版。

⑧ 《关于工业法规之报告》，《上海公共租界工部局年报》（1934 年），第 23、11 页。

⑨ 《会讯：筹备会议纪录》，《工业安全》第 1 卷第 1 期，1933 年 7 月 1 日，第 1 页。

围为："关于工厂卫生等设施之研究设计及指导事项；关于会员工厂委办安全设备之检验及卫生状况之改善事项；关于工业安全、工业卫生智识之普及事项；其他关于工业之安全之应办事项。"① 协会成立后按照以上宗旨进行了一系列活动。

二 1933年上海工业灾害治理中的利益博弈

从1933年正泰爆炸案的惨烈状况可以看出，上海工业灾害已极其严重，到了必须应对的地步。工业灾害是近代工业发展的衍生物，和当地工业发展情况密切相关。近代上海是中国的工业中心。据中国经济统计研究所1933年的调查，上海共有工厂4000家，其中符合工厂法的1229家（全国共2435家）。② 上海工业资本额占全国的40%，工人数占全国的43%，产值占全国的50%。③ 但是工业的飞速发展带来了负面效应。上海市社会局工厂检查股主任田和卿根据《申报》的新闻材料统计，1933年上海共发生工业灾害165次，死伤人数共计415人，经济损失在230万元以上。④ 在中央工厂检查处的统计材料中，1934年上海工业灾害发生1215次，死亡人数713人，受伤人数1417人，死伤总数2130人，经济损失约275万元，分别占全国总数的49.2%、37.7%、45.4%、42.5%和47.9%。在全国各省市中，上海工业灾害发生次数最多，死伤人数最多，经济损失最大。⑤ 这和工业发展的情况是相吻合的。

上海工业灾害治理已是迫在眉睫的事情，而工业灾害治理在上海又具有特殊的复杂性。1933年的上海虽是一个城市，却被划为由不同的行政主体管辖的三个区域，即上海市政府管辖区、公共租界和法租界。行政权的

① 《上海市工业安全协会章程》，《工业安全》第1卷第1期，1933年7月1日，第4页。
② 刘大钧：《中国工业调查报告》，李文海编《民国时期社会调查丛编》二编（上），福建教育出版社，2014，第8页。
③ 刘大钧：《上海工业化研究》，李文海编《民国时期社会调查丛编》二编（下），第120页。
④ 田和卿：《一年来上海市工业灾害的回顾（附表）》，《工业安全》第1~2期，1934年，第44页。
⑤ 王莹：《十三年全国工业灾害总检讨（续完）》，《劳工月刊》第4卷第8期，1935年，第8~9页。

不同，使各方的治理措施无法在他方实施。同时上海的社会组织也很发达，这些社会组织在保护本集团利益时积极行动，对治理进程有相当影响。从正泰案处理及后续的相关事件来看，涉及利益主体和关注者众多，包括以下几类：一是和救灾相关的部门，如救火队、巡警、医院、民间殡葬组织；二是行政部门，如上海市政府、上海市社会局、公共租界工部局、法租界公董局、实业部；三是企业及其组织，包括众多橡胶企业、橡胶业公会、机联会、上海市民提倡国货会、中华国货维持会；四是工人及其组织，如橡胶厂工人、上海市第一区和第三区橡胶产业工会、上海市总工会；五是对社会利益关注的其他组织，如上海市党部、国民党中央民运会、公共租界纳税华人会、上海各大媒体等。这些组织不同程度地参与了对正泰案的处理及以后的工业灾害治理事件。

对残酷的工业灾害进行治理，已经成为上海各界的一个共识，因为工业灾害在不同程度上损害了上述社会主体的利益，如工厂的利润、工人的生命健康、行业的发展、国家的经济社会福利。这种共识是工业灾害治理社会合作的基础。但是在由谁治理、如何治理方面，各方存在分歧和利益博弈，纵观上文的治理事件，其主要存在于以下几个主体之间。

（一）上海市政府与公共租界工部局

工业灾害治理，涉及工厂安全立法与行政。这是一个国家主权内的职责。在 1933 年前，中国政府对工业灾害问题已经很重视，并做了大量工作。1929 年 12 月南京国民政府出台的《工厂法》第八章"工厂安全与卫生设备"、第九章"工人津贴及抚恤"规定了工厂安全生产事项及工伤抚恤的相关内容。1930 年 2 月出台《工厂检查法》，6 月设立工厂检查人员养成所，训练工厂检查人员。1931 年 8 月《工厂法》施行，开始在全国推行工厂检查。上海市是较早完成第一期工厂检查的城市。上海市政府于 1931 年 10 月 1 日拟定《上海市社会局为定期实行工厂检查告工厂和工友书》，准备进行工厂检查，"一·二八"事变发生后停顿下来。1932 年 9 月 1 日工厂检查正式开始，至 1933 年 1 月，所有辖区内的工厂均检查完毕。而租界内的各工厂，工部局先是非正式请求延缓检查，而后正式拒绝检查。[1] 上海

---

① 中央工厂检查处：《中国工厂检查年报》（1934 年），第 7 页。

市社会局呈请上海市政府向工部局交涉。1931 年 11 月实业部派员同公共租界与法租界当局进行协商。通过谈判虽确立了租界实施工厂检查的原则，但在具体办法上各方存在分歧。中国政府坚持主张租界工厂检查机关应由双方合办，而租界当局则坚持工厂检查机关应由其主持，谈判一直处于僵持状态。此后实业部转请上海市政府办理谈判事宜。而后上海遭遇"一·二八"事变，第一阶段谈判停止。

发生在公共租界的正泰案，使工厂检查问题被推到公众面前。

2 月 22 日，即发生灾害的第二天，双方在视察惨案现场时，便就工厂检查权问题进行交涉。上海市社会局工厂检查股主任田和卿说道："本局实施工厂检查时，对于工厂安全，原极注意。此次惨剧，尤足证明工厂安全设备之不容忽视。然该厂地处公共租界，本局因特区当局之阻梗，对于特区工厂，尚未进行检查……"上海公共租界工部局总董裴尔则否认此次惨祸与缺乏工厂检查有关。①

正泰案的发生，引发了 4 月开始的第二次工厂检查权谈判。在谈判过程中，工部局修改了《洋泾浜地产章程》附则第 34 条。根据章程，凡从事工业者均需向工部局领取执照，工部局得随时查看工厂情形，酌情订定规则。工部局借此取得了包括工厂检查权在内的工厂管理权。

《洋泾浜地产章程》修正案的出台在上海引起极大的反响，因为这涉及中国主权问题。上海市市长吴铁城认为，工厂检查权关系着中国的劳工行政权，公共租界纳税西人会通过修改《洋径浜地产章程》来取得工厂检查权，从历史和法律角度并无依据。公共租界纳税华人会认为，在工厂法与工厂检查法以外，租界另立同样法律，"非特越权，实属破坏我国主权，割裂我国法律，更与国际公约有所冲突"。② 上海市民提倡国货会及中华国货维持会函请市政府严肃交涉，力争国权，并愿领导全沪国货工厂作为政府后盾，同时分函国货各团体成立反对工部局检查工厂委员会。③

对此，工部局坚持一贯的立场，"虽准备在可实行之范围内，与上海市政府合作……但未准备放弃或损及本局在公共租界内所有之行政权"。④

---

① 《本市新闻 惊人惨耗 男女工死伤百余》，《申报》1933 年 2 月 23 日，第 9 版。
② 《租界图夺工厂管理权 吴市长发表重要谈话》，《新闻报》1933 年 4 月 21 日，第 9 版。
③ 《国货团体反对工部局管理工厂》，《新闻报》1933 年 4 月 28 日，第 9 版。
④ 《关于工业法规之报告》，《上海公共租界工部局年报》（1933 年），第 20 页。

行政权的缺失，使上海市政府在处理发生在租界内的正泰爆炸案上有心无力。在正泰厂工人抚恤费方面，上海市社会局虽严令正泰厂按照《工厂法》第 45 条之规定办理，[①] 但正泰厂并不遵从，而和正泰案相隔不到一周发生的永和橡胶厂爆炸案中，工人抚恤都按照《工厂法》处理，两者形成鲜明的对比。后援会数次向上海市社会局请愿，并致电国民党中央民运会与实业部，最后都无结果。正泰案后公共租界对橡胶厂进行整治时，橡胶业公会组织各厂代表赴市政府请愿，上海市商会、机联会呈请市政府向工部局交涉，然而并没有改变租界当局的决定。

工部局自是了解工业灾害治理行政权统一的重要性，"显然可见者，在上海全埠工业区，当以同样之方法，施行同样之法规。设使各市区之办法不能画一，则厂主即可从事于不平等之竞争"，并在原则上表示，"本局当竭力与中国政府合作，俾得将可以实行之工厂法规，画一施行"，但关键点是，"惟公共租界之内，只能有一个行政当局"。[②]

工厂检查权谈判博弈的是工业灾害治理所负载的政治权力。上海市政府借由工厂检查，力图将国家权力推进到租界控制地区。工厂检查权谈判的失败，使上海工业灾害治理中立法和行政措施无法统一。

（二）公共租界工部局和橡胶业组织

公共租界工部局在调查正泰爆炸案原因的同时，也调查了全区的橡胶厂，并对工厂进行相应处理，租界内 26 家工厂，4 家限期停工搬迁，2 家正停工歇业的不得复工，其余 20 家，令其按照要求整改。[③] 这些处理措施震动了整个橡胶业，对橡胶业生产是很大的打击。此时橡胶业正面临严重的困难。

橡胶业在中国起步较晚。1919 年，上海成立第一家橡胶厂。1926 年后，由于国际橡胶市场的波动及 1929 年金融危机的影响，中国橡胶业出现进口原料贱、出口成品贵的情况，上海橡胶业飞速发展，从 1925 年只有三四家小厂发展到 1931 年的 48 家工厂，占全国橡胶工厂总数的 70% 左右。[④]

① 《两橡胶厂灾变后　永和解决正泰未了》，《申报》1933 年 3 月 5 日，第 11 版。
② 《关于工业法规之报告》，《上海公共租界工部局年报》（1932 年），第 45 页。
③ 《关于工业法规之报告》，《上海公共租界工部局年报》（1933 年），第 25 页。
④ 上海市工商行政管理局、上海市橡胶工业公司史料工作组编《上海民族橡胶工业》，中华书局，1979，第 12～14 页。

然而 1932 年起上海橡胶工业开始步入逆境。一是因为上海橡胶工业产品约有 10% 行销东北和华北，1931 年日本占领东北后，又控制了华北，上海橡胶业的北方市场次第丧失。二是"一·二八"日本侵略上海的战争使上海橡胶业遭受一次洗劫，元气大伤。三是国外银价上涨，造成中国进口橡胶制品售价下跌，而原料生橡胶进口价格反见上升，使依赖进口原料的橡胶工业利润大减。四是 1931 年的大水灾使胶鞋在内地的销路受到影响。至 1933 年，橡胶厂只剩余 34 家，而这些工厂能够完全开工者仅有 1 家，其他都是部分开工，有 10 家则处于停工状态。① 在此背景下，工部局要求租界内橡胶厂近 1/4 迁厂或停业，其他厂都要按要求整治，这无疑使橡胶业雪上加霜。

然而橡胶业的生产安全问题的确相当严重，如被处理的 6 家工厂，都是由住宅改成的，并不适用于工业生产。楼上大量女工工作，楼下是各种具有危险性的机器，一旦发生爆炸，工人无法逃生。正泰爆炸案死伤人员之多，也正是此缘故。这种厂房窗户少，空气流通差，挥发的石油气不易散去，达到一定的浓度，遇到电火花，就会发生火灾，引发爆炸。这也是正泰爆炸案发生的原因之一。

然而租界内橡胶厂的生产安全情况，也是当时上海大部分工厂的情况。根据中国经济统计研究所 1933 年的调查，因为资本太少，上海工厂中仅有 15% 的工厂自有厂地及厂房，2% 是租地造房，而既无厂房又无厂地者占 80% 左右。工厂租用的厂房大多不是工业用的建筑，而是由普通住宅改造的。②

因此租界对橡胶厂的处理受到了质疑。上海市社会局田和卿认为，如果租界当局按照《洋泾浜地产章程》处理各工厂，全市工厂符合规定的可能不到千分之一，被警告的各橡胶厂虽然设备不完备，但按照上海各工厂的情况，还过得去；如果工厂有少数设备不合格，让其改良即可，并不需要让其停业，使各厂惊惶不安；而且租界内还有不少工厂设备很简陋，工部局也没有视察。③ 机联会认为国货工厂生产安全确实存在问题，因为国

---

① 《上海民族橡胶工业》，第 26 页。
② 刘大钧：《上海工业化研究》，李文海编《民国时期社会调查丛编》二编（下），第 192 页。
③ 《社会局拟具改革橡胶厂设备计划》，《申报》1933 年 8 月 23 日，第 12 版。

货工厂大都是由小工厂扩建而成，房屋皆为租赁，因陋就简，势所难免，如果工部局以公共安全为借口，工厂除了停工，别无他法。[①] 橡胶业公会认为，按照各国工业发展的经验来看，工厂设备改良都有一个过程，中国橡胶业创办不过十年，各厂在《工厂法》颁布后，正打算逐渐改善安全设施，工部局此时对工厂的处理是在摧毁中国实业。[②]

橡胶业组织和工部局博弈的手段是质疑工部局的执法资格，一方面可以引起社会舆论的同情，给工部局以压力，另一方面希望得到上海市政府的援助，使工部局改变决定，推迟对橡胶业的处理。它得到了上海工商业团体的支持。

橡胶业公会组织各厂代表赴市政府、市商会、公共租界纳税华人会请愿，认为工部局在工厂安全检查"交涉尚未终了，办法尚未实施之前，突取断然手段，显系蓄意破坏我劳工行政之系统，意图攫夺我工厂管理权，其有损我国主权，自不待言"，应该等"租界工厂检查权解决以后，经过检查，指示改善后，方能有所措置"。[③] 公共租界纳税华人会致函工部局，认为公共租界迁移各工厂的法律依据是《洋泾浜地产章程》第 30 款，此规定远在各橡胶厂建厂之前出台，各厂设立时并没有依据它，而各厂也不是最近设立的，如果按其严厉实行，会给人以侵夺工厂检查权的猜想。[④] 上海市商会也认为，管理工厂并不在《洋泾浜地产章程》第 9 款所列的权限内。橡胶厂的工厂安全问题，应在上海市政府与工部局就工业检查权问题协商完成，双方会同检查后，才可以决定。[⑤] 机联会认为，工厂检查是中国的劳工行政，如果工部局在橡胶工厂检查中的措施得逞，势必波及其他工厂，以致影响中国的工业前途及国家主权，[⑥]"保护洋商工厂，不受中国官厅检查；增进工部局大宗领照收入；洞悉中国工业秘密；压迫中国工业，

---

① 《橡胶业被迫后 今晨特向市府等请愿交涉 机联会改期开会并呈市府》，《申报》1933 年 7 月 10 日，第 14 版。
② 《橡胶业被勒迁后公会昨向市府等请愿》，《申报》1933 年 7 月 11 日，第 13 版。
③ 《橡胶业被勒迁后公会昨向市府等请愿》，《申报》1933 年 7 月 11 日，第 13 版。
④ 《纳税会函工部局商请收回橡胶迁厂成命》，《申报》1933 年 7 月 12 日，第 13 版。
⑤ 《市商会函请工部局暂停执行勒迁橡胶厂》，《申报》1933 年 7 月 13 日，第 13 版。
⑥ 《橡胶业被迫后 今晨特向市府等请愿交涉 机联会改期开会并呈市府》，《申报》1933 年 7 月 10 日，第 14 版。

使无发展；破坏中国整个劳工行政，使不统一，而与其他交涉，亦便于借口"。①

虽然群情激愤，但是租界并不让步，在对纳税华人会的答复中坚持无论租界与上海市政府就工厂检查的谈判结果如何，"本局对于界内房屋及工厂有关之公共安全所负之责任，绝不能放弃也"，"本局为保护市民生命财产之安全，除推行本政策之外，实无他途可循"。②

可以看出，橡胶业组织与租界当局博弈的是工业灾害治理所要付出的经济代价。但是它们对租界当局工厂检查的合法性质疑，不可能改变租界对工厂拥有行政管理权的现实，这是国家主权不完整，企业不得不承担的后果。另一方面，在工业灾害治理中，企业要经过安全生产检查的考验，不合格的企业就应该被淘汰。但行业利益会导致企业界对工业灾害治理的集体抵制。在橡胶业和工部局的博弈中，尽管工部局在合法性上有问题，检查过程也极为仓促，但不能否认企业应承担相应的责任，付出应付的代价。

（三）橡胶厂工人与工厂

工业灾害的发生会危害工人的生命健康安全，工业灾害治理则会影响工人一时的生计。在灾害治理中，工人和工厂博弈的是工人生命健康的损害赔偿，以及因灾害而失业后的生活保障。

正泰爆炸案后，工人和工厂起争议的是工伤抚恤。最初，厂方仅愿付给每名死亡工人抚恤费 300 元。按照上海市政府的命令，厂方应该按照《工厂法》规定的标准赔偿，即 50 元的丧葬费、300 元的抚恤费和两年的平均工资。③ 1932 年上海橡胶业男、女工日平均工资分别为 0.972 元和 0.964 元，④ 那么每名工人的抚恤费用应在 650 元以上。发生在 5 天后的永和橡胶厂爆炸案抚恤费为：棺材 60 元，殓衣 40 元，抚恤费 300 元，两年平均工资 300 元，共 700 元。⑤ 相比之下，正泰厂赔偿金额还不到永和厂的一

① 《工部局取缔橡胶厂　机联会呈请抗议》，《申报》1933 年 7 月 26 日，第 11 版。
② 《工部局述取缔橡胶厂宗旨》，《申报》1933 年 7 月 29 日，第 11 版。
③ 《修正工厂法》，《实业公报》第 117～118 期，1933 年 4 月 15 日，第 7 页。
④ "实业部"劳动年鉴辑委员会编纂《民国二十一年中国劳动年鉴》第 1 编，台北，文海出版社，1990，第 191 页。
⑤ 《两橡胶厂灾变后　永和解决正泰未了　实业部电市政府查明核办　社会局将令正泰依法办理》，《上海商报》1933 年 3 月 5 日，第 2 版。

半。在正泰橡胶第一厂被难家属后援会的交涉下，正泰厂将抚恤金提高到350元。

但在橡胶业工会组织看来，按照《工厂法》赔偿还是不够的。上海市第一区橡胶产业工会组织成立的后援会认为，事故中工人死亡的性质不是工伤，因为工厂在事故发生中存在过错，应按照民法的规定进行赔偿，"应以死亡之年龄与生活费平均一次算至六十岁为度"。同时要求惩办两厂负责人员，管理蒸缸者以直接杀人犯、经理以间接杀人犯论处。[1] 后援会认为，正泰厂存在四点问题：厂方报告的死亡人数与事实不符；厂方对死难者的抚恤不同；厂方存在欺诈工友的事实；死难者家属被迫领取少量的抚恤金；等等。[2] 据当事人回忆："当时的流氓恶霸得到厂方巨额报酬，与厂方串通，对死难职工家属强施加压力，每一死者家属仅得抚恤金350元。"[3]

此后，后援会通过向社会发表宣言，致函公共租界工部局、纳税华人会、上海市商会、橡胶业公会，向上海市党部、上海市总工会、上海市社会局数次请愿，都无法改变这个结果。最后，后援会致电国民党中央民运会与实业部，所要求的抚恤费数额已降低到和上海市社会局的指令相同，即以《工厂法》规定为依据，但也是徒劳。在抚恤费上正泰厂不肯遵从法令，上海市行政机关也无计可施，工人的抗争失败。

在义源厂停业的案例中，工人与工厂的谈判则有了相对圆满的结果。义源厂接到工部局迁厂通知后，发出停业通告，同时上报上海市社会局，请求核准终止工人契约。上报的原因是担心停业会影响到工人的生计，工人不会善罢甘休。工厂认为，根据《工厂法》，商家停业，只有预告的责任，并无其他义务。而工人则认为，根据法律，工厂在停工时，"对于工人之生活，必须得一相当办法"。上海第三区橡胶工会向上海市政府、上海市党部、上海市社会局请愿，要求由厂方负责停工后工人的工资伙食，确定工厂开工日期和所迁厂址。[4]

① 《正泰永和两厂肇祸后　全市橡工严重表示》，《申报》1933年3月5日，第11版。
② 《正泰永和惨案后援会会议》，《申报》1933年3月26日，第13版。
③ 杨少振、洪福荣：《正泰橡胶厂的经历》，陆坚心、完颜绍元编《20世纪上海文史资料文库》（3），上海书店出版社，1999，第332页。
④ 《义源厂被迫停业后　天星等厂又接劝告》，《申报》1933年7月5日，第12版。

对此，上海市社会局两次召集劳资双方进行调解，于第二次达成调解办法，内容包括：停工期为3个月；停工期间厂方给予每个工人每月伙食费津贴洋3元，并且每月预支工资2元；伙食费及预借工资于8月3日、9月3日分两次发给。① 工人的生计问题暂时得到解决。此次事件之所以能够成功解决，原因在于，义源厂虽在租界内，但它承认中国法律和上海市政府的管理权，听从政府的调解。根据《工厂法》第六章，工厂在终止契约时，应提前告知工人，预告期根据工人在厂服务的期限分别为10天、20天、30天，预告期间要给工人半数的工资，如果不提前告知，则给全部工资。② 预告期间的工资，便是通俗意义上的解雇费。从这些规定来看，工厂对于解雇的工人在法律上是有义务的。但停业不等于解雇，所以这次数额由双方协商决定。

以上两例中，工人和工厂博弈的是劳动者的社会保障权利，即工伤保障权利和失业保障权利。这两项权利无论在当时的国际公约中还是国内的法律中都有明确规定，却成了利益博弈的对象，可见在工业灾害治理方面，工人的社会保障在事实上还是待解决的问题。

三　1933年上海工业灾害治理中的社会合作及治理效果

在社会治理中，出现利益博弈是正常现象，它能够使社会各界参与其中，主张自己的权利，保护自己的利益，达到利益的平衡。面对百害而无一利的工业灾害，社会各主体更多的是合作。

（一）工业界的合作

早期的近代工业，因为生存压力，大都采取粗放型管理，无力顾及生产安全。正泰爆炸案的发生，使中国工业界认识到工业灾害预防的紧迫性："正泰等橡胶厂之爆炸，不啻一声惊雷，使海上工业界从沉睡中惊醒，而觉悟工业安全之重要，于是各方面促进安全运动，乃应时而起。"③ 预防灾害，不仅是"劳工保护"政治口号下工厂所承担的道德义务，而且在经

---

① 《中国乒乓公司亦被警告勒迁》，《申报》1933年7月27日，第11版。
② 《修正工厂法》，《实业公报》第117～118期，1933年4月15日，第4页。
③ 程守中：《工业安全与管理》，《上海机联会丛刊二》，序，第1页。

济方面，有利于提高生产效率和减少工厂意外损失，"工业安全事业……为工厂管理之一部分，发展企业之要图，为经营工业者所应殚精竭虑以赴之者"。①

上海工业界认识到，要防御工业灾害，必须整合社会力量，"工业安全事业涉及各种专门知识，性质极为复杂，其中如安全设备之定期检验等，尤非普通工厂独力所能逮，众擎易举，古有明训"，所以应"集合各工厂、各公团、各学术团体、各专家……以团体之力量，协助各工厂规划工业安全设施，群策群力，锐意前进，冀于国计民生，稍有裨益"。②

工业安全协会的成立意味着工业界开始联合起来，共同应对工业灾害。上海工业界成立协会的发起者是 8 家工厂，成立时会员工厂已有 30家，个人会员 10 余人。③ 此后不断有新的工厂加入。同时，协会积极与其他工商业组织联系，推动灾害预防的合作。协会制定《橡胶业安全卫生设施建议书草案》后，通过橡胶业公会，邀请各橡胶厂开会讨论各项条目，征求橡胶厂的建议。④ 协会多次与中华工业总联合会、机联会、工商管理协会等举行会议，商讨灾害预防事宜。中华工业总联合会总干事钱承绪向协会介绍锅炉检验专家梁钟铿，协会予以聘用。⑤ 中国工商管理协会翟克恭和上海机制国货工厂联合会程守中参加了橡胶制造安全设施特种委员会扩大会议，对建议书提出修改意见。中国工商管理协会唐泽焱表示："工商管理协会的使命，乃设法使各厂增加生产，但安全与生产有密切关系，以后敝会当尽力协助贵会，共谋发展。"⑥ 钱承绪、唐泽焱还被邀请参加欢迎专家顾问及新会员宴会。⑦ 通过举办各种活动，上海形成了以协会为中心的工业界灾害预防合作体系。

① 《工业安全协会成立会》，《申报》1933 年 6 月 18 日，第 13 版。
② 《组织工业安全协会缘起》，《工业安全》第 1 卷第 1 期，1933 年 7 月 1 日，第 1 页。
③ 《工业安全协会成立会》，《申报》1933 年 6 月 18 日，第 13 版。
④ 《橡胶工厂力谋改良》，《申报》1933 年 7 月 15 日，第 14 版。
⑤ 《会讯：本会理事会财务委员会联席会议纪录》，《工业安全》第 1 卷第 3 期，1933 年 9 月 1 日，第 313 ~ 315 页。
⑥ 《会讯：橡胶业特种安全委员会议事录》，《工业安全》第 1 卷第 3 期，1933 年 9 月 1 日，第 315 ~ 318 页。
⑦ 《会讯：欢宴专家顾问及新会员记录》，《工业安全》第 1 卷第 5 期，1933 年 11 月 1 日，第 503 ~ 510 页。

（二）上海市政府机关与工业界的合作

上海市政府是工业灾害治理的管理者，更注重和上海市各企业的合作。上海市社会局认为，上海市各种产业不景气，如果《工厂法》在短时期内全部实施，是不现实的，应该根据轻重缓急，循序渐进，所以初期检查的范围仅为工厂簿册、工作时间、工资、资金或分配盈余、工人津贴及抚恤、学徒、厂规等内容。关于工厂安全卫生设备事项，并不在初期检查范围内。社会局在工厂检查过程中注重宣传，给工厂准备时间。关于检查范围，社会局提前通令市区各工厂，并登报通告。检查员检查某工厂，会提前一周通知。所以检查员进厂后向厂方询问相关情况，调阅各种簿册，向工人代表或个人进行问话，工厂都会配合。社会局需要的工厂相关材料，工厂都会在规定的最后期限之前呈送到社会局。① 这使上海市社会局和工厂之间，不至于像工部局和工厂之间关系那么疏远。当然，这也和上海市政府作为合法的管理者被社会认可有关。

为了促进社会对工业安全的重视，上海市社会局推动工业安全协会成立。正泰爆炸案后，上海市社会局工厂检查股主任田和卿会同橡胶业公会负责人薛福基等人商量善后办法时，就有组织团体的想法。后田和卿联络各方，积极筹备成立工业安全协会。② 参加协会第一次筹备会的有7名个人代表，包括田和卿和3名社会局工厂检查员——李树德、王刚、李崇朴。田和卿和李树德在此会上被推举为筹备委员，田和卿被推举为协会章程起草委员会委员。田和卿和李树德参加了第二次筹备会，会上，田担任主席。③ 在成立大会上，上海市社会局9名工厂检查员中，④ 有8人参加，他们是田和卿、李崇朴、江之永、卢济沧、李树德、王缵予、吴冰海、沈日升，其中田和卿在成立大会上介绍了筹备经过。⑤ 这些工厂检查员多成为协会的个人会员，参加了协会诸多活动。尤其是田和卿，除了参加筹备和

---

① 中央工厂检查处：《中国工厂检查年报》（1934年），第7页。
② 《本会组织经过和工作概要》，《工业安全》第1~6期，1936年，第170页。
③ 《会讯：筹备会议纪录》，《工业安全》第1卷第1期，1933年7月1日，第1页。
④ 上海市政府编《上海市政府职员录》，1934，第21~22页。
⑤ 《国内经济 劳工 沪工业安全协会成立》，《工商半月刊》第5卷第14期，1933年7月15日，第94~95页。

成立工作外，他还在第一次理事会财务委员会联席会议上被聘请为总干事（未履任）。① 此后数次常务理事会，田都列席。

上海市党政机关还在协会举办重大活动时派代表参加，表示官方的支持。成立大会上，社会局曾昭门、卫生局吴利国、上海市党部毛云分别代表各自机关致辞，"语多勉励"。② 卫生局长李廷安被聘为卫生专家，前劳工司司长朱懋澄被聘为劳工专家顾问，他们在 9 月 23 日协会召开欢迎专家顾问及新会员宴会上分别致辞。③

上海市政府人员通过《工业安全》杂志普及工业安全知识。社会局工厂检查员李树德被聘为《工业安全》杂志总编辑，负责组稿。杂志第 1 期中文章作者就有实业部劳工司长李平衡、上海市教育局长潘公展、前劳工司司长朱懋澄，以及上海市社会局田和卿、江之永、李树德。在此后的组稿中，上海市社会局工厂检查员成为重要的作者。在 1933 年发行的六期中，田和卿共发表专题论文 4 篇，李树德 6 篇，李崇朴 5 篇，卢济沧、江之永、沈日升三人各 4 篇。杂志是他们普及工业安全知识的主要阵地。

（三）上海市工业灾害治理状况的改善

在上海各界的努力下，1933 年上海工业灾害治理呈现进步的趋势。

在橡胶业生产安全方面，首先，租界橡胶厂生产安全条件得到改善。"就橡皮工业而论，现已大见改良。设在'里'内房屋而危及邻居之橡皮工厂，均经迁移。对于建筑之定章，亦多数遵守。"④

其次，橡胶业安全技术组织成立，并在上海市推行安全生产技术。工业安全协会组织的橡胶制造安全设施特种委员会（以下简称"特委会"），将大中华橡胶厂、永和实业公司、正泰橡胶厂、义和橡胶厂、大中国福利橡胶厂等上海各大橡胶厂纳入其中。⑤ 它拟定的《橡胶业安全卫生设施建议书》详细分析了橡胶厂发生火灾及爆炸的原因，提出了防御火灾的 4 条

---

① 《工业安全协会昨开联席会议》，《申报》1933 年 6 月 23 日，第 12 版。
② 《国内经济　劳工　沪工业安全协会成立》，《工商半月刊》第 5 卷第 14 期，1933 年 7 月 15 日，第 94～95 页。
③ 《会讯：欢宴专家顾问及新会员记录》，《工业安全》第 1 卷第 5 期，1933 年 11 月 1 日，第 503～510 页。
④ 《关于工业法规之报告》，《上海公共租界工部局年报》（1934 年），第 23 页。
⑤ 《工业安全协会昨开联席会议》，《申报》1933 年 6 月 23 日，第 12 版。

原则，列出了工厂在构造、设施和工作流程中应注意 11 个事项，[1] 涉及橡胶厂工业安全的方方面面，对工厂采取预防灾害措施提供了重要的建议。这种安全生产技术的行业指导，在近代中国有相当进步的意义。特委会将《橡胶业安全卫生设施建议书》分发给各厂，进行宣传，同时绘制关于橡胶厂安全生产设施的调查表格，由协会派员赴各厂调查，然后由协会根据各厂的安全设施情况，拟就单独建议书给各厂，并派人劝导各厂采纳，辅助各厂实施改善。[2] 这些措施是对上海市各大橡胶厂安全生产的动员，对行业的发展有着重要意义。

最后，协会出版的《工业安全》杂志第 3 期将橡胶业安全技术问题上升到科学研究的水平。它既包括对工厂安全设施的分析，如《橡胶业安全卫生设施建议书》《橡胶工厂安全设施之我见》《橡皮滚筒车之安全设备概说（附图表）》《加硫装置保安须知（附图）》《汽油容器的几种设计（附图）》，又包括对橡胶厂灾害预防方法的研究，如《橡胶厂之静电及其防范方法》《橡胶工业中之化学中毒》《橡皮工业中溶剂的灾害防止》《橡胶工场之危害预防》，还包括对国外橡胶业安全的介绍，如《日本全国橡胶工厂灾害调查：表格（1918～1926）》《统计：德国汉堡（Hamburg）工务局：橡胶工场安全条例》，是近代中国第一本对某一行业安全技术进行专门研究的杂志。

除了橡胶业之外，其他工厂在安全生产方面也有进展。

在厂房安全方面，工部局为防止工厂将住宅改成厂房，在新建住宅的房主领取执照时，会对其进行警告。如果房主擅自添加建筑，会被拆除；如果房主将避火墙拆除，会命令其恢复原状。1933 年 11～12 月，"有房产63 处，或住宅房屋 1168 所"违反规定，业主被警告。对于工厂建造或改造的图纸，工部局工务处建筑测量员都要精心审查。[3] 对于因触电而发生意外事件，工部局认为是上海电气装置质量有问题，"已筹得较为妥善之质量标准"。工部局数次将触电致人死亡的物件出示给制造商，制造商表

---

① 《橡胶业安全卫生设施建议书》，《工业安全》第 1 卷第 3 期，1933 年 9 月 1 日，第 217～226 页。

② 《会讯：橡胶业特种安全委员会议事录》，《工业安全》第 1 卷第 3 期，1933 年 9 月 1 日，第 315～318 页。

③ 《关于工业法规之报告》，《上海公共租界工部局年报》（1933 年），第 34 页。

示愿意改良。①

针对工厂卫生问题，工业安全协会组织整洁运动指导委员会，开展会员工厂整洁运动，要求各厂派一人担任该厂整洁指导员，每月举行大整洁，每年举办整洁运动周。② 针对锅炉安全问题，工业安全协会聘请锅炉专家，计划对会员工厂的锅炉进行检查，每年大检验一次，小检验三次，每次间隔三个月。③ 机联会针对会员工厂制定安全计划：一是进行工业安全知识的宣传，请专家分批赴工厂讲演宣传，举办安全展览；二是帮助会员工厂组织安全委员会，再组织工厂安全联合总会，开办工厂安全指导训练班；三是调查会员工厂的工业灾害情况，根据工业不同种类，制定安全标准；四是聘请医生，巡回至各厂诊病，指导购买急救药品，宣讲急救方法。④ 这些计划在 1933 年虽未完全实施，但它为工厂改善生产安全条件提供目标和具体步骤，显示了工业界预防工业灾害的决心和努力。

从 1933 年起，上海开始了工业灾害信息的统计分析。工业灾害信息的统计分析是工业灾害治理的基础。虽然上海在正泰爆炸案之前，也发生了许多重大的灾害事件，但主要是媒体进行报道和相关部门及时处理，并没有定期的情况总结。正泰爆炸案后，公共租界工部局要求租界内各工厂将工厂灾害事件按期上报。⑤ 1933 年前工部局警务处有重大工厂灾害事件的记录，火政处有工厂因火灾而死亡的人数的报告，1933 年后工部局开始将警务处、火政处、救护股的意外事件汇总、列表分析，包括灾害发生的行业、原因、伤亡人数，刊登在《上海公共租界工部局年报》上。⑥

工业安全协会成立后，会同上海市卫生局、工部局卫生处，请各大医院对工人受伤和职业病情况进行统计。协会绘制表格，分发到医院，由医院按期汇报本院收治的工人受伤与职业病的情况，最后由协会统计汇编。⑦

① 《关于工业法规之报告》，《上海公共租界工部局年报》（1933 年），第 26 页。
② 《会讯：本会理事会财务委员会联席会议纪录》，《工业安全》第 1 卷第 4 期，1933 年 10 月 1 日，第 419～421 页。
③ 《会讯：第五次理事会财务委员会联席会议纪录》，《工业安全》第 1 卷第 5 期，1933 年 11 月 1 日，第 510～512 页。
④ 程守中：《工业安全与管理》，《上海机联丛刊二》，第 63～77 页。
⑤ 《关于工业法规之报告》，《上海公共租界工部局年报》（1933 年），第 26 页。
⑥ 《关于工业法规之报告》，《上海公共租界工部局年报》（1934 年），第 13 页。
⑦ 《会讯：本会理事会财务委员会联席会议纪录》，《工业安全》第 1 卷第 4 期，1933 年 10 月 1 日，第 419～421 页。

1933 年 7 月《工业安全》杂志第 1 期刊登了《统计：最近五个月内上海市工厂灾变之一斑》，此后第 2~6 期，都按月发布了统计数据。

由于缺乏工业灾害的专门统计部门，统计数字主要来源于工厂上报和各大医院的记录。而工厂上报的往往是情况严重，必须报备的灾害，医院记载的则是伤势严重，必须送到医院医治的工人情况，未被记载的可能不在少数，所以数字的准确性有一定问题。这是灾害治理起步时存在的问题，会随着治理方式的完善有所改变。重要的是此时出现的数字统计的意识和行为，这正是现代工业灾害治理的必要元素。

四　结语

1933 年的上海是中国最发达的城市，也是工业灾害最严重的城市。1933 年正泰橡胶厂爆炸案使上海各界开始重视工业灾害问题，引发了一系列工业灾害治理事件。这些事件显示了上海工业灾害治理的复杂性。行政权的不统一和社会组织的多元化，导致诸多社会主体参与治理过程。它们之间既有利益的博弈，也有共同目标指向的合作。在此过程中，上海社会工业灾害预防意识增强，行政管理机构和社会组织的预防措施相继出台，工业灾害治理状况有了一定的改善。

正泰橡胶厂爆炸案虽是近代史上众多工业灾害事件之一，但它是上海工业灾害史上的一个关键事件，对此事件的研究，可以以小见大，认识近代城市工业灾害治理背后复杂的社会关系。目前学界对工业灾害的研究，偏重于长时段的、全国性的、制度性的研究，对于具体城市的、个案的灾害事件研究较少，[①]本文以此事件为入口，抛砖引玉，

---

① 目前关于我国近代工业灾害的研究有：一是近代工业灾害发生情况与灾害治理的整体性考察，如孙安弟《中国近代安全史》（上海书店出版社，2009）、周石峰《民国时期工业灾害治理研究》（科学出版社，2018）；二是工业灾害的劳工赔偿制度研究，如刘秀红《民国北京政府时期劳动灾害赔偿制度探析》（《安徽史学》2015 年第 5 期）、《南京国民政府时期劳动灾害赔偿制度研究（1927~1937）》（《安徽史学》2016 年第 6 期）等；三是近代工业灾害的个案考察，如周石峰《媒介、政治与矿难：1935 年淄川矿难之善后》[《贵州师范大学学报》（社会科学版）2014 年第 5 期]、池子华《"惠工"福利何以成"祸工"之举——1924 年祥经厂女工宿舍大火及舆情反应》（《社会科学战线》2017 年第 3 期）。关于上海工业灾害的研究较为不足，1933 年正泰橡胶厂爆炸案尚无学者关注。

希望学界出现更多具有城市特点的工业灾害研究，丰富近代工业灾害史的研究内容。

作者：刘秀红，扬州大学社会发展学院

（编辑：王静）

个人困境与公共论题：乡村移民城市犯罪的社会分析（1928～1937）*

柳　敏

内容提要：1928～1937 年天津和青岛刑事犯罪以赌博、鸦片案、盗窃为主，违警罪以妨害秩序和妨害风俗犯最多。受近代城市人口构成影响，刑事犯和违警犯主体是来自城市周边各县的乡村移民。数量最多的违警犯与刑事犯多数是生活习惯和日常行为的城乡差异所致；因琐事或习惯而获罪不仅反映了乡村移民在城市生活的个人困境，更折射出社会转型期城市植入外来管理规范对民众日常生活形成的制度性压力。近代司法移植与实践脱离乡民具体生活情境，民众缺乏常规的法则习得途径，犯罪的增长提高了城市的治理成本，弱主权城市无法实施有效的社会管理，反而在某种程度上恶化了民众的生存环境。

关键词：城市犯罪　违警罪　乡村移民

鸦片战争以来，在中国逐渐走向近代化的过程中，各阶层、各群体均面临新时代的机遇和挑战，尤其对于离乡进城的农民而言，他们的生产方式从农业耕作转向工商活动，社会生活从乡村到城市，组织形式从家庭家族到科层组织，社会关系从熟人圈到兼及陌生人交际圈，无论是生活情境还是生存方式均发生深刻转变。对进城农民生活的探寻，有助于从城与乡、中与西的碰撞中反思近代社会变迁中的城乡关系问题。社会史研究兴

---

* 本文系国家社会科学规划基金一般项目“制度与生活视角下的青岛农民工市民化问题研究（1898～2018）”（19BZS099）、山东省哲学社会科学规划项目（19CLSJ07）、山东省高校青创科技计划项目（2019RWD004）的阶段性成果。

起以来，有关乡村移民城市生活的研究成果日益丰富，一是从区域历史角度对移民过程的宏观审视（如移民原因、移民规模和流向、移民职业、迁移影响等），二是从社会生活史角度对移民处境的微观聚焦（如经济收入、生活状况以及移民与社会的互动等）。① 本文以 1928～1937 年移民城市天津、青岛的犯罪问题为切入点，从犯罪社会学角度分析乡村移民的个体境遇，反思近代中国在社会转型过程中城市管理规章对整个乡村移民群体形成的制度性压力，以及近代司法移植与实践的两难困境带给移民生活困扰的同时，增加了社会治理成本。天津和青岛是典型的移民城市，在引进近代市政管理制度、强化城市治安管理等方面是华北城市近代化的先行者，全国警政统计中两市也是华北城市犯罪率偏高的地区。青岛相对完整的城市档案与天津的报刊文献和社会调查为探究城市犯罪提供了丰富的资料，以天津与青岛为例，不仅便于了解华北城市犯罪的基本面相，更有助于探究乡村移民的城市犯罪概况与特征。

一　1928～1937 年天津和青岛的犯罪概况

一般认为，犯罪是具有一定社会危害性、违反相关法律并应当受到法律处罚的行为。违警罪系指违反《违警罚法》② 的轻微危害社会行为，虽然比违犯刑法规定的刑事罪危害他人和社会的程度小，但是违犯人数众多。结合南京国民政府时期的法律实践和调查统计，本文所指犯罪包括违

---

① 如韩起澜对上海苏北人，卢汉超对上海里弄生活，贺萧对天津工人，池子华对农民工，张利民、熊月之、忻平、胡俊修等对天津、上海、武汉等城市史研究，均不同程度论述了都市中乡村移民的生活状况。从社会学角度解读民国犯罪的研究成果较为丰富，严景耀揭示了犯罪问题与城乡文化冲突和社会变迁的密切关系（《中国的犯罪问题与社会变迁的关系》，吴桢译，北京大学出版社，1986）；冯客论述了近代中国惩罚制度和监狱体系的演变，分析了犯罪结构、罪犯生活和教育改造（《近代中国的犯罪、惩罚与监狱》，徐有威等译，江苏人民出版社，2008）；侯庆斌从城市管理视角分析了违警罪在法租界的移植与实践对华人居民生活习惯改造和城市治理的效果［《晚清上海法租界城市治理中的法律移植与司法实践——以违警罪为例》，《复旦学报》（社会科学版）2018 年第 3 期］。

② 《违警罚法》是北洋政府和国民党政府颁布的治安管理处罚法规，1928 年 7 月国民政府对 1915 年北洋政府《违警罚法》进行了修订并公布，共有 9 章 53 条，规定对妨害安宁、秩序、风化、交通、卫生、他人身体财产等活动但未达到刑事处罚程度的行为进行处罚，是国民政府强化社会治安管理的重要手段。

警罪与刑事罪两类，① 所引犯罪文献以政府相关部门的行政统计、公安局或警察厅的档案记录及主流媒体的新闻报道为主，虽犯罪统计被认为是最不可靠的社会数据之一，② 且有时互相冲突，但依然在一定程度上呈现了当时的犯罪面相，反映了部分移民的城市境遇。

从警政统计案件数量来看（见表1），天津和青岛的违警犯多为刑事犯的两倍以上，两地居民违警率在1%左右，是华北违警比例最高的两个城市，如1933年天津和青岛违警比例分别为1.60%和1.57%，远远高于北平的0.64%和济南的0.01%。③ 1928～1930年天津刑事罪总数统计中，伤害案最多，有6815件，盗窃案第二，有4323件；④ 1929年后，盗窃案明显增加，引起媒体关注；⑤ 自1933年起赌博案最多，1934～1935年以赌博案、盗窃案为主。⑥ 青岛刑事案件在1929年前以盗窃案为主，但1929年后鸦片案逐渐上升为最主要的刑事案件。⑦ 总体上，两地刑事案件均以赌

---

① 关于近代违警罪与犯罪的关系，学者对此识见不一。一种观点认为违警与犯罪性质无异，只是对社会危害程度不同；一种观点认为两者不仅程度有别且性质不同。本文旨在探究城市规范对乡村移民的影响，不是从法理角度而是从生活角度分析城市犯罪现象，无论是社会危害较大的刑事犯罪，还是违反社会治安的违警罪，均不同程度影响到移民的城市生活，尤其是那些看似轻微的妨害社会秩序的违警行为，均与民众在公共场所中的言行攸关，故将违警罪列入犯罪行为。另外，从青岛市"行政纪要"和"统计汇编"等政府编纂的内部资料来看，将违警罪与刑事罪并列入犯罪案件统计栏中，对违警事件的关注和处理不仅出于整饬警政之考虑，更有借此规训民众行为之用意。

② 〔美〕理查德·谢弗：《社会学与生活》（插图第9版），刘鹤群、房智慧译，世界图书出版公司北京公司，2006，第236页。

③ 内政部编《民国二十二年份全国警政统计报告》，1935，第37页。

④ 《最近三年天津市刑事案件比较》，吴瓯主编《天津市社会局统计汇刊》，天津市社会局，1931。

⑤ 《犯罪的统计：天寒风紧鼠窃横行》，天津《大公报》1929年11月28日，第9版；《犯罪的统计：绺窃最多毒物次之》，天津《大公报》1929年12月11日，第9版；《犯罪统计：绺窃最多赌博次之盗窃鸦片相差无几》，天津《大公报》1930年3月7日，第9版。

⑥ 以男性犯人为例，1933年天津赌博犯1123人，其次是伤害犯595人，盗窃犯505人（《民国二十二年份全国警政统计报告》，第39页）。1934年天津赌博犯最多，达1944人，其次是盗窃犯917人，鸦片犯570人（《民国二十三年份全国警政统计报告》，第22页）。1935年上半年窃盗犯1344人，鸦片犯1024人，赌博犯814人（《民国二十四年上半年份全国警政统计报告》，第46页）。

⑦ 民国《胶澳志》卷3《民社志·犯罪》，台北，成文出版社，1968，第449～456页；1929年数据见《青岛市公安局办理罪犯统计表》，青岛市政府秘书处编印《青岛市行政统计汇编（十八年度下期）》，1933，第32页；1931年下半年和1932年上半年数据见《青岛市公安局破获案件统计图表（二十年度）》，青岛市政府秘书处编印《青岛市行政统计汇编（二十年度）》，1933，第24页。

博案、鸦片案、盗窃案、杀伤案为主，占全部刑事案件的 2/3 左右。[①] 天津女性刑事犯以杀伤、妨害婚姻家庭及赌博最多，青岛以鸦片、伤害和妨害婚姻家庭最多。[②]

表 1　1930 年至 1935 年上半年天津、青岛犯罪情况统计

单位：人，%

年份	天津			青岛		
	违警犯	违警比例	刑事犯	违警犯	违警比例	刑事犯
1930	不明	不明	5802	5192	1.34	4878
1931	不明	不明	不明	7201	1.81	5399
1932	13167	0.99	4862	7901	1.96	4716
1933	21606	1.60	4331	7001	1.57	3832
1934	18620	1.81	6174	10118	2.24	约 4242
1935 年上半年	12423	1.22	约 5200	4348	0.96	约 2056

资料来源：《公安局十八年度办理预审案件统计》，《益世报》1930 年 7 月 22 日，第 10 版；《天津市十九年份各种罪犯人数按月比较》，吴瓯主编《天津市社会局统计汇刊》，天津市社会局，1931；青岛市政府秘书处编《青岛市行政统计汇编（十九年度）》，1933，第 24、30 页，根据中国居民人口数 387668 人计算违警率；《青岛市行政统计汇编（二十年度）》，第 22、26 页，根据中国居民人口数 397593 人计算违警率；《民国二十一年度全国警政统计报告》，第 14、16、45 页；《民国二十二年份全国警政统计报告》，第 31、32、37 页；《民国二十三年份全国警政统计报告》，第 18、22 页；《民国二十四年上半年份全国警政统计报告》，第 46、41 页，1935 年的刑事犯数据字迹模糊不清，此数为约数；另 1934 年刑事案件见《津市上年度刑事案件达六千余起》，天津《大公报》1935 年 10 月 16 日，第 8 版。

违警类别中，两市以妨害秩序和妨害风俗犯最多。天津的违警犯以妨害秩序中的不顾公益为主，1932 年共 5385 人，占 40.90%；1933 年不顾公益类共 6073 人，占 28.11%。青岛的违警犯以妨害风俗中的类似赌博为主，1932 年计 2922 件，占 36.98%，1933 年计 2235 件，占 31.92%。[③] 女性违警以妨害风俗类的事涉淫乱最多，男性以类似赌博、不顾公益、妨害

---

① 《民国二十二年份全国警政统计报告》，第 38、39 页。
② 1932 年数据见《民国二十一年度全国警政统计报告》，1934，第 46、48 页；1933 年数据见《民国二十二年份全国警政统计报告》，第 38、39 页。
③ 《民国二十一年度全国警政统计报告》，第 31、32 页；《民国二十二年份全国警政统计报告》，第 33、35 页。

交通居多。①

关于犯罪者籍贯的统计数据相对缺乏且零散，现有资料显示出违警犯和刑事犯主要来自城市周边各县。从青岛市档案馆藏 1931 年的 70 件盗窃案卷来看，盗窃犯全是外地人，主要来自青岛周边的即墨县和胶县。② 另外，青岛市 1936 年 1～6 月羁押的 707 名刑事被告籍贯显示，来自本市者87 人，其余 620 名刑事被告来自山东其他的 58 个县市和外地的 11 个省市，邻近青岛的 3 个县人数最多，其中即墨 170 人，胶县 75 人，平度 60人。③ 天津 1929 年刑事罪犯共 5058 人，其中河北籍 3814 人，河南籍 216人，山东籍 394 人，山西籍 256 人，其余省份的均不足 60 人。④ 近代津、青人口以乡村移民为主，城市犯罪主要表现为乡村移民的犯罪。

从违警犯和刑事犯的年龄、性别和职业结构来看，刑事犯和违警犯均以 21～40 岁的青壮年男子最多（见表 2、表 3），女性犯违警罪比例较低，犯罪者多数是普通劳工和贫民。1930 年天津刑事犯中务工者占 40.02%，商贩占 21.16%，无业者占 26.02%。⑤ 1936 年上半年青岛羁押刑事犯 707人，除职业未详者 12 人外，无业者 170 名，务工者 130 人，商贩 113 人，拉车和苦力共 89 人，地位稍高的刑事犯中仅有一名医生、两名警士和一名翻译。⑥ 1932 年天津违警犯中务工者占 44.92%，商贩占 38.05%，无业者占 10.19%；青岛违警犯中务工者占 48.72%，商贩占 27.38%，无业者占17.67%。⑦ 1933 年天津违警犯中务工者占 38.5%，商贩占 34.07%，无业者占 16.81%；青岛违警犯中务工者占 42.17%，商贩占 29.15%，无业者占 21.81%。⑧

总体而言，1928～1937 年两市刑事罪以鸦片、赌博、盗窃和杀伤罪为主，违警罪中以类似赌博、妨害秩序、妨害交通、妨害风俗为主，占各类

① 《民国二十一年度全国警政统计报告》，第 31～34 页。
② 《盗窃案》（1931 年），青岛市档案馆藏，档案号：A17－3－769～775。
③ 《民国二十四年年度刑事被告羁押一览表（下卷）》（1936 年 1～6 月），青岛市档案馆藏，档案号：A68－4－152。
④ 《公安局十八年度办理预审案件统计》，天津《益世报》1930 年 7 月 22 日，第 10 版。
⑤ 《天津市十九年份罪犯职业比较》，吴瓯主编《天津市社会局统计汇刊》。
⑥ 《民国二十四年年度刑事被告羁押一览表（下卷）》（1936 年 1～6 月），青岛市档案馆藏，档案号：A68－4－152。
⑦ 《民国二十一年度全国警政统计报告》，第 39、37 页。
⑧ 《民国二十二年份全国警政统计报告》，第 33、34 页。

表2　1932～1933年天津和青岛刑事犯年龄段、性别比例

单位：%

年份	天津			青岛		
	21～30岁	31～40岁	男性	21～30岁	31～40岁	男性
1932	38.87	27.97	88.93	37.81	32.53	87.98
1933	36.44	30.29	88.57	37.38	32.36	85.74

资料来源：《民国二十一年度全国警政统计报告》，第50、52页；《民国二十二年份全国警政统计报告》，第41、42页。

表3　1932～1933年天津和青岛违警犯年龄段、性别比例

单位：%

年份	天津			青岛		
	21～30岁	31～40岁	男性	21～30岁	31～40岁	男性
1932	38.00	27.55	94.90	40.65	30.10	94.20
1933	36.77	25.07	91.10	40.97	28.87	93.70

资料来源：《民国二十一年度全国警政统计报告》，第37、39页；《民国二十二年份全国警政统计报告》，第33、34页。

刑事罪或违警罪的六成以上。青岛刑事犯以鸦片罪最多，天津则以赌博罪最多，两者占刑事犯罪的1/4～1/3。违警罪中，天津以不顾公益最多，青岛则以类似赌博最多，天津和青岛的违犯法规者主要是非重罪的年轻男性，很少有直接受害对象，多与罪犯自身行为不合时代要求有关。羁押的刑事犯基本是社会的普通劳动者，尤其是处于社会中下层的游民、小贩和务工者。故两市犯罪行为主要表现为违法违规者的生活习惯问题，穷人和乡村移民更易于成为各类法规的违犯者。

二　个人困境：规则差异与城市司法处罚

对于城市犯罪的社会成因，一般认为多与生活贫困有关。孙本文关注家庭、伴侣及一般社会风习等社会环境的影响。[1]严景耀认为犯罪与环境（如气候、灾荒和政治）相关，而"政治纷乱实为犯罪之最大原因"，同

---

[1]　《公民·社会问题》，《孙本文文集》第5卷，社会科学文献出版社，2012，第303页。

时，初来城市的乡民因生活艰难或交友不慎容易犯禁，家庭贫困、缺乏教育、个人性格极端、社会制裁力薄弱亦可使犯罪增加。[1] 林广等认为中外移民犯罪之直接原因，一是生活状况恶化，二是强烈的城市异质性，三是社会贫富悬殊。[2] 学者们对移民犯罪的社会原因分析均不同程度指向生活状况和社会环境。犯罪社会学者关于法律生成的文化语境和国际移民群体因文化规范冲突导致犯罪行为，对近代乡城移民的犯罪行为提供新的解释视角，从1928～1937年津、青两地犯罪案卷来看，除了有少数团伙性质的抢劫强盗罪、由警备司令部和反省院处置的政治犯外，罪犯中最多的违警犯和烟赌犯多系日常行为不合城市新型管理规范。

南京国民政府时期承继晚清北洋政府时期的社会控制体系，修订颁布各项法律法规，强化城市管理，不断扩展对城市基层社会的控制力量。从两个城市的犯罪类型统计表可以看出，近代城市加强了对烟赌现象的查禁和对居民日常生活行为的干预。综观民国法律体系，《违警罚法》是与社会生活与民众行为联系最为密切的一种法规。为维护公共秩序，加强社会控制，《违警罚法》对个体在公共场合的言语、行为、饮食、服装等进行规范，居民出行、生活、从业受到相应限制。从青岛市1933年下半年的违警案卷看，受罚原因主要与不熟悉城市公共生活规则有关，包括游荡街头、形迹不检、无照骑车、不报户口、夜间拉车不燃灯、无照为娼、聚赌纸牌、街头口角、道路设摊、因细故殴人、骑车碰伤行人、采折他人菜果、随意倾倒秽土、酗酒喧器、不加注意致生火警、无照行商等，其中发生口角妨害秩序者拘留3天，秘密卖淫者拘留15日或罚款10元，形迹不检者拘留2～15日不等，或者罚款5元、10元、15元不等，违章营业者因妨害秩序拘留10日或罚款3元，不小心造成大火的以妨害安宁罪处5～15元罚金，类似赌博者拘留3日。[3] 甚至夫妻发生纷争也会受到处罚。如张栋凯（29岁，宝坻县人），以唱戏为生，常与妻（29岁，任邱县人）打架。一天，张醉酒后与其妻在法租界打闹，因张带有小刀，其妻害怕报

---

① 严景耀：《北京犯罪之社会分析》，《社会学界》第2卷，1928年，第64～67页。
② 林广、张鸿雁：《成功与代价——中外城市化比较新论》，东南大学出版社，2000，第119～126页。
③ 《警政统计》（1933年），青岛市档案馆藏，档案号：A17－3－1080～1083。

警，结果按《违警罚法》处罚洋15元。① 初到城市的农民很容易违警，在近代乡村，随地便溺、扔弃废物、赤膊行走、大声喧哗、口角纷争、醉酒卧地等均为常见行为，除非伤人，否则不会受到处罚。他们进城后，"临池便溺，卫生方面，太不讲究"。② 在衣着方面，"一般劳工及平民，因多来自田间，习惯未改，一到天热时期，往往赤身露体"，③ 这些行为均会触犯城市管理规范而受到罚款或拘役。鉴于民众生活类违规较多，青岛在1932年成立各市乡建设办事处后，市区办事处承担社会风俗教化、卫生消防宣传等职能，社会、公安股人员巡查各区，查拿露天聚赌、视察道路清洁④、取缔祖胸赤臂在人行道纳凉，传知各户切实奉行以维风化。⑤ 但习惯难改，移民不断增加，违警犯也不断增加，当然这与公安局的罚金提成规定也有关系，这一规定可能刺激了岗警巡查的积极性。青岛公安局每月会将违警罚金用于警士奖励或作为科、局公费进行分配，如1934年5月公安一分局共收罚金145元，四成（58元）用于提成奖励，科提二成（29元），原送案机关和总局公费各提取一成（14.5元）。⑥

鸦片犯和赌博犯在刑事犯中高居前位，亦与民众生活习惯的内在需求相关，在各大贩毒纵赌力量的助推下难以禁绝。鸦片犯包括携带、收藏、吸食、售卖、贩运烟土、烟具和其他毒品者，而以吸食者为最。如1931年1～6月，青岛公安局缉获烟案共603起，吸食者有446人，贩运者99人，携带者113人。⑦ 虽然1928年后国民政府厉行禁烟，尤其是1933年起青岛设立毒品戒验所后，搜捕更严，强制禁绝，但吸食者依然众多。农村"黑化澎湃、毒品蔓延"。⑧ 天津因有租界关系，列强公然挂牌营业或秘密吸

① 《市上琐闻：犯罪登记》，天津《益世报》1930年1月21日，第17版。
② 《团岛二路一带》，《青岛时报》1933年1月9日，《自治周刊》第23期。
③ 《青岛市区社会问题最近施政方针》，1934年6月，第15页。
④ 《青岛市市区第三区联合办事处工作报告表》（1933年11月下半月），青岛市档案馆藏，档案号：B32-1-768。
⑤ 《大港区建设办事处工作报告表》（1935年8月上半月），青岛市档案馆藏，档案号：B32-1-766。
⑥ 《二十三年五月份本局处罚违警罚金及提成充实数目清单》，青岛市档案馆藏，档案号：A17-3-1229。
⑦ 《青岛市公安局缉获烟案统计表》（二十年度下期），《青岛市行政统计汇编》（二十年度），"公安"类，第32页。
⑧ 王镜铭：《中国农村问题研究之一：游民与农村社会地痞流氓为害甚烈》，天津《大公报》1931年4月21日，第1张第3版。

卖，多数轮船都有运贩烟土及麻醉品。① 青岛则有朝鲜人和日本人暗设机构，制造贩卖，全市毒品店不下400家。② 在青岛小港区，行栈集中，拉大车的苦力众多，"其有嗜毒之工人，则多以日韩人所设之吗啡馆为日常住宿之处。据目见者云，工人仅以一角之代价，即可同时解决一夜住宿及一次吸毒之需"。③ 嗜毒者在烟馆也多有债务，只要工人不戒烟，债主也不追讨积欠，成为一种烟馆的羁縻方法。④ 据1934年的调查，青岛市区售卖毒品的日、韩烟馆多达158家，仅苦力集中的大小港一带就有42家。⑤ 东镇一隅，即有30家之多（朝鲜人11家，日本人19家）。⑥ 故"官府虽欲禁止国人不良嗜好，因领判权之阻梗，逮捕诸多不便，奏效甚尠"。⑦ 按照1929年颁行的《禁烟法》，"吸食鸦片、施打吗啡或使用鸦片之代用品者。处一年以下有期徒刑，并得科一千元以下罚金。有瘾者，并应限期令其戒绝"。屡次吸毒者可能处以死刑。青岛枪决的第一个吸毒犯是一名来自掖县的鞋店伙计，年仅26岁，曾两次吸食毒品被拘，未能改正，于1936年被处以枪决。⑧ 虽对鸦片犯徒刑、罚金并处，但毒品戒验所容量有限，戒绝不易，在司法捕房和监视当局看来，刑满烟民"彼仍吸烟如故也"。⑨ 可见积极的禁烟政策收效甚微，只是提高了全国刑事犯中鸦片犯的比例（占30%左右），也大大增加了监犯人数和相关部门罚金。

史密斯在研究美国东方移民的违法问题时，认为"赌博对中国佬来说就像婴儿喝牛奶一样自然"，赌博的高度组织性成为社区商业的重要部分。⑩ 种类繁多的赌博活动是中国乡村重要的娱乐方式。青岛市长沈鸿烈

---

① 《几个禁烟办法》，天津《大公报》1931年6月10日，第11版。
② 《一年来各省市禁烟概况》，内政部禁烟委员会编《禁烟纪念特刊》，1935，第135页。
③ 《小港办事处调查小港区工人种类及车辆数量改良办法》（1935年），青岛市档案馆藏，档案号：B22 - 1 - 153。
④ 《呈为拟具邻间编制草案备文》（1936年2月），青岛市档案馆藏，档案号：B21 - 2 - 34。
⑤ 《青岛市公安局调查各分局辖境售卖毒品日韩人数一览表》（1934年），青岛市档案馆藏，档案号：B22 - 1 - 15。
⑥ 《都市的急性社会病：毒品商店的发达和嗜毒者的增加》，《青岛时报》1934年2月9日，第6版。
⑦ 《小评：嗜毒者可以回头矣》，《青岛时报》1934年4月14日，第6版。
⑧ 《青市第一次枪决吸食毒品犯》，《青岛时报》1936年2月19日，第6版。
⑨ 宝道：《关于鸦片罪之刍议》，《中华法学杂志》第3卷第11～12期，1932年，第43页。
⑩ 〔英〕布罗尼斯拉夫·马林诺夫斯基、〔美〕索尔斯坦·塞林：《犯罪：社会与文化》，许章润、么志龙译，广西师范大学出版社，2003，第153～154页。

谈到青岛社会问题时，指出"目下我国市乡习惯之最坏者，厥为鸦片、赌博二种"。① 从天津《益世报》《大公报》20 世纪 30 年代对抓捕赌犯的报道可知，天津赌窟众多，大型赌场附设于中外娱乐社、太阳食堂、光明戏院等公共场所，能容纳 200 余人，或者五六十人，赌资数万。小型的多散布于各民宅院落，四五人居多，赌博已达专业化和大众化的程度。青岛1931 年 18 个赌博卷宗中，共 132 名赌犯，除一名为青岛沧口商人外，其余皆来自外县，职业以车夫、苦力居多，参与者多为同乡或同业中人。他们的赌博方式有纸牌、麻将、牌九、骨牌、押宝等，赌博行为一般发生在商栈和杂院里，实际上成为民众的一种日常娱乐方式。赌博开局者一般罚10～22 元，参与赌博者没收赌资和赌具，每人罚 2～5 元不等，② 无力缴纳3 元者则拘留 3 天。③ 处罚的轻微与精神的需要并不能真正使他们断然禁赌，因此，赌风炽烈，丝毫未减。

三　公共论题：制度排斥与司法实践困境

近代城市犯罪现象显示了社会急剧变迁时期个体的经济困窘、心理刺激与秩序紊乱中的失常应对，更折射出社会结构变迁对移民群体形成的公共困扰，如城市管理规范的城乡冲突、半殖民地城市社会生活的功利与混杂特质，从乡村政治纷乱与经济崩溃中挤压出来的村民在基本没有物质支撑和文化习得的情形下进入一个陌生空间——与传统乡村社会在经济结构、生活方式、交往范围和组织形式等方面均有重大差异的生存环境，这无疑会构成乡村移民的生活障碍。特定类型的城市犯罪记录，使我们从两个方面反思进城乡民的群体性困境：一是近代城市在社会转型时期移植现代管理规章对整个乡村移民群体形成的制度性压力，乡村生活习惯与城市公共生活规范冲突构成对农民群体社会排斥的隐性力量；二是近代司法移植与实践脱离民众具体生活情境，民众缺乏常规的法则习得途径，司法制度的顿变性及其实践的政治社会困境带给移民生活困扰的同时，增加了社

---

① 《沈市长对乡老宣布施政方针》，《青岛时报》1932 年 12 月 12 日，第 3 版。
② 《赌博卷》（1931 年），青岛市档案馆藏，档案号：A17－3－890～894。
③ 《二分局送赌犯迟锡林等五名一案》（1931 年 7 月 30 日），青岛市档案馆藏，档案号：A－17－3－890。

会治理成本。

无论是鸦片犯、类似赌博犯，还是大量因言行不合时宜的违警犯，究其缘由，多与农民传统生活方式和习惯有关。移民之行为规范是长期以来农村社会生活的产物，但与志在彰显统治权威、建立现代生活的行政法规相悖。"无论在哪儿，只要统治集团的规范与从属或被统治集团的规范不同，其国家法律与国民中不同社会集团的道德观念之间就必然同样缺乏和谐一致性。"① 这样，乡村移民进城生活首先面临的困扰便是城乡规范的差异，造成塞林等人所说的行为规范冲突引致的犯罪。② 天津、青岛两市刑事犯和违警犯之最多数为烟赌犯、妨害秩序犯和妨害风俗犯，可以想见，不是无意或故意的伤害与盗窃，而是个人行为、习惯方面的不合时宜，构成此时期城市犯罪的主要因素。习惯的更改势必是一个漫长而艰巨的过程，更何况执法者的禁绝措施以罚金为主，导致即使城市管理者厉行禁令，也只是增加了政府合法收入，烟赌之风并未根本改观。梅汝璈感慨道："盖在我国城市社会，中等以上之家庭常以斗麻雀牌为唯一之消遣品或应酬品，大有禁不胜禁，罚不胜罚之概。"③ 在天津，"烟赌人犯，均以苦力为多，故鲜有能缴罚金者"，④ 而监狱严苛，对待犯人如仇人，亦未能使其禁绝，故论者认为犯罪与社会环境和政治影响相关，根本在于社会安宁、政治安定。⑤ 一方面改善社会制度，另一方面把监狱改组成感化院。⑥

法律作为社会生活的规范，对民众日常行为起到示范和约束作用，但"司法不是一个取得所有社会成员一致同意的普世行为标准"，⑦ 违警犯罪事件的繁多以及因琐事或习惯而违规，折射出民国时期城市管理法规某种程度的不合世事或民情。民国时期法学家孙晓楼即针对中国法律的全盘欧化现象，认为建立中华法系要立足于民族性和社会性，"谋如何适应时代

---

① 〔英〕布罗尼斯拉夫·马林诺夫斯基、〔美〕索尔斯坦·塞林：《犯罪：社会与文化》，第100～101页。
② 〔英〕布罗尼斯拉夫·马林诺夫斯基、〔美〕索尔斯坦·塞林：《犯罪：社会与文化》，第133页。
③ 梅汝璈：《对于刑法修正案初稿之意见》，《中华法学杂志》第4卷第9～10期，1933年，第9页。
④ 《全年收案万六千起》，天津《大公报》1933年10月23日，第10版。
⑤ 《读〈参观第三监狱感言〉》，天津《大公报》1931年6月14日，第11版。
⑥ 《罪！罚?》，天津《大公报》1932年6月18日，第9版。
⑦ 〔美〕理查德·谢弗：《社会学与生活》（插图第9版），第231页。

的需要，与夫社会的风俗习惯、经济状况及人民之知识程度"。① 而法律要适应社会，则以中国幅员之广大、人口之众多、交通之不便、各省风俗民情之差异而难有可能。"以划一无二的法律适用于大不统一的社会，这样决不能使法律适应社会。"② 法律欧化而不适于民情，阮毅成称之为法律"看不见中国"。③ 正如曾任司法院院长的居正所指出的，定都南京以来，各项重要法典次第颁行，"惟以旧习与新制不能相应，良法虽颁，美意未著"。④ 中国近代法律制度多因袭西方成文法，法规烦琐且多次修订，缺乏稳定性。另一方面，传统社会崇尚礼治，村民不重视法律，这些因素形成了法律信息的传播障碍，民众不容易知晓相关的法律规则。乡村移民昧于城市生活规范，且城市中交通、卫生、营业、求职、工作等均有特定的规则，与其原有生活模式相扞格。同时，现行法律虽通用于都市，但乡村百姓不接受，"结果就发生法律与社会分离的现象"。⑤ 故对于乡村移民而言，城市生活的考验不仅来自是否有稳定的工作和固定的住所这些外在物质层面的保障，也来自其传统生活和交往方式与城市管理规则的差异而形成的观念及行为层面的冲突，在此意义上，近代城市管理规范构成对异质文化移民的制度性排斥。

《违警罚法》是南京国民政府进行城市治安管理主要的法律依据，它将官方的愿望诉之于文字，"使我们了解到在新城市形成过程中官方对市民一些公共行为的排斥"，⑥ 但民众缺乏前期系统的法规学习途径，违警处分常常成为民众知晓并实践城市规范的一种社会化方式。如冯客所说，民国时期刑罚是作为社会职责的培养手段，"通过监狱规则建立了一套秩序来校正犯人的恶习和惰容，因为犯人大部分是一些不守纪律之人，他们过着一种漂泊且引导犯罪的生活方式"。⑦ 监狱严格的时间规定、行为规范、

① 孙晓楼：《法律民族化的检讨》，《东方杂志》第 34 卷第 7 号，1937 年，第 43 页。
② 孙晓楼：《法律民族化的检讨》，《东方杂志》第 34 卷第 7 号，1937 年，第 44 页。
③ 阮毅成：《怎样建设中国本位的法律》，《中国本位文化建设讨论集》，文化建设月刊社，1936，第 367 页。
④ 居正：《告全国司法界同仁书》（1940 年 1 月），罗福惠、萧怡编《居正文集》下册，华中师范大学出版社，1989，第 665 页。
⑤ 陆季蕃：《法律之中国本位化》，《今日评论》第 2 卷第 25 期，1939 年，第 390 页。
⑥ 〔美〕周锡瑞：《华北城市的近代化——对近年来国外研究的思考》，孟宪科译，《城市史研究》第 21 辑，天津社会科学院出版社，2002，第 5 页。
⑦ 〔荷〕冯客：《近代中国的犯罪、惩罚与监狱》，第 157 页。

严厉督促，会产生一种现代社会生活所要求的日常行为方式。青岛将嗜吸毒品者及无业游民收容进感化院和习艺所等，"不但令其戒绝嗜好，并使其身体强壮，习得各种手艺，以为谋生之道"。[①] 收容、改造、处罚也是促进移民在城市知晓管理法规、获得新的技能和改变旧式生活习惯的重要途径。一度负责警察教育的余秀豪认为："警察之作用，即在增进人民之福利，辅助各种政务之推进，当国家政治未上轨道，尤其是在今日一般民众程度低下之中国，警察负有社会先导之责。"[②] 警察限制民众违法、维护社会安宁、行使日常职责的过程，亦可谓对居民实行城市生活规章教育的重要途径，也成为乡村移民融入城市生活的一种手段，而以警政等强制性力量维护社会风气无形增加了城市的治理成本，青岛财政支出中公安费用常居于首位。[③]

尤其需要注意的是，在大量有关妇女的犯罪中，我们常常能觉察到女性群体的两难困境。传统法律注意家庭伦理的维护，近代法律强调个体的权利，女性往往夹在两种价值规范中左右为难。如果不能忍受公婆和丈夫的虐待，为维护个人权益而离家出走，常被冠以潜逃之罪名，如果继续维持传统生活伦理，则只有隐忍不发，即使要离婚，也多因取证困难而作罢。[④] 乡村妇女不仅难以利用现代法律申诉与维护个人权益，在困难时期，她们往往成为家庭摆脱危机的租卖物。如苏成捷指出的，对普通民众和边缘人群来说，性不仅是一种生理需要，更是一种生存策略；那些经济破产又不务正业的农民，仅有的"生意"可能是出卖自己对妻子的性垄断。[⑤] 更多时候，被丈夫出卖的妻子或被父母出卖的女儿，基于传统家庭道德，不同程度默许了他们的行为。虽然如黄宗智所指出的清代法典体现了小农

---

① 《沈市长宴各方记者时之演词》，《青岛时报》1933年7月18日，第6页。

② 余秀豪：《警察行政》，上海商务印书馆，1936，第8页。

③ 1932年数据见张锐《青岛市政实况》，《清华周刊》第38卷第9期，1932年，第56页；1933年数据见青岛市政府秘书处编印《青岛市政府行政纪要》（1933年），1933，"财政编"，第1~14页；1935年数据见《青岛的市政》，《中国建设》第14卷第4期，1936年，第34页。

④ 《王王氏与王孝浦离婚案》、《侯祥云与李龙离异案》（1934年），《毕王氏与毕元顺离异一案》（1932年），《山东青岛地方法院关于人、民事案件报部判词表册》，青岛市档案馆藏，档案号：A68-4-234。

⑤ 杨柳：《历史研究与法律的现代性问题——评"中国的法律、社会与文化"丛书》，黄宗智主编《中国乡村研究》第4辑，社会科学文献出版社，2006，第413页。

社会中的父系家庭秩序和生存经济的逻辑，民国法律中渗透的却是资产阶级社会的个人权利和契约经济的逻辑。① 但实际上，法规所宣称的社会公正、个人权利原则往往只是一种理想化的追求，大量进城女性依然处在他们旧日家庭的道德和伦理绑架中而无法追求自由独立的生活。清朝时期因贫困而出卖女儿或妻子不受惩处的伦理与实践，在民国时期依然存在。乡村社会交往范围的扩大、女性经济自主性的提高、城乡社会舆论对个人权利的宣扬，虽然激发了一些年轻及富裕家庭的女性追求独立与自由的觉悟力与行动力，但在实践中依然受到传统社会伦理及家庭困境的制约。从案例来看，进入城市成功自立或成家的一些乡村女性，比起依然在家乡的妇女更有可能从法律中获得较多保护。

晚清虽在刑法中规定了鸦片罪，但难以实践推行。这一纸具文成为后世维护城市社会治安之嚆矢与圭臬。1928 年国民政府成立"禁烟委员会"，制定《禁烟法》和《禁烟法施行条例》，召开第一次全国禁烟会议，意图大力禁止鸦片和毒品。南京国民政府统治时期，津、青两地鸦片罪居各类犯罪之首，显示出政府禁止鸦片的决心。但鸦片吸食问题百年迁延，积弊难清，不少民众以此为生活常态，更有地方军阀、政客、商人赖以谋利。鸦片种植、制造、贩运、售卖等相关产业链盘根错节，并有外国势力插手其中，走私吗啡、海洛因、金丹、白丸等烈性毒品，尤其是日本人利用外交特权开设烟馆，地方政府无力制衡，售卖环节难于清算，故下层吸食者虽罚办者众，也只是舍本之法，不能根治。对于一些乡村移民而言，吸食鸦片增加了经济负担，他们或冻毙街头，② 或铤而走险入室盗窃。如媒体所说："'盗贼'这是最不名誉的事体，他们为什么要去做窃盗偷人家呢？我们不用问他，请到公安局拘留所和法院看守所，或是感化所参观参观那些窃盗罪犯，哪一个不是皮包着骨头面黄肌瘦的些嗜毒犯呢！"③ 外国人制造与贩卖毒品加剧了城市的社会问题，也使地方政府的禁烟举措最终失

---

① 黄宗智：《法典、习俗与司法实践：清代与民国的比较》，上海书店出版社，2003，第 46 页。第 50 页讲国民党民法编纂者"执意要使中国法律达到他们认为的当时最先进的国际标准"。

② 《津市上月冻毙尸体共三百二十具　大部为吸毒乞丐　余为失业平民　昨续冻毙九人》，天津《大公报》1935 年 12 月 1 日，第 6 版。

③ 《都市的急性社会病：毒品商店的发达和嗜毒者的增加》，《青岛时报》1934 年 2 月 9 日，第 6 版。

效。半殖民地城市在治安管理中的尴尬处境和地方军阀势力的分立局面，是近代烟赌等犯罪问题不能禁绝的重要原因，也构成普通民众在城市生活具有时代特征的共通性难题：弱主权的畸形的政治环境无法实施真正有效的社会管理，反而恶化了民众的生存条件。

近代城乡之间除生产方式、工作组织和社群关系的差异外，民众日常生活规范，尤其是在公共空间的言行亦宽严有别。居住、工作和生活环境的不同，构成乡村移民城市生活的隐性障碍。如果说居住环境可以移植乡村情境，工人、商贩、苦力等可以熟能生巧，而与传统乡村生活习惯有别的城市生活规范，则需要较长时间了解、熟悉进而适应。对于没有城市生活规范传播与学习渠道的乡村移民来说，在缺乏再次社会化过程的情况下进入异质生活空间，势必增加城市生活的困难，而犯罪往往成为知法的必要途径，相关的城市管理规定某种程度上成为乡村民众进入城市谋生的排斥力量，也为面临权利受损或生存困境的民众提供必要的帮助和支持。

综上，个人行为、习惯方面的不合时宜，构成此期乡村移民赌博、吸食鸦片、违警的主要缘由。在这个社会秩序重组的历史变迁中，因琐事或习惯而违规的个人困扰，折射出民国时期城市管理法规对移民生活的制度性压力与司法实践脱离农民生活情境并在弱主权环境下难以顺利推行的公共论题，近代中国将司法改革与实践置于有意识的现代化追寻的时空格局下，置于国民政府统一全国后中国强制性推进政治改革的历程中，这样的公共使命与中国社会对接时产生诸多实践与伦理层面的困境，城乡分治的行政体系与均等琐碎的城市司法实践给乡村移民带来现代化语境下的生活困扰。

作者：柳敏，青岛农业大学马克思主义学院

（编辑：张利民）

唐代长安城牡丹分布的嬗变

陈　涛

内容提要：观赏牡丹著称于世，始于唐代，而唐人甚爱牡丹，又以都城长安为最。高宗武后时期，牡丹始由河东寺院引种到都城宫苑，为皇家独享之物。玄宗时期，长安牡丹不仅分布在皇家宫苑之内，而且生长在达官显贵之庭，不过仍属稀世珍品。唐代中期以降，长安城的牡丹分布空间更加多元化，包括宫苑、官署、私宅和寺观。唐代长安城牡丹分布空间从高宗武后时期的皇家禁苑扩展到玄宗开元天宝时期的私人领域，进而再扩展到唐代中期以降的城市公共空间，这也昭示了中国古代城市社会的变迁。

关键词：唐代　长安　牡丹

牡丹缘起于何时？现已无从可考。然而，中国对野生牡丹的认识和利用却历史悠久。自甘肃省武威旱滩坡东汉墓出土的医简中提及用牡丹治疗血瘀病起，[①] 东汉张仲景《金匮要略》，东晋葛洪《肘后备急方》，南朝龚庆宣《刘涓子鬼遗方》，唐代孙思邈《千金方》、王焘《外台秘要》、昝殷《经效产宝》等医书中皆有野生牡丹入药的记载，而且《唐六典》《通典》《元和郡县图志》《新唐书》中也有土贡野生牡丹的记录。至北宋时，唐慎微《证类本草》中已经明确将药用野生牡丹与观赏栽培牡丹区分开来。

观赏牡丹著称于世，始于唐代，而唐人甚爱牡丹，又以都城长安为最。据笔者所见，学界较早论及唐代长安牡丹的是陈寅恪，他在分析白居

---

① 甘肃省博物馆、武威县文化馆：《武威汉代医简》，文物出版社，1975，第2页。

易《牡丹芳》一诗时，就指出唐代牡丹"于高宗武后之时，始自汾晋移植于京师。当开元天宝之世，尤为珍品。至贞元元和之际，遂成都下盛玩。此后乃弥漫于士庶之家"。① 此后，有关唐代牡丹的研究成果不断涌现。②

尽管学界相关研究成果已有不少，但是对于观赏牡丹何时移入唐代长安、为何会移入长安以及为何出自汾州等问题仍未厘清。有鉴于此，本文力图解决这些问题，并在此基础上揭示唐代长安城牡丹时空分布的动态轨迹及其与城市社会的关系。

一　从河东寺院到长安禁苑：高宗武后时期长安牡丹的引种

唐代前期，观赏牡丹引种到长安城，其文始见于唐人舒元舆的《牡丹赋并序》：

> 古人言花者，牡丹未尝与焉。盖遁于（一作乎）深山，自幽而芳，不（一作以）为贵者（一无此字）所知，花则不可过为（四字一作何遇焉）。天后之乡西河也，有众香（一无此三字）精舍，下有牡丹，其花特异。天后叹上苑之有阙，因命移植焉。由此京国牡丹，日月浸盛。今则自禁闼泊官署，外延士庶之家，弥漫如四渎之流，不知其止息之地。每暮春之月，邀（一作遨）游之士如狂焉（一无此三字），亦上国繁华之一事也。③

赋中所言"西河"，据《通典》、《元和郡县图志》、两《唐书》等可知，应指汾州西河郡，其治所为隰城县，肃宗"上元元年（760）改为西河县"。④

---

① 陈寅恪：《元白诗笺证稿》，三联书店，2001，第 245 页。
② 参见李树桐《唐人喜爱牡丹考》，《大陆杂志》第 39 卷第 1、2 期合刊，1969 年（又见黄约瑟编《港台学者隋唐史论文精选》，三秦出版社，1990，第 124～179 页）；张艳云《唐代长安的重牡丹风气》，《唐都学刊》1995 年第 5 期；王双怀《唐代牡丹的地理分布》，《中国历史地理论丛》1996 年第 4 辑；翁俊雄《唐代牡丹》，荣新江主编《唐研究》第 5 卷，北京大学出版社，1999，第 81～92 页；郭绍林《说唐代牡丹》，《洛阳工学院学报》2001 年第 1 期；白茹冰《论唐代牡丹的引种、推广与兴盛》，硕士学位论文，陕西师范大学，2005；刘蓉《惟有牡丹真国色　花开时节动京城——牡丹与唐代社会》，《文史知识》2006 年第 12 期；王静《唐代牡丹分布及影响刍议》，《农业考古》2014 年第 1 期；等等。
③ （宋）李昉等编《文苑英华》卷 149《牡丹赋并序》，中华书局，1982，第 692 页。
④ （唐）李吉甫：《元和郡县图志》卷 13《河东道二》，中华书局，1983，第 377 页。

尽管武则天的祖籍是文水县，但是赋中却称"天后之乡西河也"，这又如何解释呢？因为隰城县与文水县毗邻，而文水县在武德三年（620）隶属汾州，六年属并州，七年又属汾州，贞观元年（627）后改隶并州，①且武则天出生于武德七年，所以从历史上讲，也可以理解。赋中所言"上苑"，当是长安禁苑，"在大内宫城之北，北临渭水，东拒浐川，西尽故都城，其周一百二十里。禽兽、蔬果，莫不毓焉"。②

然而，牡丹是何时移入长安的呢？李树桐认为在高宗永徽六年（655）之前；③郭绍林提出很可能在660~665年这五年间；④笔者则推断很可能在高宗显庆五年（660），理由如下。

据两《唐书》、《资治通鉴》等史籍可知，永徽六年十月，武则天被册立为皇后；上元元年（674）八月，高宗称"天皇"，武则天称"天后"；弘道元年（683）十二月，高宗在东都洛阳逝世。这段时期，武则天曾随高宗两次巡幸并州⑤：一次是在显庆五年，武则天称"天后"之前；另一次是在调露元年（679），武则天称"天后"之后。其中"调露元年九月，幸并州，令度支郎中狄仁杰为知顿使"，⑥主要是前往汾阳宫，⑦活动范围不大。然而，显庆五年的这次巡幸则声势浩大，可谓武则天荣归故里。文献记载：

> （显庆）五年春正月甲子，幸并州。二月辛巳，至并州。丙戌，宴从官及诸亲、并州官属父老，赐帛有差。曲赦并州及管内诸州。义旗初职事五品已上身亡殁坟墓在并州者，令所司致祭。佐命功臣子孙及大将军府僚佐已下今见存者，赐阶级有差，量才处分。起义之徒职事一品已下，赐物有差。年八十已上，版授刺史、县令。佐命功臣食别封身已殁者，为后子孙各加两阶。赐酺三日。甲午，祠旧宅，以武

① 《旧唐书》卷39《地理志二》，中华书局，1975，第1481页；《新唐书》卷39《地理志三》，中华书局，1975，第1003页。
② （唐）李林甫等：《唐六典》卷7《尚书工部》，中华书局，1992，第219页。
③ 李树桐：《唐人喜爱牡丹考》，黄约瑟编《港台学者隋唐史论文精选》，第136页。
④ 郭绍林：《说唐代牡丹》，《洛阳工学院学报》2001年第1期。
⑤ 郭绍林提出，显庆五年"高宗、武则天去了一趟并州"，"这是武则天仅有的一次衣锦还乡"（郭绍林：《说唐代牡丹》，《洛阳工学院学报》2001年第1期）。此说显然有误。
⑥ （唐）杜佑：《通典》卷54《礼一四·巡狩》，中华书局，1988，第1505页。
⑦ 《旧唐书》卷89《狄仁杰传》，第2887页。

士彟、殷开山、刘政会配食。

三月丙午，皇后宴亲族邻里故旧于朝堂，命妇妇人入会于内殿，及皇室诸亲赐帛各有差，及从行文武五品以上。制以皇后故乡并州长史、司马各加勋级。又皇后亲预会，每赐物一千段，期亲五百段，大功已下及无服亲、邻里故旧有差。城内及诸妇女年八十已上，各版授郡君，仍赐物等。己酉，讲武于并州城西，上御飞阁，引群臣临观。……

夏四月戊寅，车驾还东都，造八关宫于东都范内。癸亥，至自并州。①

从中可见，此行内容丰富，包括宴饮、赐帛、赐物、赐阶、赐醣、曲赦、祭祀、讲武等，涉及人员广泛，既有皇室诸亲、从属官员，也有当地官员及八十岁以上老人，还有皇后亲族及邻里故旧等。

此外，高宗、武后还特意于三月甲寅"幸童子寺，赋诗而还",② 而童子寺位于晋阳西，"在郊牧之外"。③ 那么高宗、武后为何要去童子寺呢？原因之一，或许也是最重要的原因，即与武则天的佛教信仰有关。童子寺是并州名刹，应对武则天有吸引力。原因之二，隋唐嬗代之际，童子寺曾显现天子之气。据《大唐创业起居注》记载，隋炀帝大业十三年（617），"正月丙子夜，晋阳宫西北有光夜明，自地属天，若大烧火，飞焰炎赫，正当城西龙山上，直指西南，极望竟天。俄而山上当童子寺左右有紫气如虹，横绝火中，上冲北斗，自一更至三更而灭。城上守更人咸见，而莫能辨之，皆不敢道。大业初，帝（即李渊）为楼烦郡守，时有望气者云：'西北乾门有天子气连太原，甚盛'"。④ 奇异的天象，使童子寺再添神秘色彩。原因之三，童子寺有异竹。"北都惟童子寺有竹一窠，才长数尺。相传其寺纲维，每日报竹平安。"⑤ 可能正是出于以上原因，高宗、武后才前往童子寺。

---

① 《旧唐书》卷4《高宗纪上》，第80页。
② （宋）王钦若等：《册府元龟》卷113《帝王部·巡幸二》，中华书局，1982，第1349页。
③ （唐）张读：《宣室志》卷5，中华书局，1983，第62页。
④ （唐）温大雅：《大唐创业起居注》卷1，上海古籍出版社，1983，第5页。
⑤ （唐）段成式：《酉阳杂俎续集》卷10《支植下》，中华书局，1981，第288页。

显庆五年二月至四月的并州之行，正值汾州众香寺牡丹的开放时节，高宗、武后虽然未曾亲临汾州，但是应该得知了相关信息，即所谓的"有众香（一无此三字）精舍，下有牡丹，其花特异"。本应无所不有的长安禁苑却无牡丹，遂有"天后叹上苑之有阙，因命移植"之事。当然，其中或许与武则天的佛教信仰不无关系。至于赋中称武则天为"天后"，正如李树桐所言，"纵然是早在她未称天后以前，后人纪事还是可以称她天后的"。①

然而，为何是将牡丹移入长安而不是洛阳呢？这又与东都洛阳的兴废历史有关。据《唐六典》所载，高祖武德四年（621）平定王世充后，"诏焚乾阳殿及建国门，废东都，以为洛州总管府。寻以宫城、仓库犹在，乃置陕东道大行台。武德九年复为洛州都督府"。太宗贞观六年（632），"改为洛阳宫。十一年，车驾始幸洛阳"。高宗"显庆二年，复置为东都。龙朔中，诏司农少卿田仁汪随事修葺，后又命司农少卿韦机更加营造"。武后"光宅中，遂改为神都，渐加营构，宫室、百司、市里、郛郭，于是备矣"。②

由上可知，高宗、武后时期正是东都洛阳不断兴建、完善的重要阶段。具体而言，显庆元年（656），"敕司农少卿田仁汪，因旧殿余址，修乾元殿"；③ 显庆二年十二月，高宗"手诏改洛阳宫为东都"；④ 显庆五年四月，"造八关宫于东都苑内"，五月壬戌，高宗"幸八关宫，改为合璧宫"；⑤ 麟德二年（665）三月辛未，"东都造乾元殿成"，⑥ 而乾元殿是洛阳宫正殿；⑦ 上元二年（675）四月庚辰，"以司农少卿韦弘机为司农卿。弘机兼知东都营田，受诏完葺宫苑"；⑧ 至仪凤四年（679），"司农卿韦弘机作宿羽、高山、上阳等宫，制度壮丽"，⑨ 其中的上阳宫"在皇城之西

① 李树桐：《唐人喜爱牡丹考》，黄约瑟编《港台学者隋唐史论文精选》，第130页。
② （唐）李林甫等：《唐六典》卷7《尚书工部》，第220页。
③ 王溥：《唐会要》卷30《洛阳宫》，上海古籍出版社，2006，第642页。
④ 《旧唐书》卷4《高宗纪上》，第77页。
⑤ 《旧唐书》卷4《高宗纪上》，第80页。
⑥ 《旧唐书》卷4《高宗纪上》，第86页。
⑦ 《资治通鉴》卷201，唐高宗麟德二年三月辛未条注，中华书局，1976，第6344页。
⑧ 《资治通鉴》卷202，唐高宗上元二年四月庚辰条，第6376页。
⑨ 《资治通鉴》卷202，唐高宗调露元年正月己酉条，第6388页。

南"，禁苑之东垂，"南临洛水，西拒谷水，东面即皇城右掖门之南"，规模宏大、建筑繁华，"高宗晚年常居此宫以听政"。① 在东都洛阳的建设日益完备之际，永淳元年（682），高宗"遣宦者缘江徙异竹，欲植（东都）苑中"。② 可见，显庆五年，牡丹移植到东都洛阳的条件并不具备，于是直接移植到了更为适宜的长安禁苑。

那么，牡丹为何出自汾州众香寺呢？以往研究中对此问题往往略而不论。其实，舒元舆在赋中已有言及："古人言花者，牡丹未尝与焉。盖遁于（一作乎）深山，自幽而芳，不（一作以）为贵者（一无此字）所知。"这就说明作为药用植物的野生牡丹本是生长于山林之中，只是像高宗、武后及达官显贵等所谓"贵者"的社会上层不了解罢了，至于普通民众、僧道之人还是知道的。正是经过僧道之手，野生牡丹被驯化，成为人工栽培、可以赏玩的花卉，③ 这也是汾州众香寺有牡丹的原因。

牡丹从河东寺院移植到都城长安禁苑，其后又移入东都洛阳，并非一件小事，这背后其实反映出牡丹由宗教领域向世俗社会的重大转变。只不过，当时的牡丹是皇家独享之物。

又据柳宗元《龙城录》记载，高宗曾宴群臣，"赋《宴赏双头牡丹》诗，惟上官昭容一联为绝丽，所谓'势如连璧友，心若臭兰人'者"。④ 恐怕当时并非群臣中无人能有更佳的对联，只是他们无法像上官婉儿那样时常亲睹牡丹，了解不深而已。另外，在永泰公主墓的藻井图案中也发现有牡丹。⑤ 永泰公主作为高宗、武后的孙女，死于大足元年（701），年仅十七岁，神龙二年（706）与尉焉都尉武延基陪葬乾陵。古人有"事死如事生"的观念，永泰公主生前也应该赏玩过牡丹，毕竟牡丹在当时还只是为皇家所拥有。

---

① （唐）李林甫等：《唐六典》卷7《尚书工部》，第221页。
② 《资治通鉴》卷203，唐高宗永淳元年条，第6411页。
③ 陈涛：《唐宋时期牡丹栽培技术的传承与发展——兼论栽培牡丹的出现时间》，《自然辩证法通讯》2019年第11期。
④ （唐）柳宗元：《河东先生龙城录》卷下《高皇帝宴赏牡丹》，《左氏百川学海》第十册丙集三，清刻本。
⑤ 王晓莉：《永泰公主墓壁画题材及艺术特色》，《文博》2003年第5期。

二　都城宫苑和官员私第：玄宗开元天宝时期长安牡丹分布空间的扩展

玄宗时期，牡丹在长安城的分布范围已有所扩展，主要体现在如下三个方面。

一是从禁苑到宫内。

据《松窗杂录》记载："开元中，禁中初重木芍药，即今牡丹也。得四本红紫浅红通白者，上因移植于兴庆池东沉香亭前。"① 兴庆池，"在隆庆坊。本是平地，垂拱后因雨水流潦成小池，近五王宅，号为五王子池。后因分龙首渠水灌之，日以滋广。至景龙中，弥亘数顷，澄泓皎洁，有云气，或见黄龙出其中"。② 玄宗开元二年（714）七月，"以兴庆里旧邸为兴庆宫"，③ 故兴庆池又名龙池。另据《开元天宝遗事》记载："初，有木芍药植于沉香亭前。"④ 由《松窗杂录》和《开元天宝遗事》所记内容可以推知，开元初年，牡丹方才移植于长安宫廷大内（唐代大内有三，即西内太极宫、东内大明宫、南内兴庆宫），当时的花色种类已经很多，但牡丹仍为皇家独享之物。

开元十六年（728）正月，玄宗"始听政于兴庆宫"。⑤ 包括玄宗本人在内的皇室成员都颇爱兴庆宫牡丹，如玄宗爱妃武惠妃于开元二十五年（737）终于兴庆宫，死后赠贞顺皇后，葬于敬陵，其石椁外壁、内壁多处刻有牡丹花纹饰，⑥ 尤其是内壁刻画反映墓主生前的社会生活，更为真实、生动。

至天宝年间，杨贵妃得宠，适逢牡丹花开，玄宗"乘月夜召太真妃以步辇从。诏特选梨园弟子中尤者，得乐十六色。李龟年以歌擅一时之名，手捧檀板，押众乐前欲歌之。上曰：'赏名花，对妃子，焉用旧乐词为？'

---

① （唐）李濬：《松窗杂录》，中华书局，1958，第 4 页。
② （元）骆天骧：《类编长安志》卷 3《池沼》，中华书局，1990，第 84 页。
③ 《旧唐书》卷 8《玄宗纪上》，第 173 页。
④ （五代）王仁裕：《开元天宝遗事》卷上《开元·花妖》，中华书局，2006，第 19 页。
⑤ 《旧唐书》卷 8《玄宗纪上》，第 192 页。
⑥ 程旭：《唐贞顺皇后敬陵石椁》，《文物》2012 年第 5 期。

遂命龟年持金花笺宣赐翰林学士李白，进清平调词三章"。于是就有了"云想衣裳花想容，春风拂晓露华浓。若非群玉山头见，会向瑶台月下逢"① 等佳作流传。

顺便提及的是，当时长安城外的华清宫②中也种植有牡丹，玄宗曾与杨贵妃幸华清宫，"因宿酒初醒，凭妃子肩同看木芍药，上亲折一枝与妃子，递嗅其艳。帝曰：'不惟萱草忘忧，此花香艳尤能醒酒'"。③

二是从河东寺院到长安官员私第。

河东汾州众香寺的牡丹自高宗、武后移植于长安后，逐渐为社会上层所知。"开元末，裴士淹为郎官，奉使幽冀回，至汾州众香寺，得白牡丹一窠，植于长安私第，天宝中，为都下奇赏。"④ 这就表明玄宗开元天宝之际，长安牡丹不再是皇家独享之物，皇室之外的社会上层也可以拥有。虽然当时的牡丹仍属珍品，仅仅为个别社会上层拥有，成为"都下奇赏"，但是反映了唐代牡丹的世俗化倾向开始加深。

三是从都城宫苑到权贵豪宅。

天宝年间，"杨国忠初因贵妃专宠，上赐以木芍药数本植于家，国忠以百宝妆饰栏楯"，⑤ "又用沉香为阁，檀香为栏，以麝香、乳香筛土和为泥饰壁。每于春时木芍药盛开之际，聚宾友于此阁上赏花焉。禁中沉香之亭远不侔此壮丽也"。⑥ 这说明通过皇帝赏赐，都城宫苑中的牡丹也能够移植到像外戚杨国忠这样的权贵豪宅中。

从上可见，开元天宝时期，长安城牡丹的扩展来源有二：一为河东寺院，二为都城宫苑。前者是宗教场所，后者是最高统治者居所。牡丹从河东汾州寺院移植到长安官员私第，反映的仍是由宗教领域向世俗社会的转变趋势；而从都城宫苑移植到权贵豪宅，则昭示着由顶层皇室到社会上层的下移，也揭示出牡丹世俗化的倾向逐渐加深。不过，在当时社会，牡丹仍属稀有之物。

---

① （唐）李濬：《松窗杂录》，第4～5页。
② 《唐会要》卷30《华清宫》记载："开元十一年（723）十月五日置温泉宫于骊山，至天宝六载（747）十月三日改温泉宫为华清宫。"（第559页）
③ （五代）王仁裕：《开元天宝遗事》卷下《天宝下·醒酒花》，第38页。
④ （唐）段成式：《酉阳杂俎前集》卷19《广动植物之四·草篇》，第185页。
⑤ （五代）王仁裕：《开元天宝遗事》卷下《天宝下·百宝栏》，第58页。
⑥ （五代）王仁裕：《开元天宝遗事》卷下《天宝下·四香阁》，第58页。

三 宫苑、官署、私宅、寺观：唐代中期以降长安牡丹 分布空间的多元化

牡丹在宪宗"元和初犹少"，至文宗时"与戎葵角多少矣"，① "自禁
闼泊官署，外延士庶之家，弥漫如四渎之流，不知其止息之地"。② 可以
说，唐代中期以降，长安城的牡丹分布空间更加多元化，既有宫苑与官
署，也有私宅和寺观。

1. 宫苑

自玄宗开元年间始，长安宫廷大内已有牡丹。此后，依然如是，不过
范围有所扩大，品种也有变化。如穆宗时期，"殿前种千叶牡丹，花始开，
香气袭人，一朵千叶，大而且红。上每睹芳盛，叹曰：'人间未有'"。③ 又
如文宗大和九年（835），"诛王涯、郑注后，仇士良专权恣意，上颇恶之。
或登临游幸，虽百戏骈罗，未尝为乐"，"于内殿前看牡丹，翘足凭栏，忽
吟舒元舆《牡丹赋》……吟罢，方省元舆词，不觉叹息良久，泣下沾
臆"。④

穆宗、文宗长居东内大明宫，可知大明宫内也种植有牡丹，且出现千
叶牡丹等新品种。

2. 官署

唐代中期以后，官署中也开始种植牡丹。永达坊的华阳池度支亭子、
修政坊的尚书省亭子、宗正寺亭子及翰林院北厅前都有观赏牡丹。⑤

此外，吏部后堂前和弘文馆厅内也种植牡丹。据《仙传拾遗》记载，韩
愈的外甥修道有仙术，"能染花，红者可使碧，或一朵具五色"，曾于吏部后
堂前染白牡丹一丛，"自劚其根下置药，而后栽培之"，云"来春必作含棱碧
色，内合有金含棱红间晕者，四面各合有一朵五色者"，"俟春为验"。⑥ 另

① （唐）段成式：《酉阳杂俎前集》卷19《广动植物之四·草篇》，第185页。
② （宋）李昉等编《文苑英华》卷149《牡丹赋并序》，第692页。
③ （唐）苏鹗：《杜阳杂编》卷中，中华书局，1985，第15页。
④ （唐）苏鹗：《杜阳杂编》卷中，第18页。
⑤ 李树桐：《唐人喜爱牡丹考》，黄约瑟编《港台学者隋唐史论文精选》，第151~152页。
⑥ （宋）李昉等：《太平广记》卷54《神仙五四·韩愈外甥》引《仙传拾遗》，中华书局，
1986，第331页。

据《闻奇录》可知，王铎任兵部侍郎时，与相国杜悰，"充弘文馆直学士，判馆事"，曾于暮春时节一同在弘文馆厅内观赏牡丹。①

3. 私宅

虽然在开元天宝年间，裴士淹宅和杨国忠宅就已出现牡丹，但是自唐代中期以后，长安私宅中的牡丹才逐渐增多，文献中提及的有裴士淹宅、马燧宅、浑瑊宅、李益宅、元稹宅、窦易直宅、韩弘宅、王仲周宅、令狐楚宅、唐扶宅、裴度宅、李进贤宅、赵光逢宅、谢翱宅等（见表1）。

表1 唐代中期以降长安私宅牡丹分布情况

起始时代	宅名	所在坊名	街区	文献出处	备注
玄宗时	裴士淹宅（子裴通）	长兴坊	街东	《全唐诗》卷280《酉阳杂俎前集》卷19	裴士淹历经玄宗、肃宗、代宗三朝
德宗时	马燧宅	安邑坊	街东	《全唐诗》卷425	出将入相
德宗时	浑瑊宅	大宁坊	街东	《全唐诗》卷359/364/436	出将入相
宪宗时	李益宅	新昌坊	街东	《全唐诗》卷283	历任秘书少监、右散骑常侍等
宪宗时	元稹宅	靖安坊	街东	《全唐诗》卷401、412、437	出将入相
宪宗时	窦易直宅	新昌坊	街东	《全唐诗》卷437	元和八年（813），给事中
宪宗时	韩弘宅	永崇坊	街东	《唐国史补》卷中	元和十四年（819），中书令
穆宗时	王仲周宅	不详		《全唐诗》卷317	右庶子
文宗时	令狐楚宅	开化坊	街东	《全唐诗》卷334、365	出将入相
文宗时	唐扶宅	不详		《全唐诗》卷364	刑部郎中
文宗时	裴度宅	永乐坊	街东	《独异志》卷上	开成四年（839）
文宗时	李进贤宅	通义坊	街西	《剧谈录》卷下	朔方节度使
昭宗时	赵光逢宅	不详		《全唐诗》卷707	侍郎
不详	谢翱宅	升道坊	街东	《太平广记》卷364引《宣室志》	举进士

其中，马燧、浑瑊、元稹、韩弘、令狐楚、裴度都曾出将入相，裴

---

① （宋）李昉等：《太平广记》卷500《杂录八·孔纬》引《闻奇录》，第4099页。

士淹、李益、窦易直、王仲周、唐扶、李进贤、赵光逢都曾为中高级官吏，他们同属于社会上层。谢翱虽然并无官职，但是为大族之后，家境殷实。

唐代中期以降，尽管长安私宅牡丹的来源是多元的，但是仍然能够看到它与河东地区之间的密切联系。如唐德宗时，马燧"镇太原，又得红紫二色者，移于城中"；① 唐文宗时，令狐楚宅"在开化坊，牡丹最盛"，② 而令狐楚同样出镇过河东。

4. 寺观

唐代长安寺观中何时出现观赏牡丹，现已不可得知。不过可以肯定的是，唐代中期以后，长安寺观中的牡丹才越来越多，文献中提及的寺观就有崇敬尼寺、慈恩寺、永寿寺、西明寺、兴唐寺、兴善寺、咸宜女观、万寿寺、荐福寺等（见表2）。

表2　唐代中期以降长安寺观牡丹分布情况

起始时代	寺观名	所在坊名	街区	文献出处	备注
代宗时	崇敬尼寺	靖安坊	街东	《全唐诗》卷436 《太平广记》卷487《霍小玉传》	
代宗时	慈恩寺	晋昌坊	街东	《全唐诗》卷327/675 《酉阳杂俎续集》卷6 《剧谈录》卷下	
宪宗时	永寿寺	永安坊	街西	《全唐诗》卷400	
宪宗时	西明寺	延康坊	街西	《全唐诗》卷411、427、432、437	
宪宗时	兴唐寺	大宁坊	街东	《酉阳杂俎前集》卷19	
宪宗时	兴善寺	靖善坊	街东	《酉阳杂俎前集》卷19 《酉阳杂俎续集》卷5	临朱雀大街
懿宗时	咸宜女观	亲仁坊	街东	《全唐诗》卷804	
昭宗时	万寿寺	长寿坊	街西	《全唐诗》卷703、732 《太平广记》卷257《张濬伶人》引 《南楚新闻》	
昭宗时	荐福寺	开化坊	街东	《全唐诗》卷709、731	临朱雀大街

---

① （唐）段成式：《酉阳杂俎前集》卷19《广动植物之四·草篇》，第185页。
② （宋）宋敏求：《长安志》卷7，台北，成文出版社有限公司，1970，第160页。

上述寺观中有关牡丹的记载，能够确定的年代最早是在唐代宗大历年间（766～779）。据唐人蒋防所撰《霍小玉传》，大历中，李益"与同辈五六人诣崇敬寺玩牡丹花"。[①] 另据段成式《酉阳杂俎》所载："当时名公，有《裴给事宅看牡丹》诗，诗寻访未获。一本有诗云：'长安年少惜春残，争认慈恩紫牡丹。别有玉盘乘露冷，无人起就月中看。'太常博士张乘尝见裴通祭酒说。"[②] 而这位"当时名公"应指"大历十才子"之一的卢纶。

至唐宪宗时，寺观中牡丹的花色、品种更加丰富。如兴唐寺"有牡丹一窠，元和中，著花一千二百朵。其色有正晕、倒晕、浅红、浅紫、深紫、黄白檀等，独无深红。又有花叶中无抹心者，重台花者，其花面径七八寸"；又如兴善寺素师院，"牡丹色绝佳，元和末，一枝花合欢"。[③]

由上可知，唐代中期之后长安城牡丹分布空间多元化，尤其是在私人领域——私宅，以及城市公共空间——寺观中不断涌现，反映了牡丹世俗化的过程已大大加深。

四　牡丹时空分布所反映的唐代长安城市社会

有唐一代，自牡丹引种到长安城后，其空间分布呈现出从高宗武后时期的皇家禁苑扩展到玄宗开元天宝时期的私人领域，进而再扩展到唐代中期以降的城市公共空间的动态演变轨迹。这一嬗变背后实际上也反映了唐代城市社会的变迁。

1. 城市社会主体人群的转变

唐代中期以前，就牡丹分布空间的性质而言，无论是都城宫苑还是官员私第，都属于私人领域，只不过都城宫苑可视为一种特殊的私人领域。就空间主体人群的社会地位而言，无论是皇室还是官员，皆是贵族，同属于社会上层。

唐代中期以后，就牡丹分布空间的性质而言，尽管宫苑、官署、私宅仍可视为私人领域，但是寺观为城市公共空间。就空间主体人群的社会地位而言，私人领域都是非富即贵的社会上层，包括皇室、官员和富豪，亦

---

① （宋）李昉等：《太平广记》卷487《杂传记四·霍小玉传》，第4009页。
② （唐）段成式：《酉阳杂俎前集》卷19《广动植物之四·草篇》，第185页。
③ （唐）段成式：《酉阳杂俎前集》卷19《广动植物之四·草篇》，第186页。

如唐诗所言"豪家旧宅无人住，空见朱门锁牡丹"；① 而公共空间则广泛覆盖了城市社会的众多阶层，如史籍中所载"京师贵牡丹，佛宇、道观多游览者"。②

牡丹分布空间的嬗变，其实反映了唐代城市人口结构与主体人群发生变化，城市新兴阶层开始形成和崛起，"即从官僚士大夫为主体的士人社会向普通居民为主体的市民社会转型"。③

2. 城市花卉经济的发展

唐代中期以前，长安城牡丹的分布空间与观赏群体十分有限。自唐代中期以后，随着牡丹分布空间的扩展和多元化，观赏群体的范围变广、规模变大。当时有经济条件的人还会购买牡丹，因此推动了牡丹的商品化。唐诗中对此有所描述，如"近来无奈牡丹何，数十千钱买一颗"；④ "帝城春欲暮，喧喧车马度。共道牡丹时，相随买花去。贵贱无常价，酬直看花数。灼灼百朵红，戋戋五束素。……一丛深色花，十户中人赋"；⑤ "牡丹一朵值千金"；⑥ 等等。总的来说，即使在唐代中后期，购买牡丹花仍属奢侈性消费，这不是一般民众能够承受的，但是这种奢侈性消费促进了城市花卉经济的发展。

3. 城市文化呈现出世俗化或平民化的特征

从城市文化的视角解析唐代长安牡丹分布空间，可见随着城市社会结构的转变，牡丹文化在唐代中期以前显然是贵族文化，而在唐代中期以后开始呈现出世俗化或平民化的特征。

据相关学者研究，唐代后期"形成了街东高地的官僚居住区，街西低地的庶民居住区"。⑦ 结合表1、表2可知，私宅大多位于朱雀大街以东空间区域（即街东），而寺观街东的数量明显要多于街西。就牡丹文化而言，

---

① （唐）朱庆余：《登玄都阁》，（清）彭定求等：《全唐诗》卷515，中华书局，1979，第5892～5893页。

② 周勋初：《唐语林校证》卷7《补遗》，中华书局，1987，第628页。

③ 宁欣：《从士人社会到市民社会——以都城社会的考察为中心》，《文史哲》2009年第6期。

④ （唐）柳浑：《牡丹》，（清）彭定求等：《全唐诗》卷196，第2014页。

⑤ 谢思炜：《白居易诗集校注》卷2《讽喻二·买花》，中华书局，2006，第181页。

⑥ （唐）张又新：《牡丹（一作成婚）》，（清）彭定求等：《全唐诗》卷479，第5452页。

⑦ 〔日〕妹尾达彦：《唐代后期的长安与传奇小说——以〈李娃传〉的分析为中心》，刘俊文主编《日本中青年学者论中国史·六朝隋唐卷》，上海古籍出版社，1995，第510页。

虽然唐代中期以后仍是贵族文化占优势地位，但是已经显现一些新的变化趋势。

其一，由贵族文化逐渐向平民文化过渡。唐代诗文中绝无"牡丹"与"街东"同时出现的情况，却有"牡丹"与"街西"并称的事例，如有"续向街西索牡丹"①、"曾过街西看牡丹"② 等。街西寺观作为庶民聚居观赏牡丹的重要公共空间，反映的正是一种平民文化。

其二，社会上层与平民阶层对牡丹的精神文化需求日渐趋同。据《南部新书》记载："长安三月十五日，两街看牡丹，奔走车马。慈恩寺元果院牡丹，先于诸牡丹半月开；太真院牡丹，后诸牡丹半月开。"文宗"大和中，车驾自夹城出芙蓉园，路幸此寺"。③ 可见，街东慈恩寺的牡丹盛会也吸引了大唐皇帝前往观赏。另外，街西万寿寺是重要的平民文化活动空间，但在唐朝末年，宰相张濬"常与朝士于万寿寺阅牡丹而饮"，④ 且这里出现"烂熳香风引贵游，高僧移步亦迟留"的情景。⑤

4. 新的城市人文景观的形成

唐代中期以前，牡丹观赏活动仅限于有限的私人领域，故算不上是城市人文景观。唐代中期以后，随着牡丹观赏公共空间的不断扩展，进而形成新的城市人文景观。

据李肇《唐国史补》记载："京城贵游，尚牡丹三十余年矣。每春暮，车马若狂，以不耽玩为耻。"⑥ 前辈学者业已指出，《唐国史补》约成书于文宗太和年间，⑦ 自此上溯三十余年，适在德宗贞元年间。⑧ 又据舒元舆《牡丹赋并序》称："每暮春之月，邀（一作遨）游之士如狂焉（一无此三字），亦上国繁华之一事也。"⑨ 因《牡丹赋并序》约作于宪宗元和至文宗太和年间，⑩ 故舒元舆所言"上国繁华之一事"标志着当时寺观的牡丹

① 王宗堂：《王建诗集校注》卷10《宫词》，中州古籍出版社，2006，第610页。
② （唐）佚名：《睹野花思京师旧游》，（清）彭定求等：《全唐诗》卷784，第8849页。
③ （宋）钱易：《南部新书》丁，中华书局，2002，第49页。
④ （宋）李昉等：《太平广记》257《嘲诮五·张濬伶人》引《南楚新闻》，第2003页。
⑤ （唐）翁承赞：《万寿寺牡丹》，（清）彭定求等：《全唐诗》卷703，第8091页。
⑥ （唐）李肇：《唐国史补》卷中，上海古籍出版社，1979，第45页。
⑦ 岑仲勉：《跋唐摭言（学津本）》，《史语所集刊》第9卷，1947年。
⑧ 陈寅恪：《元白诗笺证稿》，第245页。
⑨ （宋）李昉等编《文苑英华》卷149《牡丹赋并序》，第692页。
⑩ 李树桐：《唐人喜爱牡丹考》，黄约瑟编《港台学者隋唐史论文精选》，第139页。

观赏潮流已经成为一道亮丽的城市人文景观。

事实上，前文所述《霍小玉传》中就明确言及，早在代宗大历年间，"时已三月，人多春游"，① 已经出现到崇敬寺观赏牡丹的人群。

结合上述几则史料，我们可以得知，春季赴寺观观赏牡丹的风气，自代宗大历年间开始兴起，至宪宗、文宗时期正式成为新的城市人文景观，而"唯有牡丹真国色，花开时节动京城"②、"花开花落二十日，一城之人皆若狂"③、"三条九陌花时节，万户千车看牡丹"④ 等诗句正是对这一城市人文景观的真实写照。

总而言之，长安作为唐代都城，具有典型性、代表性和引领性，唐代长安城牡丹分布时空的嬗变反映了城市社会主体人群的转变、城市花卉经济的发展、城市文化具有世俗化或平民化特征和新的城市人文景观的形成，昭示了中国古代城市社会的变迁。

作者：陈涛，北京师范大学历史学院，北京师范大学史学理论与史学史研究中心铸牢中华民族共同体意识研究培育基地

（编辑：杨楠）

---

① （宋）李昉等：《太平广记》卷487《杂传记四·霍小玉传》，第4009页。
② 刘禹锡：《刘禹锡集》卷25《赏牡丹》，中华书局，1990，第335页。
③ 谢思炜：《白居易诗集校注》卷2《讽喻四·牡丹芳》，第379页。
④ （唐）徐凝：《寄白司马》，（清）彭定求等：《全唐诗》卷487，第5378页。

流行文化与天津法租界商业中心的形成

刘海岩

内容提要：按照西方模式建设的租界，将中国城市划分为两个不同的城市空间——租界与华界。本文通过天津法租界商业中心的形成，以及娱乐业从华界向租界的流动，来探讨这两个不同城市空间之间的互动关系。随着租界商业的兴起，大众娱乐业也流向租界，与近代商业结合形成新的城市商业中心。在这一过程中，华界当局与精英社会的排斥和政治动乱，迫使大众娱乐业随着人口的流动而移向租界。租界自由的商业环境，促进了乡村娱乐的城市化、女性演员的大量出现和近代城市大众娱乐业的形成。西方文化的传入并没有摧毁中国传统文化，反而是传统文化借助租界的现代外壳，发展为近代城市流行文化的一部分。

关键词：法租界　城市商业中心　娱乐业　天津

对近代中国城市的研究，出现了一种认识，认为即便像上海那样近代化程度很高的城市，也存在两个世界——充满近代文明的南京路和远离文明的里弄与棚户区。卢汉超的研究是这方面的代表。[1] 柯必德（Peter Carroll）谈道，清末苏州西式马路的出现，导致商业、娱乐业乃至娼妓业的变化。[2] 那么，近代中国城市的现代商业区是完全源于西式模式的传入吗？西式文明的租界与传统的中国城区之间是远远相隔、不相往来的两个世界，还是存在互动与渗透的关系？本文希图以清末民初的天津为例，通过

---

[1] 卢汉超：《霓虹灯外——20世纪初日常生活中的上海》，段炼、吴敏、子羽译，上海古籍出版社，2004。

[2] 柯必德（Peter Carroll）：《"荒凉景象"——晚清苏州现代街道的出现与西式都市计划的挪用》，李孝悌编《中国的城市生活》，新星出版社，2006，第442页。

娱乐业与商业中心兴起之间的关系探讨这个问题。

娱乐属于大众文化，或称流行文化，在现代传媒出现之前，更多是通过各种商业演出得以体现。借助娱乐演出而传播的流行文化，表面上是通过商业方式实现，实际上在不同的社会历史背景下，取决于多方面的因素，如传统、政治权力甚至交通形态决定的空间流动等。一个城市形成不同的社区环境时，便会影响到流行文化的构成与流动方式。

一 教化与娱乐

传统时期的中国，无论宫廷贵族还是地方官僚，都有他们的娱乐方式，如清宫的升平署供养京剧名伶，以及太监科班"普天同庆班"，专门在宫内演出。

清代的天津，看戏是主要的一项娱乐活动，尤其受欢迎的是京剧。演戏的场所，或在庙宇、会馆，或在私宅、祠堂。这些演出大都定期举行，要么是节日或举办庙会、皇会的日子，要么是会馆同乡聚会或大户人家的喜事庆典等，这时普通民众才得以有享受娱乐活动的机会。而日常的娱乐场所主要是茶园或妓院，分布在城北运河边户部钞关附近的侯家后一带和城东的天后宫附近。这两个地区是天津城外最早形成的城区，到了清代，由于位于城市的商业或宗教中心而形成了娱乐区。

茶园是早期天津人观赏戏曲的主要场所。茶园内设有伸出式舞台，三面开敞，观众围坐八仙桌旁，边品茗，边看戏。清代天津最有名者谓之"四大名园"，即协盛茶园、袭胜轩、金声茶园和庆芳茶园，其中历史最久的要数坐落在侯家后的协盛茶园和袭胜轩[1]了。梨园界一直流传着清代伶界名家，如谭鑫培、杨小楼、孙菊仙等在侯家后演出的趣闻逸事，[2] 可见当时这里是名角荟萃之地。茶园观戏只付茶资，边看戏，边品茶，讲究角儿好、戏好、茶叶好、水开。观众除了专来听名角的戏迷外，还有行商跑

---

[1] "四大名园"还有其他说法，但是位于侯家后的协盛茶园和袭胜轩都包括在内。袭胜轩也称袭胜园（张焘：《津门杂记》卷下，光绪十年刻本；郑立水：《天津老城的戏园》，《天津老城忆旧》，天津人民出版社，1997，第328页）。

[2] 李相心：《津门菊坛轶话》，天津市政协文史资料委员会编《京剧艺术在天津》，天津人民出版社，1995，第274页。

合、五行八作的各种人士，他们也把茶园作为交易的场所。戏台上艺人们的演出，伴随着观众的高谈阔论、交谈生意、大声喝彩，以及小贩的喝卖声，这是茶园的真实写照。

另一种娱乐场所就是妓院了。早在清乾隆年间，侯家后的娼寮就已经十分兴旺。据《津门杂记》记载，光绪年间"北门外侯家后一带为妓馆丛集之处"。① 此外就是西门外的下等妓女和法租界的土娼和粤妓。书中还提到，当时的侯家后还有专门唱曲娱客的"小班"以及提供男妓的相公下处②。

当时，官绅、商人的主要娱乐活动就是茶园听戏、下饭馆招妓（称"叫条子"）。1870年，作为幕僚随曾国藩到天津办理天津教案的知府李兴锐，在离开天津之前的一周内，几乎每天都与同僚到天津城外的袭胜园、庆芳园"观剧"，然后去酒馆饮酒，还与其他官员每人招一名"相公"陪酒作乐。在离开天津的前一天，他还招了两名相公与朋友欢愉。在清代，相公即为男妓，他们大都从事过京剧旦角演出，不仅长相好，由于长期的职业训练，连日常举止也是一副女人做派。李兴锐看来是位有个性的官员，他喜欢的艺名玉奎的相公"粗莽，无相公忸怩气习，而善唱二黄"。这些官僚与相公"戌初至亥末，更番拇战，更番高唱，欢笑一堂，极风流之乐趣"。酒馆饭店玩乐过后，还要一起去相公的住处打坐、喝茶，给相公赏钱。在离开天津前，李兴锐在日记里还虚伪地自我反省一番："自初二至今，余叫相四次，花钱三十余千。从来无此行径，故缕列记之，以俟事过情迁，触目知所警耳。"③

对于城市民众而言，最主要的娱乐活动是逛庙会。庙会演戏游神最初是为了敬神，后来演变成大众化的娱乐活动。④ 一般城市中的庙会主要在城隍庙举行，而在清代的天津，因奉祀天后而兴起的皇会成为最主要的庙会活动。

天津的皇会起源于康熙年间，最初叫娘娘会，后因乾隆巡视江南路经

---

① 张焘：《津门杂记》卷中，第47页。
② 庚子年间，都统衙门查封了所有的"相公馆"。袁世凯任直隶总督时，再行禁令，"相公"行业从此在天津消失。
③ 廖一中等整理《李兴锐日记》，中华书局，1987，第40~41页。
④ 赵世瑜：《狂欢与日常——明清以来的庙会与民间社会》，三联书店，2002，第192页。

天津时观看了出会的盛况，从此改称皇会。① 不论是出资办会的缙绅士商，还是普通人家，都把皇会看成城市最重大的活动。出会之日，"商人辍市，百业停工，交通断绝，万人空巷，观众如潮"。②

皇会是全城民众的节日。只有在这样的时候，不同阶层的人们才有机会共同参与到城市娱乐活动中，而在平常，下层民众没有机会到茶园听戏或到饭馆侑酒招妓，他们只能以"自发"的方式寻求大众娱乐空间。在有城墙时期，城墙根往往形成下层聚集娱乐的空间。在天津，西城根和南城墙边都是大众娱乐场。1900年城墙拆除后，由于修马路和铺设电车道，西城根的娱乐场空间不复存在。③ 城南的娱乐场尽管没有了城墙，但仍然存在。城南洼内也有小船供游人往来乘坐。每到晚上，船上乘客或三或五，一人弹弦，一人敲打着茶杯，唱着地道天津味儿的"靠山调"。④

随着清末移民大量涌入城市，北方的娱乐文化也传入天津。一是源自华北东部乡村地区的莲花落。这是一种乡间小调，传入天津后被称作落子、蹦蹦儿，后来逐渐演变成一种戏曲——评戏。另一类被称作杂耍，是多种表演的合称。这些表演以说唱形式呈现，大都起源于北方各地，如河南坠子、山东梨花片、北京单弦、西河大鼓、京韵大鼓等。

1900年后，经历了义和团运动和八国联军侵华战争，天津传统社会的禁锢逐渐松弛，人们的生活需要更多的娱乐活动。这些起源于下层社会的娱乐活动，在传入城市后经历了排斥、接受的演变过程，最终形成了近代城市文化的一部分。在这一演变过程中，租界起了关键的作用。

1905年，时任天津南段巡警探访员的杨以德在报告直隶巡警道的呈文中谈道："蹦蹦戏、喝喝腔两种诚为淫风之苗。查得西头及侯家后等戏园，每际开演蹦蹦等戏，淫行一切，较比大戏（指京剧）甚之百倍。并看戏者，不分男女搀杂于内，实堪痛恨。遂访街市公评，速应禁止。"⑤

---

① 望云居士等：《天津皇会考纪》，天津古籍出版社，1986，第16~17页。
② 望云居士等：《天津皇会考纪》，第23、24页。
③ 云游客：《江湖丛谈》，上海文艺出版社，1991年根据1936年北平时言报社版影印，第5页。
④ 云游客：《江湖丛谈》，第16页。
⑤ 《杨以德为速立救火会并严禁暗娼蹦蹦戏事呈直隶巡警道文》（光绪三十一年四月二十四日），天津市档案馆等编《天津商会档案汇编（1903~1911）》（下），天津人民出版社，1989，第2093页。

创刊不久的《大公报》也出现了对这种娱乐倾向的评论文章：

> 近来天津的风俗，比庚子年前，日见其坏，此后恐怕越坏越甚，不知坏到什么样子。别的不用说，就说戏园子罢！要是没有女角，必没有人乐意看，要是没有演淫戏的女角，座客也必不多。必须多邀些个淫荡的女角，配搭男角，演唱极污秽的戏，在大众面前，活现一副秘戏图。你听那叫好之声，连连不断。唱戏的不知害羞，看戏的兴高彩烈。这算是怎么一回事呢？最难堪的，是包厢里的良家妇女。当这个戏演到极淫荡的时候，你是看是不看？当这无数男女的面前，一男一女在台上宣淫，所好者只是中衣未曾解下。嗐！怎么天津有这种坏事，官面竟不过问呢？近日更有用十一二岁女孩子扮演淫戏的。这是谁家的儿女，忍心教他落到这步天地？开戏园子的家里都没有儿女吗？伤风败俗，坏人廉耻，没有比这个事再烈害的了。我想官面不管的原故，大约是因为戏园子没有演淫戏的女角，不能兴旺。园子不兴旺，怎么纳捐钱呢？故此任着他们去罢。不管他怎么败坏风俗，只要是按月纳捐钱，在公事上就算交代下去了。①

天津城的士绅们为此专门到县衙门面见知县，声称"近来津邑各戏园男女杂演淫戏，较前尤盛，实属有伤风化"。他们向知县提出要严格禁止，规定"女优"专在一个戏园演出，男女不得混杂。而且，他们还要知县禀报有关官员，照会外国领事，在租界也要"一律禁止"。②对位于城市边缘的穷人居住区的娱乐演出，官府更是采取驱逐等强硬手段加以禁止。"津郡西关外一带……演戏出、唱落子以及大鼓、时调等戏厂更实繁有徒，历有年所，亦殊不为怪也。于十六日不知何故将该处各摊厂尽行驱逐，稍有稽延即以枪托殴打。……霎时间变成一块荒凉地矣。"③

民国以后，尽管政治上摆脱了专制统治，但是华界精英依然强调文化的教化功能。民初成立的"新新新剧社"在城内的广东会馆演出新剧，收入捐给善堂。演出者强调其宗旨是"以阐发社会教育，鼓助人民道德起

---

① 《淫戏宜禁》，天津《大公报》1904年12月8日，第3版。
② 《禁演淫戏》，天津《大公报》1905年6月18日，第2版。
③ 储仁逊：《闻见录》卷7上，第37页。

见"，"促社会之进化，警醒世能之良剧"。① 而且，演出时观众要男女
分坐。

至于在清末就被主流社会鄙视的蹦蹦戏等，到民国时期仍然被视为淫
戏，遭到排斥甚至警方的查禁。专以女性演员为主的演出，更被视为淫
荡。"女伶王素兰，演戏淫荡，久为社会所不许。近日该伶又搭升平茶园，
不改前非，较前益甚。所有禁止戏目，打华山官贵，该伶演唱如前，加意
刻画，殊于风俗有碍。"② 甚至警察厅还专门发布训令，要求各戏园"凡有
关系风化之淫词艳曲，并违背人道，暨有关国体之各剧目"，都要严禁演
出。而且，要求戏园将每天上演的剧目——无论是新剧还是旧戏——送警
察厅审查。警察厅还专门派警察"认真监察"，③ 形成了戏园专门给警察留
座位的陋规。

戏园和戏班为了应对警方和社会舆论，也采取各种办法。民国初年提
倡演文明戏，也称新戏。戏园新瓶装旧酒，"编演诲淫诲盗之戏，美其名
曰改良全本新戏"。警察前去检查，他们就改戏名。尽管警察查禁，"一般
青年男女，趋之若鹜"。④

1928 年南京国民政府成立后，执政的国民党更注重娱乐演出对社会的
影响，注重社会宣传的动员作用。国民党中央执委会宣传部还向地方发布
训令："近来社会之戏曲歌谣，多为腐化陈旧者，其中带封建思想、反动
宣传及邪淫性质，不但无益于社会，而且遗害匪浅，应即取缔，代以党化
剧曲、歌谣、小说等，以资唤起民众。"训令还规定了七条办法，其中有
"如查明确带封建思想、反动宣传及迷信、邪淫、荒诞等性质者"，地方的
国民党党部可以联系当地政府酌量情形予以取缔。⑤

然而，在租界里却是另外一番景象。对于娱乐演出，各租界当局不会
去关心甚至干预演出的内容，其关心的是市场的繁荣以及由此带来更多的
税收。庚子以后，在新设立的意、俄等国租界由于有大量华人居民，娱乐

---

① 《新新新剧社之公启》，《益世报》1915 年 12 月 25 日，第 6 版。
② 《淫戏宜禁》，《益世报》1921 年 12 月 5 日，第 10 版。
③ 《派员监察戏园之厅令》，《益世报》1923 年 5 月 1 日，第 11 版。
④ 《广和楼之淫剧宜禁》，《益世报》1924 年 8 月 28 日，第 10 版。
⑤ 《取缔社会旧戏曲》，《益世报》1929 年 7 月 24 日，第 12 版。

性演出很快流行起来。"大张旗鼓，日夜演唱，男女入围观剧者拥挤异常。"① 最初，华界精英或政界常常有人呼吁政府出面要求租界禁止这些演出，要求者的语气往往很强硬，认为租界禁止这些有伤风化的娱乐演出是理所应当的。直至民国初年，天津的参事会还要警务公所"照会各租界领事一体严禁"。然而，此后这些要求再也没有人提了，因为对中国官方这些方面的交涉，租界当局全然不予理会。

从西方传入的电影，也有相似的经历。电影于1900年前后传入天津，最初是在法租界的游乐场放映短片。1906年，法租界出现了第一家以放映电影为主的权仙电戏园（Arcade）。

> 本园由外洋运来各种山水人物活动影张，其人物行动与生人无异，且能千变万化。丽者有之，忧伤者有之，误人者有之，教人者亦有之，总之无一不有趣味。本园不惜重资，遍球采办，所运来本园者无不极善极美。至于园中上下修饰华美，炉烘温暖，电光灿烂，非别园可比也。所收戏价甚为廉省，池廊厢坐离台虽有远近，然观瞻清楚，则皆相同。并另设女座，不拘头贰叁等。亦备有美丽妇女房厢，以便官绅携家眷到园看戏，特分别男女之仪。每早十一点钟，即修饰齐备，恭候宾客驾临。②

电影园楼上还设有游戏厅，摆放着当时为新技术的娱乐"机器"供客人游玩，如活动机电影画、中外留声唱箱，还有一只神奇的会算卦的机器猫，能知祸福。客人每玩一次收银五分。

民国初期，电影开始盛行，但影片皆为外国传来，尤其以法国为多。影片多打逗、滑稽片，以及短小、情节简单的侦探片。租界的电影院"为西人麇集娱乐之地，华人之奢华尊贵一派及西洋留学生，或粗通西语者间亦贲临"，③ 普通百姓极少涉足。在华界，专门放映电影的场所只有一两家，园内喧嚣污秽，光顾者很少，人们对电影还心怀疑虑。电影与戏剧此时还无法相提并论，难登大雅之堂。

---

① 《淫词宜禁》，天津《大公报》1908年8月1日，第2版。
② 《权仙电戏园》，天津《大公报》1907年2月25日，第4版。
③ 《天津影院事业谈（一）》，《益世报》1929年4月7日，第12版。

然而，与戏剧多为古代故事不同，电影内容是现代生活的直接表现，内容又多有描写男女爱情或匪盗等，所以为官方或华界主流社会不容。如1921年，警察厅便要求禁演"不良影剧"，声称：近年来，各戏园、落子馆往往加演或改演文明新剧或电影，其内容"电影大率不外奸抢掳掠"。因此要求戏园、落子馆及电影园将戏曲脚本或电影片送交警察厅先行审定，如确系有益于社会人心，不悖善良风俗，方准演唱。[①] 同时，教育厅长也发指示，要求禁阻学生看不良影片，认为"近来津埠各电影园所演之片，往往离奇怪诞，风化有关，幼年学生，每值课余之暇，结队往观，为害于身心者最巨"。[②] 而且电影票价低廉，更吸引了学生前往观看。他还当面要求各学校的校长，如查有此项学生，得随时谕禁，严切禁阻。甚至直隶省长也发布训令，声称多有诲淫诲盗影片，包括上海拍摄的国产片，"然其人则流氓贼子，其事则残害杀伤"，[③] 要求一律严禁。于是，这一年9月，警察厅公布了"取缔电影园规则"。北京政府内务部也要求取缔不良电影，声称外国电影"率多趋重情剧，描摹青年男女恋爱情态，致使观者欲狂，窃生效慕之心。其次则为杀人放火，路劫道抢，以及诱骗等情事"，[④] 所以要一律取缔。而且还要求派警察随时赴各剧场检查，各戏园、影院新到的影片，必须经过官方检阅许可方准开演。当时在北京已经实行，要求天津也设法取缔。但是天津警方表示这些剧片大多在租界上映，华界警厅没有办法制止。南京国民政府成立后，也制定了检查电影规则。[⑤]

二　商业中心与文化的空间流动

传统时期的天津，与其他许多中国城市一样，商业中心位于城外，城北门外数百米远就是南运河，也称御河。清代的户部税关，当地俗称北大关，就设在运河边，于是那里成了城市最主要的码头，围绕码头形成了城市的商业中心。传统城市的商业中心一般是由商业街构成的。天津城北商

---

① 《警察厅禁演不良影剧》，《益世报》1921年9月13日，第10版。
② 《禁阻学生看不良影片》，《益世报》1921年9月22日，第10版。
③ 《严禁不良电影之省令》，《益世报》1923年6月4日，第10版。
④ 《内务部取缔不良影片》，《益世报》1924年1月16日，第10版。
⑤ 《检查电影规则》，《益世报》1929年5月29日，第10版。

业区则主要由批发业集中分布的针市街、零售商业集中的估衣街和金融机构集中的竹竿巷组成。这些是典型的传统城市步行街，弯曲狭窄，沿街分布着店铺以及摆摊的小贩，而且不长，估衣街全长只有700余米，竹竿巷长340米。商业区距城门也只有百十米之遥。

传统的娱乐业主要分布在估衣街的北面、运河岸边，"北大关"附近流动人口最多的地方。另外一个分布区则是城东以庙宇为中心的商业区。清末天津的四大茶园，两家位于北门外的商业区；另外两家，一个在老城内，一个在城东商业区。

20世纪初，城市商业中心由老城区向租界地区转移。推动商业中心向租界转移的首要因素，是电车的出现。1906年，第一条沿围城四条马路行驶的电车通车。此后直至1918年，共有5条电车路线修成通车，通行城区覆盖了华界和奥、意、日、法四国租界以及部分俄租界和老龙头车站。以比利时人为主要投资者的电车公司，最初的计划是以老城为中心，向老城以北的人口密集区铺设轨道，结果因遭到当地民众的反对而未成，向老城东南铺向租界的电车轨道却很顺利。随着通往日、法租界和老龙头火车站的三条电车线通车，电车交通网络初步形成。电车促进了城市人口的流动，尤其是华界与租界之间人口的流动。电车也改变了"步行城市"的空间模式，促使城市的发展重心由旧城周围及河流沿岸向电车沿线转移。"盖天津市发展之趋势，其初围绕旧城，继则沿河流，复次则沿铁道线，自有电气事业则沿电车道而发展。"①

推动商业中心向租界转移的第二个因素，是民国时期频繁的兵变和军队的劫掠，迫使城市人口和财富流向租界。这最早开始于民国元年的壬子兵变。兵变是袁世凯为达到在北京就任大总统而耍弄的政治手段，却给天津城市带来了一场劫难。一夜之间，变兵分路在华界的商业区挨户抢劫、烧杀，金店、钱庄、当铺等更是首当其冲。这场兵变犹如一场战争，给天津造成了极大的损失。甚至有人认为，这一劫难所造成的损失超过了庚子八国联军侵华战争。②

---

① 吴蔼宸：《天津电车电灯公司问题》，《华北国际五大问题》，商务印书馆，1929，第33页。

② 《天津城董事会公布壬子兵变津埠各街巷被焚抢损失图册》（1912年7月1日），《天津商会档案汇编（1903~1911）》（下），第2493页。

动乱引发的一个直接后果就是大批市民，尤其是富户商家逃到租界避难。尽管华界动荡不宁，享受治外法权的租界却很安全，参与兵变的官兵事先也得到不许进犯租界、不得伤及外人的戒令。从壬子兵变直至太平洋战争爆发以前，尽管国内战事不断，华界几成军阀混战的战场，租界却始终保持着相对稳定的局面，各派系军队皆没有敢染指者。这便给华界的市民商家提供了一个躲避战乱的地方。涌入英租界的华人最初还是临时避难，兵变过后又返回华界。也有一些有钱人开始在租界购买土地，建造住宅。① 经营房地产的洋行也趁机大做广告，推销租界的土地和房屋。

随着北洋军阀的混战，政局愈加动荡，天津成为各派军阀势力争夺和活动的中心。战争频仍，社会动乱，到租界避难躲灾，遂成为华界居民自我保护的一种方式。"凡有外人之地方，吾人竟皆视同世外桃源。谣诼一兴，各界人士无论贵贱贫富，凡稍有身家者，皆纷纷迁入租界。"② "河北一带公馆，多有迁避租界者，故街市上之摩托车、马车，满载衣服，络绎不绝，而尤以军政界占多数，故人心恐慌，风声鹤唳。"③

华界商家迁入租界，最初是被迫逃避，到后来则是争相迁往，或将商业资产全部迁入租界，或在租界设立分店，首先是最易遭到抢劫的金店、钱庄等。如原设在华界估衣街的金店物华楼、恒利金店，在1912年壬子兵变中遭到抢劫焚毁，难后两家商号在法租界马家口和日租界旭街设立了分号，不久总店也迁入租界。④ 随着战乱频仍，越来越多的华界商家向租界迁移，以至成为潮流。商家迁入租界大都沿着电车路线迁移，于是电车经过的街道很快繁荣起来。黄牌与蓝牌电车经过的日租界旭街和法租界杜总领事路（Rue du Chaylard，今和平路），由于位于城市的中心，也是人口流动最快的城区，因此成为华界商号热衷迁往的街区。到1926年，日租界"旭街全路大半为华商铺号所占"，"大小商号迁往租界者，罔不争先恐后"。⑤ 法租界杜总领事路的梨栈一带，由于电车黄、蓝、绿三条路线在这

① British Municipal Council Tientsin, *Minutes of the Annual General Meeting of Landrenters of the British Concession*, Tientsin, 26th 1913, p. 5.
② 《外人警察权果可收回耶》，天津《大公报》1922年5月8日，第7版。
③ 《风声鹤唳之天津》，天津《大公报》1922年4月15日，第10版。
④ 参见该年天津《大公报》两家商号的广告。
⑤ 《商号多迁入租界营业》，天津《大公报》1926年10月21日，第7版。

里交会，便成为商家必争之地。从 20 年代中期开始，该地区迅速繁荣起来，"华界商业群思迁移"，① 著名商家字号竞相设点开业，使 "法界梨栈" 取代华界北门外、东马路，成为近代天津的商业中心。

推动商业中心向租界转移的第三个因素，是租界的吸引力。这里仍以法租界为例。尽管法租界与英租界同样设立最早，但是法租界的发展一直比较缓慢。19 世纪 70 年代，法租界还没有一个明确的发展计划，只是在靠近海河的租界东部形成欧洲人居住的街区。由于中法当局对法租界的西界存有争议，该界西部地区形成了繁华的华人聚集区。尽管 19 世纪 90 年代法租界的建设加快，但是庚子事变改变了历史的轨迹，法租界由于靠近华界，遭到义和团和清军的攻击最为激烈，租界大部分建筑被摧毁。

庚子后形成的法租界扩展界，由于地理位置优越，发展非常迅速。该界位于天津城市的中心地带，又距火车站最近，1924 年新万国桥的开通更使其成为交通枢纽。同时，电报局等通信中心建在该界，吸引了众多洋行，尤其是 20 年代以后大批美国洋行聚集法租界。在法租界工部局制定的市政章程中，规定法租界东部老界大法国路（Rue de France，今解放北路）至海河岸边一带只准外国人居住和拥有不动产，华人不得涉足这些街区；从大法国路至巴黎路（Rue de Paris，今吉林路）一带也只准外国人拥有不动产，但华人经过租界当局准许可以在该地区居住。自巴黎路以西直至扩展界则无此限制，不论外国人或华人均可购地建房或租赁房屋经商。②

租界的这种发展过程，导致不同街区的构成。法租界的东部，大法国路以东，成为外国人的聚居区，一直保持着欧洲社区的风貌。法国俱乐部、专门供应外国人的商店、法国东方汇理银行以及法国领事馆、驻军兵营、租界公议局等都集中在这一带，使这里成为法租界的政治中心和法国人及其他欧洲侨民生活的社区。巴黎路以西，尤其是海大道以西的扩展界，则主要成为华人聚居地区。二三十年代，随着华人资本大量向租界转移，这一地区以电车经过的杜总领事路和福煦将军路（Rue Marechal Foch，今滨江道）交叉路口为中心，形成繁华的商业中心。

电车的通车使法租界有了一个发展契机。电车在法租界经过的地区，

---

① 《法租界租屋新耗费》，天津《大公报》1926 年 11 月 27 日，第 7 版。
② 《天津法租界新定房屋界限工程条款》，天津《大公报》1903 年 7 月 31 日，第 1 版。

大部分是庚子战争中被摧毁的西部街区和随后扩展的地区，铺设电车轨道时还很荒凉。法租界工部局对这些地区做了规划，在电车通过的地区修通了扩展界的主要街道，通过日租界与中国城区相连。

电车改变了城市的距离，使老城居民可以乘坐电车到距离老城区数公里之遥的法租界购物或娱乐。电车刚刚通车的 1907 年，在法租界电车沿线开业的权仙电戏园，为了吸引老城区的居民，甚至专门向电车公司预定电车，每天晚上电影散场时守候在电戏园旁，以便将观众送回老城区。

法租界商业中心的最终形成是以三座建筑高大的百货商场的建成为标志的。商场出现于清末民初的大城市中，主要是在北方城市。商场的出现是与城市商业从传统向近代演变的过程紧密相连的。在中国传统商业中，历史最为悠久的是被称作"市"的露天摊贩市场。这种商业形式在城市里演变为沿街摆摊的叫卖商业。当 20 世纪初电车这种机械化交通工具的出现需要通畅、安全的道路时，便与传统的沿街摊贩商业发生了矛盾。这种矛盾在天津这样的人口密集又最早铺筑电车的大城市中尤其严重。当依靠警察和制定交通法规改变人们的出行习惯等方式，仍无法改变摊贩占道或阻塞交通时，便有投资商尝试在城市中心区兴建大型商业建筑，招揽马路摆摊的商贩入内经营，这种新的商业机构被称为"商场"。商场将大规模的商业投资与传统小商业结合在一起，适应了从传统向近代演变的中国城市的需要。天津最早的商场出现在华界，由商人合伙租赁官员的大型房屋改造而成。到民国初年，这种商场在华界出现了几家，但终因华界商业的衰落而先后倒闭。

20 年代出现在法租界的大型商场，在规模和影响上都超过了华界的商场。从 1926 年到 1928 年，先后有天祥市场、泰康商场和劝业商场①出现在法租界的杜总领事路和福煕将军路交叉口一带。三家商场同样由中国人采取股份投资形式建设，高大的商厦采用西式商业建筑风格，惹人注目，经营上采取租赁的方式吸引商家入内开业，形成了不同于百货公司（department store）的商场模式。"商场制度，盛行于北方，京沪一带不多见。北平有第一楼、劝业场、宾宴花楼、东安市场、西单商场等，规模虽大，然远不及天津租界上劝业、天祥诸商场建筑之壮丽与设备之完全。"②

---

① 俗称"劝业场"。
② 《津市商场一斑》，《益世报》1931 年 1 月 11 日，第 7 版。

1928 年 12 月 21 日，在天津法租界的梨栈大街，一座高大的西洋式建筑——劝业场在有轨电车道旁举行了开幕典礼。为了给开幕制造声势，商场请来了英国驻军的军乐队，法国领事也莅临表示祝贺。劝业场的创建人是曾在井陉矿务局担任买办的高星桥。井陉煤矿是德国人汉纳根发起，主要由德国人投资兴办的。第一次世界大战结束后，汉纳根与其他德国人都被遣送回德国。1923 年，井陉煤矿被北洋政府以收归国有的名义强行收回，失去买办职位的高星桥转而从事城市商业投资。他先后在天津华界与法租界投资兴建大型商业建筑，如天津商场、交通旅馆、龙泉澡堂以及劝业场等。高星桥在谈及创建劝业场缘起时称："鉴于民国 13 年间直奉第二次战争时，华界各商店营业之凋敝，即有意建设一规模广大之商场，俾可以容纳多数小本经营之商号，而收振兴市面之效。"① 他在法租界梨栈大街电车枢纽的街口，以每亩 2 万两的高价买下了 5.2 亩土地，仿照上海大世界，兴建了天津规模最大的商场。当时，劝业场与交通旅馆等总投资 150 万元。高星桥与另一宁波买办成立新业公司，计划招 15 股，每股 10 万元。高星桥自购 6 股，寓居英租界的庆亲王载振认购 3 股，另外三位华商买办各购 1 股。劝业场的建筑由法国建筑师穆勒（P. Muller）设计，法国永和营造公司建造。建筑主体五层，局部八层，穹隆式的塔顶位于街角，凸显建筑的高大，成为城市商业中心的标志。建筑内部设计成中空回廊型，中间有过桥相通，交通畅通，构成开敞式的大型商场。在为商场取名时，高星桥听取了商场第二大股东、庆亲王载振的意见，采用北京前门外一个商场的名字——劝业商场，并在商场内高悬四言联句匾额"劝吾胞舆，业精于勤，商务发达，场益增新"，各取首字构成"劝业商场"。

与百货公司统一经营的方式不同，百货商场采取招商的方式，任何商家都可以在商场内租用空间从事经营。商场对经营内容和规模不加限制，除了一般的商店，诸如宠物商店、古旧书店，甚至相面卦摊都可以在商场开业。这种西式多层的楼房有大量的房间能容纳多家商业，建筑中内向外露的环廊构成一个中心，形成中国式的购物广场（shopping mall）。先后建成的三座大型商场为同一模式，都分布在电车枢纽附近，构成新型的城市

---

① 《未来之大商场　天津劝业场之调查》，天津《大公报》1928 年 9 月 6 日，第 6 版。

商业中心。

劝业场开幕之初热闹一时，许多商家纷纷进驻。可是，还不到半年，便有不下20家商号赔累倒闭。当时舆论认为，除了时局不靖、商业凋敝外，商场租金过重、花费浩繁也是主要原因。①然而，此后的劝业场逐渐兴盛起来。观察其发展的过程，最重要的一点就是改变了商场内的业态构成，吸引更多的娱乐产业在商场开业，零售商业与娱乐业的密切结合，刺激了商业中心的繁荣。

改变的不仅是劝业场，毗邻的两家商场天祥和泰康也是如此。以这三家商场为中心，附近的街区不仅成为城市多种零售商业、服务业的聚集区，也出现了娱乐场所的聚集，构成城市商业中心的一种模式。

先看劝业场的商场构成。兴盛时期的劝业场一共有七层。第一、二层聚集着售卖洋货、布匹、鞋帽等的店铺；第二层还有"全球理发所"，理发师改变了传统理发匠的形象，"着白色长衫，如外国餐馆之西崽"。第三层主要是古玩店和以销售旧书为特色的书店。该层还有天纬台球房，台球房雇用女招待，吸引了大量游客，"日有人满之患"。此外，还有太平洋饭店，专供法国菜肴，以及糖果、罐头和茶点。第四层到第七层主要开设有8家娱乐场所，名称皆带"天"字，称作"八大天"。第四、五两层开设有天华景戏场，主要上演京剧，天宫电影院放映电影，天会轩杂耍园是以演出曲艺、杂技魔术、歌舞为主，天露清茶社则提供顾客休息饮茶。第六层有共和厅，专供演唱"申滩"，即评弹，听众多为江浙人，"听者多阿拉同乡，土著人士均望而却步"。此外，还有天乐评戏院，专门上演评剧，主要演员为女性，"李氏姐妹三人，颇受人欢迎，所演皆民间故事，观者类皆中下阶级人物"。第七层为露天娱乐场，被称作"天外天"，夏季各戏馆游乐场都迁至此层，"以其凉爽故也"。②

与劝业场只有一墙之隔的天祥商场，是由天津商人李魁元等创建的，初为叫卖行，1924年改建商场。商场共五层，商业、娱乐业的分布与劝业场相似。第一层主要为洋货、布匹、金银、衣庄等店铺。第二层同样是理发店——"新鸿理发所"，该层还有开敞式空间提供给古玩摊商和书摊，

---

① 《劝业场倒闭之商号》，《益世报》1929年5月5日，第11版。
② 《津门商场一斑》，《益世报》1931年1月11日，第7版。

249

犹如露天街市。第三层以上主要是娱乐场。第三层的小广寒杂耍园，20世纪30年代以上演曲艺和山西梆子而兴盛一时。此外，该层还有环球魔术传习所演出魔术，魔幻灵术馆有怪诞的演出和游戏，也有台球社以供玩乐。第四层有新欣影戏院，放映电影，还有音乐助兴；天祥舞台，后改称"大观园"，以演出曲艺为主。还有青年幻术团，大书特书"留美魔术家某某"。此外还有群贤茶社，供游客休憩。第五层为屋顶游园娱乐场，在夏季开放。

劝业场对面的泰康商场，建于1927年，创建人为天津盐商。商场共有四层，第一层主要是商家店铺，与劝业场、天祥商场相同。第二层以古玩珠宝、字画等店铺居多。第三层设为歌舞楼，最初以演出京剧为主，后因营业不佳而改称小梨园，专门演出曲艺。20世纪30年代后期，因重金邀请著名的京韵大鼓演员刘宝全和单弦演员荣剑尘等演出而兴盛一时。该层还开设有美士林球房，可以玩保龄球和台球，以及称作美士林饭店的小吃店。第四层为共和戏园，专门演出山西梆子。著名的票房"渔阳社票房"，常在共和戏园彩排。票友多系各银行、洋行的职员，彩排入场券由票友出资分摊，分送亲友。

从三座商场的内部空间来看，娱乐场占用的空间远大于商业空间。三座商场所在的十字路口，一两个街区内，商家店铺鳞次栉比，许多最具实力的金店、绸布庄、鞋帽店、钟表店等集中分布，与三大商场一起构成城市中心商业区。同时，这一街区也分布着许多娱乐场、饭馆、舞厅等，据统计有60余家。[①] 根据表1列出的各项，可以对这一地区主要的娱乐场有一个简单的认识。

表1 法租界商业中心的主要娱乐场

原名	曾改名	创建年代	创建人与所有人	地点	主要演出
天丰舞台	天津戏院、新中央戏院	1898	法国百代公司、美国人"马鬼子"	福煕将军路与樊主教路（新华路）交口	电影、评戏
天福舞台	天安舞台	清末	西人	福煕将军路	京剧、评戏

---

① 张高峰：《劝业场一带是怎样发展为繁华区的》，中国人民政治协商会议天津市委员会文史资料委员会编《天津租界谈往》，天津人民出版社，1997，第99页。

原名	曾改名	创建年代	创建人与所有人	地点	主要演出
天天舞台		民初		法租界	评戏
北洋戏院		1916	美国人"马鬼子"	樊主教路与窦总领事路（长春道）交口	京剧、评戏
西权仙茶园	新新电影院、国泰电影院	1916	张荣、韦耀卿	福熙将军路	电影、京剧
平安电影院		1909	印度人巴厘	丰领事路（赤峰道）与杜总领事路交口	电影
光明社	光明电影院	1919	罗明佑	天增里	电影
明星大戏院	明星影院	1927	浙江商人	樊主教路	电影、京剧
春和大戏院	大明电影院	1927	高春和（商人）、印度人泰来弟	福熙将军路	京剧、电影、曲艺
中国大戏院		1936	孟少臣（商人）	拉大夫路（哈尔滨道）	京剧

资料来源：张高峰《劝业场一带是怎样发展为繁华区的》，《天津租界谈往》，第 88～99 页；《益世报》1930～1931。

法租界主要的娱乐场都分布在距离很近的几个街区内，创建年代是从民国初期到 20 世纪 30 年代，早期有外国人参与创建，后期则主要是中国商人或专门的文化投资人负责修建。早期的娱乐场从名称上就可以看出是以演出戏剧为主，但后来不断变化，从京剧到评戏、曲艺，直至电影。早期的戏园大都只能容纳百名观众，而二三十年代建立的戏院或电影院不仅设施先进，而且剧场规模大，最大者能容纳千人以上。这些娱乐场的顾客来自不同的城区，使这里成为整个城市的娱乐中心。

此时的娱乐场不再像二十年前那样，还要专门向电车公司预订车辆，以便夜晚送观众返回华界。到二三十年代，电车和租界夜生活已经成为城市新一代的生活方式。每天往来于租界与华界之间的电车，成为不同社会阶层人们的交通工具。每到夜晚，"电车载着疲惫的工人从东方（指租界）驶来，东去的电车挤满了'洋气'的城市男女，向灯光之塔下的夜中的白日里（也指租界）去寻乐"。① 商业中心与娱乐中心在空间上的结合，商品

---

① 莎蒂：《天津交响乐》，天津《大公报》1933 年 4 月 22 日，第 12 版。

消费与文化消费的结合，改变着城市人的生活方式。

三 传统与现代性

传统时期演出戏剧的场所被称作"茶园"而不称戏园，是因为来者往往以喝茶为主、观戏为辅，茶园只收茶资而不收看戏钱。茶园内，前面一座伸出式三面敞开的方形舞台，台口两根立柱支撑。场内围绕舞台摆放着一张张方形八仙桌，观客围桌而坐，有的面对舞台，有的侧对舞台，一般叫听戏而不是看戏。尽管传统茶园的建筑空间更有助于观众和表演者之间的交流，可是大部分演出时，观众并不集中关注舞台上的演出，他们往往是结伴而来，在茶园聊天、谈生意。舞台上每天都要演出多出剧目，只有到最后有名的演员登台演出时，才会吸引住观客的目光和耳朵。

茶园舞台主要依靠自然采光，到了晚场，只有微弱的油灯照明，舞台几乎一片昏暗。场内大都铺砖或者是黄土地，观客或侍役随意扔废物、泼洒茶水，使场内污秽不堪。舞台上，演武戏时尘土飞扬。"在昔之戏院、茶园，设备既属简单，建筑尤形恶窳，身入园门，腥臊之气，直触鼻端，使人望而却步。"① 茶园允许零食小贩入内，穿行观客之间兜售瓜子、糖果等。侍役不时送热毛巾给观客擦拭，被称作"扔手巾把儿"。茶园内不时发生矛盾冲突，叫骂、斗殴成了茶园的点缀。

清末民初，不论戏剧艺术本身还是城市娱乐方式，都发生了很大的变化。清廷的倒台，使专门服务于宫廷的京剧名伶不再有朝廷的宠幸，不得不游走江湖，文化消费能力较高的天津，成为艺人们乐于前往演出的"码头"，这也使京剧成为城市最流行的大众娱乐形式之一。各地移民涌入城市，又使地方性的戏剧、曲艺等传入城市。城里人们的观赏习惯改变了。观剧不再是喝茶时的陪衬，转而成为人们进入剧场的主要目的，喝茶反而成了观赏时的附加内容。继而，观赏戏剧与喝茶分开，茶园改称戏园，剧场内不再供应茶水。八仙桌和长凳变成了排式座椅，观客一律面朝前坐，集中精力看戏，也不在戏园里谈生意、聊天。

西式建筑的传入不仅改变了居住方式，也改变了娱乐场所的空间结

---

① 《津埠剧院之进步》，《益世报》1929 年 2 月 25 日，第 12 版。

构。租界戏院的舞台不再是传统的"伸出式"，而是流行的"镜框式"。西式建筑技术使得剧场空间成倍扩大，可以容纳的观众从几百人增加到几千人。剧场建筑注重音响效果的设计，演员不再像在传统茶园那样一味地靠尖利的高音大嗓，以使观客能够听到。新式舞台使演员可以适当降低嗓音，更注重表演，有助于不同表演流派的形成。同时，电的应用使剧场的演出能够持续到很晚，灯光也影响到舞台的形象，促进演员服饰的改变，使注重色彩的戏剧服装有了很大的变化。

从 20 世纪 20 年代开始，传统的观客随时进场、按时或按段收费的制度发生改变，预先售票和对号入座制度逐渐取而代之。中国大戏院甚至采取考试招考女售票员和男招待生，而且要求必须是中学或中学以上毕业生。租界戏院也不再有小贩入场售卖零食和侍役"扔手巾把儿"索要小费等旧习。

1927 年创建于法租界的春和戏院，最先改变了传统戏园的结构，按照新式设计建造，观众座位超过千个。这些变化在 1936 年于法租界商业中心区开业的中国大戏院有了完整的体现。中国大戏院的建筑是美国式的，由法国"乐利工程司"（Loup & Lee）设计。建筑有五层，外形壮观，设有屋顶花园。楼内地面及四围墙壁均铺大理石，安装有花梨木护墙板，各楼层之间有电梯。剧场建筑在空气调节上做了相应设计，冬季有暖气。剧场能容纳两千多人，座席中间没有一根立柱，观客视线没有被阻挡，这在当时的建筑设计中是颇为先进的，甚至连法租界工部局也质疑建筑的安全性，通过建筑抗压试验后才得以通过。而且，场内光线、音响效果，以及舞台机关、布景等方面的工程设计，都颇具现代建筑的特征。如此现代的戏院，演出的是最传统的京剧。开幕之日，来自北京的京剧名伶马连良演出的是典型的传统京剧《跳加官》《群英会》《四进士》等。随后而来的梅兰芳剧团，演出的是《女起解》《奇双会》等。这些典型的中国传统戏剧，从老城的茶园演到戏园，再到法租界现代风格的戏院。观客则从清代的官僚、文人和商人，演变为民国时期租界的寓公、买办以及现代知识阶层。表面上相互隔绝的租界与华界，通过流动的人口、商品和娱乐文化，整合成一个完整的城市。

电影的出现也改变了场所的结构和人们的娱乐方式。清末电影首先出现于法租界，到民国初年所演影片皆为外国影片，而以法国电影最多。美国电影当时相形见绌，影片内容幼稚，多为滑稽片或侦探类的短篇电影。

在华界，电影并非如传统戏剧那样很快便引起人们的兴趣，初期的无声电影与戏剧还"盖无相提并论之价值"。有的是在演出戏剧时加演电影短片，以吸引观众。当时人们还不了解电影，加上电影放映机常发生漏电甚至酿成火灾，人们担心电影会"有伤目力，以故多怀戒心，不敢轻于观看"。所以当戏剧演完要加演电影短片时，"座客即一哄而散，留者不及半数"。加上剧场设备有限，演戏过后映演电影，要"悬幕熄灯，遮蔽光线"，很费时间，人们"不耐枯坐以待矣"。因此，早期电影在华界并未被大众接受。①

在还没有使用电的下层边缘区，电影是采用今天人们难以想象的方式放映的。放映者需要在晴天的露天场地，用一个凸面镜将日光反射入一个黑箱子里，将胶片映射到箱壁上，观客透过箱子上的窥孔观看。放映者一边用手摇胶片，一边嘴里念念有词："小老黑捉老鼠"，"贾波林（卓别林）捉贼"。②

电影的加快发展首先是在租界地区。早期放映电影的场所，往往是戏院，为吸引观客而将电影与戏剧轮换上演，如明星戏院和春和戏院就将电影与戏剧"掺杂而演"。其后，专业电影院不断出现。最早建立的平安电影院和光明社都是在法租界，分别建于 1909 年和 1919 年。平安电影院1922 年迁往英租界，光明社则易址在法租界的商业中心，更名光明电影院，专门放映最新影片。位于其对面的劝业场，则设有天宫影院，不仅放映设备先进，而且"影片之选择，光线之映射，空气之流通，皆甚考求"。③

由于竞争激烈，电影业还出现了联营趋势，成立电影公司，使主要电影院形成两大系统。一是华北电影公司，位于英租界的平安电影院、法租界的光明电影院和日租界的皇宫电影院都属于该公司。平安与光明初时均为英籍印度人出资创办，自改隶华北公司后，由于公司实行股份制，华股居多，尤其是得到广东人与海外华侨投资，资金雄厚，公司经理也是广东

---

① 《天津影院事业谈（一）》，《益世报》1929 年 4 月 7 日，第 12 版。
② 《另一个世界：河北方面的平民娱乐场新车站的小营商场》，天津《大公报》1933 年 3 月22 日，第 13 版。
③ 《天津影院事业谈（二）》，《益世报》1929 年 4 月 8 日，第 12 版。

人。另外一家是新新戏剧公司，位于俄租界的天升电影院、法租界的新新电影院、从法租界迁址华界的上权仙电影院以及英租界的蛱蝶电影院属于这家公司。该公司的股东多为江浙商人，公司的总经理也即光明电影院的创办人，是寓津多年的宁波商人。

在无声电影时代，电影院大都在舞台下设乐池，邀请乐队在电影放映时演奏乐曲，以调节剧场的气氛。当时，租界的电影院大都邀请由外国人组成的乐队，演奏西方音乐。有的电影院采取播放留声机音乐的方法。法租界的明星电影院专门聘用一名俄国青年，用"电通留声机"配制影片中的音乐。"所配的乐片常使观众满意，往往以默片为有声音乐片呢。"①

1927 年美国上映了由华纳兄弟公司拍摄的世界上第一部有声电影《爵士歌王》，两年后天津也出现了有声电影。第一家上映有声电影的平安电影院专门从美国购入机器和银幕，并由生产设备的美国西方电气公司专门派的工程师负责剧场设计和安装。②

其他电影院也纷纷效仿，改演有声电影。位于德租界的光陆电影院为放映有声电影，专门安装了从美国订购的"蜡质屋顶"，以便使其有较好的吸音功能，"能收音而无回声"，因此适于放映有声电影。"有声电影贵乎自然，蜡顶之效用，有能保持自然之力。"③ 电影院还安装了美国西方电气公司生产的西尼风（Cinephone）有声电影放映机。

放映电影还有语言问题。为了让观客了解电影情节，电影院有人专门撰写说明，开映前向观客介绍。法租界光明电影院首先创造了同放中文字幕，用幻灯映在银幕上方或一侧墙上。

好莱坞电影兴起后，美国各大电影公司纷纷进入中国娱乐市场。派拉蒙、米高梅、二十世纪福克斯、华纳等八家美国电影公司都在天津派有常驻代表，有的还与电影院订有专门供片和首映权合同。好莱坞电影发行后很快就能在天津的电影院上映。尽管二三十年代中国国产影片不断增多，可是根本无法与外国影片抗衡。直至 1945 年，天津上映的电影 80% 仍然是美国影片。

在清末民初城市娱乐业的发展中，还有一个明显的变化是乡村戏剧及

① 《娱乐之一斑（六）》，《益世报》1931 年 1 月 28 日，第 7 版。
② 《有声电影破天荒之新艺术》，《益世报》1929 年 12 月 25 日，第 17 版。
③ 《一鸣惊人之光陆院》，《益世报》1931 年 1 月 30 日，第 8 版。

其他下层社会娱乐的城市化和女性演员的出现。传统时期占城市娱乐业主体的戏剧是在宫廷走红的京剧，而随着城市移民的大量增加出现的各种不同娱乐性戏剧、小曲等，一概被斥为淫曲俗调，被城市主流社会排斥，其中有女性演员参与表演的评剧，更是遭到华界社会的鄙视和不认可。

评剧起源于冀东地区的乡村，其原初的形态是被称作"莲花落"的俗曲小调。甚至有考证说，在宋代莲花落是乞丐行乞时演唱的。到20世纪初，随着唐山等城市的兴起，乡村娱乐逐渐进入城市。表演形式由两人对唱小曲，演变成不同角色扮演，带有故事情节，唱腔更加戏剧化。随着民间剧作家的涌现，根据古典笔记小说中的传统故事编写的剧本不断出现。与京剧剧目多表现帝王将相、才子佳人和以男性为主角不同，评剧剧目多以女性为故事的主角，内容更接近生活，甚至描述妓女、贫家女子。在语言上，评剧也与京剧不同，无论唱词或道白，都更接近白话。这与以韵白和唱腔古雅见长，被官僚和文人热捧的京剧不同，更多的城市中下阶层成为评剧的观客。在表演形式上，评剧从京剧及其他戏剧中吸收了大量的程式和服装道具等，从而演变成一种戏剧，名称也由蹦蹦戏、落子这样充满鄙视的称呼，改称评戏、评剧。

女性演员在评剧中的出现，又与落子馆有关。早期的评剧与京剧一样，多以男性演员为主。与此同时，在天津有坤书馆，俗称花茶馆，专有女性表演曲艺小调，演唱者多为妓女，其或为古代勾栏、瓦肆形式的遗存。当被称作"落子"的早期评剧传入天津后，由于内容唱腔适合女性，坤书馆中便流行清唱落子，因而有了"落子馆"之称。人们一直将落子馆看作"准妓院"，将馆中表演的女性视为妓女，直至20世纪20年代仍然如此。"天津此种营业最发达。凡演唱者皆系二等妓女。内有新戏、旧戏、大鼓、时调小曲等，价目皆系一角，小账每位四五枚。各书场内，无论日夜，座为之满。为内多喧嚷，且叫邪好，吊膀子等事故，自好者皆裹足不前。"①

当评剧受到城市不同阶层人们的欢迎，却被老城区社会精英排斥时，租界自由的商业环境便吸引了评剧及其他被排斥的娱乐文化，使其在租界大为流行。到20世纪20年代后期，以前的"蹦蹦戏"有了新的称谓——

---

① 孙学谦：《天津指南》第5卷，中华书局，1924，第14页。

评戏，其演出受欢迎的程度甚至超过了京剧。

在华界，评戏"前不过在花茶坤书馆中，演完杂耍之后，加演蹦蹦一出，如是者颇有年所，虽有一部分人欢迎，究难普遍。盖以唱词鄙俚无谓，举动放荡怪诞，且所演之戏，多任情调谑之粉戏，不为上流人士所喜观。街头巷尾虽有唱零星片段之蹦蹦者，但皆车夫劳动界人，难登大雅之堂者也"。① 而在租界，评戏却大受欢迎。在日租界的新明戏院，由于评戏有更多的观众，戏院便改以演评戏为主，而历来作为主要演出的"京班大戏"不得不改作临时补充剧目。在法租界，马家楼的金华茶园也改为以演出评戏为主，而且每天都有演出，上座率也不低，观众多为青年人。评戏演出的内容，有很多表现男女情爱的，戏词甚至有色情成分，加上演员多是女性，演到高潮，常会是一片叫好，甚至舞台上下唱和之声。"每演至狎亵之处，台下邪声怪好，与台上之淫词秽句相应合。一般人至目之为海淫之场合。"② 这段报道充满了鄙视，尽管我们无法从中完全了解到当时实际的演出状况，但是可以感受到演出的热闹。

到法租界三大商场建成，商场中更专门设立评戏演出场所。天祥市场落成后在楼上专设评戏场，随后建成的劝业场在五楼也专设了评戏馆。

评戏的兴盛造就了一代女性演员。这些女性演员大都出身贫寒，有的来自乡下，甚至幼年被拐卖到戏班，或曾经当过妓女。她们早年都有在戏班刻苦学艺的经历，成名后大都组织独立戏班，在城市从事商业演出。租界自由的演出环境，以及对女性演员的较少歧视，使她们创造出更受欢迎的艺术流派。

1932 年 3 月，享有盛名的评剧女演员刘翠霞率其"山霞班"进入位于法租界商业中心、以往专演京剧的大型剧场——北洋戏院演出，连演多日，场场爆满，评剧受到社会不同阶层的欢迎，刘翠霞也因此被誉为"评戏女皇"。1937 年，被上海剧界誉为"电影明星""评戏皇后"的白玉霜归津后，曾在北洋戏院连演半年，上座不衰，规模空前，轰动一时。

评剧由传统的乡间小调演变为有不同流派的都市戏剧，从华界落子馆里的凭栏清唱演变为租界大剧院堪与京剧媲美的"大戏"。租界设施先进

---

① 《津门游艺界所闻见（上）》，《益世报》1929 年 8 月 18 日，第 18 版。
② 《津门游艺界所闻见（中）》，《益世报》1929 年 8 月 19 日，第 18 版。

的戏院里整日上演着被具有现代思想的年轻艺术家改编的剧目，甚至刚出现不久的电台，也传出了评剧哀婉的唱腔。

到20世纪30年代，法租界几乎所有的大型戏院都有评剧演出，作为商业中心的三家大商场，都有专门演出评剧的剧场。从乡下进入城市的女性演员，站在租界现代感十足的舞台上，用那略带乡音的腔调，演绎着中国古代的传统女性故事。

四　结语

天津作为开放的商埠城市，无论是大众流行文化的演变，还是近代商业中心的形成，都有一个随着时间和空间的变化而演变的过程。

19世纪的天津，传统商业中心和文化中心在老城，方圆数公里的老城区聚居着20多万人，传统的商业和文化环境与人们世代相袭的生活方式相互契合。而开辟仅几十年的外国租界距离老城两公里，人口数量有限的外国居民过着西式的生活，从欧洲海运过来的商品在维多利亚道上的商店售卖，教堂、俱乐部、西洋音乐，是租界社会的文化标志。两个城区相互交往不多，就像两个城市。

庚子战争打乱了这个格局。老城城墙被拆，租界扩张。便捷的电车、自来水、电话、现代技术把两个城区连在了一起，城市在一个新的基础上得以整合。租界与华界之间的藩篱被打破，人口流动加速，华界人口和财富不断流向租界。随之而来的是租界建设的加快，华界的相对衰落，城市中心向租界转移。多国租界凭借其地理位置、经济实力、交通网络等因素，形成功能不同的城区。法租界得以形成近代城市的商业中心和流行文化中心。

尽管老城区萧条了，传统流行文化和传统商业却没有随之衰落，而是借助租界的现代外壳和制度环境，以新的形式复兴，与西式文化相互融合，成为近代城市商业和文化的重要组成部分。

作者：刘海岩，天津社会科学院历史研究所

（编辑：熊亚平）

城市空间视域下东京早期近代化的文化动因探析[*]

——以银座街区为考察中心

邱 杰

内容提要：明治初年效仿西欧大都市而全新建成的银座街区是东京市内首个独具特色的近代化街区，东京早期近代化发展的成果在银座街区这一城市空间内有集中的体现。通过对该街区的建设过程及建成后街区内社会活动与产业发展情况等的综合考察可以发现，明治时期被大规模全方位引进的近代西方文化，成为在城市规划改造、民主政治发展、产业发展与市民生活方式转变等诸方面全面推动东京早期近代化发展的重要文化动因。

关键词：银座街区 东京 近代化文化动因

明治初年，明治政府将江户更名为东京并奠都于此，之后以东京为统治中心，积极学习引进西方的近代文明成果，并通过一系列改革政策全面推进近代国家建设，首都东京的近代化进程也随之全面开启。1872年，为了实现对市内街区防火性能的改造，同时提升东京作为近代国家首都的对外形象，明治政府效仿西欧的大都市，在京桥与新桥之间开始了近代日本首个完整的西式砖瓦建筑街区——银座街区的建设。落成后的银座街区不仅从整体外观上展现出全新的近代西式街区风貌，还集中了一大批从事新兴产业的商铺及近代传媒机构，成为当时东京市内独具特色的一个近代化

* 本文得到浙江省教育厅一般科研项目"城市空间视域下东京早期近代化的文化动因研究"（Y201942144）及宁波工程学院校级科研项目"城市文化空间视角下近代东京繁华街区研究（1868～1923）"（D2017007）的资助。

街区，也被视作东京文明开化的象征。

东京近代化发展历程的开启和迅速推进，在很多方面都得益于当时日本与西洋文化的全面接触，文化因素在东京最初迈上近代化发展道路方面也成为一个不容忽视的重要因素。而以往关于东京乃至日本城市近代化历史动因的考察，多围绕政治、经济、社会等因素展开，① 对文化因素的作用鲜有阐释。银座街区作为近代初期西方文化全面移植在首都城市建设发展方面的结晶，集中体现了东京早期近代化发展的成果，在东京早期的近代化发展史上也显示出其独有的先导性与辐射性意义。基于此，从银座街区这样一个城市空间切入，② 可以以小见大，实现对东京早期近代化发展历程中文化因素作用的考察。

---

① 其中代表性的成果有矢崎武夫『日本都市の発展過程』弘文堂、1965；沖田哲也・中邨章「国政と都市の展開—明治期における東京の都市化と近代化」『都市問題研究』34（1）、1982；小路田泰直『日本近代都市史研究序説』柏書房、1991；石塚裕道『日本近代都市論—東京：1868–1923—』東京大学出版会、1991；中嶋久人「東京会議所の成立と事業展開—都市近代化の開始」『歴史評論』（511）、1992；原田敬一『日本近代都市史研究』思文閣出版、1997；中嶋久人『首都東京の近代化と市民社会』吉川弘文館、2010；姚传德《日本近代城市发展研究（1868～1930）》，苏州大学出版社，2015；等等。

② 以往围绕银座街区，多着眼于对其在近代以来东京的城市规划史、建筑史、商业发展史以及市民生活史等方面意义的发掘，透过其考察东京城市近代化发展历程及其动因等的研究鲜少见到。在以往围绕银座街区展开的研究中，有关东京城市规划史的代表性成果主要有：東京都編『銀座煉瓦街の建設：市区改正の端緒（都史紀要三）』東京都、1955；藤森照信『明治の東京計画』岩波書店、1990；富田仁「銀座煉瓦街—不燃都市・東京の近代化と西洋化」『桜文論叢』53、2001；岡本哲志『銀座四百年：都市空間の歴史』講談社、2006。有关东京建筑史的代表性研究成果主要有：初田亨『繁華街にみる都市の近代』中央公論美術出版、2001；岡本哲志『銀座：土地と建物が語る街の歴史』法政大学出版局、2003；松山恵「再考・銀座煉瓦街計画—近代日本における『首都』の表出（その二）」『建築史学』50、2008；前田忠史『都市の繁華街・銀座における建築と街並の変遷に関する歴史的研究』博士学位論文、工学院大学、2008。有关东京商业发展史的代表性研究成果主要有：中村孝士『銀座商店街の研究』東洋経済新報社、1983；初田亨『繁華街の近代：都市・東京の消費空間』東京大学出版会、2004。涉及东京市民生活史方面的代表性成果有：小木新造「銀座煉瓦地考：開化東京の光と翳り」林屋辰三郎編『文明開化の研究』岩波書店、1979。国内涉及银座街区的研究成果较少，内容主要围绕这一街区在近代东京城市规划史及文明开化史上的意义展开。主要成果有：韩宾娜《东京都与日本近代资本主义的都市建设——兼谈日本近代化变革的非彻底性》，《东北师范大学学报》（哲学社会科学版）2007 年第 4 期；曹康、陶娅《东京近代城市规划：从明治维新到大正民主》，《国际城市规划》2008 年第 2 期；邱杰《银座炼瓦街与明治时期东京的文明开化风潮》，《日本问题研究》2015 年第 3 期；等等。

城市的近代化广泛涉及城市的规划建设情况、政治与经济发展情况、市民生活状况等不同领域，是一座城市由封建传统型城市向近代城市全面发展转变的综合性的历史过程。本文主要从城市的街区规划建设、民主政治发展、产业发展与市民生活方式变化这三个不同侧面考察，以期对东京早期近代化发展的文化动因做一个较为全面的探析。

一 城市街区规划建设的革新

东京城市的近代化首先开启于市区规划建设方面。改变江户传统的建筑构造，提升城市整体消防安全性能，同时对传统城市街道加以改造，以展现出近代化国家首都的新风貌，这些对都城的近代化建设改造最初都是在学习引进西方城市规划建设理念与技术的过程中实现的。这一点在银座砖瓦街区的建设活动中有着集中的体现。银座街区的整个规划建设过程充分体现出当时西方外来文化元素在推动东京城市规划建设近代化方面的重要意义。

（一）城市街区规划建设理念的更新

明治初年东京市区规划改造首先面临的便是如何迅速提升城市街区整体防火性能的问题，而西方城市街区防火理念的引进为推动这一问题的解决提供了有效方案。在德川幕府时代，由于江户市内的房屋多为木质结构，加之街道布局较为紧凑，每遇到火灾，受灾情况都较为严重。效仿西方将街区建筑进行整体不燃化改造的思想在这一时期便已产生，宽政年间（1789～1801）本多利明在其《经世秘策》一书中就曾做过较为具体的论述。① 然而，这种对江户市内街区实施整体性不燃化改造的思想在当时并未被幕府付诸实施。明治新政府奠都东京后尽管十分重视采取各种防火措施，但由于市区街道建筑仍以木造为主，依然无法有效避免特大火灾的发生。明治五年（1872）二月二十六日②，元数寄屋町、尾张町、银座、京

---

① 详见本多利明『経世秘策』、转引自塚谷晃弘·藏並省身校注『日本思想大系44　本多利明海保青陵』岩波書店、1970、36～37頁。

② 西历4月3日。明治政府成立后仍在使用旧历，从明治五年十二月三日（1873年1月1日）起开始使用西历，将该日定为明治6年1月1日。

桥一带发生了特大火灾，受灾面积高达288000坪（见图1）。① 明治政府中的有识之士井上馨以这次大火灾为契机，提出了对东京实施砖瓦建筑改造的计划。② 其建议很快为明治政府所接受并付诸实施。同年，砖瓦街区道路扩建工程便率先在作为火灾受灾区域一部分的新桥到京桥的主干道上开始动工，1877年6月，整个银座砖瓦街区的建筑工程总体完工。③ 这样，银座砖瓦街区成为在西方城市街区不燃化这一理念指导下规划改造的首个项目，它的建设成功也为后来这一理念在东京市区规划改造方面的推广奠定了良好基础。

除了在城市消防方面借鉴了近代西方城市街区的建设理念外，银座砖瓦街区在整体街道风格及建筑样式的设计方面还引入了西方近代建筑与街区规划的美学理念。明治政府以明治五年的大火灾为契机积极推动银座砖瓦街区的建设，在当时其实也包含着外交层面的考量。为了修改与西方列强签订的一系列不平等条约④，明治政府在国内全面实施欧化政策，力图迅速进入"文明国家"的行列，与欧美诸国取得平等地位。在首都东京的建设改造方面，明治政府也期望将其建成可与欧美大都市相匹敌的都市。1872年的大火灾所烧毁的银座京桥一带西邻官厅街，北接日本桥至京桥的商业繁华地，东侧毗邻外国人居住的筑地，南面又靠近即将建成的新桥火车站⑤。新桥至横滨的火车通车后，从横滨港来东京的外国人将首先到达这一带，这里无疑将成为东京对外展现首都风貌的门面街区。因此，借着大火将这一带街区大面积烧毁的契机，迫切希望修改不平等条约的明治政府便决定率先将这里建成可与欧美都市媲美的西式街区，以通过这一带的新风貌向西方列强展示日本已跃居"文明国家"的新形象。也正是由于当

---

① 東京百年史編集委員会編『東京百年史』第2巻、株式会社ぎょうせい、1979、431頁。坪为日本的面积单位，1坪约为3.306平方米。

② 银座砖瓦街区建设计划的提出者也有时任东京府知事的由利公正一说，但藤森照信在其『明治の東京計画』一书中通过考证指出，这一计划是由井上馨提出，本文采信这种观点。详见藤森照信『明治の東京計画』岩波書店、1990、4~9頁。

③ 東京都編『銀座煉瓦街の建設：市区改正の端緒』（都史紀要3）、東京都、1955、131、149頁。

④ 指江户时代末期的安政年间（1854~1860）到明治初年日本与美国、俄国、荷兰、英国、法国、奥匈帝国等国缔结的不平等条约。

⑤ 新桥火车站于1872年10月14日开通运营，该站的开通使东京与横滨间的交通往来更为方便，也使新桥成为从横滨而来的外国人进入东京的大门。

图1 明治五年大火烧毁地域

资料来源：岡本哲志『銀座における都市空間の形成と変容の過程に関する研究』博士学位論文、法政大学、2004、55頁。

时明治政府的这一意图，银座砖瓦街区在设计之初便非常注重整体的视觉效果，融入了大量西方大都市街区规划的美学元素。

明治政府聘请英国工程师汤马士·华达士（Thomas Waters）作为银座砖瓦街区的总设计师和工程师，汤马士·华达士在具体的设计施工过程中引入了源自欧洲的乔治亚式建筑风格。统一样式的联排建筑规则地排列在银座街区内各个长方形的小区块中，带有拱廊的商店街边上整齐排布着托斯卡纳式的立柱，街道与建筑物浑然一体（见图2）。① 这种排列有托斯卡纳式列柱的带拱廊的商店街以伦敦摄政街为典型，当时不仅存在于英国，也广泛见于欧洲各地。② 随着银座砖瓦街区的兴建，这种近代西方城市街区规划建设的美学理念也被较完整地引入了明治初期的东京，影响着后来对传统街区的规划改造活动。不仅如此，银座砖瓦街区的街道还在日本首次采取了人行道与车道分离的设计方案，并在两旁设置了路灯，种植了街树，成为日本近代街道的原型。③ 作为近代日本新式街区的雏形，银座砖瓦街区规划建设过程中所引入的人车分流、街树街灯设置等近代街道的设计理念，在之后的街道规划设计中也被广泛沿用，带动着后来东京街区规划近代化的整体步伐。

图2　整齐排列着乔治亚式建筑的银座街区主干道

资料来源：東京銀座ロータリークラブ青少年委員会編『ものがたり銀座小史』東京銀座ロータリークラブ、1988、47 頁。

（二）城市建设新技术的应用

有了规划方案，在具体施工过程中一些技术问题的解决便成为工程建

---

① 藤森照信『明治の東京計画』、36～37 頁。
② 藤森照信『明治の東京計画』、37 頁。
③ 藤森照信『明治の東京計画』、27～28 頁。

设顺利完成的关键。在明治初期诸多近代建筑技术尚未被完全掌握的情况下，西方建筑科技等的学习引进又在很大程度上保证了工程的进度与质量。作为近代日本首次实施的大规模的砖瓦建筑工程，建设所需大量砖瓦和水泥的供给成为工程开始时的一大难题。当时由于成本等因素，建筑用砖只能在东京当地生产，然而东京不具备大批量生产的技术。最终银座砖瓦街区的总工程师汤马士·华达士通过引进西方的加工技术，在1873年建造了霍夫曼窑，亲自生产并取得成功，最终解决了砖的大量供给问题。①在水泥的供给上，从幕末到明治初年一直依赖进口。银座砖瓦街工程所需的水泥数量庞大，为了减少购买水泥的庞大开支，只有在日本制造。为此，大藏省②向东京府借用深川的旧仙台藩邸建立了工厂，在这里尝试制造水泥，通过效仿西方书籍上所写的制造方法，在工部省雇用的外籍技师的指导下反复试验，终于在1873年成功制造出了水泥。③砖瓦、水泥等建筑材料加工技术的引进为工程的顺利进行提供了重要保障。

除了建材方面的新技术外，西方先进的照明技术和交通技术的引入也对当时银座近代化街区全新风貌的呈现具有重要意义。1874年12月，银座主干道上的瓦斯街灯安装完毕并首次点亮。④ 1882年6月25日，东京马车铁道株式会社开通了新桥至日本桥间的铁道马车，揭开了东京市内铁道交通时代的序幕。⑤ 街区主干道上瓦斯街灯的设置和新式西洋交通工具铁道马车的开通，不仅进一步完善了银座街区的道路设施，也使得这里更加具备近代化街区的特质，洋溢着近代新式街区的氛围。

从银座街区的整个建设过程我们可以发现，不仅街区建设项目本身是参考西方国家城市街区的防火设计和美学理念而提出的，在具体的建设过程中也广泛吸收和利用了近代西方的科学技术。无论是城市街区规划建设理念还是建筑、交通、照明等领域的新科技，整个街区的建设过程都伴随着对这些近代西方文化元素的引进和应用。也正是在这些近代西方文化元素的作用下，明治初期短短几年时间内，东京市内便建成了银座这样一个

---

① 『銀座煉瓦街の建設：市区改正の端緒』（都史紀要3）、125頁。
② 大藏省，1869年日本设置的中央政府财政机关，主管财政、金融、税收。
③ 『銀座煉瓦街の建設：市区改正の端緒』（都史紀要3）、128～130頁。
④ 東京都中央区役所編『中央区史』中巻、東京都中央区役所、1958、151頁。
⑤ 東京都編『東京馬車鉄道』（都史紀要33）、東京都、1989、76頁。

面貌一新的近代西式街区。作为以西欧都市为样板，在东京开展的最初的市区改造事业，[①] 银座砖瓦街区的建设对后来东京城市规划改造的近代化进程也产生了较为深远的影响。明治中期以后对东京市区更加全面的规划改造，也是在秉持近代西方城市街区规划建设的总体理念，并充分利用西方近代科技的基础上不断推进的。可以说正是基于这些西方文化元素的巨大促进作用，近代东京的城市规划建设才得以在短时期内迅速完成其近代化转变。

二　近代都城民主政治的萌生

民主政治的萌生发展是封建城市向近代城市转变的一个重要表现。在近代初期的东京，各大党派围绕宪法制定和国家主权归属问题，利用各自机关刊物展开了激烈论争，自由民权派也积极展开各种活动来宣扬其政治主张，传播自由民主思想。这些政治言论活动的集中展开成为当时首都东京民主政治萌生的重要表现。而在刚刚结束封建统治不久的明治前期，这些政治言论活动的集中出现很大程度上是由于受到了近代西方民主政治思想传入的影响。作为当时东京各类传媒机构最为集中的一个街区，银座成为这些政治言论活动展开的据点。聚焦于当时这一据点内兴起的政治言论活动，可以看出近代西方民主政治思想的引进与传播对东京早期民主政治萌生的具体影响。

（一）围绕宪法制定和国家主权归属的论争

明治初期，报纸杂志等新兴媒体广泛出现，并且在传播新闻和思想言论等方面发挥着重要的作用。在当时的东京，报刊等新媒体大量汇集于新落成的银座砖瓦街区。这里地处政府机构集中的丸之内、金融商业中心日本桥和外国人聚居的筑地的中间，获取信息较为方便，而且临近当时东京的客货集散中心新桥火车站，便于往地方配送刊物。加之砖瓦房屋防火性能好，适合纸质出版物的储藏。高端的欧式街区形象对于新兴的媒体行业而言也具有很好的广告宣传效果。出于这些原因，很多大的报社、杂志社

---

① 石塚裕道・成田龍一『東京都の百年』山川出版社、1986、60頁。

和出版社纷纷选择在此创办或迁址于此，因此，银座砖瓦街区在落成后几年内便发展成为一条传媒街，成为当时东京的信息传播中心。

报刊媒体在明治初年已被广泛运用到政治思想宣传的斗争中，当时围绕宪法制定及国家主权问题的政治论争便主要是在银座街区的各大政论报之间展开的。西乡隆盛在征韩论争中失利而下野后，副岛种臣、后藤象二郎、板垣退助、江藤新平等也相继离开政府，并于 1874 年 1 月联名提出了《设立民选议院建议书》。英国人布莱克创办的报纸《日新真事志》率先刊登了该建议书的内容后，赞成与反对设立议会的争论文章陆续见诸报端，报界的政治言论活动呈现出空前的盛况。当时明治政府在这一问题上持渐进主义的立场，而板垣退助等人则持激进主义的立场，两派互不相容，利用各自的机关报等发表言论宣传自己的政治主张。以评论时政为主要内容的政论报一时间几乎变为各个党派的机关报，报界也分化为自由党派系、立宪改进党派系和立宪帝政党派系三大主要阵营。集中了三大阵营中主要报纸的银座街区成为这一时期首都东京政治思想论争的中心。自由党派系的《东洋自由新闻》《自由新闻》《绘入自由新闻》《自由灯》，立宪改进党派系的《东京横滨每日新闻》和《内外政党事情》，以及被称作立宪帝政党派系"三报"的《东京日日新闻》《明治日报》《东洋新报》都集中在银座街区（见图 3）。

1874 年《设立民选议院建议书》在《日新真事志》的刊载拉开了报界关于宪法制定和国家主权归属等问题论争的序幕。1881 年《东京日日新闻》上发表了福地源一郎立足于君权神授论撰写的对未来宪法意见的文章《国宪意见》，《东京横滨每日新闻》对此数次登载评论，从英国议会主义的角度批驳了福地源一郎的言论。[①] 随着 1882 年 3 月伊藤博文被派往欧洲各国进行宪法调查，报界的论争变得越发激烈，论争的焦点开始转为主权归属问题。在这场主权论争中，福地源一郎主张"宪法钦定，主权在君"，他认为"日本人民建国以来即为天皇之臣，普天之下莫非王土，宪法之制定，国会之开设，亦属天皇之大权。故此主权须握于天皇之手中"。而自由党的报纸对此言论表示反对，主张"天下非一人之天下，乃天下之天下也。国家由人民构成，君主仅对其加以统治，因此主权

---

① 　山本文雄『日本新聞史』国際出版、1948、99～100 頁。

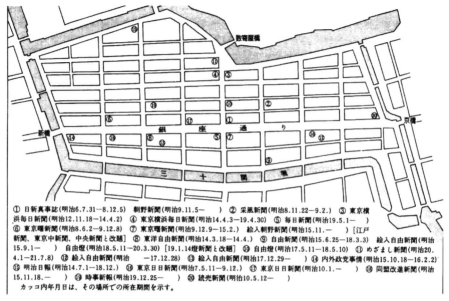

图3 明治前期发行于银座街区的各主要政论报

资料来源：野口孝一『銀座煉瓦街と首都民権』悠思社、1992、130頁。

自然在于人民，宪法应由天皇召集人民代表而制定"。立宪改进党的报纸将二者意见折中，主张"主权应存在于君主和国民之间，而国会由天皇和人民共同组成，故使主权存在于国会之上乃正确之举，立宪君主制之原则也"。① 自由党和立宪改进党的言论虽然并不完全一致，但都认为福地源一郎的主权在君说是独裁说，违反立宪的精神，站在这一共同的立场上对其进行了批判。宣扬绝对主义主权论的《东京日日新闻》受到了《东京横滨每日新闻》《朝野新闻》《邮便报知新闻》《舆论新志》等报的联合攻击。无论是《东京横滨每日新闻》等报的君民同治说，还是《舆论新志》的主权在民说，都基于英国的立宪主义学说并将英国立宪政体作为实例，通过探究英国主权之所属来论证日本宪法发布后的主权归属问题。② 近代英国的宪政思想成为当时反对独裁统治的各党派在新闻媒体上展开政治论争的重要理论武器。

以宪政思想为代表的近代西方民主政治思想在以银座报界为中心所展

---

① 小野秀雄『日本新聞史』良書普及会、1949、43~44頁。

② 山本文雄『日本新聞史』、100頁。

开的这场论争中得到了迅速而广泛的传播。当时在银座传媒界活跃着板垣退助、中江兆民、沼间守一、林正明等一批了解西方社会、熟悉近代西方政治思想的政治家、思想家，以及成岛柳北、福地源一郎等一批知名的新闻记者。这些当时在东京思想言论界极具影响力的人对日本宪法制定和主权归属等问题的言论通过报刊媒体传播到社会各界。作为这些言论的理论武器，近代西方的宪政思想也随之得以广泛传播，唤醒了广大民众的民主意识。从这一意义而言，各党派间的政治论争在当时对政治民主化进程的开启起到了较大的思想启蒙作用，可以视作近代民主政治在首都东京萌生的一个重要标志。而从这场论争发生的背景和经过来看，近代西方民主政治思想的学习引进无疑成为当时诱发并推动论争展开的主要文化动因。

（二）自由民权派活动的展开

近代初期的银座街区不仅是首都东京的信息传播中心，还是自由民权派活动的重要据点。自由民权运动的领导核心自由党及运动兴起过程中产生的嘤鸣社、共存同众、交询社、国友会等具有较大影响力的民权结社的组织机构中心均设于银座街区，由它们创办的报刊媒体也大量集中于此。自由民权派以银座为据点拟定宪法草案，发行机关刊物，举办演说会，为推进政治民主化进程展开了多种形式的活动。

明治初年，通过福泽谕吉、加藤弘之等明六社同人对卢梭、穆勒、边沁、斯宾塞等西方近代思想家的著作进行翻译和介绍，西欧的自由主义、民主主义的思想传入了日本。以1874年板垣退助等人向明治政府提出《设立民选议院建议书》一事为契机，这些思想在日本以天赋人权论、宪法国会制定论等为主体进一步传播。随着后来国会开设运动的日益高涨，许多民权结社纷纷私拟宪法草案，通过这些草案传达维护国民自由平等权利的思想和对宪法拟订方案的主张。其中共存同众的《私拟宪法意见》（1879年）、嘤鸣社的《嘤鸣社宪法草案》（1879年）和交询社的《私拟宪法案》（1881年）等几部模仿英国宪法而拟定的资产阶级民主主义宪法案成为当时极具代表性的私拟宪法草案。草案中所提出的"日本人民在法律上一律平等"，"日本人民享有结社、集会、演说、出版的自由，但在法律上应承担相应的责任"，"日本人民可以直接向皇帝及任何政府机关请愿建言"，"日本人民享有信仰任何宗教的自由"等条款，① 都充分体现了保护国民权利和强调自由、平等的思想。

发行机关刊物可获得较好的言论传播效果，也成为民权派结社传播其思想主张的常用手段和言论活动展开的重要形式。以交询社为例，1881年4月25日交询社将《私拟宪法案》刊载在其机关刊物《交询杂志》上之后产生了广泛的社会影响。《静冈新闻》《大阪新报》等各地的报纸纷纷对其加以介绍、评论，还有一些报纸如《邮便报知新闻》《山阳新报》《东海晓钟新报》等纷纷刊载其他一些参考这一法案而拟制的宪法草案。② 伴随着各地的报刊媒体对交询社的私拟宪法案的介绍、评论以及对相似宪法案的刊载，交询社透过法案条文所主张和强调的近代西方的民主政治理念和自由民主思想自然也得到了广泛的传播。

除了利用机关刊物等，民权派组织还通过演说会的形式介绍近代西方国家的制度和文化，宣传自己的政治主张。共存同众是当时充分利用演说会开展启蒙活动的民权结社之一，在组织以知识分子为主体的会员共同学习研究西方的制度、思想、文化的同时，也通过举办演说会等形式将学习研究的成果积极地传播给广大民众。共存同众的会员多为欧美留学归国人员，1876年2月统计在册的31名会员当中21人均有欧美国家留学经历。③以这些人为核心所组织的演说会往往就西方的法律、政治制度、社会现状等专题展开系列演说，如小野梓的《国宪论纲》、金子坚太郎的《英国法律》、长冈护美的《欧洲政事上民权之进步》、菊池大麓的《婚姻进化论》、肥塚龙的《自由的培养》等。④ 这些演说不仅介绍了西方国家的社会制度等现实状况，同时也传达了强调民权和自由平等的政治思想。

通过上述活跃在银座街区的民权派的一系列活动，不难看出，自由民权派所开展的这些活动本身即是与近代初期藩阀专治统治的一种政治斗

---

① 这些有关国民权利的条款在嘤鸣社和共存同众私拟的宪法草案中表述完全一致，更多具体条款之对比可参泽大洋『共存同衆の進展と影響：代表的都市民権派言論結社の航跡』東海大学出版会、1995、95頁。

② 交詢社編『交詢社百年史』交詢社、1983、169～171頁。

③ 勝田政治「共存同衆の基礎的研究」『民衆史研究』21、1981。

④ 这些系列演讲题目可参见泽大洋「共存同衆の全盛時代の組織と民権運動：共存同衆とその政治思想（4）」『東海大学紀要政治経済学部』13号、1981。文末附有"共存同众演说会一览表"。

争，是当时首都东京民主政治萌生的重要表现。同时，由于近代以前日本社会缺乏推行民主政治的思想基础，伴随这些活动而实现的西方自由民主思想的传播对当时民主政治的发展可以说也起到了重要的思想启蒙作用。以银座街区为传播中心，近代西方的自由民主思想开始由精英阶层逐渐渗透到各个社会阶层中。各阶层民众在这些思想的洗礼下也开始成为推动民主政治发展的力量，首都东京的民主政治也因此有了更为广泛的民众基础。可以说源自西方的自由民主思想既是自由民权运动展开的理论武器，也在客观上成为推动当时首都东京民主政治萌生并发展的重要文化因素。

三 新兴产业的发展与市民生活方式的改变

近代初期，明治政府在对欧美国家先进科技和制度大规模学习引进的同时，也在生活习俗上开始积极倡导效仿西方。随着西方生活习俗的全面引入，服饰、饮食、生活用品等日常生活的各个领域纷纷涌现出一些与近代西方生活方式相关的新兴产业。银座砖瓦街区作为当时首都东京唯一全面展现开化形象的西式街区，吸引了众多力图开拓这些新兴产业的工商业界人士在此展开经营活动。而新兴产业的迅速发展也对西方生活习俗的传播推广形成了一股强大的作用力，在客观上全面推动东京民众的生活方式发生近代化转变。

（一）西洋服饰产业的兴起与服饰生活的变化

西式服装在日本最初是从军服和一些政府部门工作人员的制服开始推广的。随着各类工作制服陆续开始采用西式服装，洋服裁缝店这一新兴行业也悄然出现，同时出现的还有经营西式皮鞋生产与销售的店铺。在首都东京，最早投身这些产业的许多知名商家都选择将店铺开设在迎合新时代潮流而建立的银座街区，银座也成为西洋服饰加工与销售行业重要的发起地。西洋服饰产业的兴起不仅直接体现了西方服饰习俗的引进对近代东京服饰产业发展的影响，也从一个侧面反映出这种西方习俗的引入对东京民众服饰生活近代化转变所产生的影响。

西洋服饰产业在当时属于新兴产业，从业商家经营活动的一项重要内容便是相关技术的引进。明治初期出现在银座街区的大仓组、森村和大民等几家有名的洋服裁缝店大都聘请了欧洲裁缝师。大仓组的裁缝店从1873年到1876年聘请了英国裁缝师波德曼，森村洋服店从1876年到1877年也先后聘请德国人勃兰特、英国人艾斯戴尔担任裁缝师，大民洋服店的店主山岸民次郎则在开店前亲自赴横滨学习西式服装加工技术。① 与洋服裁缝店一样，当时的皮鞋制造厂商也主要是通过引进欧洲制鞋师来学习制鞋技术的。创办于1870年的伊势胜制鞋厂被誉为日本西式制鞋业的始祖，② 为了实现技术改良，1872年聘请了荷兰制鞋师勒马卢尚担任技术指导。③ 勒马卢尚被誉为日本制鞋业界的恩人，他最早将欧洲制造高档皮鞋的方法传授给了日本人。④

　　这样一批西洋服饰店的兴起不仅为近代初期的东京广泛引入了西式服饰加工方面的专业技术，也在一定程度上带动了西方服饰习俗的传播及推广。来自欧洲国家的裁缝师、制鞋师在传授西式服装、皮鞋等制作技法的同时无疑也将这些服饰的穿戴习俗与礼仪介绍到了东京，这对于当时西式服装的推广普及也具有一定的启蒙意义。伴随着近代西洋服饰产业的兴起及人们着装观念的逐步改变，自明治初年以来的约半个世纪里，西洋服饰已在较大程度上渗透到东京民众的服饰生活中。以1926年东京一所小学学生的着装情况为例，日常穿西式服装的学生比例为55%，而穿日式服装的则为45%。⑤ 与明治初年西式服装主要被用于贵族、官吏等的对外社交及一些政府部门的工作制服相比，半个世纪内东京民众服饰生活已发生较大变化。

（二）西式饮食产业的兴起与饮食生活的变化

　　随着幕末开港以来西方食品的陆续流入，西式食品开始更多地为日本人所接受，西式饮食产业也在日本开始兴起。在近代初期欧化风潮的发起地东京，从事西式餐饮、西式食品制造与销售方面的各类店铺在新兴的商

① 野口孝一『銀座物語：煉瓦街を探訪する』中央公論社、1997、193～194頁。
② 石井研堂『改訂増補明治事物起原』下卷、春陽堂書店、1996、955頁。
③ 皮革産業沿革史編纂委員会編『皮革産業沿革史』上卷、東京皮革青年会、1989、155頁。
④ 清水正雄『東京はじめて物語：銀座・築地・明石町』現代書館、1998、58頁。
⑤ 森松義彰・寶月圭吾・小西四郎編『体系日本史叢書17　生活史Ⅲ』山川出版社、1969、80頁。

业街银座最为集中，多种近代日本最早的西式餐饮店及西式食品生产地都起源于这里。这类店铺的广泛兴起也带动东京民众的饮食结构与饮食习惯开始向着多元化的方向发生转变。

西方饮食习俗的传入在日本最早产生较大范围的影响之事莫过于吃牛肉习俗的形成，作为结合了日本人传统饮食习惯的一种牛肉食用方式，牛肉火锅出现后受到日本人的广泛欢迎。当时的银座街区活跃着吉川、今广和松喜等多家较为有名的牛肉火锅店。[1] 除了牛肉火锅店，西洋料理店、酒吧、咖啡馆等各类西式餐饮店也在银座街区相继兴起。西洋料理店中清新轩以经营法国料理而闻名，东洋轩在当时曾与知名西洋料理店精养轩齐名，其他较为知名的还有三桥亭和日进亭等。[2] 另外，近代日本最早的西式酒吧函馆屋也创办于银座街区。[3] 咖啡馆从明治末期起也开始在银座街区大量涌现。1911 年 3 月，最早以咖啡馆命名的春天咖啡馆在银座开业，同一时期狮子咖啡厅、圣保罗人咖啡馆等一系列当时知名的咖啡馆陆续出现于银座街头。[4]

除了西式餐饮店之外，早期从事西式食品加工和进口食品销售的不少知名商铺也在银座街区创立并扩大自己的事业。这些商铺的兴起对近代西方饮食习俗在东京的传播推广及日本人饮食习俗的转变也产生了重要影响。银座的面包店木村屋是东京面包加工销售行业的先驱。1874 年，木村屋研制出的酒种豆馅面包由于符合日本人的口味而大获好评。[5] 1897 年前后，这种面包的市场扩展到了整个日本，在银座的总店每日可以销售 10 万个，木村屋进驻到某一地区，当地面包的生产销售便在市场竞争中取得优势。[6] 从中可见木村屋对明治时期面包的普及所产生的巨大影响。和木村屋一样较早从事西式糕点加工销售的还有风月堂。店主从 1884 年起先后赴英、法、美等国学习引进西式糕点的加工技术，生产出奶油威化饼干、华夫饼干、果汁软糖、油酥蛋糕、水果蛋糕等多种此前日本没有的西式糕点。[7]

---

① 東京市京橋区役所編集『京橋区史』第 2 卷、飯塚書房、1983、1180 頁。
② 『京橋区史』第 2 卷、1185 頁。
③ 石井研堂『改訂増補明治事物起原』下卷、1396～1397 頁。
④ 『中央区史』中卷、164～165 頁。
⑤ 清水正雄『東京はじめて物語：銀座・築地・明石町』、74～75 頁。
⑥ 木村屋総本店社史編纂室編『木村屋総本店百二十年史』木村屋総本店、1989、32 頁。
⑦ 野口孝一『銀座物語：煉瓦街を探訪する』、212～213 頁。

可以说当时的风月堂在推动各类西式糕点进入东京民众的饮食生活方面发挥了重要的先导作用。近代初期，在东京还兴起了一些从事进口食品销售的洋货店，银座的龟屋便是其中的先行者。创立于1870年的龟屋从1893年起相继与英国、法国、美国的9家公司签订合同，包销其洋酒及咖啡、黄油、乳酪等产品。① 在当时，诸多进口食品、饮品等通过洋货店进入东京的生活消费市场，也不断为东京民众的饮食生活注入新的元素。

通过木村屋、风月堂、龟屋等这些从事西方食品加工销售的商家的经营活动，多种多样的西方食品被引进到日本国内消费市场，在客观上为当时东京民众接触和了解西方的饮食习俗搭建了桥梁。同时，西洋料理店、酒吧、咖啡馆等在银座集中兴起的西式餐饮店也成为当时东京民众接触和了解近代西方饮食习俗的平台，它们从不同方面不同程度地推动着西式食品及西方餐饮方式进入东京民众的饮食生活。明治后期西式料理已经开始渗透到日本的家庭饮食生活中，大正时期则大众化而成为日本人日常饮食的一部分。② 随着这种西方饮食习俗的融入，东京民众更为多元化的近代饮食习俗也逐渐形成。

（三）西式生活用品产业的兴起与生活用品的变化

在近代初期的东京，与西洋服饰、西式饮食等产业同时兴起的还有西式生活用品产业。这一产业的兴起不仅促进了当时西式生活用品的引进和推广，也在很大程度上带动了人们在生活用品领域日常消费方式的改变。

钟表是较早从西方传入的生活用品之一，从事钟表经营的商铺从明治初期起陆续涌现。在首都东京，这一新兴行业率先兴起于迎合欧化风潮的银座街区，小林和服部等当时东京最为知名的几家钟表店均活跃在这里。小林钟表店是东京钟表业界的元老，店主小林传次郎于1877年前后联合东京和横滨十几家较有实力的钟表商结成了同业者团体"开时会"，以此为母体于1890年成立了东京钟表商联合会后，1898年又创立了日本怀表制造合资公司，开始从事国产怀表的制造。③ 小林传次郎以其位于银座的钟表店为事业基础，推动了近代早期钟表的生产销售及东京钟表产业发展。

① 清水正雄『東京はじめて物語：銀座・築地・明石町』、108～109頁。
② 南博・社会心理研究所編『日本人の生活文化事典』勁草書房、1983、70～71頁。
③ 平野光雄「明治・銀座の時計商瑣談」『銀座文化研究』2号、1987。

同样带动了早期钟表产业发展和钟表推广普及的还有日本著名制表公司"精工"的前身——服部钟表店。创立于 1881 年的服部钟表店从 1884 年起与横滨的多家外国商会建立贸易关系，销售进口钟表，1892 年又成立了精工舍工厂，开始从事国产挂钟及怀表等的生产。①

西式箱包最初由洋货进口商引入东京的消费市场，之后其生产销售逐步形成一项独立的产业并取得了迅速发展。银座街区是明治时期这一产业在东京兴起的重要据点，活跃在这里的鞄绘屋及谷泽皮包店等商家为西式箱包产业最初在东京的形成和发展奠定了基础。鞄绘屋的创办者相场真吉是近代日本西洋皮包零售业的创始者。② 1869 年鞄绘屋创立时主要从事西洋皮包、皮鞋和香水等进口产品的销售，③ 之后逐渐开始从事西式皮包、皮鞋的生产。在 1890 年举办的第三次国内劝业博览会上，鞄绘屋出品的皮包获得了一等进步奖。④ 谷泽皮包店创立于 1887 年，1890 年迁至银座街区。⑤ 创办者谷泽贞三潜心钻研西式箱包的制造技术，制造的西式箱包品质极佳，得到了广泛的认可。在 1903 年举办的第五次国内劝业博览会上，其展出的箱包类产品获得了一等奖。⑥ 鞄绘屋和谷泽皮包店除了自身的经营活动外，还积极参与组建东京箱包业的同业者组织，谋求这一产业的繁荣发展。1892 年，鞄绘屋、谷泽皮包店等 9 家东京早期从事皮包经营的老字号店铺组建了同业者团体"包盛会"，每月举行两次拍卖展销会，以此来推动西式箱包的普及和销售顺利展开。⑦ 作为近代初期较早从事西式箱包生产销售的老字号商家，鞄绘屋、谷泽皮包店以银座街区为事业发展平台，通过参加国内劝业博览会等活动促进了西式箱包更多地为国内民众所了解和接受。与此同时，由他们参与创建的同业者组织进一步推进了产业的发展，极大地带动了西式箱包在东京乃至整个日本的推广。在产业整体发展的带动下，西式箱包也开始更多地进入东京民众的生活消费领域。

---

① 野口孝一『銀座物語：煉瓦街を探訪する』、204～205 頁。
② 稲川實·山本芳美『靴づくりの文化史：日本の靴と職人』現代書館、2011、62 頁。
③ 清水正雄『東京はじめて物語：銀座·築地·明石町』、61～62 頁。
④ 稲川實『西洋靴事始め：日本人と靴の出会い』現代書館、2013、37 頁。
⑤ 石毛乙治朗編著『日本鞄業総覧』中央通信社、1954、24 頁。
⑥ 東京鞄協会編『東京鞄業界沿革史』東京鞄協会、1956、32～33 頁。
⑦ 『皮革産業沿革史』上巻、221 頁。

　　和钟表、箱包一样，明治时期西方的日用化妆品也在日本国内相关产业兴起的带动下开始更多地进入国民的日常生活。明治初期创立于银座街区的资生堂是这一行业的先驱，在推动西式化妆品实现国产化并走进本国国民生活方面发挥了重要的先导性作用。1872 年 9 月资生堂创立于银座街区，是近代日本最早成立的西式药房。① 之后，资生堂将制药工艺引入西式日用化妆品的加工生产领域，扩大了经营范围。1888 年资生堂开始发售由其生产的日本最初的牙膏，② 1897 年又开始发售日本最早使用药学工艺研制出的化妆水 "红色蜜露"、香水 "柑橘之花" 和固发油 "柳丝香" 等化妆品。③ 由资生堂出品的各种西式化妆品从银座走进东京乃至整个日本的生活消费市场，使更多的民众有机会了解和使用这些新型化妆品，也潜移默化地影响并改变了民众对日用化妆品的使用习惯。

　　据 1890 年出版的《东京购物自助指南：知名商家》④ 一书的记载，除了上述钟表、箱包、西式化妆品等之外，明治前期在东京还活跃着经营西洋家具、西洋伞、眼镜等各种源自西方的生活用品的店铺。在近代初期短短 20 余年的时间里已经出现了大批从事西式生活用品经营的商家，所经营的产品种类也极为丰富，足见当时相关产业发展之迅速，西式生活用品对东京民众生活的影响面之广。随着更多的西式生活用品进入东京民众的日常生活，这些新式生活用品所代表的近代生活方式也逐渐渗透到当时的民众之中，从一个侧面促进了东京民众生活方式的近代化转变。

　　银座砖瓦街区落成后，成为介绍欧美近代风俗的场所。⑤ 与西方近代生活习俗相关的事物与产业在这一场所内率先集中涌现，这里在客观上也成为当时东京民众全面直观了解工业化时代全新生活方式的信息源地。通过上述对这一街区内服饰、饮食、生活用品等诸领域近代新兴产业的发展情况及东京民众生活习俗转变情况的考察，可以发现，对近代初期西方生活习俗的积极学习引进带动了相关领域新兴产业的形成和发展，而各种新

---

① 资生堂编『资生堂百年史』资生堂、1972、14 頁。
② 『资生堂百年史』、36 頁。
③ 资生堂编『资生堂社史：资生堂と银座の歩み八十五年』资生堂、1957、28 頁。
④ 上原東一郎編『東京買物独案内：商人名家』、1890。
⑤ 野口孝一『銀座物語：煉瓦街を探訪する』、73 頁。

兴产业的发展为近代早期东京民众在衣、食、用等日常生活的各个方面提供了新的消费品和消费形式。与此同时，明治前期穿行于银座街头的公共马车、铁道马车等新型市内交通工具也在向当时东京的民众展示着近代西方的交通生活，带动了交通出行方式的革新。以这些源自西方的物质产品和生活消费形式等为传播媒介，近代西方的生活习俗开始全面渗透到东京民众的日常生活中并且逐渐改变了其传统的生活方式。可以说，从服饰、饮食、生活用品到交通出行等各个方面，近代西方生活习俗的引入带动当时东京民众生活方式与生活理念开始向着全面迎合近代资本主义工业社会生产与生活需求的方向转变。

结　语

　　明治新政府在开国伊始通过积极学习引进西方文化成果来推动本国的建设，近代西方的技术、制度、思想、习俗等也随之被全面引入日本。而东京作为近代日本的首都，往往最先接触到这些文化成果，其自身的近代化发展进程也在这些文化成果的影响下得以全面推进。银座街区这一城市空间则成为当时各类西方近代文化成果在首都东京被先行吸纳的据点和向外传播的"辐射源"，在带动东京早期的近代化发展方面显现出独特的先导性与辐射性作用。银座街区建设过程中所引进的近代西方城市街区规划建设的理念与技术，为后来东京的城市规划建设全面完成近代化转变奠定了重要基础。西方宪政思想和自由民主思想等的吸收与传播诱发了东京近代民主政治的萌生。以银座街区为中心而展开的各党派间的国家主权论争及自由民权派的一系列活动，既是民主政治萌生的重要表现，又在很大程度上为后来政治民主化进程的推进在民众中奠定了思想基础。近代西方生活习俗的引入带动了东京日常消费领域相关产业的全面兴起，而这些产业的迅速发展又反过来进一步促进了近代西方生活习俗在东京的传播推广。受其影响，东京民众的生活方式、生活理念也开始朝与近代生产和生活方式相适应的方向转变。通过对银座街区的建设过程及建成后街区内的社会活动与产业发展等的综合考察可以发现，近代初期的东京在西方文化的影响下，从城市规划建设到政治形态再到产业乃至市民生活方式等各个方面全面开启了近代化发展的历史进程。无论是衣、食、用等日常消费领域的有形的物质文化成果，还是城市规划建设的理念与技术、民主政治思想、风俗习惯等无形的精神文化成果，当时被大规模全方位引进的近代西方文化成为全面推动东京城市早期近代化发展的重要文化动因。

作者：邱杰，宁波工程学院外国语学院

（编辑：万鲁建）

明治后期东京水网环境变化与下层社会居民生活的记忆塑造

陈诗源

内容提要：明治后期，日本资本主义进入新的发展阶段，东京作为当时日本人口最多的城市，聚集了数量众多的贫民，形成了庞大的下层社会。下层社会居民在东京的生活记忆与东京的城市生活环境密不可分，而由河网、运河、上下水沟等组成的水网环境构成了东京城市环境的重要部分。明治后期，随着工业化、城市化的深入，水网环境也在发生变化。本文旨在通过明治后期东京水道环境的变化及其对东京下层社会居民造成的影响来探究东京水道对居民生活的记忆塑造。

关键词：明治后期　水网环境　下层社会群体　东京

明治时期（1868～1912）是日本历史上重要的变革时期，这一时期日本从一个传统的封建晚期农业社会转变为一个新的以工业城市社会为主体的资本主义现代化国家。而资本的原始积累与工业化导致大量人口涌入城市，加剧了城市人口的两极分化，形成了贫民数量众多的下层社会，东京作为日本人口数量最多的城市，自然聚集着日本最庞大的下层社会群体。明治后期（1888～1912）以后，下层社会越来越集中在不断扩张的贫民窟与房屋之中。下层社会的贫穷匮乏割裂了城市，不仅造成了物质的割裂，也造就了精神的割裂、记忆的割裂。不同城市居民生活的记忆，某种程度上与其所在的生活环境密不可分。而在自江户时代以来就有"水都"之称的东京，水网不仅是构成东京城市空间地理分布的一大部分，也是构成东京居民生活环境的重要组成部分。至明治后期，大量由贫民窟与房屋组成的下层社会群体生活在水网周围。城市化与工业化改变了水网，而水网环境也塑造了周围居住的下层社会居民的生活记忆，东京的下层社会生存环境对居民的生活记忆产生了重要影响，东京下层居民的生活记忆也成为近代日本城市史的重要部分。

国内有关近代日本城市研究着重对近现代日本城市化道路、市区改造计划、防火改造等问题的研究，并对近代日本城市化的历史背景、工业化、人口流动、城市圈及交通发展、城市管理机制的演变等做了全面的归纳与剖析。[①] 日文著作则先从宏观层面展示了日本近现代城市化与都市的形成、扩大到兴盛，并集中于主要大城市在高速发展时期的城市问题及相应对策、近现代城市的发展特点与国家之间的关系、地方城市与中央及地方关系等角度的考察。而对于明治时期下层社会的研究，则先从东京贫民生活与活动的所有地点出发，详细还原了日本劳工与佃农在明治后期的生存样貌。同时也有学者着手研究各类报道下层社会、受到下层社会支持的草根报纸与杂志，包括描述下层社会的评论文章，展现了明治后期下层社会流行的思想观念，并通过运用明治后期的著作进行系统分析。[②] 英文著作对日本近现代的城市思想与理念进行了梳理与研究，通过在历史中对近代日本城市思想进行再建构，反映了当时日本的意识形态与思想面貌，完整梳理了日本自江户时代至20 世纪的城市规划史，全面勾勒了东京居民自江户以来不同时代的城市空间分布特点与理念。而对于明治时期日本下层社会的研究，则从日本明治时代工业化与城市化造成的城市贫困出发，对下层社会民众的形成、职业收入、居住等情况做了简要的概括，分析贫民窟的形成、改造等基本状况，从各个侧面刻画了明治后期日本下层社会的物质和

---

①　详细可参见姚传德《日本近代城市发展研究（1868～1930）》，苏州大学出版社，2015，第2～4 章；陈路《日本明治时期城市化剖析》，硕士学位论文，苏州大学，2008；曹康、陶娅《东京近代城市规划：从明治维新到大正民主》，《国际城市规划》2008 年第2 期。

②　详细可参见矢崎武夫『日本都市の發展過程』東京弘文堂、1978；石冢裕道『日本近代都市論：東京：1868～1923』東京大學出版會、1991；小路田泰直『日本近代都市史序說』柏書房、1991；横山源之助『日本の下層社会』岩波書店、1985；横山源之助『内地雑居後之日本（他一篇）』岩波書店、1955；立花雄一・横山源之助『下層社会探訪集』東京現代教養文庫、1990；松原岩五郎『最暗黒の東京』岩波書店、1988。

精神样貌。①

本文以明治后期东京的水网环境作为剖析下层社会居民生活记忆的切入视角，试图探寻明治后期东京下层社会居民在水网环境下生活的不同记忆，并根据这些不同的生活记忆，分析水道环境与东京下层社会居民生活的记忆二者之间的关系，尝试揭示明治后期水道环境对东京下层社会居民生活记忆的塑造过程与结果。

一　明治后期的东京景象

明治时期不仅是日本历史上的一个重要时期，也是一个大变革的时代。关于明治时期日本变革的深刻程度，一位外国观察家在介绍他的作品时这样写道："经历了现代日本的转型阶段，人会感到自己很古老；因为他身处现代……但他自己却清楚地记得中世纪。"② 也就是说，在外国观察家的眼中，明治时期的日本相比于幕府统治的江户时期，无论在政治、经济还是文化、日常生活等方面都发生了巨大的变化。

作为当时日本最大、人口最多的城市东京，从江户时代到明治时代，它带给日本人的记忆也大不相同。自幕府将江户作为其行政中心开始，江

---

① 详细可参见 Henry D. Smith, "Tokyo as an Idea: An Exploration of Japanese Urban Thought until 1945," *The Journal of Japanese Studies*, Vol. 4, No. 1, Winter, 1978, pp. 45 – 67; André Sorensen, *The Making of Urban Japan Cities: Cities and Planning from Edo to the Twentieth-century*, London: Routledge, 2002, Chapter 2; Jinnai Hidenobu, *Tokyo: A Spatial Anthropology*, trans. by Kimiko Nishimura, Berkley: University of California Press, 1995, Chapter 1 – 4; Edward Seidensticker, *Low City, High City: Tokyo from Edo to the Earthquake: How the Shogun's Ancient Capital Became a Great Modern City*, Cambridge: Harvard University Press, 1991; Edward Seidensticker, *Tokyo from Edo to Showa 1867 – 1989: The Emergence of the World's Greatest City*, Rutland, Vt.: Tuttle Publishing, 2010, Chapter 1 – 6; Koji Taira, "Urban Poverty, Ragpickers, and the 'Ants' Villa' in Tokyo," *Economic Deveolopment and Culture Change*, Vol. 17, No. 2, 1969, pp. 155 – 177; Hiromichi Ishizuka, "The Slum Dwellings and the Urban Renewal Scheme in Tokyo, 1868 – 1923," *The Developing Economies*, June 1981, pp. 169 – 193; James L. Huffman, *Down and Out in Meiji Japan*, Honolulu: University of Hawai'i Press, 2018, Chapter 1 – 6; Huffman 的前期研究可见 James L. Huffman, *Creating a Public: People and Press in Meiji Japan*, Honolulu: University of Hawai'i Press, 1997, Chapter 6 – 10。

② Basil Hall Chamberlain, *Things Japanese, Reprinted as Japanese Things*, 1891; reprint, Rutland, Vt.: Charles E. Tuttle Publishing, 1971, p. 1.

户就被划分成所谓"多山丘"的"高地城"（High City）与以"平地"为主的"低地城"（Low City）。① 除了地理意义上的高低城之外，高地城与低地城也有阶层上的差别：上流社会的武士阶层多在丘陵地区的高地城修建宅邸，而为武士阶层服务的大量商人与工匠则住在"低地城"，即下町。下町的中心日本桥地势低洼，地处神田川与隅田川两条河的交汇处，沿岸便利的河运交通与天然形成的滨水区为鱼市、商业的繁荣提供了得天独厚的条件。广重的《日本桥冬晴》描绘了日本桥鱼市拥挤繁忙的场景。

江户时代在东京日本桥的居民记忆中，便是河道沿岸充斥着熙熙攘攘的商店与繁荣的鱼市。② 频繁的人员流动带动着交通的拥挤与繁忙：全国各地的零售商聚集在河道沿岸进行临时的物资囤积，零售商随着附近的中央市场辐散开来，而市场周围工作的居民也在此安家，日复一日夜复一夜的开业典礼、活动与歌舞不绝的娱乐区为日本桥带来源源不断的活力。

然而，随着城市化与工业化在明治时代的起步与发展，东京下町的河道沿岸开始逐渐被密集的工厂与仓库所取代。同时随着交通运输方式的革新，水运逐渐衰落，作为"水都"的东京开始向"陆地城市"转变：河道沿岸不少传统的娱乐区逐渐被政府驱逐乃至关闭，铁轨围绕着河道沿岸的仓库不断延伸，近海海域逐渐被工厂的烟囱所笼罩，随工业革命而来的纺纱厂、水泥厂、肥皂厂在城市河道沿岸扩散。

而日本桥也开始在文明与启蒙的时代发生重要变化：在低矮的平民住宅、商店、摊位之上，建起了视野开阔、高耸雄伟的日本国民第一银行，该建筑融合了西式与日本本土色彩。而原来的鱼市仓库平地之上，建起了象征着文明与启蒙的大型西式建筑——中央邮局大楼。它作为东京的新地标，又位于繁忙的交通枢纽之上，很容易引起注意。各种新型商业建筑，也以此为中心，在四周拔地而起，构成了新时代日本的城市空间记忆。③

---

① Edward Seidensticker, *Tokyo from Edo to Showa 1867 – 1989：The Emergence of the World's Greatest City*, p. 28.

② Jinnai Hidenobu, *Tokyo：A Spatial Anthropology*, p. 78.

③ 藤森照信『明治の東京計画』岩波書店、2004、43 頁。

　　然而，明治后期，与现代性同时的还有大量人口的涌入。一方面，铁路的修建进一步改变了人们的时间与空间观念，使城市与城市，乃至城市与乡村之间的旅行与迁移变得比以往时候更加便利。① 另一方面，印刷媒介与教育的传播，使得边远地区的人们对国家与个人的未来有了更加具体的期盼。② 农村艰难的生活，促使乡村居民涌入城市，寻找新的就业机会。从 19 世纪 90 年代到 20 世纪初，东京的人口从 1897 年的 130 万增加到 1920 年的 340 万。③ 日本政府研究人员在明治后期的调查显示，近期移居东京的人（被称为"临时居民"），每年都至少占到总人口的一半。1907年，东京 62% 的居民是临时居民；到明治的最后一年即 1912 年，他们还约占东京总人口的一半。大多数移民定居在北部和东部贫困人口集中的下町区。④ 农村移民在城市复杂而又残酷的就业环境之下，缺乏任何人际网络乃至政府援助，他们的生活处境困难。这些移民逐渐壮大，组成了东京规模庞大的下层社会居民，他们大多分布在东京"低地城"中，居住在密集的贫民窟内，展现出与上文"欣欣向荣"的东京不一样的生活记忆。明治后期的记者松原岩五郎这样描述新爱町贫民窟：

> 小巷是一片脏水沼泽，死老鼠在阳光下化脓……成堆的旧木屐，腐烂的大米和鱼躺在地上，屋顶用碎垫子修补，这个地方看起来像是荒野中的堡垒，被子弹和炮弹打得千疮百孔……它是地球上最后的避难所，如此拥挤，充满了所有的悲哀与痛苦，如此贫瘠，没有任何可以让生活变得愉快甚至可以忍受的东西，而那些在此居住的人已经……放弃了希望。⑤

　　而在一位画报作者的眼中，贫民窟是一片"潮湿与泥泞"的土地，作者在附注中这样写道："低矮的屋檐，倒塌的墙壁，成千上万的贫困家

---

①　Steven Ericson, *The Sound of Whistle: Railroads and State in Meiji Japan*, Cambridge: Harvard University Press（East Asia Studies），1996, p. 69.

②　James L. Huffman, *Creating a Public: People and Press in Meiji Japan*, p. 226.

③　Takeo Yazaki, *Social Change and the City in Japan: From Earliest Times Through the Industrial Revolution*, San Francisco: Japan Publications, 1968, p. 391.

④　「第十一回東京史都会年表」、1914、94～95 頁，转引自 James L. Huffman, *Down and Out in Meiji Japan*, p. 61。

⑤　松原岩五郎『最暗黒の東京』39～40 頁。

庭……每当雨水降临时就会东躲西躲，避免被水淋湿。"①

　　显然，随着东京居民生活环境的改变，人们对东京的印象也在发生着变化。但自明治后期以后，东京的生活环境随着现代化的推进与两极分化的加剧而逐渐割裂，形成了各式各样的生活记忆。东京下层居民贫困的生活状况与他们的生活环境息息相关。东京下层社会居民大多分布在东京"低地城"、靠近河道（隅田川、神田川）的四个地区：浅草、下町、深川、本所（见图1）。到1911年，这些地区涵盖了东京40%的人口。由河道及其支流、运河、上下水道组成的自江户时代遗留下来的发达水网在明治后期被保留了下来，而新的居民也在东京的"低地城"中塑造了新的生活记忆。

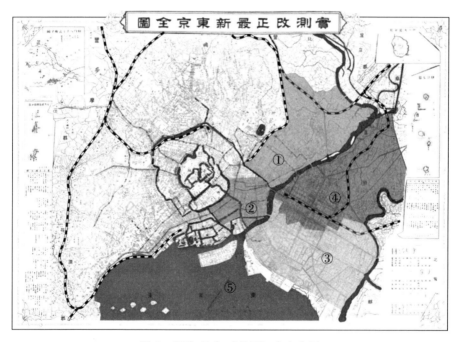

图1　明治40年（1907）东京全图

说明：①部分是浅草区，②部分是日本桥区（即下町），③部分是深川区，④部分是本所区；⑤为水域与水道，黑白相间的线段为铁路。

资料来源：『明治40年：實測改正最新東京全圖』奎暉阁、1907年刊。

_____

① 　『風俗画報』1903年10月25日、25頁。

二　河道沿岸的生活记忆

明治时代的河道，在不同人的记忆中是迥然不同的。在游人的记忆中，"低地城"所在的隅田川东岸树木繁茂，船桨的沙沙声不绝于耳。在鉴赏家的眼里，隅田川如同田园诗描绘的一般富有诗意。回忆录作家镝木清方深情地回忆起一个夜晚，在东京多水的筑地地区"完全黑暗的天空下"，人的影子在"桥下薄薄地一闪……在平静的水中不知不觉地移动"。① 永井荷风则感伤地回忆起夜间的驳船，如同"墨汁里的黑色人物"。②

而对于明治后期河道沿岸的下层社会居民来说，对于河道沿岸的记忆首先便是工业生活记忆。东京地区下层社会的形成与东京的工业化有着密切关系，下层社会居民聚居的"低地城"所处的隅田川东岸，自江户时代以来就是工匠与商人聚居的地区，这条水路一直是日本近世商业发达的重要原因之一。③ 而进入明治时代后，该地区越来越成为一个重要的工业区。其中最重要的原因便是水道环境对于工业发展的区位优势：不仅方便水运，也方便工业供电和废水处理等。而明治早期铁路运输还不甚发达时，站台多修筑在河道或水道旁边，为了方便以后运输的货物运送到城市乘船，汽船与快艇往返于东京的河道与水道之中。④ "低地城"虽然深受洪水困扰，但优越的区位条件让这些地区成为工业地址首选区域。早在1919年，一项研究统计，该市三分之一的工厂被安置在日本桥和深川的两个贫民区，另外五分之一的工厂位于京桥和浅草。⑤ 这些工厂影响了附近居民的生活，烟囱把难闻的气味和煤烟喷到附近的天空，形塑了下层社会居民在该地区的生活方式和记忆。

---

① 鏑木清方『随筆集：明治の東京』岩波書店、1989、117 頁。

② 永井荷風『隅田川』『日本の文学（18）：永井荷風（一）』中央公論社、1967、15 頁。

③ Carl Mosk, *Japanese Industrial History：Technology, Urbanization and Economic Growth*, London：Routledge, 2001, p.74.

④ Edward Seidensticker, *Tokyo from Edo to Showa 1867 - 1989：The Emergence of the World's Greatest City*, p.69.

⑤ Takeo Yazaki, *Social Change and the City in Japan：From Earliest Times Through the Industrial Revolution*, San Francisco：Japan Publications, 1968, pp.457 - 458.

对于处于东京水道环境下的下层社会居民来说，对这条水道的记忆更多是不安的：日复一日地生活在有毒的烟囱附近，而这些烟囱既有位于深川的浅野水泥公司和位于桥蛎壳町的隅田川对面的有光社刊造纸厂喷出浓烟的烟囱，也有运输煤炭和木材进出海岸线仓库的轮船上的烟囱。[①] 浓烟以"令人无法忍受的臭味"笼罩着街区，[②] 污染弥漫到海水。每当夏季大雨来临时，本所和深川的"低地城"贫民窟便会处于肮脏的泥沼与泥洞中；而在冬末干旱的时候，河道干涸，底部的垃圾又会发出臭味。据《东京画报》报道，歌舞伎剧院在"本所肮脏的水沟里"清洗演员的和服，可能会让演员生病；该报还将石手渠形容成"疾病、黏液和污物无限制循环的开放通道"。[③]

由此可见，下层社会居民有关河道沿岸的记忆不同于鉴赏家们的田园诗般的描述，工业化带来的环境污染使得下层社会居民对于生活环境的记忆更多是满是垃圾与污水的街道、狭窄的小巷、肮脏的河道、充斥着工厂和轮船烟尘的天空。而下层社会居民则在这种环境下继续着自己的生存斗争：臭气熏天的街道上挤满了人，每个人都为生活而奔波，充满压力与焦虑。但对于这些下层社会居民来说，他们生活的环境更多是一个变化多端、充满活力的世界。明治后期，记者松原岩五郎在一天夜晚漫步在东京的贫民窟，描述了下谷从山伏町到万年町、神吉町的众生百态：一个汗流浃背、疲惫不堪的男人拿着镐和午餐盒，疲惫的父母在"找一个休息的地方过夜"，"十二三岁的女孩数着他们收集的小硬币玩三弦琴"，瘦弱的管道修理工，"女性购买空瓶子，商人出售很多东西，从水果到鲑鱼、墨鱼无所不有"。他还看到一群孩子"吵吵闹闹地在厕所后面的坑边挖洞埋一只死猫，而另一群看起来像下水道里的老鼠，从头到脚都被他们想要吐出的堵塞的污水覆盖着"。夜幕降临，贫民聚集在路边或廉价酒吧等"贫民俱乐部"，分享生活经验和八卦。这些"复杂、混杂的地方"的喧嚣丝毫没有减弱。[④] 妻子们"在小炭烤架上煮鱼当晚餐时闲聊"，母亲们在"井边会

---

① 青柳顺郎编『明治九十九年：時間と事件』オリオン舎、1935、69 頁。
② 谷崎潤一郎『幼少時代：回憶錄』中央公論社、1988、38 頁。
③ 「歌舞伎」『東京画報』1908 年 6 月 1 日、251 頁；「病気の流通」『東京画報』1911 年 5 月 20 日、230 頁。
④ 松原岩五郎『最暗黒の東京』19 ~ 20、60、49 ~ 50 頁。

议"上杂七杂八地闲聊。这些生动而多样的人际互动，都反映了下层社会居民在又脏又乱、贫苦的环境下充满活力的精神状态，它们孕育着具有嘈杂能量的生活脉动，而这些又逐渐构成了下层社会居民对于水道环境的生活记忆。

河道带给下层社会居民的不只是人在工业化时代浪潮下随波逐流的生活记忆，也留有难忘的娱乐记忆。工业化时代的到来丝毫没有冲淡河道沿岸居民的生活热情：沿岸工厂的修建使得其周围环绕着如迷宫一般的人类居所，江户时代隅田川沿岸繁荣的市场，在进入明治时代后变得越来越繁忙。大车不停地到达早市，从大约凌晨两点钟开始，运载着各种各样的商品，如鱼干、家庭用品、玩具、豆腐、豆瓣酱、糖果，以及 240 个不同小贩在神田町市场上出售的绿色蔬菜和水果。摊贩叫嚷着兜售他们的商品。[1]在春天，有草莓、新土豆、黄瓜和生菜；在夏天，他们贩卖茄子、荷花、西瓜、各种豆类，甚至玉米；在秋天，家庭主妇可以买到苹果梨、南瓜和柿子；在初冬，可以买到米干、竹笋和酸柑、橘子、柚子。[2] 海产品与小贩的简单制品充斥着沿岸的市场。这里的早市充满热闹的生活气息。

而对于隅田川而言，更加令人印象深刻的记忆就是在盛夏举办的花火大会。在两国桥的夏季开河仪式上，各种船只聚集在隅田川，看花火的人无论中产阶级还是下层阶级都穿着华美的服饰。外国观察家莫尔斯在明治年间观赏过花火大会后描绘了当时的景象：

> 在宽阔的河道上，目光所及之处皆是密密麻麻的各式小船和游乐驳船。……很难想象还有什么能比呈现在我们面前的景象更加神奇的：几百艘各种大小的船只，许多带着天蓬和华盖，挂着各色灯笼……回头望去，群舟随着水波上下荡漾，被烟火表演的亮光照亮。新月逐渐消失在地平线上，星星闪耀着平常难得一见的光芒。暗黑色的河面上倒映着万只大小不一、颜色各异的灯笼，随着船只的摇晃而破碎成无数光点。[3]

---

[1]　Takeo Yazaki, *Social Change and the City in Japan*：*From Earliest Times Through the Industrial Revolution*，San Francisco：Japan Publications，1968，pp. 439 – 441.

[2]　松原岩五郎『最暗黑の東京』93 頁。

[3]　Edward Morse, *Japan Day by Day*，Houghton Mifflin Company，1917，转引自 Edward Seidensticker, *Tokyo from Edo to Showa 1867 – 1989*：*The Emergence of the World's Greatest City*，p. 144。

花火大会时隅田川岸边的孩子总是占大部分。据《太阳》（*Taiyo*）杂志作者记载：他们"蜂拥而至"参加这些活动。在谷崎的回忆中，他们"成群结队"地来到这里，"从小街的一扇开着的门里，溜进花园"。如果放假，或者有什么值得庆祝或祭拜的事情，孩子们会带着他们的父母和邻居一起去。[①] 对于他们来说，至少在节日的时候，河道之上的花火总是迷人的，这些娱乐时的记忆与工业化的记忆一道共同组成了河道沿岸居民的生活记忆。

三　河道沿岸的洪水记忆

对于生活在水道环境下的东京下层社会居民而言，如果说河道除了生活与娱乐之外，还有什么能让他们印象更加深刻的，那就是洪水了。下町毗邻的隅田川历来是受江户时代影响下的鉴赏家们回味昔日风情的绝佳地点，但它的洪水泛滥却让鉴赏家们颇有微词，永井荷风在其中篇小说《隅田川》中对隅田川的洪水如此描述：

> 正如夏秋交替的时候一样，春夏之交也可能会降大雨。千束町到吉原的这块区域会变成一片汪洋泽国，对此没有人感到意外，因为每年都是如此。[②]

在永井荷风的记述中，夏秋之交与春夏之交都是每年的洪水高发期，实际上，在明治后期的隅田川，洪水泛滥的频率接近每两年一次，而且都集中在台风季节的夏末秋初。明治后期，荒川地区几次河漫性洪水袭击东京地区，1907 年与 1910 年两次受灾最为严重。1907 年，东京遭受洪水侵袭。岩渊地区被完全淹没，导致岩渊和王寺之间的工厂关闭。洪水涉及了 180 个城市和村庄，严重破坏了农作物、房屋、堤坝和桥梁。[③]

洪水对于下层社会居民而言无疑是一场灾难。每逢季节性的洪水到

---

① 野口与祢「群集」『太陽』1911 年 1 月 1 日、14 頁。

② 永井荷风『隅田川』『日本の文学（18）：永井荷风（一）』138 頁。

③ Bianca Stalenberg and Yoshito Kikumori, "Historical Floods with Responding Flood Control," in Rutger De Graaf and Fransje Hooimeijer, eds., *Urban Water in Japan*, London：Taylor & Francis Group, 2008, p. 93.

来，"低地城"的贫民窟总会首当其冲。明治年间总共发生了 8 次大型的洪水灾害。在来自下层社会的平民作家谷崎润一郎的记述中，每逢大洪水的日子，"所有的东西都被瓢泼大雨的喧闹声淹没了"，什么也看不见，除了"电线杆广告上方的几盏灯"。[①] 1896 年的洪水是现代最严重的洪水之一，摧毁了日本 20981 个城镇，冲毁了近 8.9 万座桥梁，1250 人丧生，造成的经济损失超过 1.13 亿日元。[②] 虽然在 1896 年大洪水后日本通过了全国性的河流法，将所有河流收归国家管理，并对各方的相应责任做出了区分。中央政府作为制定防洪措施的责任方，需要大量资金、高技术和全国性的规划；而地方政府则负责一般的洪水管理。该法案的主要目的是保护河流中下游冲积平原免受洪水的侵袭。[③]

尽管如此，1910 年的明治大洪水还是给深川和下町北部地区的贫民窟带来了灾难。台风带来的暴风雨使得河水上涨，隅田川和一些小河的堤岸决堤，全市 15 个区只有一个幸免于难。这场灾难性的洪水造成了日本当年占国民生产总值 4%～5% 的经济损失。[④]

在东京下层社会居民的记忆中，由于所在地毗邻水道，地势低洼，人口密集，贫民窟的木质建筑结构脆弱，在洪水到来之际，城市就会变成湖泊，而建筑与街道都会被水淹没。1910 年 8 月中旬的关东大洪水是明治年间最严重的一次洪水，东京府总计 2 万余栋房屋被毁，80 余万人受灾，下层社会居民聚居的下谷、本所、浅草、深川四区均有 50% 以上的民户与 60～70% 以上的人口受灾。这次洪水充分显示了下层社会面对灾害的脆弱性，一名记者在 7 月初雨季来临时警告说：

> 我们又到了雨季，一切都发霉了；天空低垂，好像发霉了，快要崩塌了；每个人都感到心情低落，头重脚轻，身子耷拉着；太阳自己

---

① 谷崎潤一郎『幼少時代：回憶錄』中央公論社、1988、62 頁。

② 日本統計協会編·総務省統計局監修『日本長期統計総覧』第 5 卷、日本統計協会、2006 年、第 29 章災害·事故表格 1。

③ Bianca Stalenberg and Yoshito Kikumori, "Historical Floods with Responding Flood Control," in Rutger De Graaf and Fransje Hooimeijer, eds., *Urban Water in Japan*, p. 97.

④ Edward Seidensticker, *Tokyo from Edo to Showa 1867 - 1989: The Emergence of the World's Greatest City*, p. 73.

看起来好像在永远哀悼。①

据《太阳》杂志报道："东京下层社会地区的河滨部分几乎完全被淹没，一些地方的水在街道上有几英尺深。"② 本所变成了一个 200 平方公里的湖泊，其中有 17 万幢建筑被毁。浅草公园被 4 英尺深的水淹没，深川、下谷和浅草的部分地区也被淹没。消防队员"不再是消防队员，而是水兵"，他们划着小船在街道上和小巷里寻找受灾的人和动物。本所的 3000 多所房屋和深川的 1000 多所房屋部分被淹没。当时的一份杂志还展示了洪水中下层社会的众生相：洪水导致蔬菜供应短缺，价格暴涨；人们在齐膝深的水里跋涉；裸体男子在向"湖里"撒尿。③ 在这次大洪水后，日本官员正式制定了一项全面的防洪计划，但对于下层社会的居民而言，洪水仍然让人心有余悸。下层社会居民也改变了自己的习惯：每逢大雨来临时，他们担心洪水仍会淹没"低地城"，所以会收拾好自己的东西纷纷逃离。洪水也因此成了明治后期下层社会居民有关河道难以忘怀的记忆之一。

四　水道更新下的疾病记忆

回顾明治后期东京居民的生活记忆，疾病问题总是让人记忆犹新。疾病是潜伏于社会中的一个永恒的担忧之源，尤其是霍乱、痢疾和伤寒等水传播疾病。由于不受监管的工厂频繁排放烟雾和废水废物，城市水道被污染，人们直接饮用未经处理的饮用水，再加上被细菌污染的饮食导致水传播疾病频繁暴发、流行。据东京市统计年表数据，自 1881 年以来，因霍乱造成 3000 人以上死亡的事件就有 4 次，而在 1886 年死亡人数甚至达到了10813 人之多，另外痢疾和伤寒造成 1000 人以上死亡的事件也有 3 次。直到明治后期，东京每年因水传播疾病死亡的人数仍然居高不下。④

对于东京的下层居民来说，糟糕的生存环境使水传播疾病显得更为可怕。1902 年调查显示，东京四个主要下层社会聚居区（下町、本

① 『東京画報』1910 年 7 月 1 日、2 頁。
② 『太陽』1910 年 9 月、23 ~ 24 頁。
③ 『東京画報』1910 年 8 月 20 日、38 頁。
④ 東京市編『東京市統計年表：第 23 回』東京市、1927、440 ~ 441 頁。

所、浅草、深川）因水传播疾病死亡的病人比例比东京其他地区要高
得多。① 这与其糟糕的水道环境有着密切的联系。一方面江户时代建造的
传统供水系统，由于涉及"低地城"的地区一部分被开发成灌溉稻田，无
法再往住田河上铺管道横跨入"低地城"地区，因此水厂供应很大程度上
不涉及"低地城"地区。② 另外，在地势较低的情况下，被粪便和其他污
物污染的水最有可能溢出运河和堤坝。"低地城"地处滨水区，很难钻深
井提供良好的饮用水，所以明治后期下町地区仍然多依赖有质量问题的浅
水井乃至街边小贩提供的饮用水。③ 另一方面下层社会居住地基础设施缺
乏与公共卫生差也是水传播疾病肆虐的重要原因：农业用水与道路、明沟
污水，居民家庭倾倒的生活用水也流进了供水的上水道，上水道内经常出
现腐败的杂草、动物尸体乃至人的尸体。④ 据《东京画报》的记者记载，
工厂贫困聚居地拥挤不堪，卫生保健体系严重缺乏，没有下水管道与私人
厕所，人们不断地往孩子们玩耍的小巷里倾倒"浑水"和"肠水"之类的
脏水。⑤

　　每当水传播疾病肆虐时，下层社会总是措手不及。以 19 世纪最为臭名
昭著的水传播疾病霍乱为例，作为一种"现代"流行病，它通过受污染的食
物和水进行传播，导致严重的腹泻和呕吐，并导致至少三分之一的感染者死
亡。⑥ 对下层社会而言，最直接的便是疫情笼罩下的死亡恐惧记忆。明治
后期著名演歌歌手添田哑蝉坊回忆，"1886 年的大霍乱时期，经常有棺木
沿路经过，数量在惊人地增长……全部被运往了火葬场，姨妈对他说：
'别看那个，待在屋里吧。'仅仅一个晚上，就有七八具棺材接连经过"。⑦

　　传染病还使整个下层社会笼罩在悲剧的阴影中，将最严重的打击留给

---

① 『東京史都会年表：1902 年』（1904 年版），转引自 James L. Huffman, *Down and Out in Meiji Japan*, p. 245。

② 西山松之助編『江戸の水道制度』第 5 巻、吉川弘文館。收录于东京市史稿。

③ Edward Seidensticker, *Tokyo from Edo to Showa* 1867–1989: *The Emergence of the World's Greatest City*, p. 96.

④ 『東京都水道史』東京都水道局、1952、115~116 頁。

⑤ 『東京画報』1910 年 6 月 1 日、250 頁。

⑥ Andrew Bernstein, "Fire and Earth：The Forging of Modern Cremation in Meiji Japan," *Japanese Journal of Religious Studies*, Fall 2000, p. 326.

⑦ Michael Lewis, *A Life Adrift*：*Soeda Azembo, Popular Song, and Modern Mass Culture in Japan*, London：Routledge, 2009, p. 7.

了贫穷、污染严重的社区，当疾病来临时，没有钱，没有社交网络，没有公共服务，长期的营养不良使免疫力更低。公众舆论渲染的恐慌不断给下层居民以沉重的打击，媒体铺天盖地地报道着疾病破坏家庭希望的故事。比如一位下谷玩具制造工的妻子在生病时失踪，让这位80多岁的老人"悲伤得发疯"，这种情况并不罕见。① 1898年夏末，警察在虾夷大桥上发现了一位哭泣的中年母亲，催促她的三个哭闹的孩子跳下去，因为死亡比"半饥饿"更好。② 疾病扼杀了希望。所以直到明治时代结束，霍乱仍然是一个可怕的幽灵。

由于霍乱与诸如痢疾、伤寒之类的水传播疾病的反复暴发，政府对此进行了病原的研究分析，特别是明治后期随着建立在细菌学原理基础之上的流行病学研究的传入，实验证实了水是霍乱杆菌生存的必要场所，生活在水道附近的人，诸如船夫、渔民和码头工人成了重要的传播媒介。③ 日本公共卫生奠基人长野三井指出，必须通过改善供水设施、下水道、城市卫生设施和公共卫生体系，并辅以严格的海港检疫与消毒隔离措施，来进行水传播疾病的防治。但在当时的情况下，地方公共卫生部门没有进行防治的资格和权力，大量职责被移交给了地方行政警察，导致实际上的防治活动只能以强制隔离、"孤立"乃至"消灭"的手段为主。以在东京神田川贫民区的调查为例，由于大多数居民生活穷困，长期从事体力劳动，普遍讨厌被关在隔离医院，他们会尽一切努力掩盖病情，在河边或秘密洗衣服，把排泄物扔进沟内或下水道内。④

随着下层社会居民越来越受到传染病的威胁，再加上外国居民在日定居点也要求建造水厂与下水道设施，在修改不平等条约的前提下，改善东京城市设施成了一项紧迫的任务。⑤

明治后期改善供水设施虽然一定程度上抑制了霍乱，但由于市政自来水厂的水质一直得不到保证，同时仍然有不少居民用传统的水井取水，东京下层社

---

① 「製造元の妻」『青年』1901年5月1日、50頁。
② 「母」『青年』1898年8月3日、21頁。
③ 「千葉コレラ感染」『大日本私立衛生雑誌』153号、1896、114～118頁。
④ 青木浩治『明治時代の農民騒動を時代考証』新栄社、1968、178頁。
⑤ 石塚裕道『日本近代都市論：東京：1868～1923』248頁。

会居民还是会受到诸如伤寒与痢疾等其他传染病的侵袭。[①] 譬如伤寒病菌长期停留于病人体内，很难长时间隔离患者，一时间很难进行彻底根除。

而明治后期的上下水道改造陷入僵局迟迟不能推进的重要原因除了政府的财政拮据，还有就是 1900 年生效的"废物处置法"和"污水处理法"仍然不适用于人类排泄物。由于城市居民的排泄物自江户时代以来就是农耕不可缺少的肥料之一，到了明治时代神田都还有一条壕沟来弃置厨余垃圾。[②] 而排泄物成为可转让的收集对象后，随着城市化的推进，农民越来越难以深入市区，仍处在卖方市场的人类排泄物自然会被少数阶层所垄断，诸如城市的房东在拍卖中出售房客排泄物以赚取可观利润。[③] 明治后期东京的上下水道改造迟迟不能推进也与夜土收集经济的发达有直接关系。直到明治的最后一年，东京全方位的下水道改造才开始真正向前推进。而水道环境下的污染与疾病自然也就成了下层社会居民的重要记忆之一。

综上所述，本文通过对明治后期下层社会生活记忆形成因素的分析与生活记忆的再现，从东京水道环境这一特定视角出发，更加具象地再现了明治后期下层社会居民生活记忆的点点滴滴。从日常生活到娱乐，洪水乃至疾病，都是明治后期东京新的水道环境下对下层居民的影响所塑造的生活记忆，而这些记忆也成为研究日本近代城市史变迁、城市下层社会变迁的重要史料。与此同时，下层社会居民生活的记忆也成了日本社会走向现代化的重要组成部分，并最终推动了日本近代城市化、工业化的进程。

作者：陈诗源，东北师范大学日本研究所

（编辑：张利民）

---

① 東京市編『東京市統計年表：第 9 回』東京市、1911、325 頁。

② Edward Seidensticker, *Tokyo from Edo to Showa 1867 – 1989*：*The Emergence of the World's Greatest City*, p. 96.

③ Hiromichi Ishizuka, "The Early History of The Control of Water – Borne Diseases in Tokyo," *Faculty of Social Sciences and Humanities*, Tokyo Metropolitan University, the United Nations University, 1983, printed in Japan, p. 33.

20世纪70年代后美国绿色城市的建设[*]

——以波特兰为例

刘晓卉

内容提要：在20世纪六七十年代环境主义运动的浪潮下，美国政府和民众的环境保护意识高涨，对城市自然环境予以空前关注。政府与民众分别采取相应措施寻求新的城市发展模式，在发展经济的同时注重生态环境的保护。一批生态友好、环境宜居的新型绿色城市在20世纪后期出现在美国。绿色城市的出现有其重要意义：它们的建立显示了环境主义在城市建设中的巨大形塑力量，绿色城市的形成过程体现了民权运动后民众参与公共事务的积极性和市民行动主义的高涨。

关键词：绿色城市　环境主义　城市主义　波特兰

1975年，美国环保作家欧内斯特·卡伦巴赫（Ernest Callenbach）出版了一本名为《生态乌托邦》的小说，书中描绘了一个人与自然、人与人之间关系和谐融洽的未来世界。[①] 这片与世隔绝的桃花源坐落于美国西海岸北部地区，人们在城市里过着田园牧歌式的生活，这里简朴且环保的生活方式与现代工业化社会截然不同。令人惊叹的是，在该书问世后的几十年里，在现实世界中，几个与书中描绘的生态乌托邦极为相似的城市出现在美国的土地上，如俄勒冈州的波特兰、华盛顿州的西雅图以及东海岸的波士顿等城市。这些城市生态友好、环境宜居，因而常常被媒体称为"绿色城市"（Green City）或者"可持续城市"（Sustainable City）。这些新型

---

[*] 本文为上海哲学社会科学规划青年课题"美国绿色城市建设研究"（2018ELS001）、国家社科基金重大项目"多卷本《西方城市史》"（17ZDA229）阶段性成果。

① 欧内斯特·卡伦巴赫：《生态乌托邦》，杜澍译，北京大学出版社，2010。

城市很快得到媒体的关注，自 2005 年起，"可持续之路"网站（Sustain-Lane. com）根据"绿色程度"对美国 50 个城市进行年度排行，该榜单成为衡量美国城市可持续性的重要指标。另外，《流行科学》（Popular Science）杂志、《乡村之家》（Country Home）杂志及自然资源保护协会等也根据城市的宜居性发布了自己的绿色城市榜单。

在马修·斯莱文（Matthew Slavin）编著的《美国城市的可持续性：创造绿色都市》一书中，他对可持续城市的定义为："这些城市的设计和管理如政治和经济的运作、人工环境、交通体系、能源和水的利用、食物生产和垃圾处理等对环境的影响应该尽可能的微弱。"① 关于绿色城市的理论研究已经有一定数量的著述，② 而对于美国绿色城市的实证研究大多集中于城市规划、建筑等学科，从历史角度进行的研究在数量上存在严重不足，大部分以个案研究为主。③ 在已有研究中，学者们习惯一分为二地讨论政府和普通民众在构建绿色城市中所起的作用，着眼于政府和民众的互动与配合的研究数量不多。鉴于此，本文从历史角度回顾了绿色城市的形成过程，尝试通过波特兰这一有代表性的城市探寻美国绿色城市形成的普遍规律。

一　国家法案的颁布和绿色城市的兴起

二战后，美国经济社会的飞速发展和工业化进程的加快给自然环境带

---

① Matthew Slavin, ed. , *Sustainability in America's Cities：Creating the Green Metropolis*, Washington D. C. ：Island Press, 2001, p. 2.

② 关于绿色城市理论和建设原则的著作，参见 Douglas Farr, *Sustainable Urbanism：Urban Design with Nature*, Hoboken：John Wiley & Sons, 2008；Steffen Lehmann, *The Principles of Green Urbanism*, London：Earthscan Publications Ltd. , 2010；Ingrid Stefanovic and Stephen Scharper, eds. , *The Natural City：Re - Envisioning the Built Environment*, Toronto：University of Toronto Press, 2012；Leonie Pearson, eds. , *Resilient Sustainable Cities：A Future*, London：Routledge, 2014。

③ 从历史角度探索可持续城市的著作包括 Jeremy Caradonna, *Sustainability：A History*, Oxford：Oxford University Press, 2016；Eugenie L. Birch and Susan M. Wachter, eds. , *Growing Greener Cities：Urban Sustainability in the Twenty - First Century*, Philadelphia：University of Pennsylvania Press, 2008；Matthew Slavin, ed. , *Sustainability in America's Cities：Creating the Green Metropolis*；Jeffrey Sanders, *Seattle and the Roots of Urban Sustainability：Inventing Ecotopia*, Pittsburgh：University of Pittsburgh Press, 2010；Richard A. Walker, *The Country in the City：The Greening of the San Francisco Bay Area*, Seattle：University of Washington Press, 2007。

来了巨大的损害，人口的膨胀、杀虫剂等化学品的使用以及农田、湿地等自然空间的减少都使生态系统更为脆弱，引发了资源短缺、环境污染及物种灭绝等问题。为了挽救日益脆弱的自然环境，解决各种社会痼疾，民众在 20 世纪六七十年代掀起了一场影响广泛的环境保护运动。这场运动取得了巨大的成功，环境问题成为举国关注的焦点，标志性的事件便是 1970 年的 4 月 22 日成了首个地球日。此后，民众的环境意识持续高涨。这一时期，由于环境问题的紧迫性和民众对环境保护的呼声高涨，政府层面也开始对环保事业给予高度重视。尽管大工业企业对政府的环保举措有诸多不满，政府还是出台了一系列法规以保护资源和环境，如 1963 年的《清洁空气法》、1965 年的《水污染控制法》和 1972 年的《联邦环境杀虫剂控制法》等。其中最为瞩目的便是 1969 年通过的《国家环境政策法案》，该法案旨在 "促进人与其生活的环境之间富有生产力且令人愉悦的和谐关系，防止或减少（人）对环境和生物圈的破坏，提升人的健康与幸福，增强对生态系统和国家重要自然资源的了解，并建立'环境质量委员会'（Council on Environmental Quality）"。[①] 通过这个法案，政府意图纠正二战以来不惜代价的经济增长观念，把保护环境和提高人类生活质量作为要务，以创造令人愉悦的环境。

该法案的意义在于，首先，可持续的环境思想在该法案中得到初步体现。法案提出不但要满足当代人的社会、经济等方面的需要，也要满足后代人的需求，"每一代人都应为下一代人所生活的环境负责"，提出要注重资源利用的效率，提高可再生资源的质量，对非可再生资源进行最大限度的回收利用，以保证对自然资源长期可持续的使用；其次，该法案注重公民个人的环境权利和责任，"为所有美国人提供安全、健康、有效且有美学和文化愉悦感的环境"，同时 "每个人都有责任为保护和改善环境做出贡献"，这样就将民众融入环保事业当中。法案还要求成立一个官方机构 "环境质量委员会"，负责法案的执行工作。法案要求政府在任何新的国家工程获批之前都要对其可能造成的环境影响和可替代的措施做细致的陈述，并且向公众公开。[②] 由于环境信息透明度的提高，公众有了更大的知

[①] National Environmental Policy Act, sec. 2, https://energy.gov/sites/prod/files/nepapub/nepa_documents/RedDont/Req - NEPA.pdf，最后访问日期：2017 年 10 月 20 日。

[②] National Environmental Policy Act，第 101、102 节。

情权，能够更好地参与环境事务管理。

该法案体现了新时期国家层面环境观念的变化。第一，与资源保护运动不同，这一时期侧重的并不是通过对自然资源的利用和控制来扩大生产，而是强调寻求人与自然间和谐融洽的关系，人类的角色不应是自然的操控者而应是合作者。人们意识到只有尊重和保护自然才能保证自然体系的活力，且有利于人类长期发展，这里可以看出可持续发展的思想已经渐渐萌生。第二，美国政府意识到单纯地对自然资源的"明智"利用已经远远不够，对环境的全面保护迫在眉睫，于是官方制定的环保法律涉及人们生活的各个方面。

在新时期的环境主义运动中，城市逐渐成为各方关注的焦点。二战后城市化速度空前加快，人口的猛增和城市空间的疯狂扩张使城市自然环境严重恶化，于是政府和环保主义者将目光从荒野和农村逐渐投向城市。"虽然很长时间以来，环境行动主义和旷野有着千丝万缕的联系，美国现代环境运动在很大程度上是以城市为中心的。"① 1965 年，林登·约翰逊总统在写给国会的白宫讯息中特别提到，"要重建和拯救我们城市中被毁坏的美好"。② 六七十年代后，城市成为环保大任中的重中之重。

此外，国际环境形势对美国国内环保事业的推进也有影响。随着全球性生态危机如臭氧层空洞、全球变暖、人口膨胀和物种灭绝等问题的出现，国际上对环境问题的关注度也日益提高，国际社会联合起来共商大计。在 1983 年的世界环境与发展委员会的报告中，"可持续"这一概念被首次提出。各国开始联手改善全球环境，共同减少人类在地球上的生态足迹。为了探讨地球环境的可持续发展问题，联合国分别于 1992 年在巴西、2002 年在南非举行了"地球峰会"（the Earth Summit）。西欧一些城市也在寻找可持续发展道路上做出尝试。这些都间接推进了美国绿色城市的建设。

在一众绿色城市中，波特兰表现突出，良好的城市规划使该市在发展经济的同时还能保留美丽宜人的自然景观，成为可持续发展的模范和世界

---

① Jeffrey Sanders, "Building an 'Urban Homestead': Survival, Self – Sufficiency, and Nature in Seattle, 1970 – 1980," in Dorothee Brantz and Sonja Dümpelmann, eds., *Greening Cities: Urban Landscapes in the Twentieth Century*, Charlottesville: University of Virginia Press, 2011, p. 182.

② "The White House Message on Natural Beauty to the Congress of the USA," *Trends in Parks and Recreation*, Vol. 2, No. 2, April 1965.

其他城市的效仿对象。1988 年，波特兰获得了美国市长会议颁发的宜居城市奖。次年，波特兰赢得了布鲁纳基金会（the Bruner Foundation）授予的优秀城市奖。2003 年，《旅游与休闲》（*Travel and Leisure*）杂志将各个城市在安全、清洁和亲近自然等方面的表现进行排名，波特兰名列前茅。在 2006 年和 2008 年的"可持续之路"网站对全国 50 个城市"绿色度"的年度评比中，波特兰均位列榜首。《流行科学》杂志将波特兰评为 2008 年度最为绿色的城市。2009 年波特兰还成为美国唯一的按照《京都议定书》规定完成碳排放指标的大型城市。作为绿色城市的翘楚，波特兰的发展代表了 20 世纪中后期美国绿色城市的建设潮流。

二 波特兰绿色城市的建设

依山傍水的波特兰有着优越的自然环境，位于威拉米特河与哥伦比亚河交汇处，由于被威拉米特河北部的高山环绕，该地区气候温和，终年温度适中，冬季潮湿多雨，夏季干爽舒适。19 世纪 40 年代，欧裔美国人在此建城。温和而潮湿的气候适合林业和农业的发展，与其他西部城市一样，波特兰的经济发展一开始依靠自然资源的生产和加工。19 世纪中叶，木材和小麦等农产品成为当地市场的主要商品。为了获取更多木材，人们将树木砍伐殆尽，只剩下树根，因此波特兰在这一时期得名"树墩之城"。由于两河相汇的便利的水路位置以及太平洋铁路的建成，波特兰在 19 世纪 80 年代成为太平洋海岸交通运输枢纽和商业中心。19 世纪末 20 世纪初在运输业和商业的带动下，波特兰工业化速度加快，除了传统的林业和农业外，畜牧业的崛起推动了纺织业和肉类加工业的发展，地区经济迅速发展。工业化和经济的发展在很大程度上改变了波特兰原有的自然景观，湿地、湖泊等自然空间被开垦成为住宅或工业、商业用地。波特兰的母亲河威拉米特河在这一时期也遭到了严重的污染和破坏，"城市污水、农田径流以及纸浆厂和罐头厂的有机废物吸收了水中的氧，杀死了水中的生物，在夏季产生了大量的淤泥、漂浮物"，[①] 这种情况直到 20 世纪 60 年代才有

---

① Carl Abbott, *Greater Portland: Urban Life and Landscape in the Pacific Northwest*, Philadelphia: University of Pennsylvania Press, 2011, p. 67.

所改善。第二次世界大战促进了波特兰重工业的发展，为了给前线提供战舰和自由轮，波特兰大力发展造船业和金属制造业。造船业对劳动力的大量需求也使众多人口在这一时期涌入波特兰，在这些新进人口中有一大部分是少数族裔。二战结束后，造船业萎靡，波特兰经济发展重新依赖传统工业以及轻金属行业。到 20 世纪中叶，批发业、仓储业、海上贸易、区域服务业等成为波特兰的主要行业。① 20 世纪中叶之前，波特兰与美国其他城市并无明显差异，尚未显露出其城市特色，甚至与邻近的北部城市西雅图相比，经济发展缓慢滞后。

（一）城市的综合规划

20 世纪 50 年代前后，针对中心城市的快速衰落，与其他城市一样，波特兰政府也实施了都市更新项目，对城市进行改造。当时席卷全国的城市更新运动大拆大建，以恢宏的高楼建筑占据自然空间，造成了各种社会问题，也不利于生态环境的优化。而与其他地方的城市更新运动不同，波特兰将注重发展的城市主义和注重生态的环境主义价值观相结合，在振兴中心城市、对市中心再开发的同时，也注重自然环境的保护。比如，20 世纪六七十年代在重新修缮波特兰市民礼堂过程中，在礼堂前方新增了有喷泉、水池和草坪的公园，扩大了城市中开放空间的范围，为市民提供了更多的活动空间。② 环境的友好和宜居是波特兰城市建设的重要目标，当意识到发展会造成消极的生态影响时，政府和人民通常会做出适当调整。

波特兰绿色城市的建设一方面得益于当地的自然条件和环境文化传统，一方面出自现实需要。自六七十年代起，特别是在以英特尔为代表的科技公司和以耐克为代表的制造公司在这里选址建厂之后，波特兰的外来

---

① 关于波特兰的地方史，参见 E. Kimbark MacColl, *The Shaping of a City：Business and Politics in Portland, Oregon, 1885 – 1915*, Portland, Ore.：The Georgian Press, 1976；E. Kimbark MacColl, *The Growth of a City：Power and Politics in Portland, Oregon, 1915 – 1950*, Portland, Ore.：The Georgian Press, 1976；Carl Abbott, *Portland in Three Centuries：The Place and the People*, Corvallis：Oregon State University Press, 2011；Carl Abbott, *Greater Portland*, Philadelphia：University of Pennsylvania Press, 2001。

② Chet Orloff, "If Zealously Promoted by All：The Push and Pull of Portland Parks History," in Connie P. Ozawa, ed., *The Portland Edge：Challenges and Successes in Growing Communities*, Washington D. C.：Island Press, 2004, pp. 154 – 156.

就业人口迅速增长。人口的增加和经济的转型一方面引发了城市蔓延、交通拥堵、空气污染以及周围农田消失等问题，而另一方面也激发了政府和民众的环境意识和环保热情。[1] 为了减少发展对环境的破坏，波特兰所在的俄勒冈州政府采取了"精明增长"的策略，并在1973年制定了增长管理法规——《俄勒冈土地利用法》，这一法规意在划定城市增长边界，同时在土地使用、交通规划、水与空气质量、垃圾回收等方面也设定了规划和发展目标，要求区域和地方政府采取行动，限制城市的蔓延，推进土地和资源的高效利用。

在州政府政策的要求和带动下，波特兰地方政府也采取了"精明增长"的方案，开启了新的发展模式，合理地规范城市的增长。为了更好地协调和统筹波特兰市及其周边地区的综合发展，波特兰大都市区成立了全国唯一的由直接选举产生的区域政府——大都市区政府（简称"Metro"）。[2] Metro积极制定了新的土地规划方案和增长管理政策。1979年，它向州政府提交了波特兰区域城市的增长管理规划，并得到州政府的认可。这一规划为整个大都市区划定了一个增长边界，要求城市的开发范围不得超过增长边界。设定城市增长边界能保证城市周围的农田和自然空间不受城市蔓延的蚕食，有利于生态环境的保护。在之后的几十年里，Metro在大都市区土地利用、交通规划和基础设施建设方面承担起重要责任，与市政府有着良好的配合。绿色空间的建设是政府最为关注的事之一，绿色城市的建设首先从自然空间和生态保护开始。同时，受到当时盛极一时的新城市主义思想的影响，[3] 波特兰市政府借鉴了新城市主义的规划原则来控制城市的低密度蔓延，在土地使用、交通规划等方面有新的举措，如倡导

---

[1] Matthew Slavin and Kent Snyder, "Strategic Climate Action Planning in Portland," in Matthew Slavin, ed., *Sustainability in America's Cities*, pp. 23 – 24.

[2] 波特兰大都市区政府的建立旨在统筹协调波特兰及其周边地区的区域性问题，主要职责包括土地利用规划、交通规划、自然资源规划以及废物回收利用等。关于波特兰大都市区政府的治理经验，国内学者已经做出相关研究，参见王旭《大都市区政府治理的成功案例：1992年波特兰大都市章程》，《江海学刊》2011年第2期；孙群郎、孙金龙《当代波特兰大都市区的增长管理及其启示》，《郑州大学学报》2013年第6期。

[3] 新城市主义理论出现于20世纪80年代，该理论主张紧凑高密度的城市发展模式、多样化混合型的土地利用方式、发达便捷的公共交通以及适合步行和骑行的环境。关于新城市主义理论的形成，参见孙群郎《美国新城市主义运动的兴起及其面临的困境》，《史学理论研究》2013年第1期。

紧凑型发展模式，通过提高住宅密度来节约城市用地，将住宅和工作区域集中于市中心和交通沿线，方便市民通勤；增强土地利用形式的多样化，将商业区、办公区和住宅区相混合，使各种建筑类型相交错。同时，区域政府和市政府也注重能源的有效利用和垃圾废物的处理，努力建设低污染的能源节约型城市。在决策制定过程中，政府广开言路，注意倾听民众的声音，在公共政策的讨论和公共项目的制定中引入公众参与，将民众建议作为政府决策制定的重要参考。

在绿色城市建设中，民众参与度极高，尤其是社区组织和非营利组织起到了重要的作用，这与约翰逊总统执政期间大力鼓励社区自发的政治行动不无关系。① 民众不但在交通规划、能源利用、垃圾回收等方面积极响应政府号召，而且在生态保护、绿色空间建设以及食品安全等关乎切身生活质量的问题上也发出了自己强烈的呼声，与政府展开良性互动。

波特兰绿色城市的形成得益于联邦政府、地方政府和民众的协同合作，是一个"自上而下"与"自下而上"方式相结合的过程，"席卷波特兰的绿色政治和（政府）所采用的进步政策使其成为环境友好且经济增长的领袖"。② 波特兰绿色城市建设的具体措施主要体现在绿色空间的建设和绿色生活方式的打造这两大方面。③

（二）自然空间与生态保护

城市的蔓延吞噬着自然空间和动物的栖息地，破坏了原有的生态系统。绿色城市最为重要的一项举措便是将绿色空间纳入城市之中，将自然与城市相融合，同时注重对城市自然生态的保护。其实，对绿地和自然空间的保护早在二战前的自然保护运动中就已有体现，自然

---

① 在由约翰逊总统发起的"向贫困开战"的运动中制定了社区行动计划（CAP），成立了社区行动机构（CAA），CAA 的目标便是鼓励社区居民"最大可能地参与"为他们服务的项目，鼓励他们自发采取政治行动。参见丽莎·克里索夫·鲍姆、斯蒂文·H. 科里《美国城市史》，申思译，电子工业出版社，2016，第 279~280 页。

② William Lang, "One City, Two Rivers: Columbia and Willamette Rivers in the Environmental History of Twentieth Century Portland, Oregon," in Char Miller, ed., *Cities and Nature in the American West*, Reno: University of Nevada Press, 2010, p. 108.

③ 绿色城市的建设不应仅仅寻求人与环境关系的和谐，还应创造一个人与人之间关系和谐、公平正义的社会。社会公平、环境正义问题也是波特兰地方政府近几十年里致力于解决的问题。由于篇幅有限，笔者在本文中仅讨论绿色城市建设的物质维度。

保护运动倡导的是保留自然空间和荒野以满足人的审美和精神需求。美国人对荒野和自然的痴迷使他们在城市中也渴望自然的滋养，① 他们试图将自然带入城市之中，19 世纪末出现的城市公园运动便是最好的佐证。彼时，在著名城市规划师弗雷德里克·劳·奥姆斯特德（Frederick Law Olmsted）思想的影响和推动下，作为"都市之肺"的城市公园在美国各地纷纷出现，这些城市公园为饱受都市喧嚣烦扰的城市居民提供了一片片洁净美丽的自然空间。② 当时，波特兰也参与到这场城市公园运动之中，弗雷德里克·劳·奥姆斯特德的养子约翰·奥姆斯特德（John Olmsted）还来到波特兰，为该市制定了公园建设规划。19 世纪末 20 世纪上半叶，波特兰陆续建立了华盛顿公园（Washington Park）、麦克利公园（Macleay Park）、塔博尔山公园（Mt. Tabor Park）以及一些小型的街区公园，自然被成功地带入闹市之中。这些为愉悦居民身心、美化城市环境而建的公园分布零散，并没有形成一个如波士顿一样贯穿整个城市、由绿带相互连接的公园体系。

20 世纪下半叶的波特兰延续了自然保护运动时期的精神，对城市中的自然空间给予了持续的关注。在这一时期，公园和绿地的数量不断增加，绿色空间持续扩大，逐渐形成了一个相互连接的公园体系。新时期，自然空间的保护还出现了新的特点。首先，人们开始逐渐重视除公园外其他绿色空间的建设。恰如盖伦·克兰茨（Galen Cranz）在《公园设计的政治》中所言，开放空间是 20 世纪 60 年代后美国城市绿色空间建设的新特点。③不只公园，城市中的湿地、溪谷、森林等其他形式的开放空间也得到重视。与早前不同，这时期还强调对自然空间的恢复以及生态功能的彰显。20 世纪以奥尔多·利奥波德（Aldo Leopold）为首的生态学家注重生态完整性和对自然空间的复原。利奥波德认为人类不但要尽可能地保留自然空

---

① 罗德里克·纳什对美国人的荒野和自然意识做出了深层次的阐释，参见 Roderick Nash，*Wilderness and the American Mind*，New Haven，CT：Yale University Press，1982。

② 19 世纪末 20 世纪初的美国公园城市运动，参见 Galen Cranz，*The Politics of Park Design：A History of Urban Parks in America*，Cambridge MA：MIT Press，1989；Terence Young，*Building San Francisco's Parks*，*1850 - 1930*，Baltimore：Johns Hopkins University Press，2004；侯深《自然与都市的融合——波士顿大都市公园体系的建设与启示》，《世界历史》2009 年第 4 期。

③ Galen Cranz，*The Politics of Park Design：A History of Urban Parks in America*，p. 3.

间，也要使被人类破坏的生态系统恢复原状。① 受到这种生态观念的影响，人们展开了各项生态恢复工程，如在树木曾被砍伐的地域重新造林，恢复溪流河岸的本来面貌，复原早前的绿色空间。约翰逊溪区域（Johnson Creek Area）的恢复是这一时期波特兰实施的一个重要工程。

约翰逊溪是波特兰东南部一条长约 26 英里的溪流，发源自瀑布山山脚，经波特兰东部流入威尔米特河。溪流附近区域原本被浓密的森林覆盖，随着欧裔移民的到来，古老的树木被砍伐用以建造房屋和铁路。为了发展农业，溪流两岸的植被被清除，溪流旁的湿地被填塞。20 世纪早期由于城市蔓延对周边地区的侵蚀，这一区域被逐渐开发作为城市用地，越来越多的住房取代了农田和林地，溪谷的生态环境遭到破坏：水体质量变差，栖息地功能退化，鱼类数量减少，洪水频繁暴发。以往对这一区域的改造以预防洪水泛滥为主，比如在 20 世纪 30 年代时，为了防止洪水的侵袭，人们改变了溪流的流向，并在河床上堆砌石头堤坝。到了 20 世纪下半叶，联邦政府颁布的《洁净水法案》《濒危物种法案》以及俄勒冈州政府颁布的《土地使用法》使人们格外关注水体健康、野生动物生息和开放空间的保护等问题，波特兰市政府和民众响应联邦政府的号召，联手制定了约翰逊溪谷自然环境修复的方案和管理计划，对约翰逊溪区域的治理不仅限于防洪，还着力恢复这一区域生态的自然功能。波特兰环境服务局是负责这一项目实施的主要政府机构，于 1995 年制定了《约翰逊溪资源管理计划》。它首先通过"自愿出售者收购项目"从房产主手中收购易受洪水侵袭区域的地产，计划将该区域改建成自然保护区。随后，波特兰环境服务局修复了大约 63 英亩的湿地和河漫滩，并对福斯特河漫滩半英里长的河段进行治理，使这段河流再次成为大鳞大麻哈鱼、虹鳟鱼等鱼类的生息之地。同时，该机构还移走了入侵植物和非本地植物，种植本地原有植被，在溪流两岸种植了 2 万多棵本地树种、7 万多棵本地灌木、4000 多株湿地植物以及 1000 磅本地草类植物，改善了本地动物的栖息地。为了使溪流遵循其原来的流向，波特兰环境服务局还移走了两岸用以防洪的石头以及三座桥梁和三条公路，使河漫滩与溪流重新连接，以发挥其蓄水抗洪的功

---

① 利奥波德在其名作《沙乡年鉴》中描绘了美国威斯康星州一个农场生态修复的过程，体现了生态整体主义的思想观念，参见奥尔多·利奥波德《沙乡年鉴》，侯文蕙译，吉林人民出版社，1997。

能。市民也积极参与到该流域的环境保护和治理之中。1984 年，一个自称"约翰逊溪行进队"的民间组织成立，他们自发对溪流进行清理，并游说政府采取相关行动，这一组织后来成了"约翰逊溪之友"。90 年代中期，一个由市民组成的"约翰逊溪谷委员会"成立，他们在该流域的规划和生态恢复活动中担当了重要角色，有着较大的政治影响力。他们参与政府部门规划和政策的制定，与政府一起修复和改善该流域的自然环境，《约翰逊溪资源管理计划》便是由该机构参与制定的。① 经过改造和恢复，溪流附近的自然环境得到修复，水体质量得到改善，野生动物与鱼类数量增多，有效地减少了洪水的发生。约翰逊溪谷治理的成功经验还被波特兰其他几条溪流的恢复工程所借鉴。在这些生态修复工程中，人们不但恢复了原有的生态系统，使其正常健康运作，减少了灾害的发生，也扩大了城市中的自然空间。城市用地让还于原有的自然空间，自然空间在城市中所占比重有所增加。这一时期，城市中自然空间的扩建不仅限于公园这一人造空间，还包括其他形式的绿色之境。

在城市绿色空间的建设中，人们对动植物的保护意识也在增强，并强调对生物多样性的维护。虽然之前的资源保护运动也提出保护树木和野生动物的诉求，但是很大程度上是出于经济和休闲娱乐的用途：禁止随意砍伐林木是为了木材在未来的可持续利用，重视大型动物的保护是为日后的狩猎提供不衰的资源，早期对动植物的保护是为了更好地"控制"和"利用"。② 而 20 世纪下半叶，人们认识到野生动植物在自然体系中的重要作用，动植物的存在不但对人类有价值，本身也具有存在意义，且是保证生

① 关于波特兰约翰逊溪区域的生态修复，参见《约翰逊溪流域历史》，俄勒冈州波特兰市政府官方网站（"Johnson Creek Watershed History", The City of Portland, Oregon），https：//www. portlandoregon. gov/bes/article/214282，最后访问日期：2017 年 7 月 20 日；《俄勒冈州波特兰市约翰逊溪的修复》，自然韧性社区网站（"Johnson Creek Restoration, Portland, Oregon," Naturally Resilient Communities），http：//nrcsolutions. org/johnson － creek － restora-tion － portland － oregon/，最后访问日期：2017 年 6 月 30 日；《约翰逊溪》，"俄勒冈百科：俄勒冈历史学会项目"（"Johnson Creek", *The Oregon Encyclopedia*: *A Project of the Oregon Historical Society*），https：//oregonencyclopedia. org/articles/johnson_creek/#. Wdb2n_mSxgh，最后访问日期：2017 年 7 月 20 日；在波特兰市政府 2001 年制定的《约翰逊溪修复计划》中也回顾了约翰逊溪生态修复的历史，参见《约翰逊溪修复计划》，俄勒冈州波特兰市政府官方网站（"Johnson Creek Restoration Plan", The City of Portland, Oregon），https：//www. portlandoregon. gov/bes/article/214367，最后访问日期：2017 年 7 月 20 日。

② Joseph M. Petulla, *American Environmental History*, Columbus：Merrill Pub Co. , 1988, p. 244.

态系统正常运作的关键一环。① 生态多样性的维护对生态系统的健康运行有着重要的作用，这在城市中也不例外。这一时期，波特兰在绿色空间建设中非常重视对野生动物的保护。傍河而居的波特兰人对鱼类有着天然的关注，以往对鱼类的保护一般是渔民针对污水排放影响商业捕鱼而发起的，而这一时期，更多群体加入保护鱼类的行列中。1967 年，俄勒冈州州长汤姆·麦考尔（Tom McCall）实施了"威尔米特绿色河道"（Willamette Greenway）项目，旨在控制工业废物排放破坏河流生态系统。1996 年，市民自发组成了名为"威尔米特河流守护者"（Willamette Riverkeeper）的组织，该组织的一个重要目标就是改善河流水质，为鱼类及其他动物创造健康良好的生态环境。1999 年，美国国家海洋渔业局根据联邦《濒危物种法案》将威尔米特河中的虹鳟鱼和大鳞大麻哈鱼列入濒危物种清单，要求俄勒冈州和波特兰市加强对相关鱼类的保护。2001 年，波特兰实施了旨在"确保鱼类、野生动物和人类有一个干净、健康河流体系"的"河流复兴战略"（River Renaissance Strategy）。② 除此之外，人们还将城市中的开放空间修建成专门的野生动物栖息地，这与以往动物栖息地一般建在偏远的乡野中不同。热爱野生动物的环境组织如波特兰奥杜邦学会（Audubon Society of Portland）等率先发出呼声，要求为城市中的野生动物保留一片活动空间。在民间环境组织的压力下，政府也随之采取措施，Metro 与美国鱼类及野生动物管理局合作，为建立鱼类和野生动物栖息地筹措资金。在民众和政府的努力下，波特兰相继建成了"橡树下野生动物保护区""鬼针草野生动物保护区"等多个城市动物栖息地。③ 1992 年 Metro 采用的《大都市区绿色空间总体规划》中提到要"在蓬勃发展的大都市区域中平衡城市经济健康繁荣和野生动物栖息地（保留）的关系"，由此可见野生

---

① Carolyn Merchant, *American Environmental History：An Introduction*, New York：Columbia University Press, 2007, p. 154. 动植物保护意识的加强一方面得益于生态学的发展和人类生态知识的增加，尤其是利奥波德所提出的生态中心论；另一方面也与二战后出现的严重生态危机有关，二战后出现的各种新型化学制品对动植物造成更大程度的伤害，使人们对动植物保护有了更为强烈的使命感。

② William Lang, "One City, Two Rivers Columbia and Willamette Rivers in the Environmental History of Twentieth Century Portland, Oregon," in Char Miller, ed., *Cities and Nature in the American West*, pp. 106 – 109.

③ M. J. Cody and Michael C. Houck, *Wild in the City：A Guide to Portland's Natural Areas*, Portland：Oregon Historical Society, 2000.

动物的保护成为城市绿色空间建设中的一个重要内容，野生动物的去留成为城市居民和政府共同关心的问题。随着生态学的发展，人们逐渐意识到生物多样性是一个健康的生态系统所必需的要素，应当"在城市中保护动植物的多样性"，使"鱼类和野生动物成为大都市区土地景观的一个重要部分"，[1] 以形成一个健康平衡的生态系统。这一时期对动植物的保护在很大程度上是出于维护生物多样性和生态系统健康发展的考量，而非出于对经济利益或娱乐用途的考虑，这与资源保护运动中所开展的动植物保护有本质区别。

这一时期，自然空间建设和生态保护显示了政府和民众的上下通力合作。一方面，民众表现出异乎寻常的活跃度。单在公园、水路、湿地等的自然空间的保护方面，波特兰就涌现出 70 多个民间组织，如"森林公园之友""凡诺河之友""哥伦比亚沼泽之友"等，[2] 它们在保护本社区和周边的自然环境方面起到了重要作用，不但优化了人居环境，还修复了原有的生态系统，为动植物提供了适宜的生息繁衍场所。而另一方面，各级政府在政策上的支持也不可忽视。1971 年，哥伦比亚区域政府联合会（CRAG）提出"对波特兰—温哥华社区的都市区公园与开放空间体系的建议"，提议要建设一个区域性的综合公园体系。1973 年州政府制定的《俄勒冈土地利用法》中也明确提出要保护开放空间。[3] 在上级政府政策的支持和引导下，Metro 在 1992 年采纳了《都市区绿色空间总体规划》，波特兰市议会在 2001 年采纳了《公园 2020 构想》，一个相互连接的包含公园、河流、溪谷和其他自然区域的综合绿色空间体系在波特兰日臻完善。

（三）生活方式的绿色化

绿色城市的建设目的就是使人类对自然环境的影响最小化，尽可能减

---

① 《大都市区绿色空间总体规划》（Metropolitan Greenspaces: Master Plan Summary），1992 年 7 月，https://www.oregonmetro.gov/sites/default/files/2014/05/17/metropolitan_greenspaces_master_plan.pdf，最后访问日期：2017 年 6 月 1 日，前言，第 1、6 页。

② Carl Abbott, *Greater Portland: Urban Life and Landscape in the Pacific Northwest*, p. 4.

③ Chet Orloff, "If Zealously Promoted by All: The Push and Pull of Portland Parks History," in Connie P. Ozawa, ed., *The Portland Edge: Challenges and Successes in Growing Communities*, Washington D. C.: Island Press, 2004, p. 159.

少人类在地球上的生态足迹。[①] 在"可持续"这一概念被提出前,波特兰的政府和人民就显露出强烈的环境意识,通过城市规划和能源管理等各项措施来减少人类对生态资源的占有,提高资源使用效率,减少和避免对资源的浪费。当八九十年代"可持续发展"成为全世界关注的热点问题时,波特兰做出了更加强烈的回应。1993 年该市积极应对全球变暖问题,成为美国第一个制定减少二氧化碳排放计划的城市,之后的几十年里该市二氧化碳的总排放量和人均排放量均有所降低;[②] 1994 年该市制定了一套"可持续城市原则",并予以践行。2000 年市政府正式成立了可持续发展办公室,负责垃圾回收、能源利用、可持续技术发展等各项事宜。在具体实践中,波特兰在日常生活如居住模式、公共交通、能源使用和垃圾处理等各个方面都努力把人对地球的生态影响降到最低。在整个过程中,"自上而下"的政府城市规划管理和"自下而上"的公众参与紧密结合。绿色宜居生活方式的打造离不开政府和民众的上下合力。

由于城市和郊区的分散式发展会对自然环境产生更大压力,密集紧凑型的城市发展模式成为 20 世纪下半叶西方城市理论家和规划师极力推崇的模式。从 20 世纪 70 年代起,波特兰地方政府制定了进步且合理的城市规划方案来改善城市环境。城市中心的建设得到越来越多的重视,1972 年市政府制定了《规划指南:波特兰中心城市计划》,积极改善城市中心的基础设施,在城市中心修建与完善了艺术、娱乐、教育和医疗等机构及场所,为老城区增添了新的生机。[③] 通过这些举措,政府希望能将搬至郊区的人口重新吸引至城市中心,使人口居住更集中,一改城市不断向外扩张的发展模式。受到新城市主义思想的影响,波特兰地方政府将"邻里社区"、"公交导向的开发"以及土地的混合利用等理念运用到城市建设中。

---

① 生态足迹指的是能够提供相应人口所消费的所有资源和吸纳所产生的废弃物所需要的生态生产性土地面积。关于可持续发展和生态足迹的关系,参见 Mathis Wackernagel et al.,"National Natural Capital Accounting with the Ecological Footprint Concept," *Ecological Economics*, Vol. 29, 1999。

② Matthew Slavin and Kent Snyder, "Strategic Climate Action Planning in Portland," in Matthew Slavin, ed., *Sustainability in America's Cities*, p. 21.

③ 《规划指南:波特兰中心城市计划》,俄勒冈州波特兰市政府官方网站("Planning Guidelines: Portland Downtown Plan", The City of Portland, Oregon), https://www.portlandoregon.gov/bps/article/94718,最后访问日期:2017 年 9 月 28 日。

除了规定城市增长边界，政府还大力发展紧密型的聚居模式以及配套的公共交通，并提高土地的混合利用率。自然条件也是城市规划者考虑的重要因素，考虑到波特兰地处狭窄的山间谷地之中，紧凑的城市发展模式对于波特兰来说更为合适。1997 年定稿的《2040 年区域远景规划》中，大都市区政府要求所辖各地方政府提高居民区密度，建立街道之间的良好连接，开发交通沿线区域，[①] 使城市向高效节能方向发展。波特兰市政府对住宅的建设采取再填充式的开发，同时大力推进高层住宅的建设。多样混合式的土地利用模式也被采用，规划者将工作场所、商店、住宅区及开放空间相混合，既增强市民生活的宜居性，又能保证地产价值。为了缓解交通压力，减少能源的消耗和空气污染，自 20 世纪 70 年代起政府便着力打造城市的绿色出行方式，财政投入逐渐从建设公路转向发展公共交通，整个城市的发展开始以公共交通为导向。城市规划者将商务区和居民区尽量集中于公共交通沿线，在很大程度上提高了市民出行和生活的便利性，诸如此类的街区发展模式被称为 "公共交通导向的发展"（Transit - Oriented Development，TOD）。1975 年，波特兰划定了一片覆盖大部分市中心地区的公交免费区域，并开通了市商业区公交走廊（Transit Mall）。此外，1986 年起，波特兰还修建了全国最长的 15 英里的轻轨，将波特兰市区与远郊格雷沙姆（Gresham）相连接，成为 "大都市快速交通系统"（Metro Politan Area Express，MAE）的一部分。[②] 在短途出行方面，政府特别支持无污染零耗能的步行和骑行等出行方式。政府意识到为了鼓励更多的人采用这些出行方式，就必须优化步行和骑行环境，修建安全且方便的自行车专用道和人行道。受到简·雅各布斯（Janc Jacobs）等人思想的影响，波特兰非常重视步行空间的设计，将行人的舒适度纳入道路规划的考量中。1972 年的《波特兰中心城市计划》中提出要建造有趣的、生机勃勃的街道、开放空间和娱乐设施来改善步行环境。[③] 自行车专用道网络也修建起来。2001

---

① Stephen M. Wheeler, "The Evolution of Urban Form in Portland and Toronto: Implications for Sustainability Planning," *Local Environment*, Vol. 8, No. 3, 2003.

② Carl Abbott, *Portland in three Centuries: The Place and the People*, p. 149.

③ 《波特兰中心城市计划》，俄勒冈州波特兰市政府官方网站（"Planning Guidelines: Portland Downtown Plan", The City of Portland, Oregon），https://www. portlandoregon. gov/bps/article/94718，第 40～41 页，最后访问日期：2017 年 9 月 28 日。

年起，波特兰还建设了有轨电车系统，将市民居住区与医院、大学等居民经常到访的机构连接在一起，便于居民乘坐公共交通出行。① 以公共交通为导向的紧凑型城市布局，辅以发达的自行车专用车道和步行道路，有利于降低人们对汽车的依赖，缓解交通拥堵和空气污染问题，并且能够节约能源。

除了对城市进行整体性规划，市政府还在能源利用和垃圾回收等方面做出了创新性举措。波特兰于 1979 年成立了市能源办公室和市民能源委员会，并在城市层面制定了能源政策，此举在美国尚属首例。1979 年的能源政策主要针对居民住宅的节能问题，到了 1990 年，该市的能源政策涉及范围更广，要求市政运作、商业建筑、工业设备和交通运输等领域均减少能源消耗，同时鼓励使用可再生能源来减少温室气体的排放。② 为了减少建筑的能源消耗和温室气体排放，波特兰还施行了绿色建筑③政策。1999 年，波特兰能源办公室发起"绿色建筑倡议"，支持这种新型的建筑方式。④ 2000 年，在美国绿色建筑委员会发布名为"能源与环境设计领袖"（LEED）的绿色建筑评估体系后，市政府要求所有政府办公建筑以及受政府财政支持的私人和非营利组织的建筑符合LEED 评估体系规定的标准。⑤ 此外，波特兰可持续发展办公室还制订了绿色建筑计划，为绿色建筑行业提供信息、教育、技术和财政支持。2007年，波特兰经 LEED 评估体系认证的建筑数量居全国之首。⑥ 波特兰的垃圾回收率也在全国领先，这得益于各级地方政府的政策和措施。1971 年，俄勒冈州实施了第一个饮料包装押金法案（Oregon Bottle Bill），规定全州零售商在销售瓶装饮料时，向销售者收取塑料、玻璃及金属等饮料容器的

---

① 琼·菲茨杰拉德：《翡翠城市——欧美城市发展启示录》，温莹莹、乔坤译，中国商业出版社，2011，第 199 页。

② Matthew Slavin and Kent Snyder, "Strategic Climate Action Planning in Portland," in Matthew Slavin, ed., *Sustainability in America's Cities*, pp. 25, 28.

③ 所谓绿色建筑是指一种节约能耗、减少碳排放的新型建筑模式，这种建筑比普通建筑少排放 33% 的二氧化碳，同时能够节约能源和水，提高工作场所的健康和安全性。

④ Jennifer H. Allen and Thomas Potiowsky, "Portland's Green Building Cluster: Economic Trends and Impacts," *Economic Development Quarterly*, Vol. 22, No. 4, 2008, p. 304.

⑤ Matthew Slavin and Kent Snyder, "Strategic Climate Action Planning in Portland," in Matthew Slavin, ed., *Sustainability in America's Cities*, p. 32.

⑥ Jennifer H. Allen and Thomas Potiowsky, "Portland's Green Building Cluster: Economic Trends and Impacts," *Economic Development Quarterly*, Vol. 22, No. 4, 2008, p. 303.

押金，若其退还瓶子则返还押金。① 1983 年起，该州开始在社区层面为居民建立垃圾回收体系。② Metro 在废弃物处理和垃圾回收方面也承担起责任，于 1988 年制定了第一个《区域固体废弃物管理计划》，意在建立一个"区域平衡、有成本效益、技术可行、无害于环境且公众接受的固体废弃物体系"。③ 1987 年，波特兰市政府建立了该市第一个垃圾回收体系，要求所有垃圾处理和回收公司向顾客提供垃圾回收服务。2005 年，市政府开展了波特兰堆肥项目，要求所有垃圾处理和回收公司对垃圾进行堆肥处理。2007 年，市议会采用了《波特兰回收计划》，计划在 2015 年将垃圾回收率提升到 75%。④

普通民众也参与到绿色城市的建设中，他们在住房、交通、能源利用等方面积极响应政府号召。1996 年，几个社区的居民为了支持轻轨的建设而投票表决要向自己征税；⑤ 环保组织俄勒冈千友会（1000 Friends of Oregon）大力拥护政府的增长管理政策和紧凑型城市发展规划，认为紧凑宜居的城市布局有助于提高人们的生活质量；⑥ 市民组织"自行车交通联盟"（BTA）和"维拉米特步行者联盟"（WPC）在推动骑行和步行等绿色出行方式上起到了重要作用。⑦

民众不但对政府的举措给予积极回应，在绿色城市建设的某些方面还起到了引领和主导作用，推动了绿色城市的全面建设。民众对绿

---

① James J. Kopp, *Eden within Eden: Oregon's Utopia Heritage*, Corvallis, OR: Oregon State University Press, 2009, p. 183.

② 《波特兰垃圾回收体系的历史》，俄勒冈州波特兰市政府官方网站（"History of Portland's Garbage and Recycling System", The City of Portland, Oregon），https://www.portlandoregon.gov/bps/article/109782，最后访问日期：2017 年 12 月 11 日。

③ 《区域固体废弃物管理计划》，大都市区政府（"Regional Solid Waste Management Plan", Metro），https://www.oregonmetro.gov/sites/default/files/2017/04/21/Regional_Solid_Waste_Management_Plan_1988.pdf，最后访问日期：2017 年 12 月 11 日。

④ 《波特兰垃圾回收体系的历史》，俄勒冈州波特兰市政府官方网站（"History of Portland's Garbage and Recycling System", The City of Portland, Oregon），https://www.portlandoregon.gov/bps/article/109782，最后访问日期：2017 年 12 月 11 日。

⑤ Carl Abbott, *Greater Portland: Urban Life and Landscape in the Pacific Northwest*, p. 81.

⑥ Lisa Pettibone, *Governing Urban Sustainability: Comparing Cities in the USA and Germany*, London: Routledge, 2016, pp. 148 – 149.

⑦ Sy Adler and Jennifer Dill, "The Evolution of Transportation Planning in Portland Metropolitan Area," in Connie Ozawa, *The Portland Edge*, Washington D. C.: Island Press, 2004, p. 244.

色生活方式的追求在饮食领域表现得尤为明显。他们意识到当时以大规模工业化生产为主导的主流饮食方式引发了一系列健康与生态环境以及社会不公平的问题，于是努力寻找可替代的饮食方式，促进了食品生产和消费的绿色化，推动饮食体系向健康营养、可持续的方向发展。[1] 70 年代起，为了获得更多本地生产的新鲜食材，波特兰市民以社区为单位自发组织起来，从事小规模的农业生产和销售，建立了社区菜园和食物合作社等非营利组织来保障自己和其他居民的饮食健康与安全。1975 年，由志愿者组成的市民组织说服市政府通过了第139598 号法令，允许他们利用城市中的空地来发展社区农业，并于同年开展了"波特兰社区农业项目"。[2] 1985 年，"波特兰社区菜园之友"成立，作为一个非营利组织，它为本地社区菜园的建设提供支持、筹集资金。[3] 在市民组织的推动下，1999 年社区菜园从最初的 3 个增加到 23 个，到 2013 年增加到了 50 个。[4] 这些社区菜园通常采用有机的耕作方式，促进了土地的有机耕作和农作物的健康生长。城市农业不但为市民提供了新鲜的农产品，且有着积极的环境影响，它们的出现扩大了城市绿色空间、优化了空气质量、丰富了城市植被的多样性。与此同时，波特兰也涌现出一批集体所有制的食物合作社（food cooperative），如"人民食物商店"、"朋友和食物"和"食物前线"等，相比普通杂货店多供应充斥着化学添加剂和高卡路里的工业食品，这些食物合作社提供更为健康的食物，在食

---

[1] 20 世纪下半叶，美国全国范围内兴起了一场旨在对抗食物生产工业化和机械化，反对大企业对食品产业的操控，追求环保健康饮食方式的运动，不仅波特兰，其他一些城市也卷入这场饮食改革中，如纽约、旧金山、西雅图、费城等。这场饮食运动在很大程度上与六七十年代的反文化运动有关，而笔者这里强调的是此饮食运动中对人类健康和环境影响的关怀。关于这场饮食领域的革命，参见 Warren J. Belasco, *Appetite for Change: How the Counterculture Took on the Food Industry*, Ithaca: Cornell University Press, 2014; Nevin Cohen and Jennifer Obadia, "Greening the Food Supply in New York," in Matthew Slavin, ed., *Sustainability in America's Cities*。

[2] Molly M. Hatfield and Steve Cohen, "A Case Study: Urban Agriculture in Portland, Oregon 2002 – 2012," in Sally Brown, *Sowing Seeds in the City*, Heidelberg and New York: Springer, 2016, p. 375.

[3] 波特兰社区菜园之友网站（Friends of Portland Community Gardens），http://portlandcommunitygardens.org/about/，最后访问日期：2017 年 12 月 1 日。

[4] Molly M. Hatfield and Steve Cohen, "A Case Study: Urban Agriculture in Portland, Oregon 2002 – 2012," in Sally Brown, *Sowing Seeds in the City*, pp. 375 – 376.

物的包装等方面也更环保。① 在民众的努力下，波特兰的农夫市场也在 90 年代重获生机。由本地农民将农产品直接运往市场可以去除中间商环节，降低长途运输的能源消耗，提高食物来源的透明度。1994 年，波特兰出现了第一个专门销售有机农产品的农夫市场。② 新型的可替代的饮食方式可以为邻近社区尤其是低收入群体提供价格低廉、新鲜健康的食物供给，还有助于增进邻里之间的交往，能够促进饮食公平和人际关系的和谐发展。

民众在饮食体系上的革新和饮食方面的诉求逐渐得到政府的回应，政府对其给予了政策和物质上的支持，显示了官方和民间良好的互动。市政府在 2002 年成立了"波特兰马特诺玛食物政策委员会"，使普通民众在委员会中承担重要职责，直接参与食品政策的制定；③ 2004 年起政府联合民众开展了"可挖掘城市"（The Diggable City）工程，将社区菜园的建设纳入城市土地利用的整体规划中。此外，市政府的可持续发展办公室还制定了"可持续食物计划"，食物生产和消费逐渐成为城市可持续发展策略的一个方面。④

波特兰绿色城市建设中各方面举措的实施充分体现了自上而下和自下而上相结合的方式。政府针对城市日益突出的环境和发展的矛盾，在土地利用模式、交通建设及能源利用等方面进行了改革，得到社区组织和广大民众的响应与支持，官方的政策和倡议得以顺利开展；而民众牵头开展的饮食等方面的改革也得到了政府的重视，并在政策方面得到肯定。波特兰绿色城市的形成过程有力地证明了政府和民众的相互配合对促进城市建设意义重大。

---

① Marc D. Brown, "Building an Alternative: People's Food Cooperative in Southeast Portland," *Oregon Historical Quarterly*, Vol. 112, No. 3, 2011.

② Marc D. Brown, "Building an Alternative: People's Food Cooperative in Southeast Portland," *Oregon Historical Quarterly*, Vol. 112, No. 3, p. 313.

③ 《建立波特兰马特诺玛食物政策委员会的市政决议：第 36074 号决议》，俄勒冈州波特兰市政府官方网站（"City Resolution To Establish Portland / Multnomah Food Policy Council: Resolution No. 36074", The City of Portland, Oregon），https://www.portlandoregon.gov/bps/article/481225，最后访问日期：2017 年 12 月 1 日。

④ 参见 Molly M. Hatfield and Steve Cohen, "A Case Study: Urban Agriculture in Portland, Oregon 2002 – 2012", in Sally Brown, *Sowing Seeds in the City*; Wendy Mendes et al., "Using Land Inventories to Plan for Urban Agriculture: Experiences from Portland and Vancouver," *Journal of the American Planning Association*, Vol. 74, No. 4, 2008。

结　语

20 世纪下半叶不仅是美国政治、社会和文化的动荡期，也是美国城市发展的转型时期。面对二战后城市蔓延、消费主义膨胀以及去工业化所造成的种种环境和社会问题，各城市积极采取措施，突破困境，寻找发展出路：城市更新运动意在挽救日渐衰落的中心城市，涵盖 150 座城市的"模范城市计划"试图复兴全国各社区，声势浩大的环境保护运动也更加侧重城市自然环境的治理和改善。各项意在改良城市的举措产生了不同效果，也激发了新的灵感和手段，"精明增长"策略、新城市主义和可持续发展理念正是在这样的背景中涤荡出来的，它们在一定程度上为新型绿色城市的出现提供了思想和路径上的支持。

在这一时期，波特兰走上了绿色城市的发展道路，虽然之后的几十年里高额的房价以及种族、阶级等社会问题仍然困扰着波特兰，[①] 但这并不妨碍它成为绿色城市的典范，为绿色城市建设提供了宝贵的地方经验。波特兰绿色城市的形成有几重原因。首先得益于政府行之有效的政策和强大的执行力以及各级政府之间的联动配合。波特兰所在的地方政府有着强大的执行力，大都市政府在控制城市发展边界、协调城市和周边区域的关系上承担着主要责任，市政府在紧凑型城市规划、节能减排等方面起到了关键作用。逐渐年轻化的选民群体推举了一批开明而环境意识强烈的官员上任，如 1967 ~ 1975 年担任俄勒冈州州长的汤姆·麦考尔和 1972 ~ 1979 年担任波特兰市市长的内尔·戈尔德施密特。他们在任期间着力推行有利于环境保护的政策，对城市进行重新规划，并为民众开放参与公共事务的渠道，如 1974 年波特兰邻里联盟办公室的成立便是市长戈尔德施密特的决定。[②] 其次，民众的热情参与起到了重要作用。波特兰有较强的参与制民

---

① 对于波特兰绿色城市建设中出现的问题和产生的消极影响，参见 Ellen Stroud，"Troubled Waters in Ecotopia: Environmental Racism in Portland, Oregon," in Louis S. Warren, ed. , *American Environmental History*, Oxford: Blackwell, 2003; Judy Walton, "Portland at a Crossroads: Sustaining the Livable City," *Yearbook of the Association of Pacific Coast Geographers*, Vol. 66, 2004。

② Carl Abbott, *Portland in Three Centuries: The Place and the people*, pp. 148 – 149. 波特兰邻里联盟办公室是由普通民众组成的政府机构，被认为是波特兰民众直接参政的典范。

主传统，市民以各种各样的形式参与到具体的公共事务中来，通过市民顾问委员会、公众听证会、邻里联盟以及同市政官员的直接接触来为政府献计献策，各种邻里组织为本社区的复兴发出呼声。民众的声音影响着政府的决策和城市的规划发展，政府也为民众所倡导的具有积极意义的各项活动提供政策和资金上的支持。政府和民众的良性互动对城市建设有着重要意义。最后，本地良好的自然条件和环境文化基础为绿色城市建设提供了先决条件。波特兰依山傍水，自然资源较为丰富，人与自然的关系天然亲近。由于对自然的热爱，民众保护自然的意识与其他地区相比更为强烈。

波特兰有其独特性，也极具代表性，能够很好地反映20世纪70年代后出现的绿色城市建设潮流。这时期绿色城市的出现有着重要的意义。首先，它们的出现标志着环境主义对城市建设的重要影响。20世纪六七十年代的环境保护运动不但使人们的环境意识普遍提高，也大大增强了人们对城市自然环境的关怀，现代环境保护精神如对绿色空间和生物多样性的重视渗透到城市发展思想中，指导了城市建设实践，在很大程度上塑造了城市景观。其次，绿色城市的建设显示了这一时期市民行动主义（civil activism）的高涨。民权运动后，民众参与公众事务的主动性和积极性提高，民权运动时期的政治文化影响了民众在环境事务中的表现。20世纪六七十年代起，各种基于社区的组织纷纷涌现，在城市更新运动和高速公路建设的大潮中守护自己的社区家园、保护社区周边的自然环境。环境主义者组成各种基层组织推动城市自然环境的改善，促成宜居城市的建设。这一时期，市民行动主义在城市规划和环境保护方面表现得尤为活跃。最后，绿色城市的建立体现了人们对新型城市发展模式的不断探求，以及在寻求经济社会发展和环境保护的平衡上所付出的努力。这一时期人们一直尝试探索注重发展的"城市主义"与注重生态的"环境主义"两种价值观念和谐共融的方式。

绿色城市的出现为后工业化时代城市的可持续发展提供了启示。首先，当地政府和民众在绿色城市建设中所起到的重要作用印证了绿色城市的建设只有从区域层面才能得以实现。道格拉斯·法尔（Douglas Farr）在《可持续城市主义》中说"所有的可持续性都是基于地域的"，① 相比中央

---

① Douglas Farr, *Sustainable Urbanism*: *Urban Design with Nature*, Hoboken: John Wiley & Sons, 2008, p. 20.

提供的间接的方针性指向和规定，地方力量起着直接且关键性的作用。其次，绿色城市建设中各种政策和项目的实施离不开政府和民众之间的良性互动与相互配合，需要"自上而下"和"自下而上"方式的结合。最后，绿色城市建设需要依靠新的生态学思想和技术手段，人类对生态系统的新认识和新技术的发展有利于节约能源，减少人类对环境的影响，实现城市与自然的和谐共生。

作者：刘晓卉，上海师范大学外国语学院、上海师范大学世界史系

（编辑：任云兰）

从农业发展看天津城乡经济关系的变动
（1860~1937）*

安　宝

内容提要：天津开埠后，城市化进程对其社会变迁有着至深且巨的影响。这种影响投之于天津农业，则表现为小站稻和棉花的种植走向集中、蔬菜种植业趋向专门化、农业试验场和垦殖公司的发展。开埠后天津农业的发展从侧面折射出城乡经济关系的变动。其中比较突出的是城郊型农业特征更加凸显、城乡经济交流更加频繁和城乡经济关系转型。这些变动不仅从农业发展的角度体现出天津城乡经济关系变动的更多面相，而且从一定程度上表明，要改变天津城乡经济关系的不平衡性，既要着眼于天津城市的发展，更要大力推进天津农业的近代化和乡村发展，以期缩小城乡差距，实现城乡良性互动。

关键词：天津　小站稻　棉花　城郊型农业

城乡关系是社会生产力发展和社会大分工的产物，"一个民族内部的分工，首先引起工商业劳动同农业劳动的分离，从而也引起城乡的分离和城乡利益的对立"，① "一切发达的、以商品交换为媒介的分工的基础，都是城乡的分离。可以说，社会的全部经济史，都概括为这种对立的运动"。② 马克思、恩格斯在《共产党宣言》中提出了未来社会的重要奋斗目

---

* 本文系中国博士后科学基金资助项目面上资助第 61 批（2017M612985）、特别资助第 11 批（2018T110990）、天津市高校思想政治理论课领航学者项目的阶段性成果。

① 《马克思恩格斯文集》第 1 卷，人民出版社，2009，第 520 页。
② 《马克思恩格斯全集》第 23 卷，人民出版社，1972，第 390 页。

标是"把农业和工业结合起来，促进城乡逐步消灭"。[①] 之后，列宁坚持马克思主义的这个基本思想，并进一步指出"鉴于城乡对立是农村经济和文化落后的最深厚的根源之一……消灭这种对立是共产主义建设的根本任务之一"。[②] 因此，无论是社会发展的现实吁求，还是社会主义发展理论的内在要求，解决城乡关系问题都是社会科学研究者的重大研究课题。

关于近代天津城乡关系，近年来研究成果迭出。在《近代天津城市史》一书中，有关于城乡关系的论述。[③] 任吉东、由俊生、熊亚平、安宝等，也分别从不同角度对城乡关系进行了探讨。[④] 揆诸这些研究成果可发现，其关注的重心仍在"城"，虽论及城乡间的商品流通、人口迁移、工农业分工等，但缺乏对近代天津农业发展的深入研究，尚未揭示出天津城乡经济关系的更多面相和特征。有鉴于此，本文从农业发展与城乡经济关系这一视角出发，通过对近代天津农业发展、近代天津城乡经济关系变动等多项内容的考察，总结其特征及对天津城乡经济关系的影响。

一　发展与集中：近代天津农业的发展

天津为"水陆冲衢、通商岸埠，百货云集，贸易繁盛，但各宗货物，类由外洋、外省及各属贩运而来，出自本境者少"。[⑤] 由此可见，开埠通商对天津农业之发展具有极为重要的影响。1860～1937年，天津农业的发展主要表现在三个方面，即小站稻和棉花的种植走向集中、蔬菜种植业趋向专门化、农业试验场和垦殖公司发展。

---

① 《马克思恩格斯选集》第1卷，人民出版社，2012，第422页。

② 《列宁全集》第29卷，人民出版社，1956，第114页。

③ 罗澍伟主编《近代天津城市史》，中国社会科学出版社，1993，第104～106页。

④ 任吉东：《历史的城乡与城乡的历史：中国传统城乡关系演变浅析》，《福建论坛》（人文社会科学版）2013年第4期；任吉东：《近代城市史研究中的城乡问题探微》，《武汉大学学报》（人文科学版）2017年第1期；由俊生、任吉东：《近代城镇化进程下的"环城圈"村镇衍变——以天津地区为例》，《史林》2014年第5期；熊亚平、安宝：《近代天津城市兴起与区域经济发展——以天津城市与周边集市（镇）经济关系为例（1860～1937）》，《天津社会科学》2011年第2期；熊亚平：《交流与竞争：近代天津城市与华北沿海城镇经济关系的变动——以塘沽、秦皇岛、烟台、青岛为例（1860～1937）》，《济南大学学报》（社会科学版）2017年第5期；安宝：《"不在地主"与城乡关系——以租佃关系为视角的个案分析》，《东北师大大学报》（哲学社会科学版）2011年第1期。

⑤ （清）周尔润纂《直隶工艺志初编》（报告类卷上），工艺总局，1907，第17页。

（一）小站稻和棉花的种植走向集中

近代开埠通商以后，天津小站稻和棉花两种作物种植有了明显的发展，且在种植区域上呈现出集中之特征。

小站稻是天津小站等地区比较著名的粮食作物。早在周盛传率兵进行大规模"海上屯田"种植"小站稻"之前，小站地区已有悠久的种稻历史。据记载，在宋辽对峙时期，宋太宗曾任命何承矩为"制置河北沿边屯田使"，自顺安东至渤海长 300 余里、宽 170 余里的区域内开沟屯田，在 10 多年中修建了一条从雄州、郑州、霸州直到包括今小站地区在内的渤海海滨，修建了 600 里堤堰塞，开渠建闸，引水灌溉，经过多年实践，"由是自顺安以东濒海，广袤数百里，悉为稻田"。① 到了元代，战事不断，为筹措军队给养，政府曾"拨汉军五千，给田十万顷，于直沽沿海口屯种"。② 入明后，汪应蛟和徐光启等先后在包括小站在内的天津地区开渠种稻，并创新种稻之法，助力于当地稻田种植，但明代屯田活动往往是"人去政废"，这严重阻碍了天津地区水稻的种植与推广。进入清代之后，优越的自然条件带动了天津以水稻种植为主的营田逐渐兴起，大致起于康熙年间，而盛于雍正年间。嗣后天津地区的营田活动不断，尤其到了清同治十年（1871），周盛传率兵十八营驻马厂一带练兵，为补充军饷，在新城附近开渠设闸，开垦稻田 1 万亩。1875～1880 年，周盛传又开挖马厂减河，并大规模屯田，引进了大红芒、大白芒、小红芒等品种，稻田面积达到 136500 亩，"由于一开始用御河水灌溉，所产稻米有油性，清香适口，风味独特，因此颇受群众欢迎"。小站稻之所以驰名中外，既缘其品质优，又与小站的地理位置、历史地位有关。小站历史上曾经历两次练兵，除周盛传在小站练兵外，北洋军阀也曾在小站练兵，所以小站既造就了著名的盛军，也是后来在中国近代史上叱咤风云的北洋集团的人才培养基地。"小站在政治、地理、历史上都占有重要地位，在全国乃至世界有较大知名度，从而也促进了小站稻的驰名。"③

到 1930 年前，天津地区的水稻种植趋向集中，水稻主要种植于葛

---

① （元）脱脱等撰《宋史》卷二七三，吉林人民出版社，1995，第 6679 页。
② （明）宋濂等撰《元史》第 2 册，中华书局，1976，第 511 页。
③ 小站镇志编修委员会编《小站镇志》，1993，第 72～75 页。

沽、新城、小站三地，其中尤以小站最为突出，"葛新两地产品，不若
小站之富，物质亦较粗糙，市场鲜有注意及之者"。当时小站地区的稻
田"属于官营"者号称 800 顷，"内仅五百顷为熟地，民营者亦仅一
百五十余顷。每年总产额平均在十二万余石"。① 天津原有稻种亩产仅
有 1～1.5 石，而来自日本或朝鲜的稻种亩产能达到 2～3 石，因此农
民多改种日本或朝鲜稻种。但是，小站地区的稻产量受地域环境影响
极大，其产量多寡"以天时为转移，近年该地水利不调，产量相差约
十分之四，故乡农仅能维持现状"。据各营报告，1928 年共有稻田
597.6 顷，产稻米 98391 袋；1929 年有稻田 584.7 顷，产稻米 81612
袋；1930 年共有稻田 617.3 顷，预估可产稻米 112214 袋。② 至 20 世纪
30 年代中后期，天津地区很多地方种植水稻，然囿于自然环境、技术和品种
等因素，除天津县东南地区外，其他各县水稻种植面积有限，上市量不大。
另外，该地域的碱性土壤环境对水稻高产区也产生了负影响，"近来小站、
葛沽一带因减河堵截，碱水上潮，不能冲刷，故稻田多改种棉花"。③

　　棉花是天津比较重要的经济作物之一。1865 年前，"直省各地棉花之
种植日见普遍，但其数量几难确计，出口之担数亦难估算"。到 1907 年
前，天津地区的静海、武清、宁河、宝坻等县均出产棉花，且武清所产棉
花已运销京津。清末民初时，宝坻棉花有四种，即大子棉花、小白子棉
花、小黑子棉花、茧花，"此等棉花，皆本地将种子轧出之后，销售于京
津"。静海县"所产之棉，纤维最长，而且细软，于纱厂最为适宜，惜无
人提倡多种，大概种者，皆系自种自用，年产额约有数千斤之谱。因境内
织布者皆喜用洋线，故所产之棉，均为絮衣之用"。调查报告资料显示，
1919 年时，天津县有棉田 1.1 万亩，棉花产量 1.1 万担，每年运销 1 万
担；宁河县有棉田 3000 亩，产棉 3000 担，运销 1500 担；武清县有棉田
30.5 万亩，产棉 35 万担，运销 28 万担。④ 到 1920 年，天津县棉田"散在

---

① 《天津小站食米产销状况》，《工商半月刊》第 2 卷第 15 期，1930 年。
② 《天津小站食米产销状况》，《工商半月刊》第 2 卷第 15 期，1930 年。
③ 北宁铁路经济调查队编辑《北宁铁路沿线经济调查报告》，北宁铁路管理局，1937，第
　　1100 页。
④ 《直隶省各产棉县分总表》（民国八年份），整理棉业筹备处编纂《最近中国棉业调查录》
　　（直隶省总表），天津整理棉业筹备处，1920，第 1～5 页。

四乡，合计有一万一千亩……全年产数，凡一万一千担……每年运出之花，约一万担"。① 这时期天津地区的棉花主产地为宝坻和武清两县，宝坻全县耕地面积约12600顷，植棉面积约50顷，约占耕地面积的0.4%，年产籽棉44万余斤，以宝坻城内为集散市场，所集散棉花中有30余万斤销于本县，10余万斤销往山西及口北等处。武清县全县耕地面积2万余顷，植棉面积500余顷，占耕地面积的2.5%，年产籽棉400余万斤，通过集散市场，有300余万斤经天津输出。

20世纪20年代之后，天津地区的宁河、武清、天津、宝坻、蓟县等地的棉花种植业有一定发展，且棉花生产越发向宝坻、武清和天津县集中，种植面积和产量略有上升。1921年时，宝坻县种植中棉1000亩、美棉2233亩，合计3233亩，共计产棉（花衣）1700担；天津县种植中棉1.5万亩、美棉3500亩，合计1.85万亩，共计产棉（花衣）3800担。② 1922年，天津县种植棉花24221亩，共计产棉（花衣）5600担。③ 1923年，宝坻县种植中棉2万亩、美棉0.3万亩，合计2.3万亩，共计产棉（花衣）4200担；天津县种植中棉5422亩、美棉18799亩，合计24221亩，共计产棉（花衣）5160担。④ 1926~1928年，宝坻县棉花种植面积分别为8000亩、9000亩和12000亩，产量分别为皮棉1500担、2000担和2500担。⑤ 据《天津市农林志》记载，30年代之后天津地区的棉产量以武清为最，1932年时，天津、宁河、武清、静海、宝坻、蓟县共有棉田20.993万亩，其中武清县20万亩，占95.3%；产棉1447.23万斤，其中武清县1400万斤，占96.7%。⑥

但值得注意的是，1937年之前天津棉花的种植和生产在趋向集中与发展的过程中，又伴有不稳定的一面，其为气候、市场等多种因素合力之结

---

① 《最近中国棉业调查录》（直隶省总表），第1页。
② 华商纱厂联合会编辑部编《民国十年棉产调查报告》（直隶省），华商纱厂联合会编辑部，1922，第8页。
③ 华商纱厂联合会编辑部编《民国十一年棉产调查报告》（直隶省），华商纱厂联合会编辑部，1923，第10页。
④ 华商纱厂联合会棉产统计部编《中国棉产统计 民国十二年调查》（直隶省），华商纱厂联合会，1923，第13~17页。
⑤ 华商纱厂联合会棉产统计部编《民国十八年中国棉产统计》（河北省），华商纱厂联合会，1929，第12页。
⑥ 天津市农林局编著《天津市农林志》，天津人民出版社，1995，第408页。

果。宝坻县 1921 年种植棉花 3233 亩，1923 年增至 2.3 万亩，1926 年降至 0.8 万亩，1928 年增至 1.2 万亩，1930 年增至 1.4 万亩，1932 年骤降至 0.4 万亩，1933 年增至 0.85 万亩，1934 年增至 5.65 万亩，1935 年增至 15.75 万亩。武清县 1919 年前种植棉花一度达到 30.5 万亩，1932 年降至 15 万亩，1933 年增至 21.85 万亩，1934 年骤降至 1.83 万亩，1935 年回升至 14.55 万亩。总的来看，30 年代初各县的棉花种植面积起伏较大。1932 年除了静海县未计外，共种植棉花 15.675 万亩，1933 年五县种植棉花面积增加到 23.81 万亩，1935 年剧增至 54.775 万亩；以上各年的皮棉产量少则 4 万余担，多则 7 万担有余。[①]

（二）蔬菜种植业趋向专门化

天津地区的蔬菜种植业发展明显，种植地多集中于城区腹地农村，且出现了专门种植蔬菜的菜农。

天津境内蔬菜栽培已有 2000 多年的历史。自明代置卫筑城后，天津地区的蔬菜种植渐广。清乾隆年间撰写的《天津县志》就曾记载，"沿河一带又皆民间种植菜园，素称美产"。[②]《天津县新志》有云："天津环境，溪流随处皆可戽水浇畦，故园圃蔬茹之饶，四时弗绝。每晨村民肩挑入市，盈筐累篢，能供城中一日之需。"[③] 后人总结道，"清时天津舟车四达，百货云集，地广人殷，种菜面积亦相应扩大，蔬菜品种增多，如山药、黄花菜、南瓜、甘薯、北瓜、油菜、瓢儿菜、茴香、秦椒、芋、云豆角、山药豆、洋姜、蚕豆、豌豆"。[④]

进入民国以后，天津周边各县蔬菜种植业进一步发展。这时天津周边农村种植蔬菜最多的是距离城区最近的天津县，以及具有种菜传统且临近运河的静海县，而距离城市较远的宁河、蓟县以及受到人口等压力较大的武清县则较少种植。随着天津城市人口剧增和民众生活水平提升，市场的

---

① 《河北省三棉产河流区域各县中棉及洋棉棉田面积皮棉产额及每亩产量统计表》，《天津棉花运销概况》，金城银行总经理处天津调查分部，1937。
② 乾隆《天津县志》卷二十一《艺文志》，天津市地方志编修委员会编《天津通志·旧志点校卷》（中），南开大学出版社，1994，第 233 页。
③ 民国《天津新县志》卷二十六《物产》，《天津通志·旧志点校卷》（中），第 1057 页。
④ 《天津市农林志》，第 95 页。

需求量加大，蔬菜的价格稳中有升，于是如武清县等周边地区农村的蔬菜种植有所增加，品种也逐渐增多。①

到1928年时，天津、武清、蓟县、宝坻、静海五县种植的白菜、萝卜、茄子等7种蔬菜达到4066公顷。② 1931年时，天津、宁河、武清、静海、宝坻、蓟县六县共种植白菜37370亩，芥菜2700亩，蒜2000亩，萝卜12142亩，韭菜900亩，大葱3360亩，倭瓜2645亩。其中单产以天津县最高，亩产白菜7613斤，萝卜7895斤，倭瓜10846斤，韭菜800斤，大葱10714斤。③ 1937年前，武清县白菜种植面积17280亩，产量615.2万公斤，平均亩产356公斤；葱种植面积2500亩，产量142.5万斤，平均亩产570公斤；韭菜种植面积2000亩，产量100万公斤，平均亩产500公斤；萝卜种植面积8000亩，产量232万公斤，平均亩产290公斤；芜青（菁）种植面积6000亩，产量210万公斤，平均亩产350公斤；黄瓜种植面积1500亩，产量45000公斤，平均亩产30公斤。④ 宝坻县白菜种植面积10000亩，产量40万担；葱种植面积1000亩，产量8000担；韭菜种植面积600亩，产量4800担；菠菜种植面积100亩，产量400担；萝卜种植面积300亩，产量1200担；黄瓜种植面积150亩，产量2400担；菜瓜种植面积560亩，产量6720担。⑤ 蓟县邦均镇附近18村每年种植白菜约100顷，可产白菜50万斤，"多销售于平谷、三河及邻近各地"。⑥

随着城市需求量的增加，天津周边地区开始出现专门种植蔬菜的菜农，他们利用河水之便，以种植蔬菜为生活来源，以市场需求决定种植面积和品种，尤其是种植反季节的蔬菜，少种甚至不种粮食作物，依靠市场来解决食粮问题；进而形成了有诸多菜农的专业生产村，成为城市周边农业经济中的特色，且占有一定的位置。1920年前后资料记载，小于庄"十余年前均以种植为业，盖因有金钟河贯注之故，且均植菜蔬，获利甚厚，近因金钟河淤塞，灌溉之利既失，农户之数目逐渐减少，但现所植者，仍

① 直隶省商品陈列所编辑《直隶省商品陈列所第一次实业调查记》，直隶省商品陈列所，1917，相关各县物产表。
② 《天津市农林志》，第95页。
③ 《天津市农林志》，第407~408页。
④ 《北宁铁路沿线经济调查报告》，第1021页。
⑤ 《北宁铁路沿线经济调查报告》，第1070页。
⑥ 《北宁铁路沿线经济调查报告》，第1149页。

以菜蔬为大宗，花卉次之，菜蔬每年可作物三次，每次每畦可得洋一元之谱，则每亩（四十畦）作物可值四十余元矣"。① 种植蔬菜之风，从邻近城区的各村逐渐向周边蔓延。30 年代，大任庄有 2000 多人，"园圃因临运河，便于灌溉，收获尚丰"；王兰庄有 538 人，主要种植白菜、韭菜、洋葱、大葱、土豆、萝卜，以及各类瓜果；② 灰堆镇有 950 余户 1 万多人，"白菜为特产品，产量大，行销上海、汉口、香港、大连等处"，产藕为"津市之冠"，有 560 余亩，年产四五万斤。③

天津各村生产的蔬菜中，白菜和萝卜等是大宗产品，主要是供应市民日常所需。同时，有些菜农已经开始利用类似大棚的方式生产反时令的蔬菜供应城市市场。当时，天津县农村"菜业中有一种洞货，系专以暖室栽培者，种类有黄瓜、豌豆、青蒜等数种，专供好不时食者之珍品，价格视时之先后，愈早其价愈贵。最早者能于旧历十一月见鲜黄瓜，初见之数日，每条至值洋半元。此为奢侈品之一。亦足见农人技术之进步"。④ 韭黄也是反时令蔬菜，是天津四大特产之一。农民为了迎合市场需求，从夏秋之际就开始种植。据 20 世纪 30 年代大梨园头村小学教员对本村的调查，韭菜是春季播种，夏秋两季后并不除去，"到初冬的时候先用篱笆围着，以蔽强风，然后把韭菜割去，加上肥料，叫日光晒热的松土埋上，冷时用稻帘盖好，以为御寒的唯一物。每日九十点时，把帘子掀起，用手或竹签把埋好的韭苗露出，一面晒土，一面晒苗，至太阳夕下，照样的把它盖好，如此月余，韭苗便可吃了，割下销售于津市，以供给人们非时的食用"。⑤

（三）农业试验场发展和垦殖公司的诞生

天津的农事试验始于明朝万历年间，初有宝坻县令袁黄在天津试种水稻，后有徐光启先后四次来津，组织了多次农业试验。关于徐光启在天津的农业试验，可从其《农政全书》中窥见一斑，如他对农作物施肥进行改良试验，并从福建寻觅来甘薯种子，先在其家乡上海种植，使之"得到繁

---

① 吴甌编《天津市农业调查报告》，天津书局，1931，第 35 页。
② 郭登浩编《天津县乡土志辑略》，天津古籍出版社，2016，第 220、231 页。
③ 郭登浩编《天津县乡土志辑略》，第 500～502、496、341 页。
④ 《直隶省商品陈列所第一次实业调查记》，第 40 页。
⑤ 郭登浩编《天津县乡土志辑略》，第 221～222 页。

衍"后试将其移植于天津，然因育苗困难，试验未获成功。天津地区的农业试验场真正兴起于内忧外患笼罩下的清末。1881 年，在直隶总督李鸿章的支持下，轮船招商局总办唐廷枢联络具有先进思想的知识分子郑观应、徐润等人，与开平矿务局以西方股份制的组织方式建立了近代化农场——天津沽塘耕植畜牧公司。该公司共集资银两 13 万两，开平矿务局认股62000 两，唐廷枢、徐润各认股 65000 两，郑观应认股 3000 两，在临近海河、便于开沟作渠的塘沽火车站一带（当时属于宁河县的新河一带），以"普惠堂"的名义购买 4000 顷荒地，采用西方技术方法进行种植业和畜牧业的开发。① 天津沽塘耕植畜牧公司比张謇在江苏南通建立的"通海垦牧公司"早了 20 多年，是近代中国第一家股份制农场，所以国外舆论称其为中国的"模范农场"。该农场引进西方先进的农业机器进行耕作，"概从西法，以机器从事，行见翻犁锄禾，事半功倍"，② 使大量盐碱地变成了可耕地，计划种植水稻和开辟畜牧养殖。但是，该公司仅仅是昙花一现，只是完成了购地，并未曾投入机械开垦荒地。

20 世纪初，直隶总督袁世凯在天津大刀阔斧地推广振兴实业的同时，也十分重视农业的发展，积极提倡农业改良，"直隶地瘠民贫，非于农工诸物切实讲求不足以开利源而资生计"，"农工为商务之本，而商之懋迁，全赖农之物产、工之制造。欧美、日本以商战立国，而于农业、工艺精益求精。经营董劝不遗余力"，③ 一批农业试验场便先后在天津诞生了。1906年，直隶工艺总局总办周学熙奉袁世凯之命，在天津北站（当时天津新车站）附近购买 1200 余亩土地建成了种植园，开渠引入月牙河及金钟河水，同时开凿机器井，架设西式风车提水。在种植园中设置苗圃，计划每年植树 100 万株，种植枣树改良碱地，种植棉花为纺织业提供原料，种植菉竹、马莲、秋葵、粟菊作为造纸原料，种植牡丹、芍药为药材原料，种植五谷、饲养牲畜以改良品种；同时在池沼内种植菱芡、芰莲，放养鱼苗。此外还广植各种果树，养殖蜜蜂。为提高农作物和禽、畜、鱼类品质，种植园中设有"研究会所"，每月召集"通晓工业及精于植物学者"开会两次，研究改进和改良办法。1911 年，该园"改园为场"，成为直隶农事试验总

① 夏东元编《郑观应集》下册，上海人民出版社，1988，第 501 页。
② 汪敬虞：《唐廷枢研究》，中国社会科学出版社，1983，第 202、203 页。
③ 廖一中、罗其容整理《袁世凯奏议》中册，天津古籍出版社，1987，第 852 页。

场。1914 年，因实业司改组，直隶农事试验总场更名为直隶农事试验场，主要承担天津、宁河、静海、武清、霸县等 20 余县的农事试验和推广事项。继直隶农事试验场之后，1921 年静海县在城东占地 67 亩建县农事试验场，1925 年天津县在塌河淀建立了天津县农事试验场，其他县也随之兴建了占地面积和规模大小不一的农业试验场、试验园等，如 1928 年宁河县天宁寺的农业试验场等。① 这些农业试验场除了配合各级地方政府推动棉花品种改良、桑蚕试验和有限的土地改良外，也结合当地的生产改良蔬菜生产。

这一时期，天津地区诞生了被视为农村资本主义生产关系的垦殖畜牧公司。天津最早的农业资本主义企业是 1904 年出现的天津福兴垦务有限公司。天津福兴垦务有限公司是由曹嘉祥因贪污被撤职后与英商太古洋行买办郑翼之等 7 人联合集资 54 万两创建的，其总号设在天津河北新马路，分号设在大港（当时为静海县朝宗桥）。② 该公司在天津、静海、沧州三县交界处购买荒地 33 万亩，计划开垦种植农作物，并饲养牲畜，但从现有资料只能看出该公司购置荒地的位置，并没有资料介绍其开垦荒地、种植以及经营状况，估计可能是曹嘉祥与郑翼之等人利用同乡关系圈购土地，待价而沽。

1920 年 2 月创建的开源垦殖有限公司是华北地区规模最大、经营时间较长的农垦企业。开源垦殖有限公司的发起人是朱启钤、王郅隆、曹汝霖、潘复、倪道杰等 18 人，以农垦、林业、畜牧、农产或土地之抵押及买卖为营业范围，计划先期投资 500 万元，规划经营地块达 40 余万亩。该公司招股后实付资金为 104 万余元，其股东身份地位十分显赫，多是北洋军政官员或金融界精英，如新老交通系人员梁士诒、朱启钤、周自齐、周作民、胡笔江、曹汝霖、曾毓隽等，皖系要人倪道杰、王宝鑫、王克敏、傅良佐、段宏业、王郅隆、徐树铮、张敬尧等，天津金融界代表人物周作民、吴鼎昌、任凤苞、岳乾斋，以及银号和棉布批发商王宝钊等。开源垦殖有限公司在军粮城、宁河县勾楼沽、大兴南苑 3 个农场有土地近 6 万亩，距天津不过"百数十里"，地理位置紧靠海河，灌溉水源充足，且交通便

① 崔士光主编《天津农业图鉴》，北京海洋出版社，2001，第 151～152 页。
② 黎细玲编著《香山人物传略》第 4 册，中国文史出版社，2014，第 428 页。

利，附近人口众多，"佣工固不难招致"。公司成立后，认为目前"以纱厂工业日趋发展，不豫备植棉，势必供求不相剂，纺纱原料无所取资，不意逆亿而言中。近年纱业影响于棉花之不敷用，议禁棉出洋，议停纺纱，为救急之末务，此事根本之图要在励行植棉"，"为纱厂谋纺织之根据地"。计划发展植棉事业，推广种植美棉，以解决发展中的纺纱工业之原料取给问题，"既以供国内之需要"，"兼可输出海外，挽回利权"。而且，他们的意图也有对土地投资，在地价日增的情形下保持稳定的收入，即"不可不留其一部分之岁收投资于此稳固切实之农垦"，认为"吾国以农为本务，昔人入官，不忘归田……投资于农垦，姑勿论其将来之效果，此时节缩不急之需，以农垦为储蓄之地，实较他种储蓄为优"。①

综上所述，与近代以前相比，1860～1937年天津农业的发展主要体现在小站稻和棉花的种植走向集中、蔬菜种植业趋向专门化以及农业试验场发展和垦殖公司诞生三个方面。其中，农业试验场发展和垦殖公司诞生不仅从一定程度上体现出天津农业生产技术的改进，而且通过改良作物品种等为棉花等作物的种植和蔬菜种植的专门化提供了条件。这一时期天津农业在上述三个方面的发展，使天津城乡经济关系呈现出一些不同于前近代时期的面相。

二　频繁与转型：从农业发展看天津城乡经济关系的变动

从农业发展的角度来看，1860～1937年，天津城乡经济关系的变动主要体现在：城郊型农业特征更加凸显，城乡经济交流更加频繁，城乡经济关系转型。

（一）城郊型农业特征更加凸显

开埠前的天津已为华北地区最大的商业中心，城市规模的扩大及城市人口数量的增长，带动了城市周边农业的发展，并体现出鲜明的城郊型农业的特点。开埠以后，这种特征更加明显。

以蔬菜种植业为例，开埠之前，城市化进程中的天津对蔬菜等农产品的需求随之大增，于是，天津周边农村的农民开始规模化种植城市所需蔬

---

① 章有义编著《明清及近代农业史论集》，中国农业出版社，1997，第289～293页。

菜，且为满足城市居民日益增长的需求而不断更新蔬菜品种。①

开埠之后，天津对外贸易和工商业获得较快发展，加速了天津城市化的进程。西方九国陆续在天津建立租界，租界当局疏浚河道，修建公共建筑、街道、桥梁、公园，开办自来水、电车、电力等公共事业，使天津的城市面貌发生了重大变化，"盖纵横曲直，高楼峻宇……殆与游欧洲街市无异"，②远胜于上海。此后，天津又经历了一次城市改造，1903 年 2 月 23 日，袁世凯批准了工程总局公布的《开发河北新市场章程十三条》，将督署以北东沿铁路、西至北运河、南起金钟河、北至新开路列为开发范围，在此新建了火车站（即天津北站），开辟了以大经路居中两侧呈放射型的街道网络，修建了金钢桥和金汤桥及河北公园。③租界的开辟和新市区的形成不仅吸纳了华北地域内的大量人口，而且驱动昔日城郊农村变成了繁华街市，"城厢狭窄，历年开辟。有旧时村庄今与城市相连。相沿日久，直以为街市之名"。④旧城新貌人聚集，昔时乡村街市化，如此推动了天津城郊农业的大发展。如 1917 年之前，天津县的马铃薯、洋葱、莴苣、甘蓝等蔬菜种植集中于"东南乡沿海河左近"，"销于天津市"。当时，天津县农民为满足城市居民的饮食之好，甚至引种外来品种，天津县"近有将欧美嗜好之蔬菜，移欧美种子种植者，略在东西楼一带。专供租界销费，甚能得利。其向来之名产，尤有卫韭一种，亦为该地园圃大宗。……河北梁家嘴，佟家楼一带种植葡萄亦夥"。到 1937 年前，天津县所产之蔬菜，种类齐全且品质佳，远近闻名。杨柳青镇种植的蔬菜，"日常所用的如茄子、韭菜、葱、蒜、菠菜、豆荚、土豆、黄瓜、白菜、萝卜等类无不齐全，产量不但能供本镇的吃用，还能运到天津销售，其中更以萝卜、白菜两种质良驰名"，"沿南运、子牙河之两岸田园尤为膏腴，出产的紫心萝卜，甜脆适口，为县境所无"。⑤位于海河南岸的黄家村，"取水较易，故灌溉便利，附近村庄皆为菜园，多种植各种蔬菜，每届冬令，所产白菜销

---

① 参见罗澍伟主编《近代天津城市史》，第 104～105 页。

② 孙宝瑄：《忘山庐日记》（上），上海古籍出版社，1983，第 808 页。

③ 罗澍伟主编《近代天津城市史》，第 336 页。

④ 《天津政俗沿革记》卷一"乡镇上"，天津市地方志编修委员会编著《天津通志·旧志点校卷》（下），天津社会科学院出版社，2001，第 10 页。

⑤ 郭登浩编《天津县乡土志辑略》，第 48～49、149 页。

行津、沪、港各地"，而秋冬季生产的韭黄，"每届年终春节，小贩争先购买，销行津市，味美价昂，亦为本村出产大宗"。① 天津城郊农村所产之蔬菜不仅供给天津市内，还远销外市，天津县"园艺有各种蔬菜，如韭菜、白菜、茄子等供给天津市内食用，而韭菜一项，品质甚佳，俗称卫韭，运往北平等处"。②

（二）城乡经济交流更加频繁

城乡关系是指城市与乡村之间相互作用、相互影响、相互制约的普遍联系与互动关系，是一定社会条件下政治关系、经济关系、阶级关系等诸因素在城市和乡村两者关系中的集中反映。③ 城乡经济关系是城乡关系的一个重要方面，且会随着社会发展而不断发生变动。

开埠前，天津的城乡经济联系不甚密切，较为简单。天津作为京畿门户，其主要功能非经济而是政治和军事。天津周边农村建立在自然经济基础之上，农民与市场联系不紧密，鲜有从城市获得生产生活资料，多是农民向城市供应各种农副产品。例如，静海县"贩粟者南至卫辉磁州，北至京师，视年之丰歉以为籴粜。其余贸易，东则海滨之盐，西则独流洋芬港之苇鱼席藕，北则直沽之海味鱼虾，南则临清之百货及运艘之竹木酒米"。④ 又如，清嘉庆年间，天津坨盐运销武清县时"由北河至河西务，凡有临河各镇即就近卸岸，车运各店；余至杨村落厂，由厂车分销"；运销天津县时"由坨过关，车运各店分销"；运销静海县时"由御河至本县总店分销"。开埠前天津郊区受自然条件所限以及商品经济不发达的时代因素影响，城乡间的经济交流有限。

开埠以后，随着对外贸易和交通运输的迅速发展，以及城市商品经济的繁荣，天津城乡物资交流日趋频繁。如棉花，1900年前，宝坻县织布所用棉花均由本地自产，棉纱亦由农民闲时自纺。⑤ 1900年以后，"不特天

① 郭登浩编《天津县乡土志辑略》，第496～497页。
② 《北宁铁路沿线经济调查报告》，第1104页。
③ 何一民主编《近代中国城市发展与社会变迁（1840～1949年）》，科学出版社，2004，第415页。
④ 康熙《静海县志》卷1《末俗》，1673，第12页。
⑤ 方显廷、毕相辉：《由宝坻手织工业观察工业制度之演变》，南开大学经济研究所，1936，第17页。

津所运外来洋纱得长驱运入宝坻，即华北本部自纺棉纱，该县亦得资用"。[1] 1920 年前，武清县城及北旺镇、安平镇、东西杨村、南北蔡村、梅厂、大良、崔黄口、王庆坨、河西务等集市（镇）集散棉花数百万斤，除销售本县外，多由天津销往英、法、美、日等国;[2] 而天津县杨柳青、大直沽、宜兴埠等地"数年前运销外地之棉花，约占全产额十分之六，近年则均售于本地各纱厂，外销仅什一而已"。[3] 到了 1935 年，天津县、武清县、静海县、宁河县和宝坻县均形成了数量不等、规模不同的棉花市场，如宝坻县境内县城、王卜庄、大口屯、辛（新）开口等 4 个棉花市场共集散皮棉 24360 市担，这些棉花在当地棉栈打包后，通过陆路或水路运销天津。[4]

这时期天津城乡经济交流频繁还体现在城市对乡村农副产品愈发依赖。天津城郊农业随着天津城市化进程提速而发展迅猛，"工厂林立，商务繁盛，其衣食原料之需要，实远过于他县"，故天津周边农村的蔬菜大部分销往市内，武清县城附近所产杂粮"多由落垡车站装车运津，河西务、杨村及蔡村等镇所产者则均由河道运津"；宝坻县"豆类以黄豆黑豆为大宗，全产量十分之三，可运往天津及玉田"；蓟县的邦均镇每年所产 300 万~400 万斤花生"除供给当地制油外，多运销天津"。[5] 1928 年静海县的农产品运销情况可为之佐证（见表1）。

表 1　1928 年静海县农产品销往天津概况

农产品名称	运销量	农产品名称	运销量
麦	1.2 万石	粟	3.5 万石
高粱	3.6 万石	玉蜀黍	0.98 万石
豆	1.8 万石	糜	1.2 万石
白菜	380 万斤	大头菜	25800 万斤
萝卜	9820 万斤	山药	260 万斤

资料来源：河北省政府建设厅编《调查报告第三编农矿》，出版地点不详，1928，第 218～220 页。

---

[1]　方显廷、毕相辉：《由宝坻手织工业观察工业制度之演变》，第 8 页。
[2]　刘家璠：《京兆直隶棉业调查报告书》，农商部棉业处，1920，第 20～29 页。
[3]　整理棉业筹借处：《中国棉业调查录》，整理棉业筹备处印行，1922，第 2 页。
[4]　河北省棉产改进会编《中华民国二十五年河北省棉产调查报告》，河北省棉产改进会，1937，第 47～48 页。
[5]　《北宁铁路沿线经济调查报告》，第 1099～1104、1019～1020、1071～1072、1149 页。

天津城市对乡村农产品的过度依赖在灾年体现得更为明显，1928 年前，静海县"各河沿岸，菜园极多，缘屡遭虫害，损失颇巨。昨岁收获寥寥，几令津埠菜荒"。[①]

与此同时，开埠后天津农村开始从市内大量购置商品，尤其是工业品。最具典型者如武清县"因距平津皆近，凡过十元以上之物件，多往平津购买，故该县无大工商业可言"。[②] 除此之外，宁河县"洋广杂货、米面、糖、纸、山货等，均由天津购办"。寨上镇"由天津运来之货大部为米、面、洋广杂货等物，均系沿金钟河转蓟运河运来"。天津生产和进口的工业品亦大量运销各县乡村地区。天津县"第以四境均与天津市接壤，凡民众购置价额稍昂或数量较多之物品，俱至市境商店购买"。[③] 宝坻县城中所用棉纱"系由天津采购"，铁轮织布机"由天津购买"。

（三）城乡经济关系转型

城乡经济关系的转型，与城市的转型密不可分。所谓城市转型，是指城市由传统行政中心和手工业中心向近代工商业中心转变的过程，其具体内容多被细化为城市经济转型、城市文化转型、城市制度转型、城市功能转型等几个方面。由此，城乡经济关系转型应为城市经济转型的一个方面，其具体内容则可从工业产品从城市向乡村的运销、城郊型农业发展中的技术进步、乡村居民职业的变化等方面进行考察。

在工业产品从城市向乡村的运销方面，天津生产和进口的棉纱向宝坻等县的运销，就是一个典型的例证。光绪末年，宝坻县新集镇等地的村民已开始使用自制的掷梭木机织布，但当时各村居民从事织布者不过十分之一。1915～1916 年，村民开始改用铁轮机织布。1917 年后，宝坻织布业已比较兴盛。全县一、四、五、八、九各区各村庄从事织布业的农户达到80%，使用的铁轮织布机数量在 6000 架以上。1924 年，该县永机布（仿照高阳布样式所织的一种布）日渐衰落，年产量仅有 5 万～6 万件。大尺布（仿照东三省布匹样式所织的布）却逐渐畅销，年产 10 万件，其中有 3 万～4 万件行销四平街、公主岭、长春、哈尔滨等地。1926～1927 年，永

---

① 河北省政府建设厅编《调查报告》第 3 编《农矿》，河北省政府建设厅，1928，第 21 页。
② 《调查报告》第 4 编《工商》，第 10 页。
③ 《北宁铁路沿线经济调查报告》，第 1106 页。

机布一度复兴，年产 10 万余件；1928 年后，又一落千丈。1933 年前后，宝坻全县每年可织乾线布 4 万余匹，水线布 6 万余匹，窄面布 12 万余匹，大标布 8 万余匹，小标布 11 万余匹，大线布（年销）20 余万匹。[①] 宝坻土布业所用棉纱均购自天津。1912~1916 年宝坻全县每年可销津纱千余包，1924~1928 年每年可销万余包，1929~1930 年每年可销 2000~3000 包，1931~1932 年可销 2000 包，1932~1934 年每年可销 1000 包，1935 年 1~5 月销售 2000~3000 包。[②] 这些棉纱多销于宝坻县城及新集镇等集市（镇）附近。[③]

在城郊型农业发展中的技术进步方面，1931 年前，西沽村民种植蔬菜时的具体方法为："一，用木构为屋，其形前高后矮，上面及两旁均遮以泥，前面空敞，口向南方，以借太阳光之热力而生殖，屋内种以黄瓜、蒜台（苔）、豆角、蒲菜等，每遇风雨交加及晚间，用苇篱将空口遮蔽，及太阳出则启放，此一法也；若将地掘深尺余，周围用土堆成高尺余之土背，其深度共约二尺有余，内种以莴苣蒿等物，其遮蔽启放与前法相同，此又一法也。其手续如此复杂，故价格甚高，亦不过供少数人之享用也而已。"[④] 这也从一个侧面体现了城郊型农业发展中的技术进步。

在乡村居民职业变化方面，开埠前天津的商业虽有发展，但受传统社会经济结构的束缚，农民的职业较为单一，多以农事为主。开埠后，天津的工商业进入了快速发展期，据统计，1911 年前天津各类民族企业总数为 107 家，1914~1928 年天津每年设厂超过 40 家，尤其是 1915 年开设了 220 家工厂，1924 年开设了 297 家工厂。[⑤] 各式工厂的纷纷建立，为处于糊口边缘的农民提供了谋生的机会，而农民的职业结构也趋向多元化。天津市属的佟楼村和邵公庄"农民以作工者为多，小本经营者次之，以该村附近有北洋火柴第一工厂，及济安自来水公司，故多为该厂等

① 《北宁铁路沿线经济调查报告》，第 1075~1080 页。
② 北宁铁路管理局：《北宁铁路沿线经济调查报告》，殷梦霞、李强选编《民国铁路沿线经济调查报告汇编》第 2 册，国家图书馆出版社，2009，第 589~590 页。
③ 方显廷、毕相辉：《由宝坻手织工业观察工业制度之演变》，第 22~26 页；《北宁铁路沿线经济调查报告》，殷梦霞、李强选编《民国铁路沿线经济调查报告汇编》第 2 册，第 591 页。
④ 吴瓯编《天津市农业调查报告》，第 16 页。
⑤ 罗澍伟主编《近代天津城市史》，第 417 页。

雇佣"。堤头村和小王庄居民"农作之外，或营小本经营，或负苦，每日所入，尚足以糊口"。西沽村"土著居民皆各有职业，或经商，或负苦，或雇入丹华火柴公司充当工人，贫家妇女亦有糊火柴盒者"。土地资源匮乏和临近工厂的农民职业多元化现象更为突出，如白庙村"人口多而农田少……全村皆赖副业谋生，最多者为贩卖菜蔬，至家庭之妇女，揽做军帽"，"其次有人力车夫，专以拉人力车为生，类皆恃所长，以谋家庭生活也"。小于庄"因距华新纱厂略近，故男女妇孺，多往作工"。①

　　总之，以往关于城乡经济关系的讨论，多因其城市史视角而强调城乡间的经济交流、人员往来等方面，如果换个角度，从农业发展的视角来看，则能够反映出天津城乡经济关系变动的更多面相。一方面，随着天津农业的发展和城市的转型，天津农业的城郊型特征更加凸显，城乡经济交流更加频繁，城乡经济关系开始转型（集中体现在城市近代工业品向乡村运销、乡村居民向近代产业工人转变等）。另一方面，近代天津城乡经济关系仍具有浓厚的传统色彩，并呈现出明显的不平衡性。1931年前，距离城市不远的西沽的居民仍"大多不事农作，农产品数量仅敷自用，无须乎运销，至于园地每季所产蔬菜之属，由北运河转海河转运各地菜市行销，年来歉收频仍，各菜园户生产有限，多不赴菜市整卖，而挑菜赴各街叫卖"。②

三　结语

　　城市向乡村供给工业品，乡村向城市供给农产品，是城乡经济关系的主要表现形式之一。1860~1937年，天津城乡经济关系虽然进一步得到发展，并随着天津城市的转型而转型，但从农业发展的角度来看，这一时期天津城乡经济关系的发展并未带来乡村经济的根本性变革，反而进一步加剧了天津城乡经济关系的不平衡性：一方面，天津城市与周边乡村地区的经济交流更加频繁，更多的城市商品特别是工业品开始向乡村销售；另一

---

① 吴瓯编《天津市农业调查报告》，第12~36页。
② 吴瓯编《天津市农业调查报告》，第15页。

方面，在天津城市经济迅速发展和加速转型的同时，"农民于工商业发达之天津市内，颇能保持其固有守旧之色彩"① 等现象的存在又表明，天津周边乡村的经济发展仍然比较缓慢，在城乡经济关系中的从属地位更加明显。

天津城乡经济关系不平衡性进一步加剧的一个重要原因，在于乡村推力不足。易言之，农业尚处于由传统农业向近代农业的过渡之中，近代农业所占比例较小，因而推力不足。例如，在灌溉技术方面，在引进和推广机器灌溉的同时，更多还是采用传统的凿井灌田之法。1928 年前，"静海溉田多用井水，以辘轳汲取，东乡减河一带间有用畜力摇车者，运河沿岸多用人力摇车，亦有用汲水斗者，近来县城北之五里庄及城南之周莫屯等处，因官府之提倡，有就运河堤岸开作涵洞以饮水灌溉者"。② 在经营模式方面，即便是开源公司这样具有资本主义企业性质的公司，仍然大部分采取招租的方式，"习惯上地由佃垦者，田主不能易佃。……公司地悉自垦，不假佃力。间招佃种，严订契约，有选择进退之权。灌溉肥料公司任之，收获或均分，或公司六而佃得其四，视地力为等差"。"递年以来，佣工自为种植者，其成绩优于佃种。……交通便，而附近之人口繁，佣工固不难招致也。"③ 在生产工具方面，1928 年前后，小站地区种植水稻时，所使用的生产工具主要有水车、风车、锹、簸箕、镰刀、连枷、推板、水犁等；1929 年前后，天津市第四区六所席厂村农具有锄、耧、犁、镰等。④ 在此前后，佟楼村、邵公庄农具有犁、耙、锄、铣、钩铙等；堤头村、小王庄农具有犁、锄、耧、耙、镰刀等；西沽"普通应用器具一仍旧惯，耕种则以犁、锄、耧、耙，收获则用镰割车拉，此外更无特种式样之农具"；西于庄农具有犁、耙、锄、铣、镰、镐等；金钟河沿炮台村"农具亦属旧式窳败重笨之锄犁镰锨等"。⑤ 1937 年前，宁河县农具有犁、锄、耙、轴、镰等，⑥ 并无多少改进之处。

---

① 吴瓯编《天津市农业调查报告》，第 1 页。

② 《静海县经济状况》，《经济半月刊》第 2 卷第 8 期，1928 年 4 月 15 日。

③ 章有义编著《明清及近代农业史论集》，第 291 页。

④ 《席厂村农事概况》，天津《益世报》1929 年 11 月 1 日。

⑤ 吴瓯编《天津市农业调查报告》，第 10～34 页。

⑥ 《北宁铁路沿线经济调查报告》，第 1129 页。

由于生产技术、经营模式、生产工具等方面进步有限，因此，要改变天津城乡经济关系的不平衡性，不仅要着眼于天津城市的发展，更要大力推进天津农业近代化和乡村发展，以期缩小城乡差距，实现城乡良性互动。

作者：安宝，四川省社会科学院博士后科研工作站、四川大学
中国史博士后流动站、天津医科大学马克思主义学院

（编辑：任吉东）

城市蛋白质：渔业生产与城乡互动

——以青岛港东为例(1950~1985)

马树华　樊晶晶

内容提要：1950~1985 年的 35 年间，是共和国逐步完善水产制度、发展海洋渔业生产、服务国家现代化建设需要的重要阶段，也是差异化城乡关系下海洋社会重组的特殊时期。港东作为山东半岛一个普通的渔村，在这一过程中，渔民的个人活动与国家及地方的建设事业结成了更为紧密的联系。国家通过社会组织、技术支持、供销网络等制度设置，从渔村抽取海洋资源，在重点保证城市蛋白质供应的同时，也完成了对渔村经济与社会的改造，渔民的经济目标、观念、习惯、愿望、思想等均被重新定向，渔村社会在新的城乡关系下被改组与重塑。

关键词：城市蛋白质　渔业生产　青岛港东

20 世纪前半叶，由于日本侵渔、技术落后、鱼行及地方政府盘剥、资金不足、经营管理不善等各种因素的影响，中国的海洋渔业生产异常凋敝，渔民深受压榨，渔村经济破败不堪，海产品一直供不应求，渔业发展步履维艰。[①] 新中国成立后，开始着手解决渔业增产与加工问题。自 1950 年 2 月第一届全国渔业会议对恢复渔业生产做出部署，到逐年出台鼓励政策，国营渔业部门迅速投入生产销售，群众渔业也蓬勃发展起来。[②] 在

---

① 相关论述可参见李士豪、屈若搴《中国渔业史》，商务印书馆，1937；陈灵秀《我国渔业生产的改进》，《新华月报》1949 年 11 月 15 日，第 130~131 页；等等。

② 秦含章、李彭龄：《渔业增产问题与加工方向》，《新华月报》1951 年 2 月 25 日，第 855~856 页；高树颐：《水产工作的恢复与发展》，《新华月报》1951 年 2 月 25 日，第 857 页；华恕：《华东区水产工作的成就与发展》，《新华月报》1951 年 2 月 25 日，第 858 页；《农业部关于渔业生产的指示》，《新华月报》1951 年 5 月 25 日，第 108 页；农业部水产处：《抓紧渔区春汛做好水产运销》，《新华月报》1951 年 5 月 25 日，第 108~109 页。

1953～1957 年中国国民经济的第一个五年计划时期，国家进行了大规模的工业建设，城市化进程加快，城市人口比重从 12.50% 上升到 15.39%，"吃鱼难"问题日益凸显。在此后 30 年中，围绕着工业化建设和差异化的城乡关系，为服从国家建设需要，优先保证城市蛋白质的供应，水产制度和渔业政策不断调整，新技术逐渐推广，海洋渔业迅猛发展，生产效率和经济水平均得到提高。渔村社会被重组，渔民的经济目标、观念、习惯、愿望、思想等也均被重新定向。

山东半岛渔村众多，新中国成立初期一系列源于城乡关系的海洋渔业生产制度的变革，不仅改变了这一地区传统的陆海关系和既有秩序，也重塑了这里的社会结构与空间功能，衍生出新的日常生活与行为心态。目前这方面的专门研究尚不多见，相关研究主要集中在海洋环境与资源变动方面，代表性成果有王楠对胶东捕鲨、资源争端等渔业问题的实证分析，李飞龙、厉文蛟对日照渔业生产互助合作组织的探讨。[①] 此外，李玉尚的黄渤海环境史中也涉及 20 世纪 50 年代山东海洋生物种群变化与社会制度关系的分析。[②]

本文选择青岛市崂山区港东村作为实证案例，探究 1950～1985 年国家如何通过社会组织、技术支持、供销网络等制度设置，改造与重组渔村的经济与社会，尝试从微观层面分析胶东渔村为满足城市蛋白质供应，如何在新的制度与技术条件下进行人海互动等海洋史主题。论述的时间上限是 1950 年第一届全国渔业会议召开，下限是 1985 年中共中央发布《关于放宽政策、加速发展水产业的指示》（中发〔1985〕5 号），渔业发展再次转折。[③] 所用史料包括地方史志，渔业期刊、报纸，各种账册、报表、户口册、会议记录、村干部笔记等近 1500 件档案，以及老渔民的口述资料等。

---

① 王楠：《资源禀赋、政策导向与社会效应——1950 年代荣成地区的捕鲨计划》，《中国农史》2014 年第 5 期；王楠：《渔业合作化中的资源争端——以 1950 年代的胶东渔村为中心》，《古今农业》2017 年第 3 期；李飞龙、厉文蛟：《1950～1957 年的日照渔业生产互助合作组织》，《当代中国史研究》2018 年第 6 期。

② 李玉尚：《海有丰歉：黄渤海的鱼类与环境变迁（1368～1958）》，上海交通大学出版社，2011。

③ 《关于放宽政策、加速发展水产业的指示》（1985 年 3 月 11 日），农牧渔业部水产局编《水产工作文件选编（1985 年）》，内部文件，1986，第 1 页。

一 国民经济计划与渔业生产

港东村是青岛东部一个小型渔业生产交易中心，位于青岛市崂山区王哥庄街道，因处于文武港东侧，故名港东村。文武港为河沟式港湾，位于村北，长 1.5 公里，面积约 1 平方公里，是崂山东部的渔业汇集点。[1] 村落一面靠山、三面环海，附近海域有 7 个海岛，渔业资源非常丰富，据村志记载，鱼种有 87 科 155 属 200 余种，主要有鲅鱼、黄鱼、带鱼、比目鱼、小鳎梭鱼、青鳞鱼、逛鱼、古眼鱼、青板鱼、加吉鱼、白鳞鱼、鲳鱼、沙丁鱼、兔子鱼等，沿海 15 米等深线以内主要有贝类、甲类、软体类及浮游生物等，当地百姓曾用"棍打山鸡，瓢舀鱼"形容资源的富足。[2]

港东的历史可上溯到明朝永乐至弘治年间刘氏取代高氏立村，历代繁衍，至 2019 年，有居民 1100 户 2900 余人，是一个规模较大的村落。清末以前，港东的经济结构比较单一，以渔业为主，渔农结合，渔业生产从近岸海滩捕鱼到摇筏子去胶南董家口打圆网捕鱼，再到用小木船去更远的海阳、乳山一带捕鱼。至 20 世纪初，港东的渔业已颇具规模，渔场逐渐扩大，春天去海阳作业，冬天到稍远的海域钓冬鱼。[3] 同时，随着沿海条约口岸的开放与发展，商业机会增多，这里曾有一家与南方沿海地区做生意的福成商行。有些渔民利用冬季渔闲、农闲时间组成"四人班""五人班"驾驶木帆船"出冬门"，往来沿海各地买卖交换虾皮、石材、木材、山楂、粮食等生活用品，还有渔民到朝鲜半岛南部做生意。[4]

1898 年青岛开埠以后，随着城市发展，整个区域的生活成本都有所提高，渔获渐渐不能满足渔民的日常所需，生活日趋窘迫。更为糟糕的是，1914 年以后，青岛逐渐成为日本侵渔的根据地。日本渔船凭借其政府鼓励政策、"青岛水产组合"行业组织以及先进的捕捞设备和技术，对生产意识相对保守、捕捞技术比较落后、资金不足的青岛渔民形成倾轧，致使渔

---

[1] 青岛市史志办公室编《青岛市志·水产志》，新华出版社，1995，第 120 页。

[2] 崂山区王哥庄街道港东村志编委会编《港东村志》，第 54 页。

[3] 《港东村志》，第 148~149 页。

[4] 根据港东村民口述整理，访谈时间：2018 年 11 月 15 日，访谈对象：LYG，男，60 岁。

业生产困顿衰落，贫穷成为常态。[1] 抗战胜利后，政府曾力图恢复渔业生产，1946 年青岛渔会成立后，积极倡导各乡区建立渔业生产合作社。港东村于同年成立了渔业生产合作社，主要负责如共同捕捞、贩运、渔需物资供应、信用借贷等事务。[2] 但这些举措无法解决商业资本和高利贷资本的层层盘剥问题，加上鱼行利用债权关系垄断渔产买卖，操纵市场价格，导致大多渔户陷入赤贫。至今村中老人还能忆起那时的歌谣："野芽粗糠三月粮，赤脚露体破衣裳，卖身拜佛下渔场，血汗换来光净光。"[3]

1949 年中华人民共和国成立后，渔业被纳入农业发展的统一布局，为配合全国大规模的经济建设，一系列支持政策相继出台，渔业生产方式出现空前变革。从 1950 年 2 月第一届全国渔业会议在北京召开，到 1951 年 4 月农业部发布《关于渔业生产的指示》、1952 年 11 月中共中央发布《关于渔民工作的指示》，再到 1953 年初农业部召开第三届全国水产会议，以及同年底中共中央通过《关于农业生产合作社的决议》，短短几年间，渔业生产在逐步恢复的同时，也走向了与农业相同的社会主义合作化道路。[4] 渔业互助合作有三种形式，即初级互助组、中级互助组、生产合作社。生产合作社又分为两种，一种是半社会主义的，以生产工具入股，一部分按股分红，一部分按劳取酬，尚有私人财产，是过渡形式；一种是高级生产合作社，工具不分红，是完全按劳取酬的完全社会主义的。[5]

1952 年底港东村开始酝酿成立渔业互助组，1953 年正式成立，此时全村有 318 户 1462 人，男性 700 人，其中渔民 300 余人，占男劳动力的近一半，属于人口规模较大的渔村。[6] 渔民们研究了工具、劳动力、分红的标准，制定了生产计划、民主管理制度、生活制度和劳动纪律等，怀着对新制度的憧憬，生产热情空前高涨。1954 年 3 月，在第四届全国水产工作会

① 马树华：《20 世纪青岛日常生活史》，商务印书馆，2019，第 316～321 页。
② 《青岛市渔业调查撮要》，《新渔》第 1 期，1948 年。
③ 《港东生产大队修建海坝工作情况报告》（1963 年），青岛市崂山区档案馆藏，档案号：00134 - 001 - 00025 - 0043。
④ 农牧渔业部水产局编《水产工作文件选编（1949～1977 年）》（上），内部文件，1983，第 1～22 页；周晓华、李明爽：《盘点中国渔业六十年》，《中国水产》2009 年第 10 期。
⑤ 《中共中央农村工作部邓子恢部长在第四次全国水产工作会议上的报告》（1954 年 3 月 24 日），《水产工作文件选编（1949～1977 年）》（上），第 39 页。
⑥ 《港东村志》，第 70 页。

议上，对渔业生产互助合作的情况及类型做了总结，指出山东海洋渔业的互助合作发展较快，是渔区中比重最大的，并在调配劳动力和统一使用渔具、增加产量、巩固海防等方面显示出优越性。[1] 这次会议就如何实现渔业合作化进行了部署。[2] 1955 年，国家继续推进渔业合作化，并从资金、生产技术、生产工具等方面对合作化进行援助和保障，合作化运动进展很快。[3] 到 1956 年，海洋渔业合作社已占海洋总渔户的 91.17%。[4] 山东沿海渔村大多进入高级渔业生产合作社，其特点是工具折价入股，归社统一使用，能改进技术，进行多种作业，有较完善的生产组织、生产计划及较完备的制度，有较多的公共积累。1956 年，港东村组建了"文武港高级渔业合作社"，船、网、工具入社，包括劳动力均由集体统一管理，全村共有10 个渔业生产队，生产实行三包（包工、包产、包值）、一奖（超产奖励）、四固定（船长固定、劳力固定、工具固定和工具使用年限固定）。春汛前，各生产队根据本生产队每个渔民的实际状况，对船员、网具和船只进行搭配，并下达生产任务和出海天数，渔获则统一卖给崂山县政府下设的港东水产站，水产站按国家规定鱼价结算，把钱款通过银行划拨到村集体再统一分配。[5]

依靠渔业合作社，缓解了海洋生产面临的一系列问题，如扩大生产的技术力量、基建劳动力、生产后的加工运输、增加公共积累等。之后，1958 年中央提出了水产大跃进，推进海洋捕捞的"五化"，即渔船机械化、网具胶丝化、生产指挥电讯化、作业多样化和生产常年化。[6] 自此，渔场规模不断扩大，捕捞的新品种也不断增加，传统的全年只靠一季生产和只靠一种作业的渔业习惯，变为实行生产作业多样化，开展多种渔具兼作和

[1]　刘瑞龙：《全国第四届水产会议渔业生产互助合作问题总结——试论渔业生产互助合作问题》（1954 年 3 月），《水产工作文件选编（1949～1977 年）》（上），第 27～35 页。

[2]　《中共中央农村工作部邓子恢部长在第四次全国水产工作会议上的报告》（1954 年 3 月 24日），《水产工作文件选编（1949～1977 年）》（上），第 35～44 页。

[3]　《农业部副部长杨显东在全国水产座谈会上的讲话》（1955 年 12 月），《水产工作文件选编（1949～1977 年）》（上），第 81～82 页。

[4]　《水产部许德珩部长在十三省市水产工作座谈会结束时的讲话》（1956 年 9 月 8 日），《水产工作文件选编（1949～1977 年）》（上），第 116 页。

[5]　马树华：《20 世纪青岛日常生活史》，第 335 页。

[6]　《水产部高文华副部长在全国沿海省市水产工作会议上的报告》（1958 年 8 月 5 日），《水产工作文件选编（1949～1977 年）》（上），第 191 页。

轮作，提高船网工具的出勤率和作业时间，并逐步改进生产工具。种种举措促使港东的海上捕捞业迅猛发展，图1所示渔民人数及经济收入变化显示了集体化时期港东的渔业增长态势。

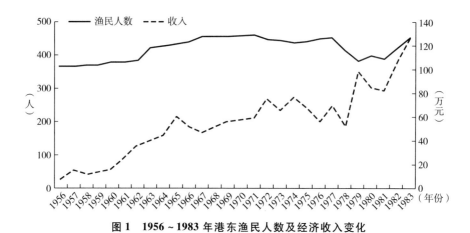

图1　1956～1983年港东渔民人数及经济收入变化

资料来源：《港东村志》，第178页。

近1500件关于渔业生产计划、管理办法、经验总结、收获情况、船员开支等渔业档案资料记载了20世纪50～80年代港东渔业发展的轨迹。为了提高渔业产量，合作社采取各种措施，除了进行兼作、套作、轮作等多样化生产，还不断延长作业时间，不仅在鱼汛期间昼夜生产，还鼓励社员"冬天要当春天干"，一年四季都要下海生产。[①] 同时，又通过生产技术改革提高单位产量，流网加高、加大及白天放流网等使每网单产增加了34.4%，并培养了一批机帆船驾驶人员和修造渔船的技术人员。[②] 海洋捕捞的快速发展使港东的渔业收入占比越来越高。至1969年，渔业收入占全村总收入的86%。1980年初，伴随着农村经济体制改革的推行，港东开始进行渔业体制改革。1984年，集体所属的船网工具通过评估作价出售给个人，允许所属户自愿入股买船买网，股东自主组合成船员班子，推举出船长领船出海，出海费用由各股东均摊，经济收益归股东所有，渔业生产由

---

① 《王哥庄公社港东生产大队渔业工作总结》（1960年1月3日），青岛市崂山区档案馆藏，档案号：00134-001-00015-0001。

② 《王哥庄公社港东生产大队渔农双丰收的情况介绍》（1963年12月30日），青岛市崂山区档案馆藏，档案号：00134-001-00025。

集体化管理转为个人自主管理。① 渔业体制改革极大地调动了渔民的生产积极性，到 20 世纪 80 年代末，全村捕捞渔船由 1978 年的 52 只 1290 马力增加到 70 只 2290 马力，增加了 1000 马力，渔民由原来的 400 人增加到 600 人，渔业总产值由原来的百万元增长到 800 万元，占全村总收入的 70%。② 虽然这一时期伴随着乡镇企业的发展兴起了其他产业，但渔业仍占据着经济结构中的绝对优势地位。

20 世纪 50～80 年代是港东经济由渔农结合转为渔业为主、农业为辅的重要时期，渔业人口、渔业组织、渔业收入等都达到了前所未有的规模。为了支持国家工业化建设和城市发展的迫切需求，港东的渔业生产被纳入青岛的整体经济发展中，海洋生产成为一系列新技术的试验场，鱼货和渔需物资由自由交易转向统购统销，人们对待海洋的态度开始发生巨大变化。

二　科技推广与资源变化

科技力量对提高渔业生产力具有举足轻重的意义，我国自清末开始进行渔业技术改良，尝试在水产教育、试验机构、捕捞设备、海产品保鲜与加工等各方面有所推进，但发展极为缓慢。新中国成立初期，水产科研工作基础薄弱，渔业生产技术落后，全国只有一个水产试验研究机构，不到 20 名科技人员，对发展水产非常不利。因此，国家在调整生产制度的同时，开始着手开展水产试验研究，以期提高生产技术。到 1957 年，全国已有 11 个水产试验研究机构，170 名科技人员，在资源调查、渔捞与加工技术、水产养殖技术、鱼病试验研究、帆船试验等方面取得了显著进步。青岛是近代中国海洋科学的发源地之一，得益于较早发育的现代海洋科学力量，在 20 世纪后半叶不仅为本地，也为山东乃至全国的海洋渔业生产提供了非常重要的技术支持。

青岛海洋研究的滥觞，可追溯到 20 世纪早期的青岛观象台。经过数十年发展，到 20 世纪 30 年代，青岛观象台已成为中国开展海洋观测与研究

---

① 《港东村志》，第 172、174 页。
② 《发挥渔业优势壮大集体经济，走共同富裕道路——王哥庄镇港东村》（1990 年 1 月），青岛市崂山区档案馆藏，档案号：00091-001-00081-0082。

的中心，以此为基础，中国科学社成立了中国海洋研究所筹备委员会，并委托观象台筹建兼具研究、试验和海洋科学知识普及的水族馆。随后，国立山东大学（驻青时期）逐渐组建起海洋学科，与青岛观象台、水族馆共同构建起一个海洋教育网络。青岛海洋科学的兴起与发展，不仅改变了中国人认知海洋的观念、意识与路径，也为新中国成立后人们用现代知识体系探索海洋、开辟渔业生产新局面奠定了坚实的基础。新中国成立后，青岛的海洋科技力量进一步增强，涌现了一批海洋科技研究机构和院校，产生了数百项水产科技成果。[①] 这些科技力量为渔村的生产技术改良创造了条件，对经济社会变革和渔业资源环境产生了深远的影响。

资源调查是科技力量介入海洋渔业的第一步。新中国成立后，全国性的渔业资源调查在沿海各省逐步展开。黄海水产研究所自1951年起就展开山东沿海群众渔业的调查，1952年又在黄河口进行了小黄鱼产卵场的调查。农业部水产处1952年组织各地水产院校师生做了一次全国性的渔业基本情况调查，搜集了山东、浙江等各海洋渔区的资源和生产情况的资料。同期，华东水产局和黄海水产研究所进行了几种经济鱼类的标志放流工作，黄海水产研究所还与中国科学院、山东大学等共同进行了鲅鱼资源调查。[②] 自1959年始，黄海水产研究所持续对渤海湾秋汛对虾群体分布和渔场变动规律进行全面调查，并进行资源量指标测报。

渔业资源调查对新中国成立初期的渔业生产具有重要的指导意义，但也导致资源利用方面出现了一些问题，如海洋机帆船和渔轮捕捞作业在黄渤海近海集中过多，对近岸产卵洄游的底层鱼类捕捞过度等。渔场资源利用不合理，加上海洋环境的不断变动，使得资源调查成为一项需要持续进行的长期工作。1970年，水产部组织调查组，深入渔港、渔村调查。翌年，又组织了专业力量和群众，在黄海、东海和南海3个海区进行以中上

---

① 1949年，黄海水产研究所从上海迁至青岛；1950年中国科学院青岛海洋生物实验室成立；同年，山东水产养殖场在青岛成立；1958年山东省青岛水产学校成立；1959年山东海洋学院（中国海洋大学前身）成立；1960年国家海洋局第一海洋研究所成立；1980年中国水产科学研究院渔业工程研究所成立；1950年和1986年还分别成立了青岛市海洋湖沼学会、青岛市水产学会两个学术团体。此外，20世纪七八十年代，各水产企业还自设有科技工作机构。

② 《水产部关于送发"水产试验研究工作的概况和今后的方针任务"请依照执行的通知》（1957年4月），《水产工作文件选编（1949~1977年）》（上），第142页。

层鱼类为重点的资源调查。对中上层鱼类的洄游规律、渔场范围和鱼汛期等的调查，为灯光围网渔轮的常年作业提供了较确切的渔场资料。同时，还对禁渔区线以外的底层鱼类资源、拖网新渔场等进行重点调查，发布汛期渔情预报，并开始重视工业污染对海洋鱼类资源的影响。

各省（区、市）也自主进行了渔业资源的深入调查。如 20 世纪 70 年代初，黄渤海区的山东、河北、天津、辽宁四省市组成调查组，依托青岛的海洋技术力量，摸清了青鱼的夏秋季分布区、资源可捕量、进入和离开产卵场后的洄游规律和越冬场，以及秋冬季连青石渔场和大沙渔场的鲐鱼资源状况，并对黄海中、南部的底层鱼类资源进行了重点探捕调查。①

这些开创性的调查工作有助于研究经济鱼虾类的生活习性和洄游规律，既提供了在行政上所必需的部分科学资料，也在生产上具有必要价值，便于找寻渔场和预报鱼汛。随着渔业资源调查的深入以及生产能力的提高，青岛的海洋捕捞拓展至八大渔场，即大沙渔场、青岛近海和海州湾渔场、石岛东南渔场、俚岛渔场、烟威外海渔场、海洋岛渔场、渤海湾渔场、鸭绿江口渔场，帆船和机动船的捕捞作业海域均极为广阔，尤其是群众渔业拖网船，常根据不同时节的鱼汛辗转于吕泗、海州湾、青岛近海、烟威等渔场，捕捞不同种类的鱼虾，较大的渔船甚至可以到长江口以东、济州岛以南渔场作业，港东的渔场也不断向远方海域延伸。一位生产副队长对当年到处捕鱼的经历记忆犹新：

> 从前光听说吕泗洋鱼多，但是靠小船要到远洋里去连想都不敢想。公社成立以后，队里有了大船，船上有收音机可以随时知道天气预报，有较好的安全设备，我们的胆子就壮了。1959 年春天，我们六个人驾着一条船，试验着去吕泗洋捕鱼，吕泗洋流大，水深，不到一个月的功夫捕鱼三万多斤，比在近海捕鱼的同样船只增产两倍多。从这以后，港东村在吕泗洋开辟了新渔场，到那里捕鱼的船只一年年多了起来。②

20 世纪 60 年代中期，港东渔民每次出海的时间为 20～30 天。到 70

---

① 《海洋鱼类资源调查会议纪要》（1972 年 6 月 2 日），《水产工作文件选编（1949～1977年）》（下），第 555 页。

② 王卓：《渔村巨变——记港东大队渔业生产的发展》，《青岛日报》1964 年 7 月 1 日。

年代初，向南延至舟山，向北到渤海湾（捕虾），每次出海时间达 40~50 天。[1] 据老渔民回忆，在 20 世纪 70 年代，一年只有一个月的休息时间，其他时间一直在出海。[2]

依靠渔业合作化的组织力量进行技术推广是这一时期科技力量介入渔业生产的最主要途径。《1956 年到 1967 年全国农业发展纲要（修正草案）》提出了改进海洋渔业生产技术、增加公共积累、添置和改良生产工具、发展机帆船和轮船、加强生产安全措施等目标。[3] 但限于当时的社会生产条件，不可能大量制造新船，无法快速实现渔业机械化。因此，提高群众渔业生产能力就需要发挥现有生产工具的潜力，所采取的措施主要有：改变北方沿海渔业生产的季节性和使用单一工具的习惯，实行多种渔具结合，延长生产时间，做到闲船不闲网，并实行兼作、轮作；改良原有渔船、渔具构造的不足；改进操作技术；扩大渔场利用面积，掌握鱼群动态；保养船网工具；保证生产安全；等等。[4] 在条件有限的情况下，这些措施对提高渔业生产力起到了一定积极作用。1958 年，为配合水产生产大跃进，水产部进一步提出了水产技术革命的方向与任务，即实现养殖生产现代化、捕捞生产机械化、加工生产工业化，建设电气化、工业化、半机械化、机械化的新渔村。[5] 此后，沿海各地渔业生产一度陷入无序状态，致使技术推广工作进展缓慢，直到 1963 年以后才有所恢复。

山东的渔业技术推广工作由各级渔业技术推广站负责，工作内容涉及渔业生产的方方面面。[6] 得益于深厚的海洋科技力量，青岛的渔业技术推广工作起步较早。1954 年青岛市渔业技术推广站成立后，逐步建立起市、县两级渔业技术推广站，在各个时期担负捕捞技术与网具改进，藻类及

---

① 《港东村志》，第 174 页。
② 根据港东村渔民口述整理，访谈时间：2019 年 3 月 6 日，访谈对象：LXY，男，71 岁。
③ 《1956 年到 1967 年全国农业发展纲要（修正草案）》，中国人大网，http://www.npc.gov.cn/wxzl/gongbao/2000-12/23/content_5000392.htm。
④ 《水产部许德珩部长在 1957 年全国水产工作会议上的报告》（1957 年 2 月 11 日），《水产工作文件选编（1949~1977 年）》（上），第 134 页。
⑤ 《水产技术革命的方向与任务——高文华副部长在中央人民广播电台的广播稿》（1958 年 7 月），《水产工作文件选编（1949~1977 年）》（上），第 187 页。
⑥ 《山东省人民委员会批转省科委、省水产厅关于整顿充实渔业技术推广站，加强渔业技术推广工作意见的报告》（1963 年 9 月 14 日），青岛市崂山区档案馆藏，档案号：00035-002-00034-0019。

鱼、虾、贝类养殖等方面的生产试验和技术推广工作。各级渔业技术推广站通过举办技术培训班，训练县、乡、村渔业干部、技术人员和渔民代表，公社和大队则通过召开多次渔业生产会议，分析生产情况，指出问题和困难，提出应当采取的生产措施和技术改进方案。到 20 世纪 80 年代末，青岛市的水产科技推广体系进一步完善，1988 年已建立 20 个乡镇水产养殖协会，以技术服务为宗旨的基层群众性合作组织也日渐发育成熟，对政府的技术依赖逐渐减弱。崂山的渔业技术推广工作始于 1956 年，起初 10 年间，为加强渔业生产的技术指导，开展了调查渔场资源、了解渔情、替山东省海洋水产研究所收集鹰抓虾标本、推广海水养殖技术、培训机帆船技术人员、用聚乙烯等新式材料改造网具等工作。① 1968～1976 年，推广站的工作一度中断，恢复后仍负责渔具、渔法技术革新改造、试验、总结推广等工作，在改革开放以后的渔业机械化、科学化过程中发挥着重要作用。

在基层渔业技术推广过程中，对渔民进行技术培训、增添必要的安全设施、加强海上航行安全训练是非常重要的工作。随着机帆渔船的发展，不少渔民的帆船变为机帆船，但早期机动船的技术力量比较薄弱，老船员、老渔民虽有丰富的航海经验，但不少人对航行技术、规则和有关港章还不大熟悉，还没有养成严格遵守相关规则的习惯，有些船长看不懂海图符号，有的甚至搞不清自己的船位。② 为了解决这些问题，港东每年都指派渔民参加培训学习，获得船长证书和轮机长证书后才安排上岗，并在船上装设导航设备、收音机、对讲机、起网机，配备雨衣、雨裤、雨鞋等。③ 另外，这一时期虽有《中华人民共和国和日本国渔业协定》《中华人民共和国和朝鲜民主主义人民共和国政府渔业互助合作协定》的约束，但捕鱼摩擦事件仍时有发生。④ 因此，引导渔民遵守《1960 年国际海上避碰规则》和《中华人民共和国非机动船舶海上安全航行暂行规则》以及有关的

---

① 《崂山县水产局渔业技术站上半年工作总结》（1963 年 8 月 23 日），青岛市崂山区档案馆藏，档案号：00035 – 001 – 00033 – 0049；《崂山县渔业技术推广站一九六五年工作总结》（1965 年 12 月 11 日），青岛市崂山区档案馆藏，档案号：00035 – 002 – 00048 – 0056。
② 《海洋渔业安全工作座谈会纪要》（1965 年 12 月 7 日），《水产工作文件选编（1949～1977 年）》（下），第 486 页。
③ 《港东村志》，第 165 页。
④ 中共青岛市崂山区委党史研究中心、青岛市崂山区地方史志研究中心编《崂山渔民口述史》，中国海洋大学出版社，2019，第 72～73 页。

港章规定，使渔民意识到海上航行不仅关系到自身安全，也关系到交通运输船舶和海军舰艇的安全，甚至是公海国际渔业秩序问题，也是渔民培训的内容之一。

前所未有的技术支持大大降低了海洋渔业的危险，带来了渔村社会经济的革新，在重新定向渔民的经济目标、观念、习惯和愿望的同时，也改善了渔业资源环境。早在1956年底，水产部已注意到一些作业方法和工具对水产资源的损害是非常严重的，于是提出了一些资源保护原则和办法，如严禁拖网渔轮进入禁渔区作业、严格控制损害资源最严重的定置网类的发展、严格执行禁渔区和禁渔期的规定等。① 同年，青岛市开始执行《青岛市帆船渔业资源保护暂行办法（草案）》。1957年4月，水产部以草案形式将《水产资源繁殖保护暂行条例（草案）》发各省（区、市）试行。该条例的目的是保护有经济价值的水产动植物繁殖，具体包括保护对象和采捕标准、渔具渔法的限制和禁用、禁渔区和禁渔期、有关部门的保护协作、奖励和处罚等内容，规定除了科学研究外，凡从事专业或副业捕捞生产的，对有经济价值的水产动植物的卵子、孢子、幼体和淡水产卵亲鱼均须依条例规定加以保护。② 青岛市早在水产部之前于1955年公布了《青岛市鱼类资源繁殖保护暂行办法（草案）》，后又于1962年对该暂行办法做了机帆船、禁渔区和养殖区等更详细的补充规定。

条例试行几年后，虽然对海洋渔业生产起到了一定指导作用，但由于条例本身还不够完善，且对资源情况掌握不够，对资源调查和繁殖保护的重要性认识不足，加之当时的渔业生产只注重"多快"，忽略了"好省"，一度出现了高指标、瞎指挥，提出了"打伏打秋""白夜下水""变淡季为旺季""常年打鱼"等违反自然规律的口号，采取了"迎头打、追群打、辫水打、看风打、调网打、白黑兼打和不误一潮一水"的捕鱼方法，甚至宣誓"两手是刀枪，海洋是战场，不打胜仗，绝不回港"。③ 不断更新捕捞

---

① 《中华人民共和国水产部关于贯彻资源保护政策有力地安排渔场与改造船网工具的指示》（1956年11月24日），《水产工作文件选编（1949～1977年）》（上），第125页。

② 《水产资源繁殖保护暂行条例（草案）》（1957年4月23日），《水产工作文件选编（1949～1977年）》（上），第147～149页。

③ 《1966年崂山县水产工作总结》（1966年12月），青岛市崂山区档案馆藏，档案号：00035-001-00047-0056。

技术和作业工具，加上不适当地增加捕捞强度，影响了水产资源的正常繁殖生长，黄海、渤海水域个别重要品种，如小黄鱼、对虾、毛虾等数量开始呈现衰减趋势，出现了渔场安排和资源利用不当问题，导致近海渔场船只拥挤，国家与集体之间、各种不同工具之间纠纷矛盾日益增多，船网遭到破坏，严重影响了渔业生产的发展和渔民的生活。

1964年5月，水产部对原条例进行了修订，公布了新的《水产资源繁殖保护条例（草案）》，涉及保护对象和采捕原则、禁渔区和禁渔期、渔具和渔法、奖励和处罚等，在原有基础上特别强调了水域环境的维护问题。要求各省、自治区、直辖市人民委员会应对本地区某些重要鱼虾产卵场、越冬场和幼体索饵场，合理规定禁渔区、禁渔期，分别不同情况，禁止全部作业，或限制作业的种类和某些作业的渔具数量。[①] 1979年2月，国务院正式颁布《中华人民共和国水产资源繁殖保护条例》，共8章20条，以期通过行政法规给海洋渔业资源以休养生息的机会。但随之而来的新的渔业体制改革，以及快速的工业化和城市化，在激发生产潜力的同时，也导致海水受到严重污染，鱼类繁衍生存受到威胁。"社会科技发展牵动了海洋捕捞业生产能力的迅猛提高，网具的网口越来越小，使鱼类遭灭顶之灾，数量越来越少个头越来越小，海洋水产资源逐年衰减，有些鱼种几乎绝迹"，2000年后，港东出海的渔民数量越来越少。[②]

资源调查和技术推广工作是城市科技力量向渔村辐射的集中体现，不仅提高了渔业生产力，改善了渔民的生活质量，也使集体经济获得较快发展，加大了公共积累资金的提留，为改造更新渔船渔具、提供渔业技术培训等创造了有利条件。在这一过程中，新的渔业名词、术语、方法、措施以及技术指标，也开始不断地、循序渐进地改变传统渔业作业方式和生产观念。

三　供销网络与城乡资源调配

计划经济时代，交售水产品是对国家应尽的义务，为妥善安排大中城市及工矿区的鱼货供应，特别是出口任务和四大城市的重点供应，水产部

---

① 《水产资源繁殖保护条例（草案）》（1957年4月23日），《水产工作文件选编（1949～1977年）》（下），第435～436页。

② 《港东村志》，第160页。

支持发展集体渔业重点产区，鼓励有条件的地方大力发展城郊和城市附近的渔业生产，逐步培养和建立起烟台、青岛等一批水产品商品基地。这样不仅可以更好地掌握货源，保证城市供应，而且可以适应水产品鲜活易腐的特点，相应地减少远途调送和中转环节，有效地改善产品质量。[①]

青岛港的鱼货交易量在 1950 年以后逐年增加，逐渐形成了辐射至黄渤海各港口乃至华北内陆的鱼货渔需贸易网络。天津、北京、上海均为鲜鱼主销市场，购销采取的是计划分配与市场调节相结合的方式。1956 年，在全行业公私合营浪潮中，以山东省供销合作总社青岛渔业供销站和山东水产公司业务部为基础，成立中国水产供销公司山东省青岛市公司，并设三个收购批发部和崂东、崂西两个供销站。此后公司归属虽有变更，但直到 20 世纪 80 年代初，都是通过产供销统一管理模式，按国家计划进行水产品的购销、调拨、市场供应、出口与加工。[②] 集中统一经营后，群众渔业产品的收购量迅速增加，占总产量的比重由 1954 年的 8%，增至 1957 年的 50%。当时对渔民的主要经济鱼类进行包购，其他杂色鱼虾由水产供销公司通过水产交易所代购代销。渔民将鱼货卸到收购点后，不论收购还是代购，均由水产供销公司负责过磅付款。[③]

统一收上来的鱼货分配顺序是：供应出口，支援大城市，本市重点供应和市销。为了完成山东省的调拨计划和供应安排，青岛水产供销公司于 1958 年对水产品收购提出了"产多少收购多少，产什么收购什么"的口号，销售方面执行"优先出口，保证重点，适当满足供应市场"的原则。"优先出口"是青岛"二五"期间水产品分配排在第一位的工作，这是因为青岛是国家统一收购的主要产渔区之一，承担着出口创汇的重要任务，所以某些经济价值较高、适宜出口的品种，要尽量满足出口的需要。出口鱼货主要是冻鲜鱼，以黄花鱼为大宗，另有带鱼、鲅鱼、白鳞鱼、鲐鱼、对虾，还有盐干品，如柳叶鱼、海螺干、蛤蜊干等，以及鱼粉。出口鱼货主要销向菲律宾、马来西亚、新加坡等东南亚国家，顾客多为华侨和外籍华人。[④]

---

① 《水产部党组关于水产工作基本情况和今后方针任务的报告》（1962 年 12 月 29 日），《水产工作文件选编（1949～1977 年）》（下），第 370 页。
② 青岛市水产局编《青岛市水产志》，青岛出版社，1994，第 209～210 页。
③ 《青岛市水产志》，第 213～214 页。
④ 《青岛市水产志》，第 215、222 页。

1958 年开始的"大跃进"激发了消费欲望，使社会购买力陡然增强，但相对有限的生产能力无法满足需求的过激增长，水产品等副食品市场供应出现短缺。1961 年，为缓解水产品供应紧张，国家开始对群众渔业水产品收购实行"奖售"，以求多收。当年进行石花菜交售奖励，规定交售石花菜（干品）1 市斤，可获奖励粮食（大麦、杂粮或地瓜干）2 两。最终共收石花菜 12.5 吨，拨出奖励粮 2.5 吨，效果良好。1962 年，青岛市水产局公布了"关于水产品单项奖售办法"，规定了具体奖售标准，见表 1。

表 1　1962 年青岛水产品单项奖售办法

序号	水产品及交售数量	奖励标准	
		完成交售任务	超额完成任务
1	海参（成品）100 公斤	胶鞋 1 双，卷烟 4 条	每超交 100 公斤，增奖胶鞋 1 双，卷烟 2 条
2	虾米 100 公斤	胶鞋 1 双，卷烟 3 条	每超交 200 公斤，增奖胶鞋 1 双，卷烟 2 条
3	对虾（出口规格）100 公斤	桐油 3 斤，棕麻 3 斤，卷烟 3 盒，白酒半斤	每超交 1 吨，增奖胶鞋 1 双，卷烟 1 条
4	石花菜、紫菜（干品）100 公斤	胶鞋 1 双，卷烟 2 条	每超交 200 公斤，增奖胶鞋 1 双，卷烟 2 条
5	毛虾 2 吨	胶鞋 1 双，卷烟 2 条	
6	海带（干品）2 吨	胶鞋 1 双，卷烟 4 条	
7	海蜇皮 1 吨	胶鞋 1 双，卷烟 3 条	每超交 2 吨，增奖胶鞋 1 双，卷烟 1 条

资料来源：《青岛市水产志》，第 216 页。

另外，带鱼、花鱼、鲐鱼、鲅鱼、白鳞鱼、比目鱼、加吉鱼、黄姑鱼、鲳鱼、墨鱼、鲨鱼等 20 余种经济鱼类也均有"奖售"规定，"奖售"内容以渔民日常生产生活所需的紧俏商品为主。到 1963 年下半年，市场供应状况好转，一般水产品的奖售措施即告停止，但为了保证出口，对虾"奖售"一直持续到 1972 年。[1]

除了"奖售"，水产供销公司还普遍采用"派购"方式增加收购量：经济鱼类交售 70%，渔业队自留 30%；杂鱼杂虾交售 60%，渔业队自留 40%；

---

[1] 《青岛市水产志》，第 216 页。

海参、干贝、鲍鱼等海珍品交售 90% 以上；对虾全部交售出口。一般情况下，水产品的订购以渔业队的包产计划为依据，与当地水产供销单位签订订购合同，按规定比例交售水产品。青岛水产供销公司发给各船"鱼货交售手册"，用于记载向国营收购单位交售的数量。渔业队自留的鱼货，除社员自食外，主要用于交换渔需物资，或通过水产品交易所议价出售。①

港东渔民的鱼货一般是交售给港东水产站，水产站按照规定鱼价结算后，通过银行把钱划拨到村集体账户。随着渔场的扩大，有时也会在渔场当地结算货款。20 世纪 70 年代时，港东渔民到渤海湾捕捞对虾，村委便派人与上级水产部门组成联合工作组，常驻龙口、秦皇岛、山海关、止锚湾渔港，协助渔民与当地水产部门联系，安排结算货款、处理突发事件等，一直到 80 年代末，驻渤海渔业工作组才撤销。②

"派购"方式一直持续到 20 世纪 70 年代末，随后，计划经济模式逐渐让位于市场经济模式，流入农贸市场的鱼货逐渐增多。如 1978 年，崂山县对渔业队水产品的收购量下降到占总产量的 38.3%，而上调青岛市的占收购量的 43.3%，当地销售量占收购量的 55.4%，上调比例逐渐下降，单靠行政手段完成收购计划已不可能。③ 20 世纪 80 年代初，水产供销还经历过短暂的以柴油换购鱼货的"鱼油挂钩"阶段，但效果不佳，很快告停。1984 年，水产品开始全部进入市场调节，实行议购议销，1985 年以后一律不派购，各单位和个体均可参与市场竞争，独家经营的模式被冲破，货畅其流，市场日趋活跃。

渔需物资和鱼货供销一样，在这一时期也是由青岛水产供销公司统一调配供应，主要包括桐油、猪血、棉纱、毛竹、麻类、钢材、木材、化学纤维、钢丝绳、白棕绳、柴油、渔盐等。因渔船类型和作业方式不同，种类繁多，达 50 多个品种。渔需物资是渔民从事再生产的必备物品，供应充足与否决定了渔业生产的效率，影响着渔业的丰歉。新中国成立后，国家对渔需物资供应非常重视，通过信贷、控制价格、保本微利、统一分配等各种手段提供保障。但受社会生产力的限制，自 20 世纪 50 年代末开始，渔需物资供应趋于紧张，统一分配的物资缺额较大。为保证生产，这一时

---

① 《青岛市水产志》，第 217 页。
② 《港东村志》，第 174 页。
③ 《青岛市水产志》，第 218 页。

期采取的是交售鱼货与供应物资相结合的方式，利用渔需物资供应手册，由水产供销单位控制，按照计划供应。

渔需物资的供应方式使群众渔业生产活动必须仰赖城市供给，加大了城市对渔村的资源吸取。渔业统购统销政策一直执行到 1985 年《关于放宽政策、加速发展水产业的指示》出台，该文件强调改革流通体制，打开渠道，减少中间环节，鼓励产销商直接见面，渔民可以就地生产、就近销售，也可以长途远销，不受行政区划限制，城市开设鲜活水产品市场、贸易货栈、交易中心，为生产者、经销者和消费者提供方便。[①] 自此，实行了近 30 年的水产品统一收购和派购政策宣告结束，水产品价格放开，由市场调节，鱼货可以自由交易，渔民的生产、经营积极性被极大地调动起来。

作为渔业生产的典型，港东的发展体现了集体化时期特殊的人海互动模式，为了满足城市蛋白质需求的日益增长，鱼货交售和渔需物资供应要服从统一的资源调配，海洋生产及其供销网络均被纳入这一时期的城乡关系。

结　语

新中国成立后，我国推行了工业化优先发展的策略，运用政府的主导作用推进工业化。工业化优先的超越式发展道路，使农村被纳入以工业发展为目标的经济体系之中，政府有意识地通过农产品的统购统销、控制价格的方式来保证工业企业的利润，包括降低农副产品原材料价格、降低城市居民生活成本、提升工业品利润率等，农民的利益被迫服从于工业发展。被归于大农业的渔业，遵循着同样的发展道路。1950～1985 年的 35 年间，是共和国逐步完善水产制度、发展海洋渔业生产、服务国家现代化建设需要的重要阶段，也是差异化城乡关系下海洋社会重组的特殊时期。在这一过程中，国家通过生产、技术和供销制度从渔村抽取海洋资源，在重点保证城市蛋白质供应的同时，也完成了对渔业的改造与重组，形塑了新的渔村社会。

港东作为一个普通的渔村，1950～1985 年的渔业生产发展历程与整个

---

① 涂逢俊：《新中国渔业发展史上的重大转折——中央 5 号文件颁布的因由及影响》，《中国渔业经济》2009 年第 1 期。

国民经济计划的要求相适应，一系列前所未有的生产变革，不仅反映了城市科技力量对海洋资源与渔业生产的介入与影响，也体现了特定城乡关系下的供销网络、资源调配关系以及新的人海互动方式。它同很多沿海渔村一样，在为增加城市蛋白质的供应、缓和肉食品供应紧张的同时，也为提取海洋原料及适应工业、医药业发展做出了贡献，并在国家工业化、城市化的进程中改变了自己的命运轨迹。短短30余年间，在服务于国家工业化建设和城市发展的过程中，渔民的个人活动与国家及地方的建设事业建立了更为紧密的联系。

1985年，为了解决城乡人民，特别是大中城市居民的"吃鱼难"问题，进一步提高渔业生产能力，中共中央发布了《关于放宽政策、加速发展水产业的指示》，在废除水产品统购统销政策的同时，还特别指出"要像重视耕地一样重视水域的开发利用，把加速发展水产业作为调整农业产业结构、促进粮食转化的一个战略措施来部署"，并明确了"以养殖为主，养殖、捕捞、加工并举，因地制宜，各有侧重"的水产方针，水产养殖成为此后渔村发展的主要途径，养殖肯定大户承包和允许雇工，捕捞走向"分散经营、集中服务"，是水产联产承包责任制的新突破。[①] 该文件还对水产科研管理体制改革做出了部署，提出要用经济办法促使应用性科研课题向技术推广与生产应用延伸，使科研和生产更紧密地结合起来，并鼓励技术承包，推进技术服务商品化、社会化。这一政策使20世纪八九十年代的渔业技术改造和推广工作以更快的速度推进到了生产第一线。伴随着海洋资源环境的变化和技术的不断更新，港东迅速发展起海水养殖业，并被卷入城市化浪潮的新需求中，开始新一轮的社会经济变革和社会重组，这一次所面临的是更加复杂的城乡关系与人海互动方式。

作者：马树华，中国海洋大学文学与新闻传播学院、海洋发展研究院
樊晶晶，南开大学历史学院

（编辑：任吉东）

[①] 涂逢俊：《新中国渔业发展史上的重大转折——中央5号文件颁布的因由及影响》，《中国渔业经济》2009年第1期。

稿　约

　　《城市史研究》创刊于 1988 年，是目前国内最早的城市史研究专业刊物，由天津社会科学院历史研究所主办，现为中国城市史研究会会刊，一年两期，由社会科学文献出版社出版发行。

　　一、本刊欢迎具有学术性、前沿性、思想性的有关中外城市史研究的稿件，涉及的内容包括城市政治、经济、社会、文化、环境及与之相关的地理、建筑、规划等多学科和跨学科研究成果。对选题独特、视角新颖、有创见的文稿尤为重视。

　　二、文章字数一般应控制在 15000 字，优秀稿件可放宽至 3 万字，译稿在本刊须首发，并附原文及原作者的授权证明，由投稿人自行解决版权问题。

　　三、来稿除文章正文外，请附上：

　　（一）作者简介：姓名、所在单位、职称、学位、研究方向、邮编、联系电话、电子邮箱；

　　（二）中文摘要：字数控制在 150～200 字；

　　（三）中文关键词：限制在 3～5 个；

　　（四）文章的英文译名；

　　（五）注释：一律采用脚注，每页编号，自为起止。具体格式请参见《社会科学文献出版社 2012 年学术著作出版规范》第 17～25 页，下载地址：http：//www. ssap. com. cn/pic/Upload/Files/PDF/F6349319343783532395883. pdf。

　　四、本刊有修改删节文章的权力，凡投本刊者视为认同这一规则。不同意删改者，请务必在文中声明。

　　五、本刊已加入中国学术期刊（光盘版）全文数据库，并许可其以数字化方式在中国知网发行传播本刊全文，相关作者著作权使用费与稿酬不再另行支付，作者向本刊提交文章发表的行为即视为同意我刊上述声明。

六、为方便编辑印刷，来稿一律采用电子文本，请径寄本刊编辑部电子邮箱：chengshishiyanjiu@163.com。来稿一经采用，即付样刊两册。未用稿件，一律不退，三个月内未接到用稿通知，可自行处理。文稿如有不允许删改和做技术处理的特殊事宜，请加说明。

请与《城市史研究》编辑部联系。联系方式：电子邮箱 chengshishiy-anjiu@163.com。

本刊地址：天津市南开区迎水道 7 号天津社会科学院历史研究所

邮编：300191；电话：022－23075336

更多咨讯欢迎搜索关注城市史研究公众号。

《城市史研究》编辑部

图书在版编目（CIP）数据

城市史研究. 第 44 辑 / 任吉东主编 . --北京：社
会科学文献出版社，2021.12
ISBN 978 - 7 - 5201 - 9181 - 4

Ⅰ.①城⋯　Ⅱ.①任⋯　Ⅲ.①城市史 - 文集　Ⅳ.
①C912. 81 - 53

中国版本图书馆 CIP 数据核字（2021）第 215897 号

城市史研究（第 44 辑）

主　　编 / 任吉东

出 版 人 / 王利民
责任编辑 / 李丽丽
文稿编辑 / 汪延平 等
责任印制 / 王京美

出　　版 / 社会科学文献出版社·历史学分社（010）59367256
　　　　　 地址：北京市北三环中路甲 29 号院华龙大厦　邮编：100029
　　　　　 网址：www. ssap. com. cn
发　　行 / 市场营销中心（010）59367081　59367083
印　　装 / 唐山玺诚印务有限公司

规　　格 / 开 本：787mm × 1092mm　1/16
　　　　　 印 张：23　字 数：362 千字
版　　次 / 2021 年 12 月第 1 版　2021 年 12 月第 1 次印刷
书　　号 / ISBN 978 - 7 - 5201 - 9181 - 4
定　　价 / 128. 00 元